EDGARDO E. DATRI compilador

El capitalismo de consumo y la extinción de la naturaleza y el ser
(o La gran confluencia)

Colaboradores:

Beatriz Adaro
Omar Cabrera
Sandra Carín Contreras
Santiago Ginés Nabaes Jodar
Luis Gómez Almeida
Gladis Lamela
Sandra Silvana Martellotta
Teresa Pérez
María Jorgelina Plaza
Marcelo Roba Vogouroux
Omar Sirena

La ilustración de tapa corresponde al mural que el artista Omar Edgardo Sirena realizó en el Instituto de Formación Docente Nº 12 de Neuquén en el marco de las "Primeras Jornadas sobre Interculturalidad". En el mismo, el Maestro Carlos Fuentealba, asesinado durante el gobierno de Jorge Omar Sobisch, es "tejido" por miembros de una comunidad Mapuche.

Edición: Primera. Enero de 2016

ISBN: 978-84-16467-18-1

Tirada: 500 ejemplares

Diseño: Gerardo Miño
Composición: Eduardo Rosende

© 2016, Miño y Dávila srl / Miño y Dávila editores sl

Prohibida su reproducción total o parcial, incluyendo fotocopia, sin la autorización expresa de los editores.
Cualquier forma de reproducción, distribución, comunicación pública o transformación de esta obra solo puede ser realizada con la autorización de sus titulares, salvo excepción prevista por la ley. Diríjase a CEDRO (Centro Español de Derechos Reprográficos, www.cedro.org) si necesita fotocopiar o escanear algún fragmento de esta obra.

dirección postal: Tacuarí 540 (C1071AAL)
Ciudad de Buenos Aires, Argentina
tel-fax: (54 11) 4331-1565
e-mail producción: produccion@minoydavila.com
e-mail administración: info@minoydavila.com
web: www.minoydavila.com
redes sociales: @MyDeditores, www.facebook.com/MinoyDavila

ÍNDICE

7   Agradecimientos

9   **Prólogo**, por Sandra Carín Contreras

13 Introducción

29 PROSCENIO 1
    Del "siglo de las luces" a la "Cajita Feliz" de McDonald's

43 PROSCENIO 2
    De la "Cajita Feliz" de McDonald's a la "primavera silenciosa"

69 PROSCENIO 3
    De "la primavera silenciosa" a la sustentabilidad de los "peritorum" de la (tecno)ciencia

85 PROSCENIO 4
    Del "bonapartismo" a la ruptura con el "consenso de Washington"

93 PROSCENIO 5
    Del "consenso de Washington" a los "dogmas del productivismo" y el regreso del "mecenazgo"

121 PROSCENIO 6
    Del "ocio" (*otium*) al "negocio" (*neg-otium*)

139 PROSCENIO 7
    De los "cuatro jinetes del Apocalipsis" al "golpe de Estado suave"

157 PROSCENIO 8
    De la pancarta "yo soy Charlie" a la pancarta "yo soy Nisman"

177 PROSCENIO 9
    Del "Nunca Más" del genocidio al "Nunca Más" del etnocidio y el ecocidio

197 PROSCENIO 10
    Del *Sumak Kawsay* y el *Suma Qamaña* al "Socialismo del siglo XXI"

221 Conclusión

237 **Coda**
Un escritor por la vida que fue capaz de trasladarnos a horizontes insospechados: Eduardo Rosenzvaig

243 **Anexo I**
Flujo energético: entropía y problemática ambiental
por Beatriz Adaro y Edgardo Datri

277 **Anexo II**
Diseño curricular para la Educación Secundaria: desarrollar y socializar la matemática del aula real
por Omar Cabrera

283 **Anexo III**
Desde el pensar hacia el pensar-nos
por Sandra Carín Contreras

287 **Anexo IV**
Contaminación y ambiente
por Gladis Lamela y Sandra Silvana Martellotta

305 **Anexo V**
La cara oculta de las reformas procesales penales latinoamericanas y el caso neuquino
por Santiago Ginés Nabaes Jodar

317 **Anexo VI**
Claves para una pedagogía emancipadora de las TIC
por Teresa Pérez y María Jorgelina Plaza

329 **Anexo VII**
Presencia canadiense en las explotaciones mineras de América Latina
por Luis Gómez Almeida

341 **Bibliografía**

349 **Sobre los/as autores/as**

AGRADECIMIENTOS

Con independencia de las fuentes citadas, apelé a un sinfín de ideas que no son propias, algunas de amigos/as, compañeros/as o colegas siempre dispuestos a promover debates sobre paradigmas sociales, culturales, económicos y políticos que nos conduzcan por los senderos de la emancipación. A todos/as ellos/as mi infinito agradecimiento, pues las conversaciones con ellos fueron dejándome pistas para elaborar este y otros ensayos: Ricardo Gómez, Graciela Mandolini, Sandra Contreras, Omar Cabrera, Carlos Cerdeira, Alicia Rodríguez, Severa Barrios, Jorge Cardelli, Omar Edgardo Sirena, Gladis Lamela, Atilio Boron, Fernando Lizárraga, Sandra Michelón, Rubén Dri, Beatriz Adaro, Juan José González, María Elena Cauquoz, Federico Egea, Horacio González, Valeria Jelinski, Norberto Galasso, Gustavo Giuliano, Alfredo Hernández, Susana Rotatori, Patricia Machado, Ana María Salvador, Santiago Nabaes, Ruth Zurbriggen, Angélica Acosta, Anabel Stickar, Nora Bruccoleri, Ana Lorenzo, Augusto Bianco, Osvaldo Bayer, Ana María Salvador, María Rosa Barrera, "Nano" Balbo, Carlos Galano, Myriam Ortiz, Silvana Martellotta, Luis Gómez Almeida, Teresa Pérez, Lil y Eli Roos, Marcelo Roba Vigouroux, Marcela y Rebeca Borda Leaño, María Andrea Gauto, Rodolfo Gaeta, Guillermo Boido, Silvia Minoli, Eduardo Flichman, Augusto Bianco, Marcelo Valko, María Eugenia Borsani y Alicia Orlando, entre otros/as. También a los/as entrañables amigos/as y maestras/os de vida como han sido: "El Pampeano", "El Alemán", "Marcela", Ángeles Crosa, Gladys Rodríguez, Carlos Falaschi y Eduardo Rosenzvaig.

Mas no puedo dejar de mencionar a mi compañera e hija: Alicia Paolone y Ariana Datri, respectivamente; y a mi maravilloso nieto: Camilo Agustín.

☙

In memoriam de la joven militante social y educadora popular, Paula Rivero Orlando, pues como lo han dicho los/las compañeros/as de la "Escuela Social Rodrigueana" de Venezuela, ella vive entre nosotros a través de estos versos de Alí Primera:

> *Los que mueren por la vida*
> *no pueden llamarse muertos*
> *y a partir de este momento*
> *es prohibido llorarlos*

A los "Normalistas de Ayotzinapa", por su incesante labor en pos de la emancipación de los pueblos de NuestraAmérica.

A Sandra (Marcela) y a Sol, dos amores del corazón y la memoria a quienes conocí en 1976 cuando Sandra, estando embarazada de Sol, se refugiaba en la casa que compartía con mi compañera Alicia... hasta que poco después del parto en el hospital Tornú de la hoy CABA se fueron, y todo lo que supe es que en ese mismo año Sandra se convirtió en otra de las víctimas de la dictadura, mientras que de Sol jamás volví a tener noticias.

Al Dr. Jorge Rabassa, ex Rector de la Universidad Nacional del Comahue (UNCo), por haberle devuelto durante su gestión (1998-2002) bastimento a una Universidad Pública que aún en tiempos del genocidio social neoliberal, hizo posible, entre otros deberes éticos: la creación del Foro del Comahue en Defensa de la Educación Pública (FoCoDEP); la Red Patagónica de Derechos Humanos y Organizaciones Sociales; los convenios marco con: i) la Asociación Madres de Plaza de Mayo; ii) la Asociación por los Derechos Humanos (APDH) de Neuquén, a través del cual fue posible que las organizaciones representativas del pueblo Mapuche tuvieran voz propia en la Universidad; iii) la CTERA, lo cual posibilitó el dictado de cursos y carreras de posgrado en la ciudad de Buenos Aires y trece provincias; iv) la única CTA existente en esos años con la que se realizaron los Encuentros Anuales y Permanentes por un Nuevo Pensamiento en la Argentina, además de la participación de la UNCo en el Instituto de Estudios e Investigación de esa central y la creación del Grupo de Estudios y Propuestas sobre Ciencia, Tecnología y Sociedad; v) la participación de la UNCo en el Foro Social de Porto Alegre; además de un sinnúmero de actividades que incluyeron la entrega de los doctorados Honoris Causae a Osvaldo Bayer, Noam Chomsky, Joan Manuel Serrat y Eduardo Galeano.

PRÓLOGO

por Sandra Carín Contreras

Desde un despliegue lúdico-creativo, desde una profunda y comprometida rebeldía, desde una constante pedagogía de la interpelación, es desde donde definiría la simiente de este libro. Sí, como la tierra que nutre a las muchas semillas, como la que alimentó al *Sumak Kawsay* y el *Suma Qamaña*. Promesas de una tierra que comienza a abrazar los proyectos, que se matizan a la par de la Patria Grande, esa que Edgardo nombra todo el tiempo.

Con una intensa necesidad de desocultamiento, que caracteriza al pensamiento del autor, se esgrime un despliegue simple, pero no simplista, simplicidad que desafía al maniqueísmo, a la dicotomización no ingenua del pensamiento racionalista-instrumental. Simplicidad propia de la complejidad cotidiana, desde donde se sostienen las relaciones de poder en el campo de lo micro y lo macro.

Por ello, resulta importante señalar cómo, en ese diálogo desde las fibras, comienza a vislumbrarse la trama de procesos como el de la decolonialidad, es decir, la lectura audaz de la resemantización de los diferentes dispositivos de control, dominación y reproducción del patrón dominante y sus estructuras cargadas con un sentido de perpetuidad.

Allí, Edgardo desafía el anonimato con el que muchos discursos pseudocríticos o críticos frankfurtianos pretenden consolidar y negociar con el orden hegemónico, sacándole el velo para descubrir el rostro con nombre.

Así, y desde un ritmo dialógico, este libro estrecha conversaciones decoloniales poniendo en relieve desde los colonizadores de América; los de la campaña al desierto; los adeptos de la dicotómica lógica etno-genocida sarmientina, "civilización o barbarie", hasta las corporaciones capitalistas en sus más variados rubros; los sectores de nuestra sociedad, viejos socios vitalicios del *establishment* derechoso ultrafascista; la comunidad científica funcional al slogan "orden y progreso", aludiendo así al "mito de la neutralidad científica y su carácter avalorativo".

Seguramente he dejado de lado muchos otros sectores cómplices colonialistas del orden de lo funcional, a los que Edgardo minuciosamente, como un trabajo arqueológico, denuncia a cada instante, desde la reflexión a la que invita mediados por la palabra escrita.

Y me remito aquí a la constante interpelación que este libro hace desde las *palabras* entendidas con una semántica abrazada a las existencias que fluyen desde las turbulencias que las propias historias dotan a los sujetos.

Palabras escindidas de concepciones inertes y exánimes para converger en praxis. Palabras que hablan de un mundo más bello que invitan a una conversa existencial donde las voces que suenan son, no sólo la de los humanos, sino la de las aves, las selvas, los desiertos, el propio cielo, el agua, los cerros, el fuego ancestral, y el de las propias piedras. Palabras que se divorcian de aquellas que oscurecen la condición popular de las construcciones colectivas y negocian a muy alto precio con una sintaxis y una semántica al servicio del mercado. Palabras que deshonran a la Tierra.

Sí, la Tierra dignificada como sujeto de derecho por los Estados pluriculturales como Bolivia y Ecuador que han sabido bailar con el tiempo y amasar ese gran sueño bolivariano abrazable.

Así es como Edgardo ofrece el mejor lugar en el círculo del *Convivio*, que se expande alrededor del fuego amoroso de las ideas-acciones, portando una invitación a un recorrido desde una semiopraxis que se encarga de develar las palabras, que de manera violenta han introducido en los cuerpos de *Abya Yala* para someterlos, explotarlos, violarlos.

Palabras enarboladas desde las prácticas discursivas logo-falo-etnocéntricas, prácticas que no ingenuamente han negociado con diferentes pedagogías culturales, como la de la escuela a través de la manualización, (contratos con editoriales del Grupo Clarín), prácticas educativas academicistas eurocéntricas, comunidad científica funcional a la corporación como la macdonalización de la ecología asociada al "patrón dominante", la pedagogización bancaria de la tecnociencia que se aparea con los nuevos modos de producción sintonizando así con las multinacionales, como también la investigación al servicio de "la ciencia" para la producción y distribución inequitativa de sus objetos de estudio, entrando en esta lógica "el conocimiento", como objeto "apreciable y apoderable" de la propiedad privada de la experticia.

En esta tesitura, Edgardo, como nunca lo ha dejado de hacer, cuestiona la supuesta neutralidad y objetividad de la ciencia, incluyendo aquí una interesante manera de tensionar el sujeto marxista con el sujeto marxiano. *"No soy un marxista dogmático, sino un marxiano que procura no ser cómplice de los daños ambientales y la salud de muchos pobladores que son privados de vivir en conformidad con lo establecido en el Sumak Kawsay o en el Suma Qamaña".*

Así, quedan atrapados en esta reflexión el saber académico como objeto de asociación a catedráticas matrices constitutivas de los grandes conocimientos inquisitorios aun vigentes. Condición que promueve la constitución de un "sujeto-sujetado" (evocando a Michel Foucault), que se orienta hacia una alianza entre las leyes del mercado y la sociedad del conocimiento.

No faltan a la ronda de este *Convivio*, un invite a construir, dice Edgardo, una contraconciencia ciudadana, y yo pensaría, como docente-educadora, casi como un inédito viable, este constructo contracultural, un objetivo fundante de una educación que asuma de manera explícita y a modo de honestidad intelectual orgánica, su rol político.

Para ello se hace necesario abrazar la propuesta de este libro para un pensar-pensándonos, y renunciar a la hipocresía de creer que el conocimiento es de cierta legitimidad cuando "pedimos" permiso a occidente para reflexionar, reflexionándonos. Cuando en realidad pudiendo desarticular las convenciones logocéntricas de estructuras epistemológicas de carácter occidental y cristiano nos llevará a visibilizar un "Pueblo Conciencia".

Edgardo convoca a la reflexión del trabajo y el ocio poniendo en tela de juicio a los axiomas de la sociedad de mercado y su supuesto mensaje de libertad a un individuo que dispone de un "tiempo libre".

Valioso aporte para la profunda reflexión, no sólo en relación con toda una cultura al servicio del simulacro, sino de una apropiación de la connotación de la palabra libre. Usurpación de una palabra con denotaciones de sentido que evocan a construcciones colectivas populares cargadas de luchas.

Por eso y en este sentido, cuando Edgardo menciona al "hombre nuevo", "hombre-emancipado", me invita a remitirme al gran maestro Paulo Freire, cuando este evoca la posibilidad de reconocernos como inconclusos y diría yo colonizados, para así emprender un proceso de decolonialidad consciente.

Aquí evitaríamos la reclusión del yo, como dice Edgardo, o la constitución del sujeto barrado, como dice en otro de sus libros.

Esto nos permite reconocer el profundo compromiso al que interpela este libro en relación con la construcción de la alteridad en los nuevos contextos socioculturales e históricos.

Por esto, hace falta recordar la asunción, que como sujetos colectivos, nos inscribe en un proyecto civilizatorio, que a pesar de las nuevas estrategias golpistas, hoy llamadas "golpes suaves o blandos", venimos protagonizando los que apostamos a los caminantes de pies sobre la tierra y los cielos.

Tierra sin fronteras más que el color de nuestras pieles, las tonadas frondosas de los decires, la música latente, libertaria, los colores de las paredes y cielos, los recodos calurosos de la mansedumbre rebelde que cultivaron las y los invisibles de la historia.

Diferencias amorosas, efervescentes, sufridas, emergentes y convergentes.

Fronteras que nos unen, más allá de los arbitrarios trazados de topologías geográficas clasificatorias, hijas del horror, ya que en nombre de ellas se regó con la sangre de las guerras la "Tierra Patria" a la que alude Edgar Morin.

Convivio: un lugar para la conversa alrededor del fuego ancestral.

Convivio: para pensar-nos, desde nuestra filosofía, desde el multiverso que nos sembró.

Convivio: para danzar al son de nuestro tiempo.

Y cuando digo nuestro, quiero decir **no** al imperativo hegemónico-universal.

Convivio: para caminar la tierra, sembrar nuevas semillas con lo nuevo de lo antiguo, con el ayer en la boca del hoy-mañana... si con la música de esta tierra que se llama Latinoamérica y mucho más...

———◆———

EL PACTO

Hay en una silla,
Sentados,
un niño y
un viejo.
Dialogan con las manos,
con los dedos,
con las manos.
Piensan,
Sueñan.
Piensan que sueñan
un sueño.
Coinciden.
Sueñipensantes dicen:
la tierra es sagrada, como el agua,
como el cielo y ese árbol.
Y aquel otro.
Como el cielo,
Es sagrada por derecho.
Por mandato divino,
es divina.
Es sagrada por derecho divino.
Lo sentencia el río, que es sagrado.
Lo manda el volcán
que es el brazo revolucionario de la Pacha,
de la Mama,
de la mamá.

Que está triste,
dolida, cansada.
Que tiene el rostro enjuto,
partido,
seco,
maltratado.
Una mujer maltratada,
que ha estado pariendo,
Que ha parido.
Que grita mansamente
que se detengan,
que no la castiguen más...
...que no se castiguen más.
Que dice por última vez
que ella es eterna,
su paciencia no.
El niño y el viejo
dialogan así:
con las manos,
con los dedos de sus manos.
Amorosamente se comprometen
Y... sellan el
Pacto...
...con una sonrisa.

Marcelo Roba Vigouroux

INTRODUCCIÓN

Hay otra palabra que quiero apuntar, que es la palabra "mierda", que también es irremplazable, cuyo secreto está en la "r", que los cubanos pronuncian mucho más débil, y en eso está el gran problema que ha tenido el pueblo cubano, en la falta de posibilidad expresiva.
Roberto Fontanarrosa: Las malas palabras

Este libro es una síntesis actualizada de *La tecnociencia y la tecnocultura en la era de la globalización*, las colecciones *Convivio 1* y *Convivio 2*, más las dos ediciones de *Umbral para educar en la emancipación, la interculturalidad y la decolonialidad de saberes*, ensayos que también publiqué con aportes de otros/as colegas a partir de 2010.

Como dijo Roberto Fontanarrosa sobre las *"malas palabras"* al cierre del Congreso Internacional de la Lengua celebrado en Rosario (2004): *"lo que me preocuparía es que no tengan una capacidad de transmisión y de expresión, de grafismo al hablar. Como esos chicos que dicen: 'Había un coso, que tenía un coso y acá le salía un coso más largo. Y uno dice: '¡Qué cosa! '",*[1] motivo por el cual, tratándose de esta nueva obra, espero que tenga suficiente "capacidad de transmisión y de expresión", y además, que los/as lectores/as no sientan repugnancia cuando utilice la palabra *mierda* o sinónimos de ella (en nuestra lengua y en otras) para dar cuenta de ciertos hechos que Slavoj Žižek rotularía, partiendo del título de uno de sus libros: *La suspensión política de la ética*. ¿O no es esa especie de aturdimiento ético el que hace posible compartir en nuestros tiempos de ocio, como planteo en el Proscenio 1, "excrementos no reciclables" como la *Cajita Feliz* de McDonald's? Es verdad que en esta parrafada hay un toque de

---

1   Cfr.: http://www.me.gov.ar/monitor/nro3/dossier3.htm

júbilo malicioso que rasga los velos que ocultan los sacrosantos altares de "El cuento del capitalismo democrático",[2] pero también es real que debemos ser cuidadosos/as con el rígido pietismo y el sentimiento convencional de las reservas mojigatas.

También es real, como analizaré en los Proscenios 2 y 3, o como lo profundizan Teresa Pérez y María Jorgelina Plaza (Anexo VI), asociar el potencial de las innovaciones tecnológicas con el hecho de que haya gente con poder para disfrutar de una vida más saludable y confortable, pero ocurre que las asimetrías existentes en la concepción de "progreso" y "desarrollo"[3] emergentes de las primeras revoluciones industriales, hicieron de la superioridad tecnológica, aparte de una herramienta para garantizar más y mejor salubridad y confort, un instrumento que tiraniza a los más y subyuga a la Madre Tierra.

Ahora bien, si de la multinacional Monsanto se trata, esa que en su página *web* para Argentina se presenta con la leyenda *"una ventana hacia el futuro de la agricultura"*,[4] podrá leerse el Proscenio 4. Allí doy cuenta de las razones del informe que transcribo, cuya versión completa se halla en el portal que tienen en la *web* las Madres de Ituzaingó (provincia de Córdoba):

> Por: Pablo Bassi, *Caras y Caretas*, 2011
> La cuarta parte de la población, que vive rodeada por plantaciones sojeras, está expuesta a las consecuencias del uso de herbicidas. Varias comunidades ya se organizaron, y un grupo de médicos y científicos viene trabajando para denunciar la situación. En diciembre de 2001, Sofía Gatica tomó nota de la cantidad de vecinas que cubrían sus calvicies con pañuelos, y de niños con barbijos. Comenzó a registrarlos, entonces, casa por casa, con datos personales y diagnósticos. Para una humilde comunidad de cinco mil habitantes como Barrio Ituzaingó, al sureste periférico de la ciudad de Córdoba, el relevamiento llevó cuatro meses. Finalizado, presentó un informe al Ministerio de Salud local.

---

2 Expresión que solía utilizar Eduardo Rosenzvaig en muchas conversaciones o en la presentación del sinnúmero de actividades que compartí con él.

3 "Progreso" y "desarrollo" no son conceptos que se puedan resumir en pocas frases, cualquier intento será arbitrario y vacío, puesto que desde un punto de vista informativo, a muchas de las cosas que designamos con esos términos no se las llega a comprender correctamente. Piénsese en la pregunta: ¿qué es el progreso científico? La respuesta a esta sola pregunta puede entenderse a partir de cosas muy diferentes que nos conducen a un amplio abanico de posicionamientos y conceptualizaciones epistemológicas: si el fenómeno del que habla sólo da cuenta de hechos empíricos; si ese saber es meramente cualitativo o, además de alcance teórico, es posible expresarlo cuantitativamente; si el enunciado de hecho pretendidamente científico es lógicamente confirmable o refutable; si modifica o no la imagen que tenemos de determinado campo del saber; etc.

4 Cfr.: http://www.monsanto.com/global/ar/pages/default.aspx

Las madres del Barrio Ituzaingó, símbolo de la lucha de los pueblos del interior afectados por el uso de plaguicidas, se organizaron para denunciar hijos con leucemia, malformaciones, recién nacidos sin maxilar ni diafragma o con manitos de seis dedos. Adolescentes muertos por anemia hemolítica y un registro de 300 casos de cáncer. El 100% de los análisis sanguíneos en niños obtuvieron como resultado la presencia de agroquímicos.

A fin de 2002, las Madres reportaron porciones de endosulfán y metales pesados en tanques domiciliarios de agua, PCV en el aire, PCB en los transformadores y otra variedad de sustancias químicas en el suelo. "El problema es que el barrio está dividido, porque muchos de los pobladores prefieren no quejarse a que se desvaloricen sus viviendas, porque al estar en un barrio contaminado que linda con campos de cultivo, pierden valor", se resigna María Godoy, Madre de Ituzaingó.

Pese a la normativa provincial de excluir los primeros 500 metros alrededor del barrio y los 2.500 para las fumigaciones aéreas, los aviones continúan planeando. Por ello, sigue en pie la denuncia realizada en 2002, que hoy está en la Corte Suprema de Justicia. "Queremos resaltar que gracias a nuestra lucha pusieron tras las rejas a un sojero de nuestra provincia. Estuvo cinco días en la cárcel, hoy está imputado e irá a juicio. Lo lamentable fue que luego de que la policía lo liberara, me llamaron para alertarme que si me pasaba algo, porque fui yo quien denunció la avioneta fumigadora, los llamara por teléfono. Me dieron el número del tribunal y entonces pregunté: ¿Si me matan, cómo aviso?", recuerda la Madre Sofía Gatica.
(Fuente: http://madresdeituzaingo.blogspot.com.ar)

Se estima que Argentina reúne alrededor del 15% de la producción mundial de organismos genéticamente modificados (OGM): unas 23 millones de hectáreas se cultivan con semillas genéticamente modificadas, de las cuales, desde 1996, 19,5 millones atañen a la soja *Roundup Ready* (RR) (James, 2010). En el decenio que va de 1996 a 2006, los beneficios directos ligados a la soja RR alcanzaron los 20.000 millones de dólares. Estos datos son los que hacen pensar que Argentina, a diferencia de otros países de *NuestraAmérica*, a pesar del capital científico-tecnológico que, a manera de ejemplo, desarrollan funciones en instituciones de reconocida trayectoria internacional, tales como el Centro Atómico Bariloche (CAB), la Comisión Nacional de Energía Atómica (CONEA) o el INVAP (Investigación Aplicada), continúa siendo –casi exclusivamente– un país agroexportador. Además de esta situación, a pesar de las promesas de las diferentes cumbres ambientales, en ese mismo Proscenio haré hincapié en la degradación y contaminación de los ecosistemas.

Sabemos que las formas de vida más complejas, como la de los seres humanos, necesitan de la fotosíntesis para algo tan esencial como respirar.

De hecho, la respiración es el proceso inverso a la fotosíntesis: al respirar convertimos oxígeno (O) en dióxido de carbono (CO_2). Ocurre, sin embargo, que la globalización del capitalismo de consumo pugna por deteriorar esta maravillosa "invención", arrasando con bosques y selvas para erigir en su lugar grandes imperios de hormigón, hierro, plástico y asfalto. Es cada vez más previsible que nuestros descendientes padezcan las consecuencias del ultraje que significa no poner límite a desarrollos cuyas bases científicas son bien conocidas por los responsables de semejantes catástrofes. Un tema semejante es el analizado por Gladis Lamela y Sandra Silvana Martellotta (Anexo IV) y por Luis Gómez Almeida (Anexo VII).

MANIFIESTO EINSTEIN – RUSSELL

En la trágica situación que afronta la humanidad, consideramos que los científicos deberían reunirse en una conferencia para asumir los peligros que han aparecido como resultado del desarrollo de las armas de destrucción masiva (…). En esta ocasión hablamos, no como miembros de esta o aquella nación, continente o credo, sino como seres humanos, miembros de la especie humana, cuya continuidad de existencia está en duda. El mundo está lleno de conflictos (…). Casi todos los que son políticamente conscientes tienen fuertes sentimientos sobre uno o más de estos temas; pero quisiéremos que ustedes, si pueden, dejen de lado esos sentimientos y se consideren a sí mismos solamente como miembros de una especie biológica que ha tenido una historia destacada, y cuya desaparición no desea ninguno de nosotros (…). Aquí radica pues, el problema que le presentamos (…): ¿Pondremos fin a la raza humana; o la Humanidad renunciará a la guerra?

Albert Einstein, Bertrand Russell, *et al.* Londres, 9 de julio de 1955.

Podría pensarse que la referencia a "semejantes catástrofes" constituye un recurso retórico con el que procuro dar la impresión de que estamos en las puertas de la desaparición de toda vida, de todo planeta; aún así, bajo la suposición de que lo expreso de esa manera porque intento crear una suerte de ficción escénica que nos alerte acerca del devenir de este estadio de la globalización capitalista, deseo recordar que la película dirigida por Francis Ford Cóppola, *Apocalypse Now* (1979), no tiene como único móvil mostrar, a través de un guión ficcional, la imaginaria acción de un batallón del ejército de Estados Unidos que lleva a cabo una misión para atrapar a un renegado de sus propias fuerzas y presunto demente, el Coronel Walter Kurtz (protagonizado por Marlon Brando); a mi entender, todo el elenco interviniente también da testimonio de un escenario nada ficcional, pues sin apelar al realismo mágico de escritores como Gabriel García Márquez, pone en evidencia la "apocalíptica" y cruda realidad de la genocida envergadura que cobró la intervención norteamericana en Vietnam, que entre otros vejámenes y crímenes, bombardeó aldeas con una invención de Monsanto: el "Agente Naranja", herbicida con el que se presume fueron asesinadas o mutiladas unas 400.000 personas, mientras que cerca de 500.000 niños nacieron con diferentes malformaciones como consecuencia del uso criminal del mismo.

La Cruz Roja de Vietnam calcula que hasta un millón de personas han quedado discapacitadas o tienen problemas de salud debido al "Agente Naranja". Por ello creo necesario, sin necesidad de apelar al mencionado realismo mágico o a un relato gongorista, hacer especial hincapié en algunos focos de tensión producidos por el capitalismo de consumo, pues considero que hoy constituye la *Matrix* que reproduce, y con creces, la aciaga desconexión del Hombre con la Naturaleza, haciendo realidad lo que a partir del siglo XVII fuera: i) la invocación cartesiana del hombre como dominador de la misma y ii) el triunfo de un embelesamiento fatal, la idea de que las desventuras de la humanidad se resolverían a través de las luces de la razón. Esa trágica desconexión la invocaré –bajo diferentes perspectivas– en los Proscenios 5 y 6, en especial porque tanto algunas predicciones científicas como muchas de las sabias teorizaciones de Karl Marx se están cumpliendo de un modo verdaderamente alarmante. Vivimos tiempos en que los afortunados consumidores –me incluyo– practicamos, como dice Naomi Klein en *Esto lo cambia todo. El capitalismo contra el clima*, una "forma de amnesia ecológica intermitente" (Klein, 2015, p. 16). Al respecto, sugiero el esfuerzo de realizar una lectura comprensiva de los aspectos físicos y químicos que sobre estos tópicos desarrollo conjuntamente con Beatriz Adaro en el Anexo I.

"El cuento del capitalismo democrático" ni siquiera es una denigrante ficción; una gran mayoría de dirigentes políticos, permeables a la herencia imperio-colonial de Occidente, creen que el capitalismo siempre existirá, y aunque se lo critique siempre habrá que estar cerca de él a través de paternalistas programas de desarrollo con los que –en el caso de la "Patria Grande", emulando el progreso científico y técnico que hiciera posible la Revolución Industrial– se saldría del subdesarrollo, cerrando de esa manera la brecha entre ricos y pobres. Aquí, lo único cierto es que esa impostura hoy ni siquiera funciona en muchas economías de Europa, y para peor, nunca hay que perder de vista que la paz mundial siempre le fue inasequible e indeseable a las potencias capitalistas. Su objetivo más reciente fue impuesto por una teología economicista que consistió en impulsar, globalmente, el breviario neoliberal.

Ante los sucesivos fracasos del terrorismo que ejerce EE.UU. sobre los países que considera "subdesarrollados": ¿creerá Barack Obama y el resto de la dirigencia de su país, que las amenazas vertidas sobre la República Bolivariana de Venezuela, y una eventual intervención militar, doblegarían a un pueblo que lleva años construyendo emancipación (Proscenio 7)?

De la misma manera, y sin hacer un análisis exhaustivo, haré referencia a las paradojales incongruencias que –con sus intersecciones y tensiones– dieron continuidad a uno de los temas dominantes en el agitado primer trimestre del año 2015: el procesamiento dictado por el fiscal federal Gerardo Pollicita contra la presidenta Cristina Fernández y otros funcionarios del gobierno argentino, vinculado a los hechos denunciados por el fallecido fiscal Alberto Nisman en el supuesto encubrimiento de los responsables de la voladura de la AMIA (Proscenio 8).

No hay que olvidar que uno de los objetivos fundamentales de EE.UU. es el acceso, dominio y control de las materias primas de los países que estima subdesarrollados. En tal sentido, Rostow (década de 1960), uno de los más próximos colaboradores del presidente Johnson, planteaba esa cuestión llanamente:

> La ubicación, los recursos naturales y las poblaciones de las áreas más subdesarrolladas son tales que si estas se vieran definitivamente incorporadas al bloque comunista, los Estados Unidos pasarían a ser la segunda potencia del mundo (…). Indirectamente, la evolución de las áreas subdesarrolladas es capaz de determinar la suerte (…) del mundo libre que estamos comprometidos a encabezar. (Magdoff, 1973, p. 64)

Por irónico que parezca, Rostow no estaba tan equivocado: hoy, los acuerdos de Argentina y otros países de *NuestraAmérica* con China y Rusia no dejan de ser preocupantes para el imperialismo yanqui; sus dirigentes, sean demócratas o republicanos (en versión de Noam Chomsky, un mismo partido con dos nombres diferentes), no advierten –como señalan Mario Rapoport y Rubén Laufer– que

> (…) con la caída de la Rusia otrora soviética, incorporada ahora al mercado mundial capitalista, las campanas no doblaban ya "por la muerte del comunismo" (…). A la caída del "socialismo real", se sucede la caída del "capitalismo real", es decir, de un capitalismo mitificado por la ideología de la globalización y el "efecto derrame" de los mecanismos de mercado (Rapoport y Laufer, 2003, p. 13)

Este es uno de los motivos por los que la globalización capitalista no puede dar por concluida sus crisis sistémicas, apelando por ello, desde la década de 1970 hasta la fecha, a sanear su situación mediante la aplicación de dos de sus modelos menos promisorios: el financiero y el excluyente, profundizando una depresión económica que para algunos ya se asemeja a una crisis civilizatoria. Esa nueva crisis cíclica del capitalismo, no está demás aclararlo, incide también en los eventos golpistas que, en cada uno de los países de la "Patria Grande" tienen a sus operadores vernáculos; como en Argentina, país poblado por obedientes colaboradores de los "fondos buitre" y varias fundaciones que dependen de la *National Endowment Foundation* (NEF) –la cara social de la CIA–; entre ellas: "PensAr", "Libertad" y "Atlas", integradas por prominentes dirigentes de algunos partidos políticos de oposición al actual gobierno argentino (Proscenio 7).

Es así que de la "Utopía" de Tomas Moro (siglo XVI) se llegó a la utopía de *mierda* que históricamente conocemos como el "Siglo de las Luces" (siglo XVIII), o lo que es lo mismo: la incompetencia de la humanidad para volverse benigna para consigo misma y la Naturaleza. Esto me recuerda unas palabras del cuento de Adolfo Bioy Casares, "Un león en el bosque de Palermo", en donde a uno de sus personajes, el acartonado doctor Srandle-Zanichelli, se le hace reflexionar, de esta manera, sobre el insospechado poder de los feroces instintos humanos:

> Ustedes opinan el que el medio natural del hombre es la civilización, pero yo pregunto: ¿no será el hombre una fiera inteligente que, predestinada al suicidio, inventó la civilización, camino tortuoso y largo por donde llegará al fin a devorarse a sí misma, como abyecta hiena despiadada? (Bioy Casares, 1968, pp. 126-127)

Me estoy refiriendo a los últimos acontecimientos que en *NuestraAmérica*, y en Argentina en particular (Proscenios 7 y 8), intentan camuflar las acciones maniqueas del águila imperial: Estados Unidos de Norteamérica (EE.UU.), que con sus aliados –entre otros: Inglaterra, Alemania, Canadá, Francia o Israel–, mediante violentos episodios que conducen a la desestabilización institucional busca pretextos para contener lo que a su entender son las amenazas al proceso "civilizatorio" que, desde fines de la década de 1970, se describe como "globalización capitalista". Prueba de ello, insisto, son los episodios que se sucedieron durante el primer trimestre del año 2015 en Argentina, Brasil y Venezuela.

En un boletín de TeleSur se puede examinar que el cinismo político del imperialismo llega hasta el corazón mismo de la mal llamada izquierda:

> Un decreto de Barack Obama declara "en emergencia nacional" a EE.UU., ante "la inusual y extraordinaria amenaza" que supondría Venezuela para aquel país. Esto obliga a una profunda reflexión. ¿Qué significa esta acción política de EE.UU.? En términos "técnicos", implica una clara injerencia sobre dos poderes del Estado venezolano: el Poder Ejecutivo y el Poder Moral, sancionando a seis funcionarios encargados de la seguridad y a una fiscal encargada de promover acciones judiciales ante hechos de violencia y

golpismo. Si esto ya es grave, en términos políticos globales es mucho peor (…). Incluso algunos dirigentes de izquierda caen en el juego de este discurso perverso, convirtiéndose –voluntariamente o no– en cómplices de los planes imperialistas. Por poner sólo un par de ejemplos: en pocos días, Pablo Iglesias –dirigente de Podemos– manifestó que no le gustaba que el golpista alcalde Ledesma estuviera preso; el nuevo vicepresidente de Uruguay, Raúl Sendic, declaró que no tiene elementos para afirmar la injerencia norteamericana y un candidato presidencial de la izquierda en Argentina –Jorge Altamira, del FIT– llegó al extremo de (…) acusar de golpista (…) al gobierno bolivariano. (Fuente: http://www.telesurtv.net)

El dirigente Jorge Altamira azuza el coraje político de quienes a través de la Revolución Bolivariana conducen al pueblo venezolano hacia el umbral del SOCIALISMO DEL SIGLO XXI. Sus palabras, como las de tantos/as otros/as, son liturgia envenenada; de allí que me resulte imposible abstenerme de poner al desnudo su responsabilidad en la viuda conciencia de quienes desean convertir a *NuestraAmérica* en una momia deshilachada.

Con fecha 13 de marzo, en otro de los boletines de TeleSur, se lee:

A pesar de lo que se viene diciendo durante los últimos 25 años, el imperialismo sigue intacto en su accionar, en vez de desaparecer se ha hecho más agresivo que nunca. Este fortalecimiento se puede apreciar en el crecimiento de las hostilidades en el mundo, los conflictos bélicos destinados a expandir la esfera de influencia política y económica de Estados Unidos. El imperialismo no ha terminado, porque no se trata de un discurso, una visión ideológica o determinada forma de llevar a cabo la política internacional, circunscrita a la guerra fría. El imperialismo no es un discurso político porque su campo no es exclusivamente el de la política, ni el de las relaciones internacionales, no se trata de una teoría desarrollada por izquierdistas obsesionados con un país o ineficientes gobernantes buscando a quien echarle la culpa (…), el imperialismo (…) debe su surgimiento al desarrollo de la lógica sobre la que actúa la economía capitalista.

Desde hace años el concepto de "estado delincuente" cumple un significativo papel en la planificación geopolítica e imperial de EE.UU., es la misma etiqueta que se utilizó con un sadismo absoluto contra Irak y otros países árabes. A manera de ejemplo, un antecedente de esta política de agresión norteamericana hacia *NuestraAmérica* fue, hace unas décadas atrás, su intervención en Nicaragua. Noam Chomsky, en *Actos de agresión*, construye una imagen nada seráfica de la política exterior norteamericana, en la que no solamente viola resoluciones de las Naciones Unidas (NN.UU.) o la Declaración Universal de los Derechos Humanos, sino que a través de una maquinaria propagandística que suele tener el acompañamiento de la "prensa libre" (Proscenios 2 y 6), descalifica hasta a sus propios tribunales. Así lo expone cuando el país "enemigo" pasó a ser Nicaragua:

El desprecio del imperio de la ley está muy arraigado en la costumbre y la cultura intelectual norteamericana. Recordemos, por ejemplo, la reacción al fallo del Tribunal Internacional que en 1986 condenó a Estados Unidos por el "uso ilegítimo" de la fuerza contra Nicaragua y exigió que desistiera de él y que pagara indemnizaciones considerables, a la vez que declaraba que toda ayuda norteamericana a la contra, del tipo que fuese, era "ayuda militar" y no "ayuda humanitaria" (…). Los términos del fallo no se consideraron dignos de publicarse y se hizo caso omiso de ellos. El Congreso, controlado por los demócratas, autorizó inmediatamente nuevos fondos para intensificar el uso ilegítimo de la fuerza. (Chomsky, 2000, p. 132)

Chomsky me hace pensar en la nada utópica quimera del "capitalismo democrático", con la que sus más conspicuos adeptos crearon una enorme burbuja financiera. Voy a retratar esa gran burbuja apelando a un breve cuento:

Había una vez una gran metrópoli dentro de la cual vivían muchísimos mutantes; millones de ellos transitaban frenéticamente por las proximidades del *Central Park* y la 5° Avenida, y por extraño que parezca, se cruzaban y hasta convivían, tanto con los parias urbanos del *Bronx* y de *Harlem* como con los *yuppies* que comulgaban con el "sueño americano". En esa ciudad de la emblemática "águila negra" no había Hombres que necesitaran de un prójimo, sólo individuos. No era muy corriente vivir para instruirse con el fin de ofrecer algo valioso para los demás. La vida de esos seres, al menos la de los *yuppies*, estaba signada por los principios de un credo llamado consumismo. Un buen día, no hace mucho, la burbuja explotó y de pronto vino una época de estancamiento e insatisfacción. Fue, dicen, entre los años 2007 y 2008. El "sueño americano" de esos seres se convirtió en una pesadilla. La mayoría de ellos comenzaron a ser despojados de su patrimonio material. Mucho antes les habían robado su dignidad, su conciencia y sus convicciones. En un sentido, tanto literal como metafórico, sus vidas se convirtieron en una yuxtaposición de comedia y tragedia, en la que cada uno de ellos se convirtió en una alegoría de pesada orquestación wagneriana: una comedia de cucuruchos que estallaban trágicamente en la frente de sus rostros hundidos en un mar de caos y confusión. También, hay quienes dicen que sus vidas dejaron de tener un fundamento material consistente. El desvaído "sueño americano" se tornó lejano, casi inexistente. Estaban tan idiotizados que eran incapaces, incluso, de tener un sentimiento de "ajenidad" que les permitiera reaccionar frente a la vaciedad de ese credo llamado "capitalismo democrático". No eran capaces de decir más de lo que escasamente les venía a la mente porque una extraña patología neurológica se los impedía; tampoco más de lo que podían decir sus labios, pues jamás habían besado a un paria del *Bronx* o de *Harlem*.

Frente a la explosión de la "burbuja", la única reacción fue el emplaste del cucurucho en sus frentes de mutantes. Nada de piquetes. Nada de comunas. Sólo el relámpago de una revelación en la que la inconsciencia capitalista les despedazó el "sueño americano", transformándolo en la "pesadilla americana". Pesadilla que quieren cobrar, nuevamente, a los pobladores de la "*Patria Grande*". ¡Oh triste y desvalida *Abya Yala*!, no resignen sus dones de Humanidad y riquezas naturales a la ambición de una otredad que no es alteridad.

No me siento apenado por ellos, sólo les diría: "Desventurados norteamericanos, no acepten con resignación el compromiso fatal con la teología que cristalizó sus conciencias. No esperen un redentor. La palabra 'fraternidad' no es una burla, y el sueño de una sociedad sin clases no es una utopía. Otros mundos son posibles. Mundos que no están sometidos por el miedo, el terror y la crueldad. Desdichados norteamericanos, sepan que el poder absoluto del mercado corrompe, y que el poder popular dignifica dejando perplejos a los absolutistas del mercado. ¡Aceptad la voz que les insta a emular la pasión de los espíritus rebeldes!".

El hombre inventado por la civilización occidental vive atrapado en un mundo de sombras, como en el "Mito de la caverna" de Platón, el montaje escénico de la era de la post-política como espectáculo, donde la escenografía la ofrece el venerado "periodismo independiente". El mundo real se le oculta, tanto es así que al igual que a los prisioneros de la alegórica caverna de Platón, este presente continuo ha logrado engañarlo y someterlo a una casi eterna ilusión. Esto es lo que sucede, fundamentalmente, en las grandes metrópolis, de allí que muchos/as se pregunten: ¿para qué recorrer una cantidad de negocios diferentes si puedo emplear mejor mi "tiempo cautivo" estacionando y malvendiendo mi "tiempo de ocio" en un *shopping*? (Proscenio 6). No importa cómo compramos ni qué compramos, "afortunadamente" son dos de las cuestiones que entre muchas otras ya nos ha resuelto, en la "caverna", el capitalismo de consumo a través de la publicidad, en particular aquella que nos "concientiza" sobre aspectos vinculados a la biodegradabilidad; por ejemplo: "¡Compra verduras y hortalizas cultivadas en forma orgánica, sin fumigación química ni fertilizantes artificiales!", "¡Ayuda a salvar los árboles, usa papel higiénico con un ciento por ciento de papel reciclado!", "¡Asegúrate de reutilizar las bolsas de plástico!"... de esta manera, repetidamente, va cobrando sentido toda la parafernalia del marketing que va taladrando la psique de ese/a consumidor/a que se convierte, infaliblemente, en la "abyecta hiena despiadada" de la que habla Bioy Casares. Un ser programado por la *Matrix* del consumo cuyos principios poco tienen que ver con los "bárbaros" incivilizados que no creen en las narrativas del progreso o el "desarrollo sustentable", pero que ven afectados sus territorios por la producción colonial de la Naturaleza o las trampas de un ecologismo expropiador. "Bárbaros" que, a diferencia del hombre racional y civilizado de la Modernidad occidental, tienen sobrada (con)ciencia de que los diferentes compartimentos de la biosfera y sus interacciones: la atmósfera, la litosfera y la hidrosfera, como también varios conjuntos ecosistémicos –pueblos, especies e interacciones entre organismos–, ya están afectados por degradaciones socioambientales irreversibles (Proscenios 2 y 5). En este aspecto, los versos del cantautor Marcelo Roba Vigouroux, uno de los colegas y amigos que nos halaga junto a Sandra Contreras con el Prólogo, lo dicen todo acerca de la Madre Tierra y sus dones:

...Es sagrada por derecho divino.
Lo sentencia el río, que es sagrado.
Lo manda el volcán
que es el brazo revolucionario de la Pacha...

Ahora bien, aunque parezca ser discordante con lo apuntado en los párrafos anteriores, otro de los objetivos de este ensayo consiste en la enumeración de una serie de acontecimientos que, de manera violenta, ponen en evidencia el desplazamiento del rediseño de las políticas sociales y económicas que, hasta un pasado no demasiado lejano, creíamos que eran el resultado de complejos procesos de negociación entre subjetividades no siempre antagónicas. No obstante, advenimientos previos a la década de 1980 –en la que el politólogo de origen japonés Francis Fukuyama le da la despedida a la Historia y al Hombre en su libro *Fin de la historia y el último hombre*– surge un mundo unipolar que, en colaboración con las corporaciones mediáticas, homogenizan los procesos que perpetúan la desintegración de la ancestral armonía Hombre-Naturaleza,[5] y cuyo propósito fundamental –desde el Consenso de Washington en adelante– es provocar en las democracias meramente formales del subcontinente americano nuevos "bonapartismos" (Proscenio 9) que eviten transformaciones políticas, económicas y sociales que puedan conducirnos a la conformación de una sociedad "comunitarista" con el aroma y luminosidad del "*SUMAK KAWSAY* – VITALISTA" o el *SUMA QAMAÑA*, que a mi entender: ¡no deben tomar distancia del SOCIALISMO DEL SIGLO XXI!, en tanto que este socialismo rechaza el (antropo-euro-anglo-etno)centrismo capitalista, poniendo el acento en los ejes vertebradores del "Buen Vivir" aseverado por Atawallpa Oviedo Freire (2013) en algunos de sus planteamientos (Proscenio 10).

Seguidamente, para que se entienda el motivo por el que me defino "marxiano" antes que "marxista" considero que: i) el realismo político exige presentificarnos, esto es, temporalizarnos; ii) contrariamente, no es lo que

---

[5] Transformación que ya se había iniciado antes de la división del trabajo en la fábrica y el campo.

hace el *gugol*[6] de "*ismos*" marxistas, incapaz de generar un relato que, sin recurrir al marketing político, asuma que no es una vanguardia iluminada. De allí, entre otros motivos, proviene la incapacidad de muchos/as dirigentes izquierdistas para situar a Karl Marx espaciotemporalmente. Esa ineptitud es motivo suficiente para declararme "marxiano" y sentirme identificado con algunos planteamientos de Oviedo Freire acerca del Vitalismo:

> La misión del Vitalismo es la de acentuar la "cosmunión", la aproximación, la coparticipación, el emparejamiento; y no la separación, la exclusión, la división, la competencia, el éxito, tal cual dice la máxima romana civilizatoria que ha gobernado desde hace más de dos mil años hasta el día de hoy: "divide y vencerás". (…) Mirar desde el bien y el mal a la vida, es una actitud adjetivista y sancionadora que únicamente nos ha conducido a la disgregación: machismo, fundamentalismo, etnocidio, genocidio, femicidio –feminicidio– (asesinato de mujeres), ecocidio (asesinato de la naturaleza), deicidio (asesinato de dioses, religiones y espiritualidades; es decir, a todas las formas de eliminación y subyugación de lo opuesto y diferente (alteridad). (Oviedo Freire, 2013, pp. 240-242)

La "eliminación y subyugación de lo opuesto y diferente" presupone, consciente o inconscientemente, que sólo se valora positivamente lo "propio", en tanto que lo ajeno o extraño; por ejemplo: los "demás" o los "otros", nunca podrían alcanzar la salvación de la que hablan los profetas cristianos. De allí que el único medio para que una persona sea ella misma es entrar en el *convivio*; o sea: en común unión con los demás, algo que durante el "socialismo real", en tanto primogénito de la matriz moderna de Occidente, nunca cuajó ya que consideró que lo "propio" es adecuarse a los patrones de juzgamiento de un proceso civilizatorio que, en conformidad con un materialismo dialéctico no situado, nos conduciría a la "civilizada" sociedad sin clases, aquella que hizo posible la Revolución de Octubre con una dictadura de Estado que "disolvió las clases sociales" y lo "Otro" en los campos de exterminio conocidos como *gulag*. ¿Este es el modelo apetecible a imitar? Si así fuera, estamos ante un ateísmo etnocentrista cuya misma forma de pensar se asemeja a la del sacerdote francés que, respecto de los hindúes, escribió: "*Como están completamente persuadidos de los méritos superlativos de sus propios hábitos y costumbres, consideran que la de otros pueblos son bárbaros y detestables, y francamente incompatibles con una verdadera civilización*" (Dubois, 1947, p. 303).

---

6 "*Gugol*", en inglés "*googol*", es un número enorme: un 10 seguido de 100 ceros, fue acuñado en 1938 por Milton Sirotta, un niño de 9 años, sobrino del matemático estadounidense Edward Kasner.

Obsérvese que su crítica a la forma de pensar del pueblo hindú, es propia de la cultura occidental y cristiana. Cultura que, como plantea Sandra Contreras (Anexo II), nunca estuvo dispuesta a "pensar pensando-nos".

Todo esto nos alerta acerca del cuidado de la Memoria, ya que ésta actúa como una pócima para la emancipación de las identidades truncadas. Por ello, la emancipación debe ser la empresa de quienes sienten la asfixiante miseria de un pasado cosificado y se atreven a liberarlo.

Para Ervin Laszlo hemos llegado a "una línea divisoria en la historia"; nos advierte que

> (...) el estado del mundo en el año 2015 estará determinado por el desarrollo de tendencias dominantes, catalizadas por conductores dominantes. Las siete tendencias dominantes y sus conductores son: la cuestión demográfica, recursos naturales y ambiente, ciencia y tecnología, economía global y globalización, gobierno nacional e internacional, conflictos futuros y el rol de los Estados Unidos (...) el mundo del 2015 se parece mucho al mundo de hoy excepto que algunos segmentos de la población estarán mejor (duele tener que decirlo, una minoría que cada vez se reduce más) y los otros segmentos (una creciente mayoría) estarán peor. El sistema de economía global continúa creciendo, aunque su ruta es escarpada y marcada por una sostenida volatilidad financiera y una ampliación de las divisiones económicas.
> (Fuente: http://www.sabiduriarcana.org)

Esas tendencias están transversalmente vinculadas, pero una de ellas, "ciencia y tecnología", aunque más en particular la "tecnología", es poseedora de cierta superioridad instrumental en el sentido de conferirle a algunos hombres poder sobre sus congéneres y la Naturaleza a partir de los mecanismos de erosión de las fronteras entre lo público y lo privado.

Cada uno de los Proscenios culmina con una "Lectura Activa" que, acompañada por breves comentarios y algunos interrogantes, tienen un doble propósito: i) a partir de una atenta lectura, analizar qué cosas pensar, qué cosas "pensar-nos"; qué cosas hacer, qué cosas comprender; ii) involucrarse críticamente en ese maravilloso desafío que significa interpelar a esas "autoridades" que indistintamente llamo *peritorum* o *expertises*.

Cabría ahora precisar el porqué de la división de los temas abordados en proscenios. Dada la traducción literal del vocablo latino *proscenium* como "delante de la escena", paso a explicar mis motivos: el proscenio es el área del escenario de un teatro más próxima al público. Es sabido que la zona que ocupa en la disposición del coliseo puede, entre otros, tomar el nombre de "gloria", pero como la radiografía del "proscenio" de la globalización capitalista no da cuenta de "gloria" alguna para la mayoría de los seres humanos que, "delante de la escena" sufren los avatares de la alienación, el despojo de sus derechos sociales, los crímenes de lesa humanidad que Norteamérica y sus aliados cometen, o la desdicha de no poder ser "huéspedes" de una *Pachamama* maltratada por el "desarrollo" de la Modernidad de Occidente, decidí dividir el entramado de este libro en diez proscenios, pensando además que aún hay escenarios como los del Foro Internacional "Emancipación e Igualdad", realizado en el Teatro Cervantes de Buenos Aires durante marzo de 2015, en el que muchos/as de los invitados/as y participantes decidieron perturbar con sus convicciones los intereses corporativos de quienes ejercen un *"poder-sobre"* dominador que tiene como objetivos excluyentes:

a) Impedir la consolidación de una sociedad más justa y orientada hacia la igualdad.
b) Jamás apuntalar la dimensión universal de la emancipación en sus dimensiones: intelectual, política, socioeconómica y cultural.
c) Insistir en la preeminencia del hombre sobre la Naturaleza para convertirlo en esclavo de la *libido sciendi* y la *libido dominandi*.
d) Considerar que es algo absolutamente normal que en muchas partes del mundo la mujer padezca reclusión o que se realice clitoridectomía, aún en muchos rincones de la misógina cultura occidental.
e) No dar cuenta de una vida digna preservando de condiciones ecológicas que garanticen "Buen Vivir" o "Vivir Bien" a las generaciones futuras.
f) Nunca inducir a la creencia de que el presente es el resultado de una construcción social que, como tal, abreva de elementos del pasado, y que será a partir del compromiso de los más a favor de la liberación social decidir qué desean atesorar y qué rechazar; pues de lo contrario se corre el riesgo de que en los propios pliegues de una actualidad permanentemente ficcionalizada por las relaciones de poder, renazca la (con)ciencia de que hay mujeres y hombres que no desean exponerse a los mecanismos seductores e incitaciones políticas que cieguen el "fluido social del hacer" realizante, corriendo el riesgo de escapar al abismo de incertidumbres para volcarse a la aventura emancipatoria.

La idea es que el lector, por ejemplo un joven o una joven estudiante, no sólo sea un espectador más, sino que se convierta en un sujeto "actuante", el "espectador emancipado" del que habla Jacques Rancière (2010a), o un ser inquieto que a partir de su "proyección"[7] fuera de la "caverna" y sobre el escenario sociopolítico real, se sitúe en pie de igualdad ante esas otras personas que, frente al requerimiento de los sectores dominantes, rinden

---

7 Como se verá en el Proscenio 7, la "proyección" es el último de los principios para la construcción de una subjetividad política que abone el terreno para la emancipación intelectual.

culto a la sociedad de libre mercado perfecto. Esto haría que, junto a quienes colaboran con sus aportes en este libro, intente subvertir los corazones de quienes aún se sienten guiados por la pasión de la memoria y el sueño del "mundo bello"; apelando, por ejemplo, al recuerdo de la "historia de un ser de otro mundo, un animal de galaxia" (Silvio Rodríguez) que hizo circular sobre la faz de la "Patria Grande" la esperanza de la emancipación y la liberación social.

En realidad, más que la "historia de un ser de otro mundo", es la "historia de varios seres de otro mundo", como los "normalistas de Ayotzinapa", quienes para los funcionarios patriarcales y narcos que los asesinaron seguramente eran "hijos de la chingada".[8] A ellos y a otros Maestros, como lo hace Louis Althusser en *Ideologías y aparatos ideológicos del Estado*:

> Pido perdón (…) a los maestros que, en condiciones espantosas, intentan volver contra la ideología, contra el sistema y contra las prácticas de que son prisioneros, las pocas armas que puedan hallar en la historia y el saber que ellos "enseñan". Son una especie de héroes. Pero no abundan, y muchos (la mayoría) no tienen siquiera la más remota sospecha del "trabajo" que el sistema (que los rebasa y aplasta) les obliga a realizar y, peor aún, ponen todo su empeño e ingenio para cumplir con la última directiva (¡los famosos métodos nuevos!). Están tan lejos de imaginárselo, que contribuyen con su devoción a mantener y alimentar esta representación ideológica de la escuela, que la hace tan "natural" e indispensable, y hasta bienhechora, a los ojos de nuestros contemporáneos como la iglesia era "natural", indispensable y generosa para nuestros antepasados hace algunos siglos.
> (Fuente: http://www.infoamerica.org)

Para todos esos "animales de galaxia", vaya nuestro reconocimiento a través de este tema de Carlos Puebla:

HASTA SIEMPRE

Aprendimos a quererte
desde la histórica altura
donde el sol de tu bravura
le puso un cerco a la muerte.
Aquí se queda la clara,
la entrañable transparencia,
de tu querida presencia

---

8   "Hijos de la chingada" o su equivalente en castellano: "Hijos de la violada" es una expresión que aún hoy se sigue usando en México. Proviene de los claroscuros de la historia de la conquista ya que "la chingada" es Malinche o "La llorona", mujer india que victimizada por Hernán Cortés se convirtió en puente de comunicación entre aztecas, mayas y españoles, pero que en definitiva padeció la fatalidad histórica de ser esclava de dos culturas.

Comandante "Che" Guevara.
Tu mano gloriosa y fuerte
sobre la historia dispara
cuando todo Santa Clara
se despierta para verte.
Vienes quemando la brisa
con soles de primavera
para plantar la bandera
con la luz de tu sonrisa.
Tu amor revolucionario
te conduce a nueva empresa
donde esperan la firmeza
de tu brazo libertario.
Seguiremos adelante
como junto a ti seguimos
y con Fidel te decimos:
¡Hasta siempre comandante!

PROSCENIO 1
Del "siglo de las luces" a la "Cajita Feliz" de McDonald's

> *La bandera acude al paisaje inmundo... La más cínica prostitución alimentaremos en los centros. Masacraremos las lógicas rebeliones. ¡En los países esquilmados y apaciguados! –al servicio de las explotaciones militares e industriales más monstruosas... por obra de la ciencia...corrompidos por el confort; la explosión para el mundo en marcha. El verdadero camino. ¡Adelante, marchemos!*
> Arthur Rimbaud: *Iluminaciones* (2011)

Goya: "*El sueño de la razón produce monstruos*" (1799). El artista, a través de este grabado, intentó captar el espíritu de la "Ilustración".

Poco antes del "Siglo de las Luces" ya se había disparado la competencia de todos contra todos y el dominio de los bienes comunes por parte de los "conquistadores" y sus mandantes imperio-colonialistas, provocando los mayores genocidios y etnocidios de la Historia y, para quienes sobrevivieron, así como para sus descendientes: la ausencia de reconocimiento de sus derechos; por ejemplo: aquellos que se incumplen pero que quedaron establecidos el 13 de septiembre de 2007 por la Asamblea General de las Naciones Unidas (NN. UU.) en la "Declaración de las Naciones Unidas sobre los Derechos de los Pueblos Indígenas". Declaración suscripta por la República Argentina, y cuyo propósito fundamental es el de contribuir a la solidaridad y respeto mutuo en cuestiones como:

- La libre determinación.
- La tierra, los territorios y los recursos.
- El derecho propio.
- La definición como pueblos diferentes, sobre todo para los países que tienen políticas de asimilación.

Estas son las premisas fundamentales del "régimen *procomún*" que establecía que "ni el Estado ni ninguna persona individual tiene un control exclusivo sobre aquello que es de todos y de nadie". Tal norma no encajaba en las decisiones de quienes tenían el control y dominio del poder, menos aún en el tsunami neoliberal de la década de 1980, iniciado por esa monstruosa especie llamada "*Homo sapiens demens*" (Edgar Morin). De allí que lo único "común" fue la territorialmente extensa y continua cadena de conflictos étnicos y/o culturales, el desplazamiento forzado de poblaciones, la destrucción de las producciones regionales y sus fuentes de trabajo, la adopción de políticas penales que profundizaron el giro punitivo en contra de la pobreza o la devastación de la *Pachamama*, todo lo cual provocó el surgimiento de las raíces del escepticismo acerca del destino de la "*Tierra Patria*" insinuada por Edgar Morin y Anne Brigitte Kern (1999). Esto es lo que lleva a millones de personas que supieron armonizar sus pensamientos con el otro o la otra diferente, a decir: "*Ya no creo una mierda*".

Por doquier se producen excrementos no reciclables; un ejemplo atroz es la *Cajita Feliz* de McDonald's. Tan dramático, que rara vez escucharemos protestar a un niño o a una niña diciendo, gravemente: "*Mami, papi, esto tiene gusto a catalina*", o bien, "*Abu, esto huele a catalina*". Ocurre que como toda la comida chatarra es una *mierda*, ni mami ni papi ni los/as abu poseen ya las sensaciones gustativas y olfativas. ¿Y qué decir de los sonidos de *mierda* a los que llaman música? Verbigracia: mucho de lo que suben al portal *VEVO* de YouTube. Surgen infinidad de especulaciones sobre si eso es o no arte. Así y todo, pocas veces escuchamos decir: "¿Qué mierda es eso?", o quedamos sorprendidos afirmando: "*¡Ah, qué joder, esto sí que es música!*".

En la sociedad de consumo, además de *mierda* y un sinnúmero de fetiches, todo es vocinglero y ensordecedor. Lo único audible es que la globalización triunfante declaró la muerte de la Historia y la de Karl Marx. Sin embargo, algunos/as algo hastiados/as y con cierto deseo de resarcimiento, afirman: "*Voy a hacer mierda al capitalismo*". En verdad se trata de casos excepcionales: en el fondo, muchos individuos de la clase media ascendente sienten espanto al pensar en el *come-back* de Marx... le tienen cuantioso miedo a las hoces y a los martillos. ¡Ojo!, esos instrumentos de labranza, son artefactos que al ser utilizados subversivamente despiertan la sed de venganza de personajes barbudos y consumidores de marihuana que obtienen en los quioscos de la República Oriental del Uruguay, amenazando con gritos espeluznantes; tales como: "¡Burgueses... los voy a hacer *shit*! No os escondáis en la oscuridad, pues cual si fuera un murciélago los habré de encontrar mediante la ecolocalización". Algunas de estas personas son tan fetichistas que creen vivir en un edén del mercado; al decir de la escritora Isabel Allende, piensan que *"Todos tenemos demonios en los rincones oscuros del alma, pero si los sacamos a la luz, los demonios se achican, se debilitan, se callan y al fin nos dejan en paz"* (Allende, 2015, p. 216).

Pensamientos semejantes ameritan reflexiones profundas, en especial cuando no se está seguro si un proceso social de cambio brusco y radical puede llegar a convertirse en más alienación y sufrimientos. Al respecto, valga la siguiente cita tomada de un libro de Raymond Williams:

> Guerra, revolución, pobreza, hambre; hombres reducidos a objetos y a muertos en una lista; persecución y tortura; las cuantiosas formas de suplicios contemporáneos: sin embargo, la cercanía e insistencia de estos hechos no nos mueven en el contexto de la tragedia. (Williams, 2014, pp. 85-86)

Y "no nos mueven en el contexto de la tragedia" porque la guerra, como el narcoterrorismo o el castigo a los sectores más vulnerables de una sociedad, dejaron de ser competencia exclusiva de sus viejos artífices. Hoy más que nunca, la formidable alianza entre corporaciones empresariales y *expertises* de diferentes campos del saber científico y técnico han hecho posible que para muchos sectores medios de las sociedades que alientan el capitalismo de consumo, en la medida que esas desdichas no les produzcan desolación ni les priven de todas las deidades que les pone a disposición el mercado, no configuren situaciones trágicas. Quizá, aunque lo ignoren, en tiempos de la antigua Grecia lo trágico era aquello que ponía de relieve el carácter absurdo de la existencia; a ellos la tragedia les enseñaba a dominar el dolor y el absurdo de la vida. Hoy el ritual del consumo sin frenos nos vuelve a una muy diferente espiritualidad griega: la tragedia evoca la representación de un espíritu dionisíaco que nada tiene que ver con Dionisos, el dios del vino cuya sangre se derrama en beneficio de los seres humanos; ahora Dionisos es el dios dinero, un fetiche atesorado, entre otros, por los "fondos buitre" o quien fuera el fiscal Nisman.

Ese sector de la sociedad de mercado al que me he referido, la clase media ascendente, fija, como lo ha hecho el fiscal Nisman, el contexto de su tragedia: a Nisman el consumo lo condujo al suicidio, a ellos la imagen de que una sociedad más igualitaria los sumerge en una tragedia aún peor.

Coronando la tragedia, el trance de un universo que está aún en su fase expansiva y al parecer se va a la *mierda*. Contrariamente, la sociedad está en su fase contractiva y ya está hecha *mierda*. De ahí la pérdida de la memoria, que también se hizo *mierda* a partir de tanto machacar con el olvido.

Muchas personas, puedo entenderlo, olvidaron o desconocen que hace unos cientos de años atrás, después del Concilio de Trento, la Iglesia Católica Apostólica Romana tuvo que hacer uso del *Malleus Malificarum* (*El martillo de las brujas*) para combatir a brujas y demonios. Lo que no puedo entender es cómo esas y otras personas olvidan, por ejemplo, que el lenguaje se usa de muchas formas variadas, sea en los foros de confrontación política o en otros sitios como podrían ser los medios de comunicación, pero que con independencia del estilo de cada hablante, hay sí una unidad lingüística fundamental para dar cuenta de algo que se describe o se comenta a través del habla: la inteligibilidad del significado del discurso y su impacto político. Noam Chomsky, en *El miedo a la democracia*, por ejemplo, no le confiere a Ronald Reagan demasiada responsabilidad por las políticas adoptadas en su nombre:

> A pesar de los esfuerzos de las clases cultas por revestir los procedimientos con la dignidad precisa, apenas si fue un secreto que Reagan sólo tenía una idea muy vaga de las políticas de su administración y que, si no era correctamente programado por sus empleados, solía hacer declaraciones que hubieran constituido un problema si alguien se las hubiera tomado en serio (…). El deber de Reagan era sonreír, leer los textos del teleapuntador con voz agradable, contar unos cuantos chistes y mantener al auditorio oportunamente confuso. Su única cualificación para la presidencia fue que sabía cómo leer el guión escrito para él por la gente rica, que pagaba bien por el favor. (Chomsky, 1992, p. 105)

He aquí un antecedente fundamental para comprender las "razones" de esas muchas u otras personas a las que me refería anteriormente. Son tan desmemoriadas, que también olvidan que en EE.UU. hay un "pueblo elector"; pueblo gobernable y obediente que después de la Guerra de Secesión renunció a participar del "fluido social del hacer" por cuenta propia y riesgo, ejerciendo un tipo de ciudadanía tan laxa que le basta, para politizarse, escuchar las sandeces que dice un presidente, pues

> para ser un ciudadano no basta con votar periódicamente si no se goza a la vez de todos los derechos. Hay que tener claro que para una persona privada de ocupación y de sustento, maltratada por la justicia y carente de protección social, se le está usurpando también su ciudadanía por más que cada tanto se le permita acudir a los actos comiciales. (Nun, 2015, p. 330)

Esto revela el por qué no debe sorprendernos que al escuchar a "*cosos*" como Mauricio Macri, incluso cuando el tele-apuntador le sopla, haya millones de individuos que le votan. En situaciones como esas no puedo dejar de evocar a Quico, el amigo del Chavo del 8, e imaginar que lo reprende a gritos diciéndole: "*Macri, ¡cállate, cállate, que me desesperas!, contigo el lenguaje político y sus significados se fueron de vacaciones*". En casos como estos lo recomendable es procurar no escuchar demasiadas majaderías; los/as mentecatos/as pueden hacernos descender a su nivel, consiguiendo a partir de su *libido dominandi*, convencernos o causarnos onomatofobia.

Se ha eyectado tanta *mierda* que en el Cosmos ya casi no cabe una traza de metano, esa forma de carbono generada por la actividad bacteriana en humedales (pantanos, ciénagas, turberas, marjales, musgales, fangales, etc.); en las llamadas "tierras infértiles" (tundra); en los sedimentos marinos o en el aparato digestivo de las/os *expertises* (o del nuestro, ¿por qué no?). La existencia de "*catalina*", o la mismísima historia de *mierda* de todos/as, ya no tienen sentido. Nos asfixia el calor que junto a la *mierda* ya no podemos disipar.

Todo es tan desesperante que en los barrios cerrados –¡paradójicamente!– hay vecinos que reclaman el retorno de Marx... ¡eso sí: sin comunismo ni revolución!; es que temen perder sus privilegios de *mierda*, en especial ese fetiche llamado "dinero" y la posibilidad de multiplicarlo a través de la timba financiera, el dólar *blue* o asociándose a algún fondo de inversión "buitre". No sería desatinado manifestar que coinciden con Marx porque alguno de ellos, algo instruido en lecturas pecaminosas, leyó una de las cartas en las que "¡el judío más errante que el propio Spinoza!" caracterizaba así las dificultades de los procesos revolucionarios en la Europa de la década de 1840:

> Para el joven Marx [el] comunismo no era aún más que "una abstracción dogmática", una "manifestación original del principio del humanismo". El proletariado naciente se había "echado en brazos de los doctrinarios de su emancipación", de las "sectas socialistas", y de los espíritus confusos que "divagan como humanistas" sobre "el milenio de la fraternidad universal" como "abolición imaginaria de las relaciones de clase". Antes de 1848, este comunismo espectral, sin programa preciso, estaba presente pues en el aire del tiempo bajo las formas "poco pulidas" de las sectas igualitarias o de ensueños icarianos.[9]

No se puede negar, la historia muestra que las democracias liberales nunca cumplieron con la promesa de la "felicidad colectiva", tal como proclamara el revolucionario francés Saint-Just en un discurso pronunciado ante la *Convention* del 3 de marzo de 1794. Ejemplo de ello es que esas democracias fueron parte responsable del surgimiento del fascismo, del

---

9   Con "*ensueños icarianos*" el relator se refiere a los utopistas franceses que establecieron, entre 1848 y 1898, un grupo de colonias igualitarias en EE.UU. El movimiento icariano estaba dirigido por Étienne Cabet. (Cfr.: http://www.vientosur.info/spip.php?article929).

nazismo, del colonialismo y del imperialismo en cualquiera de sus rostros, todo lo cual explica la decepción de muchos ciudadanos que van cada vez menos a las urnas, sin que por ello devinieran en sujetos pasivos como podrían presuponer los gobernantes imposibilitados, siquiera, de fingir el dolor de sus representados. Mas cuando a estos últimos se les interpela, incurren en argumentaciones falaces: verbalizan el inconsistente recurso de los votos recibidos o recurren a una avalancha de eufemismos que ha impregnado el discurso político, construyendo imágenes distorsionadas de la realidad social y ambiental. O bien, en el mejor de los casos, valiéndose de la falacia *ad hominem*, nos mandan a la *mierda*. Y digo "en el mejor de los casos" porque de ser un "cabecita negra" o un "negro del oeste" de la ciudad de Neuquén, la política racista de criminalización los convertiría en reclusos, transformándolos en parias a los que, como afirma Loïc Wacquant, "*El gobierno neoliberal de la inseguridad social*" haría

> (…) objeto de un triple estigma –moral (se han colocado a sí mismos fuera de la ciudadanía al no respetar la ley), de clase (son pobres en una sociedad que venera la riqueza y concibe la condición socioeconómica como resultado del esfuerzo individual) y de casta (la mayoría son negros y, por lo tanto, procedentes de una categoría privada de "honor étnico")–; los reclusos son el grupo paria entre los parias, una "categoría sacrificada" que puede ser humillada con total impunidad para así proporcionar una ganancia simbólica enorme. (Wacquant, 2010, p. 266)

Que todos/as aspiremos vivir con dignidad es más que deseable, sin embargo esa finalidad no puede justificarse a partir de cualquier medio, menos todavía el terrorismo que desde antes del 11 de septiembre de 2001 ejercen los sucesivos presidentes de EE.UU., ya no solamente a través de los masivos bombardeos sobre poblaciones civiles en Irak, Afganistán, Siria o Palestina, o las torturas en la cárcel de Guantánamo; hoy nuevamente en *NuestraAmérica*, con el apoyo brindado a los golpes de Estado en Honduras y Paraguay, además de los procesos de desestabilización institucional en Venezuela, Bolivia, Ecuador, Argentina o Brasil; tema del que nos ocuparemos con cierto detalle en el Proscenio 6, y cuya particularidad es la adhesión de sectores que dicen ser "progresistas". ¡Qué difícil es para muchos/as escapar del dogmatismo!, tanto como huir del nihilismo que les lleva a decir, "*¡Ya no creo una mierda, que viva la intransigencia y el relativismo radical!*". Aún así, podemos y debemos lograr: alcanzar, adquirir, capturar, atrapar, conquistar, apresar, conseguir, generar, propagar, difundir, esparcir y aprehender maneras de consumir armonía y "Buen Vivir" o "Vivir Bien", plagiando la fertilidad de la amorosa exigencia de los estudiantes que se pronuncian de esta manera:

CARTA DE RESPONSABILIDADES HUMANAS: *"CARTA DE AMOR"*

Nosotros/as estudiantes de la Escuela de Enseñanza Media N° 205 "Nicasio Oroño", delegados ambientales de los cursos de 1° a 5° año en representación de esta comunidad educativa de la ciudad de Villa Constitución, Santa Fe, Argentina, como argentinos y argentinas estamos dispuestos a defender como derechos, estos nuestros sueños:

- La posibilidad de estar en familia, esa que nos mima, nos protege, que día a día nos brinda cariño y sonrisas.
- Compartir días lluviosos y poder sentir el olor a tierra mojada como compartir mañanas, tardes y noches con amigos escuchando música y pasando buenos momentos.
- El placer de estar con los que queremos, escuchar la música que nos agrade, con respeto o tolerancia por los gustos de cada uno, volver a sentir como antes el perfume de las estaciones del año, y percibir el olor a las panaderías. Esa paz, esa tranquilidad que es realmente indescriptible y QUE NO QUEREMOS PERDER.
- Sentirnos representados por el amor de nuestra familia, sin violencia intra o extra familiar, el aroma a comida de la abuela que nos hace soñar con nuestra infancia y el calor de nuestro hogar.
- Disfrutar de un plato en la mesa, dignos de merecerlo, degustarlo sin tener que cerrar las ventanas por el humo o el hedor a basura que viene de afuera.
- Deleitar nuestra mirada al ver el campo, esa paz que nos recorre el cuerpo al observar esa llanura interminable, que se ve afectada por las bolsas plásticas, botellas descartables, pañales, desechos que no tienen por qué estar ahí, contaminando ese lugar tan hermoso y sereno.
- El recuerdo de la sonrisa de la gente, igual a la que nos provoca el olor a la comida de las abuelas, que a veces solemos compartir con amigos. Queremos dejar de preocuparnos por responsabilidades que adultos y gobiernos no desarrollan, para amar, soñar y divertirnos.

Sin embargo, estos derechos se ven cercenados por acción u omisión, manifestándose su ausencia en las irresponsabilidades políticas, por eso:

- Nos duele no poder tomar agua de la canilla como lo hacíamos con nuestros amigos después de jugar en la calle, cosa que ahora nuestros hermanos y sus amigos no pueden hacer por el grado de contaminación e inseguridad que se demuestra día a día.
- Los robos y secuestros que causan mucha impotencia. No poder caminar tranquilos por nuestra ciudad porque tenemos miedo que nuestro nombre se escriba en una lista larga de muertes injustas.
- La política que no se hace cargo de parte de la realidad y no la transforma.
- La policía que se abusa de la autoridad.
- La falsedad, la desconfianza y sobre todo la discriminación que existe en la sociedad actual.
- El maltrato animal, siendo que nos brindan compañía, afecto y a veces son más civilizados que nosotros.
- La violencia hacia la mujer e infantil en todos sus aspectos: psicológicos, físicos y verbales.

- La droga y su trama a través del tráfico, consumo y la explotación humana para beneficio económico de poderosos.
- La contaminación ambiental por empresas que brindan fuentes laborales pero nos causan daños al organismo (enfermedades terminales).
- La pobreza injusta e innecesaria ya que contamos con muchos recursos para satisfacer nuestras necesidades básicas.
- La discriminación por: orientación sexual, género, la vestimenta, por la forma de pensar y por características físicas. La falta de tolerancia y aceptación hacia el otro y lo otro.

Por todo esto –los jóvenes estudiantes– no nos podemos sentir responsables, dado que las mayores responsabilidades son las políticas y las económicas. Pero como co-responsables sociales de la transformación necesaria, nos proponemos:

- Formarnos para la participación democrática y la construcción colectiva desde la función de delegados ambientales.
- Solicitar a las autoridades ministeriales que en las escuelas se implemente la Educación Ambiental.
- Ejercitar la aceptación de los otros y lo otro tal como es.
- Promover la adopción de los animales con responsabilidad.
- Presentar proyectos a las autoridades municipales para que se dicten normativas o se cumplan las existentes.
- Pintar murales colectivos planteando la idea de concientizar a la gente de mejorar nuestro ambiente.
- Promover conciencia ambiental a partir de materiales generados por nosotros que informen sobre las problemáticas ambientales (contaminación) y sociales (inseguridad y adicciones) mediante los medios de comunicación.
- Convencer, convocar a la gente a reuniones situadas en distintas partes de la ciudad. Visibilizar las problemáticas, los "hechos" –no las "pistas"– para que se den cuenta de lo que está ocurriendo en su ciudad, hacerles ver el mal que se está haciendo al no cuidar lo que tenemos, el lugar en donde vivimos.

Para que no seamos talados como los árboles, ni encerrados como los pájaros… para que cada ser sea valorado como se merece, les pedimos nos acompañen a tomar conciencia y valorar toda la vida… ¡con libertad y esperanza echamos nuestra carta de amor a volar!

Dice el filósofo y psicoanalista Cornelius Castoriadis que debemos "volver a los griegos". Nos recuerda que el ágora era el lugar donde se reencontraban las personas para intercambiar opiniones. Un espacio que podríamos considerar como territorio de diálogo, de cooperación, de tensión. Un territorio sin dueño o con tantos dueños como participantes. El lugar de la sociedad civil. Lo que hasta no hace muchas décadas atrás fuera el andurrial de lo público-privado y las prácticas políticas heterodoxas, diferente al *oikos*, que para los filósofos clásicos era la casa, la familia, la vida privada.

En cambio, para la periodista y escritora Naomi Klein el ágora es un *shopping*. Yo digo que un *shopping* es el no lugar del diálogo, el ambiente de los individuos, mas no de los ciudadanos. Es el territorio de los consumidores, de los indivisos seres que abandonaron la política porque se retiraron de lo público ingresando a una difusa zona fronteriza entre lo público y lo privado. Como hoy ocurre en las universidades despolitizadas, donde muchos/as de los que allí trabajan o los que allí estudian, se convertirán en más seres indivisos que pasan algunas horas de sus vidas en una institución poco democrática. Individuos, quizá con alguna profesión, pero nunca dispuestos a luchar por la igualdad, la libertad y la fraternidad. Dejarán de ser (con)ciudadanos.

En lo que a mí respecta, no digo nada que nadie pueda desconocer: el lugar público por excelencia era la calle; el lugar público de la protesta, la calle; el lugar público del debate político, la calle y las Universidades Públicas. Hoy el lugar público de la política se privatizó: es "Parque Norte", el *shopping* o el "Gran Hermano" en cualquiera de sus versiones televisivas.

Max Henriquez Daza, dice que desde la ecología social se asegura que el llamado "bienestar" al que nos empuja el consumismo capitalista, no parece importarle que esto implique un desmesurado gasto de energía natural, que al tiempo que agota a ritmo acelerado el planeta, también lo contamina brutalmente. Vamos aceleradamente hacia la institucionalización de la muerte planetaria fundamentados en una gran mentira, llamada *"el desarrollo"*. El que Felix Guattari llama Capitalismo Mundial Integrado va directo a instaurar inmensas zonas de miseria, hambre y muerte, en un igualitarismo o serialismo massmediático. Los actuales modos de vida humanos, individuales y colectivos, evolucionan en el sentido de un progresivo deterioro. (Fuente: www.ecoportal.net)

¿Cómo, ¡y la calle!? ¿La calle también ha evolucionado "en el sentido de un progresivo deterioro? Sí, en efecto, la calle se convirtió en el lugar privado por excelencia... ¿o no la ven convertida en el producto más valioso de la "cultura[10] publicitaria"? ¿Es que no ven que en la calle, lo que otrora eran las tensiones surgidas del diálogo barrial y comunitario o el debate político, genera hoy la tensión propia de la mercantilización de la vida urbana? ¿No

---

10 Por "cultura", en este caso, hago referencia a ese concepto dualista de raíz tanto griega como judía-cristiana y maniquea que condujo a las oposiciones entre "cuerpo" y "alma" o "materia" y "espíritu", y que, por fuera de toda religiosidad, ni siquiera ha podido ser superado con el más moderno y reintegrador concepto de "persona". Mas si el término "cultura", en su más remoto origen hacía referencia a la recolección de los frutos de la Tierra (de allí la voz "agricultura"), e históricamente más tarde a la formación en las "artes" (de allí la expresión "qué persona más culta"), cuando hago referencia a la "cultura publicitaria" la idea dominante es la de "culto a las bondades de la sociedad de mercado".

ven que las corporaciones solo promueven el desarrollo de democracias formales porque así lo exige el ritmo vertiginoso de la globalización capitalista? Algo similar ocurre cuando se vacía de debate político el territorio universitario. En esencia, el déficit democrático creciente es el resultado de una apropiación cada vez mayor de los problemas vitales por parte de *peritorum*, *expertises* y *mass*media. La solución a esos problemas suele estar en manos de aquellos que los provocan, pues unos y otros tienen compromisos con las corporaciones multinacionales que son las que configuran el poder real. Como muy bien plantea Morin:

> (…) o bien soportamos el bombardeo de innumerables informaciones que nos llegan en la catarata cotidiana a través de los diarios, la radio, la televisión, o bien confiamos en doctrinas que sólo retienen de las informaciones lo que las confirma o es inteligible y rechazan como error o ilusión todo lo que las desmiente o es incomprensible. (Morin, 1999, p. 20)

¿Se puede rechazar como "error o ilusión" que la calle deje de ser vigilada y custodiada cuando se trata de celebrar alguna fiesta patria? Para algunos/as es posible, pero cuando los/as trabajadores/as ocupados/as o desocupados/as intentan recuperarla como territorio de protesta, son reprimidos. Cuando los niños o jóvenes que ofician de lavacoches pretenden usarla como medio de subsistencia, son hostigados por la fuerza "pública", una fuerza pública privatizada y disciplinada para defender el máximo territorio de la mercantilización de la vida urbana.

Para Naomi Klein,

> En un contexto urbano de desarraigo, hay momentos perfectamente propicios para manifestarse, pero quizá lo más importante sea que hay momentos en los que es necesario crear conexiones que hagan de las manifestaciones algo más que una representación teatral. Hay ocasiones en las que el radicalismo implica hacer frente a la policía, pero hay muchas más en las que implica hablar con el vecino. (Klein, 2002, p. 173)

Una última reflexión: después de que los sectores dominantes, los únicos con capacidad de demanda que son de interés para el Consejo Nacional de Evaluación y Acreditación Universitaria (CONEAU), les den una mano a las Universidades Públicas que adhieren a la eximia y neoliberal Ley de Educación Superior (LES): ¿cuál será el único tipo de discurso que se permitirá en el ágora universitario?; ¿qué pasará con la libertad de cátedra?; ¿cuál habrá de ser el destino de los rebeldes, soñadores o timoneles de utopías?; ¿se atreverán las mayorías disciplinadas de los "consejeros" a enfrentar esos poderes, y en una acertada decisión de recuperación del ágora, para ponerlo a disposición del pueblo todo?; ¿serán capaces de honrar el territorio de lo público con palabras como estas: "no queremos que nos den una mano, deseamos que nos saquen las manos de encima"?

Es difícil pensar que muchos/as de esos/as intelectuales pasarán a la historia como tributarios de los pueblos a los que pertenecen; menos aún los que se erigieron en *expertises* o *peritorum* de las corporaciones del capitalismo de mercado, pues sus favores nunca aportaron, ni lo harán, al heraldo de la historia de sus comunidades. Tal como lo plantea Jacques Lacan en *El triunfo de la religión*, la tarea que desempeñan es peor que la del análisis psicoanalítico, pues

> El análisis es una función todavía más imposible que las otras (…), este se ocupa muy especialmente de lo que no anda bien. Por eso, se ocupa de esa cosa que conviene llamar por su nombre (…): lo real. Esta es la diferencia entre lo que anda y lo que no anda: lo que anda es el mundo, y lo real es lo que no anda. El mundo marcha, gira en redondo, es su función de mundo. Para percibir que no hay mundo (…), basta destacar que hay cosas que hacen que el mundo sea inmundo (…). De esto se ocupan los analistas. De manera que, contrariamente a lo que se cree, se confrontan mucho más con lo real que los científicos. Solo se ocupan de eso. (Lacan, 2006, pp. 44-45)

En el capitalismo de mercado, tanto las *expertises* como los *peritorum* que laboran con las corporaciones contribuyen a que "el mundo sea inmundo". Conjuntamente, aliados a los medios masivos de comunicación, crean un mundo, si no real, sensible: su función es designar a un ser esclavizado. Nada decepciona más que constatar que las desventuras de muchos/as desposeídos/as se profundizan cuando el laberinto de las injusticias y las desigualdades no es tomado en cuenta por la irresponsabilidad ética y cívica del panoptismo de quienes se satisfacen con la *libido dominandi* y la *libido sciendi*. Desde ambos tipos de libido, la pasión por el odio hacia ese/a Otro/a que persevera en su instinto libertario, canaliza el franco avance de los fundamentalismos, exponiéndonos al lado más feroz, oscuro y obsceno del aparato imperio-colonial del capitalismo: la eliminación total del diferente.

Nuccio Ordine, en *La utilidad de lo inútil*, escribe:

> Privilegiar de manera exclusiva la profesionalización de los estudiantes significa perder de vista la dimensión universal de la función educativa de la enseñanza: ningún oficio puede ejercerse de manera consciente si las competencias técnicas que exige no se subordinan a una formación cultural más amplia, capaz de animar a los alumnos a cultivar su espíritu con autonomía y dar libre curso a su *curiositas*. Identificar al ser humano con su mera profesión constituye un error gravísimo: en cualquier hombre hay algo esencial que va mucho más allá del oficio que ejerce. Sin esta dimensión pedagógica, completamente ajena a toda forma de utilita-

rismo, sería muy difícil, ante el futuro, continuar imaginando ciudadanos responsables, capaces de abandonar los propios egoísmos para abrazar el bien común, para expresar solidaridad, para defender la tolerancia, para reivindicar la libertad, para proteger la naturaleza, para apoyar la justicia (…). En los próximos años habrá que esforzarse para salvar de esta deriva utilitarista no sólo la ciencia, la escuela y la universidad, sino también todo lo que llamamos cultura. Habrá que resistir a la disolución programada de la enseñanza, de la investigación científica, de los clásicos y de los bienes culturales. Porque sabotear la cultura y la enseñanza significa sabotear el futuro de la humanidad. (Ordine, 2013)

Por fortuna, hay quienes se niegan a "sabotear la cultura y la enseñanza", son los/as "inútiles" que deciden no alinearse a las exigencias de las élites locales; son los/as que se aprestan –como en otros tiempos y después de tantas supercherías– al combate anticolonial y anti-imperial. Son los/as que participan en actividades como el Foro Social Mundial y el no menos trascendente Foro Internacional por la Emancipación y la Igualdad realizado en Buenos Aires entre el 12 y el 14 de marzo de 2015. Son los/as intelectuales comprometidos con el *convivio*, aún cuando las bases éticas y políticas de una sociedad imperfecta pero perfectible no son la prerrogativa de algunos/as, sino el objetivo del "ser –en 'común'– con el Otro y la Otra diferente". Muchos/as de esos/as Otros/as, como diría Octavio Paz, perciben la "Esperanza", no la olvidan; la buscan bajo todos los cielos y entre todos los seres humanos. Son los que sueñan que llegará el día en que la encontrarán, y cuando lo hagan, brotará la posibilidad de que todos/as podamos volver a SER. Mientras tanto: ESTÁN SIENDO.

———◆———

LECTURA ACTIVA

Lee o escucha el tema *"La memoria"* del cantautor León Gieco; advertirás que en cada una de las estrofas, implícita o explícitamente, hace referencia a un hecho o serie de hechos "guardados", "clavados", "escondidos" o "cargados" en la "memoria"; reflexiona sobre cada uno de ellos y:

a) Descríbelos e identifica según tus conocimientos sobre los mismos quién o quiénes sus fueron responsables.

b) Teniendo en cuenta los hechos mencionados en el poema y tus conocimientos acerca de ellos, mas sabiendo que entre los Derechos Humanos "integrales o indivisibles", "inajenables y universales", "exigibles", "históricos" y "trasnacionales", no es posible ignorar el "derecho a la vida", el "derecho a no ser sometido a torturas, tratos inhumanos o servidumbre", el "derecho a la justicia y garantía procesales", el "derecho a la información y libre opinión" o el "derecho a la asociación"; has una lista de los derechos que según tu interpretación de los hechos creas que fueron vulnerados. A su vez, fundamenta y comparte tu opinión.

La memoria

Los viejos amores que no están,
la ilusión de los que perdieron,
todas las promesas que se van,
y los que en cualquier guerra se cayeron.

Todo está guardado en la memoria,
sueño de la vida y de la historia.

El engaño y la complicidad
de los genocidas que están sueltos,
el indulto y el punto final
a las bestias de aquel infierno.

Todo está guardado en la memoria,
sueño de la vida y de la historia.

La memoria despierta para herir
a los pueblos dormidos
que no la dejan vivir
libre como el viento.

Los desaparecidos que se buscan
con el color de sus nacimientos,
el hambre y la abundancia que se juntan,
el mal trato con su mal recuerdo.
Todo está clavado en la memoria,
espina de la vida y de la historia.

Dos mil comerían por un año
con lo que cuesta un minuto militar
Cuántos dejarían de ser esclavos
por el precio de una bomba al mar.

Todo está clavado en la memoria,
espina de la vida y de la historia.

La memoria pincha hasta sangrar,
a los pueblos que la amarran
y no la dejan andar
libre como el viento.

Todos los muertos de la A.M.I.A.
y los de la Embajada de Israel,
el poder secreto de las armas,
la justicia que mira y no ve.

Todo está escondido en la memoria,
refugio de la vida y de la historia.

Fue cuando se callaron las iglesias,
fue cuando el fútbol se lo comió todo,
que los padres palotinos y Angelelli
dejaron su sangre en el lodo.
Todo está escondido en la memoria,
refugio de la vida y de la historia.

La memoria estalla hasta vencer
a los pueblos que la aplastan
y que no la dejan ser
libre como el viento.

La bala a Chico Méndez en Brasil,
150.000 guatemaltecos,
los mineros que enfrentan al fusil,
represión estudiantil en México.

Todo está cargado en la memoria,
arma de la vida y de la historia.

América con almas destruidas,
los chicos que mata el escuadrón,
suplicio de Mugica por las villas,
dignidad de Rodolfo Walsh.

Todo está cargado en la memoria,
arma de la vida y de la historia.

La memoria apunta hasta matar
a los pueblos que la callan
y no la dejan volar
libre como el viento.

León Gieco

PROSCENIO 2
De la "Cajita Feliz" de McDonald's a la "primavera silenciosa"

> *Para mí está clarísimo que entre los derechos humanos de que tanto se habla, hay uno que no se puede olvidar: el derecho a la herejía, a elegir otra cosa.*
> José Saramago, *El Mercurio* (Santiago de Chile, 26 de julio de 1994)

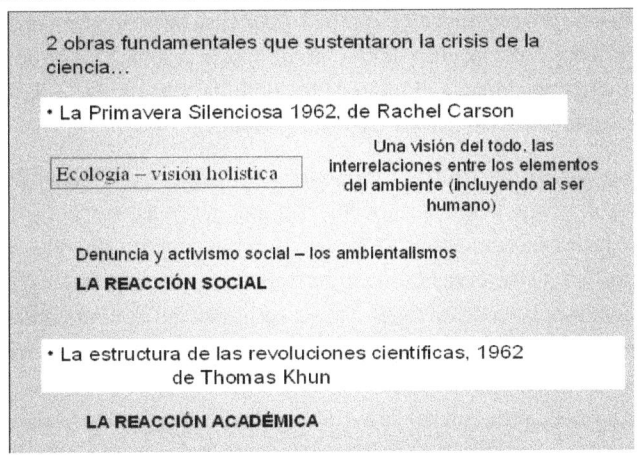

Hasta los más laicos tenemos en nuestro interior algún "homúnculo" que cree en el pensamiento mágico. Hay quienes, sin ser necesariamente religiosos o creer en la magia, aceptan ese tipo de pensamiento como una facultad capaz de modificar la realidad a partir de fuerzas sobrenaturales; por ejemplo, desplazar una montaña debajo de la cual hay enormes riquezas minerales con solo decir: "Sésamo ábrete", y sin que ello genere *a posteriori* problemas concretos, urgentes y graves. Enigmas que hasta podrían ser irremediablemente irresolubles; pues, por mucho que lo hayan intentado los más obstinados, nunca la montaña fue a Mahoma.

Sin embargo, a lo largo de la historia de la ciencia hubo momentos en que el pensamiento mágico ostentó la manera de entender el comportamiento de la Tierra. Recién a partir del mundo árabe y del Renacimiento, la *realidad-de-ahí-afuera* en gran medida deja de entenderse como conocimiento oculto reservado a unos pocos iniciados. Fue entonces que la mayoría de lo que hoy llamamos científicos/as comienza a rechazar el esoterismo (precisamente aquello que viene de la palabra griega *esotérikos* y significa: "pensamiento oculto").

Más tarde, otras fueron las maneras de conocer lo que el mundo es, pero ahora nuestro propósito es señalar que a partir de la mercantilización del conocimiento, la práctica científica le sirve a muchos/as *peritorum* de trampolín para acceder a algún puesto político y, de este modo, trabajar para el *establishment* o hacer, como afirma Marcelino Cereijido: "Ciencia sin seso, locura doble".

A este punto quería llegar, al apareamiento de la academia con los nuevos modos de producción; algo que bajo la excusa de presupuestos exiguos comienza a darle forma, una vez más, al camino de la construcción de ciencia sin seso y la dependencia al yugo de las multinacionales. De allí que crea indispensable poner en debate cuatro cuestiones:

- Cómo el "Primer Mundo" proponía a los países del "Tercer Mundo" bajo su influencia un "desarrollo" a su imagen y semejanza.
- Ante procesos como podrían ser los de extracción de minerales a "cielo abierto" o las reservas hidrocarburíferas "no convencionales", cuáles debieran ser las precauciones que, en combinación de conocimientos ya adquiridos y/o los estudios complementarios que se requieran, evitarían dañar los ecosistemas.
- La mayoría circunstancial de los consejeros de las UU.NN deberían comprender que una cosa es conocimiento y otra información. El primero, a diferencia de esta última, no puede ser almacenado en una biblioteca ni en la memoria de un ordenador, tampoco las veleidades de la *web*. Ese alguien no es un técnico de una multinacional o un productor de *papers* destinado a justificar dedicación a través de la "investigación", pero bien puede ser un grupo de pobladores de la región, elegidos por sus pares, asociados con quienes quieran hacer ciencia con seso en las UU.NN.
- Recordemos que si necesitamos manzanas, no resulta superfluo conocer raíces, tronco, ramas y hojas. No alcanza con la información nutricional de la manzana para liberarse del yugo de quienes nos venden los agroquímicos.

En lo que respecta al primer tema, la estrategia del imperio fue la imposición de un modelo de desarrollo conocido como "Modelo Lineal de Desarrollo", en el que las claves de crecimiento para dejar de ser "subdesarrollado" estaban centradas en lograr la disponibilidad de fondos de inversión (endeudamiento público) y el fomento del comercio internacional; eso sí: partiendo de una economía basada en la exportación de materias primas. Sin embargo, al menos en Argentina entre las décadas de 1950 y 1960, el binomio "desarrollo-subdesarrollo" condujo a la superación de país "periférico", dando lugar a un binomio sustituto: "centro-periferia", en el que un nuevo contexto comienza a diferenciarse tanto de las teorías desarrollistas del "Primer Mundo" como de los enfoques marxistas de los bloques que conformaron el hoy llamado "socialismo real". Este nuevo contexto es el que le da cabida a las empresas transnacionales; en particular: a las que rompen el proteccionismo de la etapa anterior aportando capitales y tecnología para fomentar la industrialización. Aquí, el "dominio tecnológico" de los países centrales, en particular EE.UU., da paso al establecimiento de relaciones sociales que producen un giro que va de la "dependencia" a la "dominación", llegando –décadas más tarde– a una alienación social y cultural que comenzó a generar enormes conflictos en temas como la propiedad intelectual, agravándose, a partir de una economía mundial mercadocéntrica que facilitaba la dominación a partir de la globalización capitalista[11]. Para que esto se comprenda, basta tener presente algunos hechos.

Durante la etapa en la que fungió la presidencia Arturo Illia (12/10/1963 – 28/06/1966), en Argentina: a) se anularon los contratos petroleros firmados anteriormente por Arturo Frondizi con compañías extranjeras; b) se impulsó la explotación del petróleo y los recursos estratégicos por parte del Estado; c) se fomentó la industria nacional; d) se destinó el 23% del presupuesto nacional a la educación (la mayor cifra en la historia del país); el PBI y el Producto Externo Industrial crecieron (el último a un vertiginoso 19% en 1964); e) se bajó la desocupación; f) se disminuyó la deuda externa; g) se llevó adelante un plan de alfabetización; h) se sancionaron las leyes de Salario Mínimo, Vital y Móvil; i) se hizo lo propio con la Ley de Medicamentos con la que se impusieron límites a la posibilidad de realizar pagos al exterior en concepto de regalías y de compra de insumos. Todo esto concluyó en un golpe de Estado encabezado por el Gral. Juan Carlos Onganía con el apoyo de varios sectores de la oposición política, entre ellos: el sempiterno economista conservador Álvaro Alsogaray, sectores gremiales vinculados a la derecha del peronismo y, por supuesto: la infaltable anuencia de EE.UU.

A pesar de lo dicho hasta ahora, admito que es difícil persuadir a personas que se aferran a los ideologismos de la sociedad de mercado e instalarlas a la necesidad de poner en debate un "desarrollo sostenible" que abogue por la

---

11 El problema de la "alienación" lo he desarrollado con cierto detalle en "Del carácter universal de la alienación al 'sistema-mundo'", correspondiente al capítulo 7 del libro: *Umbral para educar en la emancipación, la interculturalidad y la decolonialidad de saberes*.

idea de un "decrecimiento sostenible" que en conjunción con la aplicación de tecnologías adecuadas evite la depredación del ambiente. Realmente, es muy arduo refutar convicciones o creencias que no se adquirieron por medio del "diálogo de saberes" propuesto por Enrique Left, de allí que para concienciar sobre "sostenibilidad" urge la necesidad de desvincular por completo, y sin "ideologismos", esa idea de la noción de crecimiento; esto es, una *"(...) reducción equitativa de los niveles de producción y consumo que permita al mismo tiempo aumentar el bienestar humano y mejorar las condiciones ecológicas en el nivel local y global, en el corto y en el largo plazo"* (Unceta, 2015, p. 134).

Louis Althusser decía que el "ideologismo" (se refería más bien a la palabra ideología) no es la expresión de los valores que hacen al bien común de toda la sociedad, solamente son los de la clase dominante. El peligro es que comúnmente esos valores no se explicitan, y cuando son transmitidos y luego aceptados, el común de las personas los viven como verdades irrefutables. Por eso, el que hace "ciencia con seso" siente a los ideologismos como un arnés. Como decía Azorín: *"La inteligencia implica originalidad, y la originalidad, rebeldía"*.

¡Cuidémonos!, no vaya a ser que por culpa de Azorín la boñiga de la redistribución general de la producción y el acceso libre a los bienes comunes desemboquen en el mito reaccionario contra-neoliberal de una autarquía comunitaria que, inspirada en la fraternidad proletaria y pequeño burguesa, sólo nos conduzca a producir la fantasmagórica banana con carozo y sin filamento. Esto, además de traernos graves problemas con nuestro principal socio en el MERCOSUR, Brasil, para quién la banana *"não tem 'carozo', tem filamento"*, podría sonar a una especulación escatológica, aunque adviértase lo que le escribía, desde Barmen, Marx a Engels, el 25 de abril de 1848:

> La gente rehúye como la peste cualquier discusión sobre problemas sociales; la llaman incitación. He malgastado las más finas flores de la oratoria y he ejercido toda forma posible de diplomacia, pero siempre he obtenido respuestas titubeantes. Ahora haré un intento final, y si fracasa, todo terminará. Dentro de dos o tres días sabrás definitivamente el resultado. En el fondo, la cosa es que también estos burgueses avanzados ven en nosotros a sus principales enemigos del futuro, y no quieren poner en nuestras manos armas que muy pronto volveríamos contra ellos.[12]

¿Y qué decir de la *información de mierda*? Está tan adulterada que, o bien no podemos digerirla, o cuando lo hacemos nos intoxica porque es

---

[12] Archivo de la correspondencia entre Marx y Engels (Cfr.: http://www.marxists.org/espanol/m-e/cartas/e1848-04-25.htm)

"*catalina*" contaminada con *escherichia coli*, que en este caso no sólo es una enterobacteria que degrada sustancias alimenticias que escaparon a la digestión y absorción en el intestino delgado, también son trastos del grueso de la materia fecal que arrojan los inspiradores del apocalipsis en sus columnas de opinión; contribuyendo a caricaturizar los "saberes realizantes" para, a su vez, corromper los sentidos del "fluido social del hacer" e instaurar la cultura del simulacro mediante la opacidad de la palabra y el renunciamiento de la ética política.

Las corporaciones mediáticas son conscientes de que en una democracia sustantiva es imposible manipular, adoctrinar y controlar la "opinión pública". Por este motivo, para los/as sagaces editorialistas de diarios como *Clarín*, *La Nación*, *La Prensa* o *Río Negro*, se debe apelar al siempre exitoso bulo para hacer referencia a la dolorosa situación de vulnerabilidad social que afecta a millones de seres humanos que sólo cobran visibilidad cuando la sociedad de mercado los convierte en el "pueblo elector" al que hace referencia Pierre Rosanvallon. Este politólogo, profesor en el *Còllege de France*, en una de sus obras, *La contrademocracia*, analiza esta cuestión partiendo de la emergencia de una vieja dualidad: el principio de la construcción electoral de la legitimidad de los gobernantes y la expresión de la falta de confianza ciudadana en una representación que se trastoca en dominación una vez que los que fueron electos acceden a los diferentes espacios de poder. Es en esta disociación entre la legitimidad y la confianza donde habría que buscar la fuente principal del "no voto", y no en las hipersimplificaciones emocionalmente potentes de ciertos dirigentes que aventuran la presencia de millones de actores sociales desquiciados que añoran las dictaduras o el regreso de las derechas más recalcitrantes. Soberana estupidez, para eso en Argentina ya tienen el género del galimatías, entre cuyas especies brillan: Mauricio Macri, Sergio Massa, Elisa Carrió, Jorge Lanata y Marcelo Bonelli, entre muchos/as otros/as.

Así y todo, esos editorialistas, por más que estén bien esculpidos por las corporaciones económicas para las que prestan servicio, son conscientes de que siempre existe el peligro de que la "maza sin cantera" de la que habla Silvio Rodríguez no mute en "masa sin sesera", de allí que estén alertas y, de ser necesario, consideren importante eliminar de raíz amenazas de esa índole. Como reseña Noam Chomsky, uno de los invitados al Foro Internacional "Emancipación e igualdad" realizado en Buenos Aires:

> Las perspectivas para una política de comunicaciones democrática se ven inevitablemente constreñidas por la distribución del poder efectivo para la determinación del curso y el funcionamiento de las principales instituciones sociales. De ahí que la meta solamente se pueda enfocar como una

parte integrante de la democratización adicional del orden social. Este proceso, a su vez, requiere una política de comunicaciones democrática como componente central, que ha de efectuar una contribución indispensable. (Chomsky, 2007, p. 198)

En Argentina, esa contribución indispensable ha sido la Ley de Servicios de Comunicación Audiovisual (Ley N° 26.522), pues está haciendo avanzar al conjunto de la sociedad hacia una mayor toma de conciencia con relación a numerosas situaciones conflictivas; por esto mismo quizá esa Ley sea la mayor herida que ha sufrido el *"control del pensamiento"* que aún ejerce el multimedio Clarín y, en menor medida, el diario *La Nación*. ¿Y qué decir del diario *Río Negro*, el "Río Oscuro" de la Patagonia Norte, con mucha más información excrementicia que la mismísima *mierda* que hoy se vierte en el antes diáfano Río Limay?[13]

En el capitalismo, independientemente de sus diferencias, el poder real no lo ejercen los Estados sino las corporaciones económico-financieras con el auxilio de los *mass*media y ciertas *expertises*. Estos, a su vez, dirigidos por los intereses de sus dueños o accionistas rara vez se concilian con la ética que debería regir la actividad periodística, motivo por el cual actúan como vectores de la ideología dominante ejerciendo hegemonía mediante la coerción o el consenso. Ocurre que a pesar de su condición de *peritorum* habría que decirles: "Si no sabes la diferencia entre *ves* y *vez*, es porque siempre ves televisión y rara vez abres un libro. Debes saber que las personas lectoras viven menos: menos engañadas, menos explotadas y menos resignadas. Además, debes saber que los rumores son llevados por farsantes y aceptados por zopencos". Nada de esto es insultante, simplemente intento advertir que uno de los tantos objetivos de los *mass*media y muchos/as *peritorum* es desnudar mentalmente a las personas; provocarles un shock de apodyopsis. Para que esto no ocurra, el "Pueblo conciencia" debería someterlos al ludibrio público.

Seguir considerando hoy a los *mass*media como el cuarto poder de la sociedad democrática es no comprender que, desde hace décadas, su función consiste en afianzar la dictadura del mercado mediante la promoción de actividades radiales, gráficas o televisivas que apuntan a tallar una cultura de masas que, poco a poco, vaya erosionando a las culturas populares. Huelgan los ejemplos, pero no me resisto a citar una opinión de Jean-Marie Colombani:

> No hay ningún espacio de poder, sea político, económico, eclesiástico o universitario, que no esté obsesionado por su estrategia de comunicación. Pero la comunicación es la información organizada, controlada, orientada.

---

13 Este tema está ampliado por Gladis Lamela y Silvana S. Martellotta en el Anexo IV.

En la sociedad que vivimos actualmente, y mañana más marcado aún, toda la dificultad estriba en defender el derecho a informar. Informar es ir más allá de la comunicación, es decodificar, hacer explícito, develar; en una palabra, oponerse en alguna forma al tipo de comunicación que constituye la tónica dominante de nuestra sociedad actual. Si no entendemos esto, no podremos captar la esencia de lo que hoy está en juego con respecto a los medios de comunicación. (Colombani, 2007, p. 204)

En una entrevista que se le realizara al escritor y especialista mexicano en medios de comunicación, Dr. Fernando Buen Abad, plantea que el actual ariete golpista de EE.UU. consiste en una especie de "Plan Cóndor Comunicacional":

> Una forma de controlar todo tipo de resistencia es mediante las capacidades de desembarco acelerado de fuerzas militares en la región. La fórmula ya la vimos en Irak, ya la vimos en Libia, en Siria, en Ucrania. El ariete, la punta de lanza de esto, son los medios. Se trata de empezar a acusar de dictadores a todos los que están ahí, convencer al mundo de que "alguien tiene que hacer algo", y el día que eso pase todo el mundo aplaudirá y dirá: "Por fin ya quitaron a ese dictador". Esa fórmula ya la vimos. Esa fórmula es la que está apuntándole a Nicolás Maduro y que le apuntó a Hugo Chávez. Es la fórmula que le apunta a Evo Morales, a Daniel Ortega, a Rafael Correa, a Raúl Castro, a Dilma Rousseff y a Cristina Fernández. Está claro quiénes son los enemigos para ellos en este escenario.
> (Fuente: http://www.infonews.com)

Por lo tanto, no se equivoca Adolfo Colombres cuando afirma que en este estadio de la globalización capitalista *"los medios son el segundo poder de la anti-democracia. El primer poder de esta última sería el económico, y el político, con sus leyes y estructuras, vendría en tercer lugar"* (Colombres, 2008, p. 153). Jugando con la idea del endiosamiento de los objetos y la fetichización de espectáculos de *mierda*, este paradigma comunicacional hace posible, según dice Pierre Bourdieu, que

> Los mismos espacios supuestamente destinados al comentario político, al ser estimados maliciosamente como aburridos, son redireccionados con comentarios de animadores-bufones o modelos de cotilleo, sacrificando el comentario profundo y la investigación periodística. (Bourdieu, 1999, p. 99)

Mediante este tipo de estrategias, el animador-bufón –en Argentina, probablemente Jorge Lanata haya sido el inspirador de Bourdieu– contribuye a forjar un sentido común dominador inmune a cualquier tipo de reacción que se rebele contra las desigualdades sociales y culturales o la devastación de los ecosistemas. Sin embargo, lo que el animador-bufón debiera tener en cuenta es que el sentido común, en algún momento, es una construcción social que también construyen los pueblos a través de su interpretación de las realidades vividas. Tanto es así que en muchos contextos de crisis, como la padecida por la eurozona desde hace unos años, las mediaciones políticas de los *mass*media y los mismos partidos políticos poco contribuyen a interpretaciones que forjen un agregado homogéneo de interpretaciones de lo real que conformen eso que culturalmente suele llamarse "el buen juicio del sentido común".

Ciertamente que cuando esto sucede, se debilita el consenso y se amplifica la coerción y su metástasis represiva. De allí que para algunos sectores sociales, como podrían ser los votantes de Mauricio Macri en la Ciudad Autónoma de Buenos Aires o Miguel del Sel en Santa Fe, es cuestión de ponerse un traje que se ajuste al pragmatismo instrumental del amo de turno, para hacer *mierda*, de ser posible, cualquier atisbo político que a través del "buen juicio del sentido común" intente modificar la situación de los/as condenados/as a cualquier tipo de injusticias, ya que si eso ocurriera su bronca se podría transformar en una rebelión contra los ricos y sus electores.

Mas cuando esto ocurre, es muy difícil que un "buen sentido común" se construya socialmente mediante los inspiradores versos de León Gieco en *El ángel de la bicicleta*:

> *(...) ¡Bajen las armas*
> *que aquí solo hay pibes comiendo!*
> *Cambiamos fe por lágrimas*
> *con qué libro se educó esta bestia*
> *con saña y sin alma*
> *Dejamos ir a un ángel*
> *y nos queda esta mierda*
> *que nos mata sin importarle*
> *de dónde venimos, qué hacemos, qué pensamos*
> *si somos obreros, curas o médicos (...)*
> *Voy a cubrir tu lucha más que con flores*
> *Voy a cuidar de tu bondad más que con plegarias*
> *¡Bajen las armas*
> *que aquí solo hay pibes comiendo!*

Situaciones como las represiones a los sectores más vulnerables de la sociedad, ponen al desnudo la hipocresía de que el liberalismo lucha para que la diversidad y la diferencia se toleren y celebren, ya que ambas cosas le confieren validez a dos de sus principios básicos: el del daño y el del Estado neutral. Aquí estamos frente al meollo de la división entre lo público y lo privado en las democracias insustantivas, el postulado que le da entidad al concepto de Adam Smith sobre la "libertad negativa": *sólo podré hacer lo que me plazca si el Estado no toma partido, de esta manera, en tanto individuo libre, podré decidir por mí mismo cómo deseo vivir.* De esto se deduce que el Estado liberal, además de pluralista, fomenta la libertad de mercado y, por ende, el pleno desarrollo del capitalismo de consumo y la conjunción de ambiguas y dudosas reformas penales con el gueto carcelario para las clases sociales bajas que se resisten a la desregulación económica.[14]

Ahora bien, el propio Adam Smith aclara que en una sociedad semejante hay ganadores y perdedores, mas cuando eso ocurre, inevitablemente aparecen las desigualdades y con ellas la posibilidad de que los perdedores quieran lesionar derechos de terceros por lo que, en tales casos, el Estado debe reprimirlos:

> Cuando hay propiedad hay desigualdad. Por cada hombre rico habrá por lo menos quinientos pobres, y la riqueza de unos pocos supone la indigencia de muchos. La opulencia de los ricos excita la indignación de los pobres, quienes están empujados a invadir aquellas propiedades debido a la necesidad y a la envidia. Solamente bajo el escudo protector del magistrado civil puede dormir tranquilo el propietario quien ha adquirido su propiedad a través del trabajo de muchos años o, tal vez, a través de muchas generaciones. El propietario está permanentemente acechado por enemigos, a quienes, aunque nunca los ha provocado, nunca los podrá aplacar y de cuya injusticia sólo puede protegerse a través del poderoso brazo armado del magistrado civil. La adquisición de valiosa propiedad, por lo tanto, necesariamente requiere el establecimiento del gobierno civil.
> (Fuente: http://www.eseade.edu.ar)

Situaciones semejantes se reiteran de manera constante. Esto es posible cuando "*La adquisición de valiosa propiedad (...), necesariamente requiere el establecimiento del gobierno civil*"; aquí sí, frente a la vulnerabilidad de la "libertad negativa", los sectores sociales hegemónicos acuden al "*escudo protector*" del Estado y alaban a los que, represión mediante, enaltecen el odio y la violencia contra la "*envidia*" de los cuerpos en ruptura, difícilmente visibles para los "ganadores" que de la "mano invisible del mercado" continúan forjando riqueza y poder.

Cuando tales cosas ocurren, los medios masivos de comunicación deciden dejar de lado el manual de *Ética para Amador*, escrito por Fernando Savater, por otro de *Ética para la mierda* que consta de cinco partes:

i) la diferencia entre lo bello y feo por la moda;
ii) la diferencia entre lo verdadero y lo falso por la publicidad;
iii) la diferencia entre lo bueno y lo malo por la política basura;

---

14 Ver Anexo IV de Santiago G. Nabaes Jodar.

iv) la diferencia entre la eficacia de la economía de mercado y el envenenamiento medioambiental;
v) la diferencia entre una prosa de alto vuelo y otra de *mierda*.

De ahora en más, en esta "escena" y en algunos párrafos que siguen creo pertinente reiterar interrogantes y opiniones que he realizado en una última compilación de la que han participado numerosos/as amigos/as (Datri, 2015). ¿Estamos preparados para terminar con la tiranía del mercado y dar cauce, ¡definitivamente!, a la "felicidad colectiva" de la que hablaba Saint-Just?

Esa "felicidad colectiva" será imposible de alcanzar mientras persista la serie creciente de crisis sociales, económicas, culturales, educativas, sanitarias y ambientales que han puesto en debate muchas de las ortodoxias científicas y tecnológicas. Cuando los hechos ponen en evidencia que son contrarios al "milagroso" capitalismo de mercado y aún así persiste, significa que la ortodoxia funciona como una secta a la que miles o millones de fieles, aún después del colapso de Wall Street en el 2008, rinden culto a un mesías como Milton Friedman o Ayn Rand, y por qué no a fundamentalistas como Mauricio Macri o Carlos Saúl Menem.

Cómo, entonces, en tanto parte de un "pueblo vigilante", se puede esperar que en las comunidades próximas al paraje Vaca Muerta (Neuquén), no haya personas preocupadas por las nefastas consecuencias que devendrían de ese paraíso de la explotación hidrocarburífera no convencional en Argentina. El "ser, en común" que resulta denigrado frente a las promesas de "soberanía energética" y "progreso" para todos/as, tiene "guardado en la memoria" que en el Golfo de México la plataforma petrolífera *Deepwater Horizon*, construida en el año 2001, y por su posición geográfica marítimamente compartida por Estados Unidos, Cuba y México, colapsó como resultado de una explosión (22 de abril de 2010) que generó un volcán de petróleo (fachosamente calificado de "derrame" por diarios y políticos), vertiendo docenas de millones de petróleo crudo que afectaron los esteros, marjales y pantanos de la desembocadura del río Misisipi, extendiéndose los daños a zonas marítimas de Luisiana, Texas y Florida.

Un sinfín de personas inquirieron cómo pudo producirse semejante catástrofe, pero pronto resultó innegable que la mancomunidad de intereses económicos, investigación científica y desarrollo tecnológico abocado a la perforación en mar profundo se encauzaba casi exclusivamente a la extracción de crudo para lucrar económicamente, sin importar responsabilidad social alguna en el desarrollo previo de técnicas que contemplen los principios más básicos de previsión, precaución o prevención de accidentes. Contrariamente, y por esto último, el conocimiento sobre la seguridad de los pozos, la forma de prevenir accidentes, el modo de contener posibles catástrofes que no son simples "derrames", apenas si ha cambiado. Por lo tanto, si no se han producido descubrimientos nada extraordinarios en el marco de la explotación petrolífera, esto es, si lo único que se conoce son las vastas reservas de ignorancia de los/as *expertises* del mercado de hidrocarburos, no se explica por qué no se escuchan las demandas de los comunes ante posibles riesgos como los ya conocidos.

En realidad, toda ética militante y/o proselitista es de *mierda* cuando se asume, erróneamente, que el "ser-*en 'común'*", el *convivio*, presupone que las diferencias culturales no pueden tener el mismo estatuto que esa cualidad absoluta que presume la "vanguardia" de una única identidad ideológica, rechazando de plano la pluralidad de las versiones no sacralizadas del comunitarismo.

Cuestiones semejantes, hacen que el rumbo hacia el SOCIALISMO DEL SIGLO XXI, además de avanzar en la constitución de más Estados plurinacionales y pluriétnicos como el de Bolivia, deba transformar en cualidad positiva absoluta aquello que Todorov, apelando a un principio razonable de laicidad, describe de esta manera: "*Todos no estarán nunca de acuerdo en todo, pero los 'hombres sensatos' pueden llegar a estarlo*" (2004, p. 124). De allí, por mi parte, que considere casi como un axioma político/militante el regreso de una Rosa Luxemburg y un Karl Marx "abyalizados" (por *Abya Yala*, la América preexistente a la catastrófica colonización imperio occidental), cuya función sea "convertirlos para convertirnos" en "facilitadores pedagógico-políticos" de un proceso de construcción comunitaria caracterizado por la ausencia de diferencias culturales asimétricas e identidades ideológicas maximizadas por los monoteísmos de cualquier género (no solamente religiosos).

Asumo que aproximarse a Marx de esta manera es parangonable con lo que afirma Elías José Palti:

> Abordarlo supone, así, desprenderse antes de toda vocación normativa. Sólo entonces es posible confrontarse con él desde su propio espesor intelectual. Y ello nos obliga a entrañarnos en aquel nicho epistemológico particular en que su reflexión se emplaza y del que toma su sentido. (Palti, 2010, p. 202)

En mi opinión, el planteo de Palti nos aleja de lo que históricamente fue dado en llamarse "socialismo real", pues como sabemos: tanto haya sido el caso de la ex URSS como el de China, nunca la hipótesis comunista estuvo ligada a la hipótesis de la emancipación. El verdadero comunismo sólo es posible como colectivización del poder de todos/as. En ambos países el absolutismo o la dictadura estatal hicieron imposible aquello que Jacques

Rancière plantea refiriéndose al pensamiento de la emancipación intelectual formulado por Joseph Jacotot:

> La emancipación es la salida de una situación de minoridad. Menor es aquel que necesita ser guiado para no perderse siguiendo su propio sentido de la orientación. Ésa es la idea que gobierna la lógica pedagógica tradicional donde el maestro parte de la situación de ignorancia –por ende de desigualdad– del alumno para guiarlo o guiarla (…) por el camino del conocimiento, que también es el camino de una igualdad futura. Esta también es la lógica de las Luces, donde las élites cultivadas deben guiar al pueblo ignorante y supersticioso por los caminos del progreso (…). El pensamiento de la emancipación opone a esta lógica desigual un principio igualitario definido por dos axiomas: primero, la igualdad no es una meta a alcanzar, es un punto de partida (…). En segundo lugar, la inteligencia es una. No hay una inteligencia del maestro y una inteligencia del alumno, una inteligencia del legislador y otra del artesano, etc. Hay una inteligencia que no coincide con ninguna posición en el orden social, que pertenece a todos por ser inteligencia de todos. Emancipación entonces significa la afirmación de esta inteligencia (…). La emancipación implica, pues, el comunismo de la inteligencia, puesto a funcionar en la demostración de la capacidad de los "incapaces", la capacidad del ignorante de aprender por sí mismo, dice Jacotot. (Rancière, 2010b, p. 138 y ss.)

Cabe aquí un paréntesis para poder anclar, conceptual y significativamente, los términos "progreso" y "desarrollo" en los usos que hago de los mismos, en particular cuando están acompañados con las adjetivaciones "científico" o "económico"; se trata de una cuestión que ya había hecho notar a pie de página en la Introducción. En estos tiempos, muchos dirigentes políticos, economistas o personas que se dedican a la investigación científica no se sienten dominadas por la prudencia que le llevó a Newton a decir: "*(…) the great ocean of truth lay all undiscovered before me*".[15]

Por esto, a diferencia del "*océano*" de verdades que dirigentes como Mauricio Macri u otros han sabido extraer del breviario neoliberal, doy por hecha mi prudente identificación con buena parte del *Vitalismo* al que hace referencia Oviedo Freire; un convivir complementario "alter-mundial" porque: "*El Vitalismo es un camino alter-nativo y alter-civilizatorio, para la armonía y el equilibrio entre todos los seres que hacen y reproducen complementariamente la vida en su conjunto*" (Oviedo Freire, 2013, p. 336).

Cada día, en diferentes partes del mundo, es mayor la presencia de grandes corporaciones en la financiación de investigaciones científicas. Y cada

---

15 "*(…) el gran océano de la verdad yacía ante mí sin haber sido descubierto*". (Cfr. Brewster, 1831, p. 338).

día se hacen más visibles las malas prácticas que conducen a la producción de *junk science* (ciencia basura, ¡shit!), violando normas éticas que ponen en peligro la integridad del ambiente y la salud de la población.

A esto debe agregarse un medio ambiente mediático y comercial que no ayuda a comprender que la mayor parte de la esfera de la producción de información está sujeta al modo de producción de la sociedad de mercado. Mas dado que en la sociedad capitalista, también los procesos de investigación y sus resultados constituyen una forma particular de mercancía, se hace muy difícil que las mayorías populares tomen conciencia del actual funcionamiento de la globalización capitalista y su necesaria mutación en pos de una *"Tierra Patria"* liberada de relaciones sociales de producción que, además de alienantes, derivan en esquizofrenias que reducen al individuo a la condición de un consumidor en estado de regresión infantil; así pues, el motor de la economía de mercado es el capricho o, como dicen los psicoanalistas, la pulsión de compra.

En una alocución **típicamente bonapartista** realizada por la presidenta Cristina Fernández desde Puerto San Julián (Santa Cruz, 29 de marzo de 2012), dirigida a empresarios y gobernadores miembros de la Organización Federal de Estados Mineros (OFEMI), pude escuchar estas palabras:

> Si se hacen bien las cosas y con responsabilidad, no hay industria que no sea amigable con el medio ambiente y sustentable (…) necesidad que las corporaciones entiendan que no hay cambios de regla de juego (…) madura, reflexiva y serena.

Al parecer, lo dicho por la presidenta, seguramente asesorada por los/as *peritorum* de turno, me hace suponer que confía en que la mano invisible del mercado adoptará con responsabilidad todas las medidas de precaución y prevención que garantizarán los Derechos Humanos de tercera generación vinculados a la preservación del medio ambiente. En estos casos, el saber profano de los pobladores de Andalgalá, Famatina, Gualeguaychú, Esquel, Campana Mahuida, Vaca Muerta, etc., no cuenta: no es saber sustentable.

En un libro anterior, escribí:

> Llegados a este punto, creemos que no se puede dejar pasar que la lucha de pueblos como el de Famatina y el de Andalgalá, en Catamarca, para erradicar la explotación minera a "cielo abierto", no solo debe analizarse bajo la perspectiva de la defensa de la biodiversidad, sino, también, como una flagrante violación de los DD.HH. (…) El gobernador de San Juan, José Luis Gioja, comparó a los ambientalistas que se oponen al proyecto minero de Famatina con Adolf Hitler: "(…) hay algunas coincidencias entre el régimen nazi y los ecologistas (…) hay mucha gente que critica, que se golpea el pecho con las minas de oro y tienen los dientes de oro y la amante

con dientes de oro" (...). ¿Con cuál de los Hitler los comparó? ¿Con el que desafió la autoridad paterna porque había decidido convertirse en artista, pero cuando aún no tenía veinte años de edad terminó siendo un genio incomprendido porque fracasó en el examen de ingreso a la Academia de Bellas Artes en Viena? ¿Con el que consideraba en su *Mein Kampf* que: "Las masas (...) no se averguenzan de ser aterrorizadas intelectualmente, y apenas tienen conciencia del hecho de que se abusa de su libertad como seres humanos (...) La vehemencia persuade a las masas –mientras más fuertes se pronuncien las palabras, más se cree en ellas"? ¿O con el antisemita lóbrego que, como él, leyó lo suficientemente a Karl Marx como para llegar a la conclusión de que, siendo Marx judío, todos los judíos "y ambientalistas" eran comunistas?. (Datri, 2012, pp. 111-112)

¿Qué decepción resultó ser la supuestamente neutral revolución científica?, tan "débil en su radicalidad" dirá Edgar Morin que con frecuencia, digo yo, ha favorecido desde siempre la consolidación de los poderes concentrados del capital o la industria armamentística antes que la emancipación de los pueblos del mundo y su "felicidad colectiva". ¿Qué tiene que decir, más allá de sus obscenas declaraciones, el señor José Luis Gioja cuando quedó demostrado que la Barrick Gold, en la mina Vaeladero, produjo en el mes de octubre de 2015 un vertido de alrededor de un millón de litros de agua cianurada en las nacientes del río Jáchal? ¿O también dirá que son "nazis" los científicos de la Facultad de Ingeniería de la Universidad Nacional de Cuyo que a partir de los análisis químicos y microbiológicos encargados por la Municipalidad de Jáchal demuestran la contaminación de la cuenca del Jáchal con metales pesados en dosis 14 veces por encima de los valores tolerables?

"Felicidad colectiva" no habrá para cientos de miles de personas que viven en la provincia de San Juan, ya que no hay acciones políticas destinadas a recuperar la luminosidad de la armonía entre el Hombre y la Naturaleza. Al decir de Sergio Federovisky::

> ¿Sería más justo y vivible un país en el que un río no fuese capturado por un grupo de empresarios aliados con sucesivos gobiernos para externalizar sus gastos y disminuir sus costos? ¿Sería más justo y vivible un país en el que convivieran cultivos destinados a favorecer una balanza de comercio exterior con otros que compensen, mitiguen o atenúen el daño ambiental de ese monocultivo? ¿Sería más justo y vivible un país en el que la política agraria contenga dosis sensatas de renta y defensa del patrimonio natural...? ¿Sería más justo y vivible un país en el que la adopción de las decisiones contenga la opinión social (...) y no sólo la sentencia indiscutible de "expertos"...? (...) Si la respuesta a dichas preguntas [y otras que se formula el autor] es "Sí", la demanda de política ambiental aún tiene sentido. (Federovisky, 2014, pp. 184-185)

Sé que el carácter mistificador del discurso reformista manipula la voluntad de millones de seres humanos a quienes se les privan sus derechos de vivir con dignidad. También sé que para un reformista hay un límite para la protesta ciudadana, de allí que en nuestro país la mayoría parlamentaria de los "representantes" del pueblo decidió aprobar una "ley antiterrorista", y quien fuera gobernador de la provincia de Chaco, Jorge Capitanich, dio permiso para que EE.UU. instalara, como en Colombia, una base de "ayuda humanitaria". Estos ejemplos ponen en evidencia algo nada paradojal: para el multimedio *Clarín*, Capitanich cuando fuera jefe de gabinete recibió el reproche de 8 de cada 10 usuarios de Twitter por haber roto, frente a las cámaras televisivas y fotográficas, hojas de ese pasquín; pero lo cierto es que tanto el multimedio como Capitanich buscan lo mismo: cantinflear o construir una ficción, crear una imagen virtual de la voluntad popular; los "unos y los otros" son conscientes del nefasto papel de los medios de comunicación para dominar la voluntad popular a través del espectáculo y la manipulación, no importa si se hace desde un medio privado o estatal. Lo importante para ellos es la comprensión de que

> (…) La ficción no es lo contrario de la realidad, el vuelo de la imaginación que se inventa un mundo de ensueño. La ficción es una forma de esculpir en la realidad, de agregarle nombres y personajes, escenas e historias que la multiplican y la privan de su evidencia unívoca. (Rancière, 2010b, p. 55)

Personas que vivimos en Neuquén podemos dar cuenta de la edición de un matutino más que centenario, *Río Negro*[16] (ya aludí al mismo); este pasquín practica un tipo de periodismo comunicacional en el que, para constatar la realidad ambiental, se mueve con laxitud para no herir intereses corporativos que le pudieran ser afines; en cambio, cuando hay que criticar las acertadas políticas gubernamentales a nivel nacional, el pasquín que ya dije bauticé con el mote "Río Oscuro", apela al dinamismo golpista característico del vigoroso "segundo poder". En este último caso, con fecha 6 de enero de 2015, publicó (pág. 4) que la diputada nacional de la Coalición Cívica, Elisa Carrió "…*denunciará penalmente a la presidenta de la Nación, Cristina Kirchner; a la procuradora general de la Nación, Alejandra Gils Carbó; al jefe del ejército, César Milani, y al secretario general de la presidencia, Aníbal Fernández, por haber incurrido en el delito de encubrimiento del crimen del fiscal Nisman*". No es de extrañar que por el mismo delito nada informe sobre el hecho de que la señora diputada nacional Carrió, el 7 de febrero de 1979 fuera nombrada asesora de la Fiscalía de Estado por el interventor del

---

16 Quizá el nombre provenga del hecho que se edita en la ciudad de "Fiske Menuco", ex Gral. Roca para muchos/as, aunque no para los sucesivos gobernadores –radicales o peronistas– de la provincia homónima.

Chaco, General de Brigada Antonio Serrano (decreto provincial 72), y que con nivel y jerarquía de Juez de Cámara se desempeñó como secretaria de la Procuración del Superior Tribunal de Justicia de esa provincia, cargo que obtuvo el 21 de agosto de 1980 por resolución 522 del Superior Tribunal de Justicia. El asunto es que desde esos puestos jamás investigó la masacre de Margarita Belén, un crimen de lesa humanidad cometido contra once militantes montoneros más la desaparición forzada de otros cuatro; delitos realizados en un operativo conjunto del Ejército Argentino y la Policía del Chaco durante la noche del 12 al 13 de diciembre de 1976.

Más allá de que esos crímenes se cometieran antes de que la señora Carrió asumiera en dichas ocupaciones: ¿alguien duda de que esos genocidas contaron con el encubrimiento y silencio suyo, y el de otros funcionarios/as del poder judicial de la provincia de Chaco?

Señora Carrió, como usted le ha dicho a los "periodistas independientes" del programa televisivo *A dos voces* (canal televisivo Todo Noticias –TN–), Marcelo Bonelli y Edgardo Alfano que hay quienes la tratan "de gorda, de chancha, de loca", no comparto esas adjetivaciones insultantes; en lo que a mi respecta, usted debe ser tratada de fascista. Opino eso por los antecedentes enumerados anteriormente y por el hecho de que asociaciones de residentes paraguayos en Buenos Aires y dirigentes políticos, tanto de Paraguay como de Argentina, le achacan haber negado que el ex dictador paraguayo Alfredo Stroessner secuestró y asesinó a cientos de opositores; ello pese al informe de la Comisión de la Verdad y Justicia de Paraguay que acusó a Stroessner de asesinar a 423 opositores y haber provocado la desaparición forzosa de otras 336, además de 59 ejecuciones extrajudiciales.[17]

Recuerdo haber leído en algún sitio esta frase de Arthur Rimbaud: "*Cuando quede el mundo reducido a un único bosque negro para nuestros cuatro ojos pasmados –a una playa para dos chicos fieles–, a una casa musical para nuestra simpatía clara– yo te encontraré*"; tengo la esperanza de que ese día será la ocasión para comenzar con (con)ciencia a reconstruir nuestras relaciones con el entorno y poder cambiar las normas disciplinarias de la democracia formal-liberal-reformista, avanzando en la construcción de una democracia sustantiva, participativa, fraternal y próspera en la que desaparezca la privatización de los bienes comunales. Democracia en la que jamás pueda ser electo/a para ocupar una banca parlamentaria un/a nazi o fascista.

Quizá utópico, pero entre otras, es una de las enseñanzas del gran maestro Ivan Illich:

---

17 Cfr. http://www1.hcdn.gov.ar/proyxml/expediente.asp?fundamentos=si&numexp=0673-D-2009

La gente llamaba comunes aquellas partes del entorno por las cuales el derecho consuetudinario exigía normas específicas de respeto de la comunidad. La gente llamaba comunes a aquellas partes del entorno que se encontraban más allá de sus posesiones, a las que, no obstante, ellos habían reconocido los reclamos de uso, no para producir bienes, sino para proveer la subsistencia de sus hogares. El derecho consuetudinario, que humaniza el medio ambiente mediante el establecimiento de los bienes comunes fue por lo general no escrito. La ley no estaba escrita, no sólo porque la gente no se tomaba el trabajo de escribirla, sino porque lo que protegía era una realidad demasiado compleja como para ponerla en unos párrafos. La ley de los bienes comunes regula el derecho de paso, el derecho a pescar y cazar, pastar, y recoger leña o plantas medicinales en el bosque (...). Cuando hoy en día, en Europa, con estudiantes universitarios uso el término "bienes comunes" (...) mis oyentes piensan inmediatamente en el siglo XVIII. Ellos piensan en las praderas de Inglaterra donde los aldeanos mantenían unas pocas ovejas, y piensan en "campos de pastoreo privados", que transformaron las praderas comunes en cercados donde el ganado se cría con fines comerciales (...). En su reacción inmediata, mis alumnos piensan en el surgimiento de un nuevo orden capitalista. Frente a esa dolorosa novedad, se olvidan que cercado también es sinónimo de algo más básico. El cercado de los bienes comunes inaugura un nuevo orden ecológico: El cercado no sólo transfiere físicamente el control sobre las praderas de los campesinos al señor (...) también marcó un cambio radical en las actitudes de la sociedad hacia el medio ambiente. Antes, en cualquier sistema jurídico, la mayor parte del medio ambiente había sido considerado como patrimonio común del que la mayoría de la gente podía obtener la mayor parte de su sustento sin necesidad de recurrir al mercado. Después que se establece el cercado –la privatización de las praderas–, el medio ambiente se convierte en un recurso al servicio de "empresas" que, mediante la organización del trabajo asalariado, transformaron la naturaleza en bienes y servicios de los que dependen los consumidores para satisfacer las necesidades básicas. (Fuente: http://www.preservenet.com)[18]

---

18 *"People called commons those parts of the environment for which customary law exacted specific forms of community respect. People called commons that part of the environment which lay beyond their own thresholds and outside of their own possessions, to which, however, they had recognized claims of usage, not to produce commodities but to provide for the subsistence of their households. The customary law which humanized the environment by establishing the commons was usually unwritten. It was unwritten law not only because people did not care to write it down, but because what it protected was a reality much too complex to fit into paragraphs. The law of the commons regulates the right of way, the right to fish and to hunt, to graze, and to collect wood or medicinal plants in the forest (...). When today, in Europe, with university students I use the term 'commons' (...) my listeners immediately think of the eighteenth century. They think of those pastures in England on which villagers each kept a few sheep, and they think of the 'enclosure of the pastures' which transformed the grassland from commons into a resource on which commercial flocks could be raised (...). In their immediate reaction,*

Por lo tanto, reconstruir los bienes comunales, no sólo las praderas, los lagos o los bosques: también las rutas donde no hay libre tránsito por el cobro de peaje, los barrios y las calles convertidas en pasarelas propagandísticas, requerirá de una formidable alianza política y moral entre el "pueblo conciencia, social, principio, vigilante, veto, juez" que permita, a su vez, construir una "Democracia Participativa y Sustentable" a la que adhieran millones de nuevos sujetos históricos dispuestos a luchar por un mundo diferente al que hoy nos imponen los principios antropocéntricos de los países "desarrollados". Pero además, se requerirá de la lucha perseverante de numerosos movimientos mundiales que se nutren de las diversidades de todos y de las particularidades geográficas e históricas. Constituyéndose cada vez más en prácticas generalizadas como las del Foro Social Mundial y otras organizaciones sociales locales, nacionales y regionales, tales como el Foro Internacional sobre "Emancipación e Igualdad" que se realizó en Buenos Aires durante marzo de 2015.

En nuestro caso, el plural incluye a los/as colegas que participan del ensayo, pues con ellas/os comparto que las ideas de "comunidad" y "emancipación" deben volver al escenario político para antagonizar contra todas las formas de sumisión que han hecho de las prácticas sociopolíticas un devenir reglado y natural, tanto de los intereses corporativos como el de los ideologismos que nos han conducido a la era de la post-política como espectáculo. Para nosotros no debe entenderse "comunidad" como una hipostasiación del comunismo que caracterizó a la dictadura de Estado-partido que sobrevino después de la Revolución Rusa, en particular a partir del inicio de la guerra civil en 1918, pues, como es sabido, la "comunidad de soviets" (la comunidad de los "consejos del pueblo") alentada por la famosa frase de Lenin "*Todo el poder para los soviets*", pasó a ser una quimera al igual que la anunciada "dictadura del proletariado".

Por supuesto que para sellar este acuerdo político y a la vez sustentable, se requiere del compromiso de numerosos actores sociales, quienes además de legitimarlo con normas jurídicas que apunten a la emancipación de las comunidades y a la independencia del sometimiento, vigoricen las formas

---

my students think of the rise of a new capitalist order. Facing that painful newness, they forget that enclosure also stands for something more basic. The enclosure of the commons inaugurates a new ecological order: Enclosure did not just physically transfer the control over grasslands from the peasants to the lord. Enclosure marked a radical change in the attitudes of society towards the environment. Before, in any juridical system, most of the environment had been considered as commons from which most people could draw most of their sustenance without needing to take recourse to the market. After enclosure, the environment became primarily a resource at the service of 'enterprises' which, by organizing wage-labor, transformed nature into the goods and services on which the satisfaction of basic needs by consumers depends".

de la libertad individual, el respeto a la vida, a la dignidad, la protección de los ecosistemas, la solidaridad propiciando el bien común y el respeto por la diversidad de las culturas, todo lo cual implica, como se resume en el esquema superior, dar los primeros pasos para desandar los graves problemas de una sociedad sitiada por la "globalización metafísica".

Estamos, entonces, ante la urgencia del aquí y el ahora, recorriendo tiempos en los que la (con)ciencia ciudadana deberá ejercitar esa unidad contradictoria que encontramos en la tensión entre teoría y práctica o entre subjetividad y objetividad. Vivimos recorriendo tiempos de indignación. *¡Indígnate!*, escribe Stéphane Hessel:

> La peor actitud es la indiferencia (…). Si se comportan así, perderán uno de los componentes esenciales que forman al hombre [Hessel se dirige fundamentalmente a los jóvenes]. Uno de los componentes indispensables: la facultad de indignación y el compromiso que le sigue (…). A los jóvenes, les digo: miren a su alrededor, encontrarán los hechos que justifiquen su indignación –el trato a los inmigrantes, a los sin papeles, a los gitanos–. Encontrarán situaciones concretas que los llevarán a aprender una acción ciudadana fuerte. ¡Busquen y encontrarán! (Hessel, 2010-2011, p. 32 y 35)

Toda sociedad que desee indignarse, no solo asumirá el compromiso, deberá afrontar la amenaza global de los poderosos y de quienes siguen sosteniendo que el "desarrollo social y económico" se logra con las recetas de los organismos internacionales como el FMI o el Banco Mundial: dos de los íconos del "neoliberalismo" responsables del ineficiente recetario de medidas correctivas en el dominio de la economía de mercado. Edgar Morin es políticamente convincente cuando afirma que deberíamos deshacernos del término "desarrollo" en sus adjetivaciones "durable", "sostenido" y "humano", toda vez que las mismas nos remiten a una base técnico-económica que reduce la historia de la humanidad al modelo humano antropocéntrico occidental y a sus facetas colonialistas e imperialistas. Cabe, por tanto, comenzar a construir, de manera urgente, un escenario de decolonización del desarrollo que suponga la visibilización dialógica de otras culturas y otros sentidos de vida. Examínense algunas de las opiniones de Morin al respecto:

> El desarrollo ignora lo que no es calculable ni mensurable, o sea, la vida, el sufrimiento, la alegría, el amor, y su única medida de satisfacción está en el crecimiento de la producción, de la productividad, de los ingresos monetarios (...). El desarrollo ignora que el crecimiento tecnoeconómico produce también subdesarrollo moral y psíquico: la hiperespecialización generalizada (...), el hiperindividualismo y el espíritu de lucro implican la pérdida de solidaridad. La educación disciplinaria del mundo desarrollado aporta conocimientos, pero engendra un conocimiento especializado que es incapaz de tratar los problemas multidimensionales (...). Ciertamente, el desarrollo aporta progresos científicos, técnicos, médicos y sociales, pero también contribuye a la destrucción de la biosfera, produce destrucciones culturales, genera nuevas desigualdades y nuevas servidumbres. (Morin, 2008, p. 19)

Es esta ineficiencia y la maldita impunidad la que moviliza al "pueblo social" a organizarse para transitar un presente y un futuro con desarrollo económico, justicia social y construcción de ciudadanía; también lo que induce la necesidad de sellar normas éticas y jurídicas que impongan una conciliación entre los diferentes intereses de las sociedades y la preservación del medio ambiente. Mas para que esto sea posible ha llegado la hora de decolonizar y resignificar los conceptos de "desarrollo sustentable" y "desarrollo sostenible", pues ambos, como la propia noción de "desarrollo", han sido vaciados de contenido; sus principios operan como los diez mandamientos de la religión católica. Dicen Alfredo César Dachary y Stella Maris Arnaiz Burne (2014, p. 204): "*son tan amplios que todos están de acuerdo, pero nadie los cumple ni menos los cuestiona*". Decolonizar estos conceptos implica penetrar su matriz colonial ontológica, ética, epistemológica y política, pues como afirma Lucio Capalbo al hacer referencia a la idea dominante de "desarrollo":

> a) Ha heredado de la idea de progreso el "mecanicismo" y la "linealidad", y una firme fe en el racionalismo para el control del proceso. El futuro aparece como mera extrapolación ingenua de las posibilidades tecnológicas del presente.
>
> b) Ha tomado del crecimiento su aspecto "cuantitativo", soslayando complejidades no lineales de la evolución orgánica. En particular, se ha asociado fuertemente al "crecimiento económico", priorizando lo mensurable y acumulativo. El ámbito de acción de este "desarrollo" es la materia.
>
> c) Es "determinista", por cuanto su margen futuro de variabilidad solo se da dentro de posibilidades científicas y tecnológicas, siguiendo las cadenas

causales que llevan de un conocimiento racional a otro. Por fantásticas que pudieran parecer estas posibilidades, no escapan a los efectos de la razón en su dominio por la naturaleza. Su dinámica es la expansión del tecnosistema a expensas de ecosistemas, siendo paradójicamente irracional al no percatarse de que tal expansión no puede ser ilimitada.

d) Es "fragmentario", al creer que la realidad total puede comprenderse por la mera yuxtaposición de las partes analizadas. Toma como punto de partida los conocimientos y logros explícitos presentes, siendo incapaz de sopesar las potencialidades ocultas, plegadas o no desarrolladas.

e) Es "uniformizante" y "centralizador", promovido por una parte que concentra los medios de control sobre el resto, lo que se hace aún más evidente en su última fase de globalización. No se orienta a despertar capacidades latentes en los pueblos de la Tierra ni activar su inteligencia distribuida, sino que intenta obligarlos a servir a un proceso emulativo de aquellas naciones que ostentan con mayor grado ese "desarrollo", arrasando toda forma de diversidad cultural. Obvia así la premisa elemental de que si algo ha de des-arrollarse, es el potencial que subyace en él. (Capalbo, 2008, p. 19)

Entonces, para que el modelo de "desarrollo" heredado haga visible su crisis y podamos concebir un nuevo punto de partida, habremos de tomar (con)ciencia de que sus patrones de funcionamiento –en la sociedad capitalista– conllevan, para algunos/as, un bienestar ficticio, la búsqueda radical de una utopía ilusoria que hace de su individualismo egocéntrico una clase social comediante que quiere aparecer en el escenario social como alguien pobre a quien se le niega la felicidad de ser rico y libre. Me estoy refiriendo a la clase media ascendente que en estos tiempos suele mostrar una doble faz:

- Dado el debilitamiento del vínculo social con quienes consideran inferiores, asumen patologías narcisísticas que los llevan a adherir a las corporaciones que, bajo consignas como: "*Yo soy Nisman*", quieren pasar a la inmortalidad recreando las típicas historias manualescas mitristas o sarmientinas, que nos hacían creer que el 25 de mayo de 1810 hubo un pueblo escarapelizado con los colores patrios que a viva voz exigía: "el pueblo quiere saber de qué se trata". Neuróticos que creen en la razón iluminista como herramienta salvífica pero que terminan recibiendo compensaciones autodestructivas, sobre todo cuando al leer uno cualquiera de los manuales escolares que haya publicado la editorial colonialista española Santillana, repetirán hasta el cansancio: "El 25 de mayo de 1810, los integrantes del Cabildo Abierto de la ciudad decidieron deponer al virrey e instauraron un gobierno provisional, la Primera Junta de Gobierno, que actuaba en nombre de Fernando VII". Mas si fue así, ¿por qué no se preguntan de qué revolución nos hablan? ¿Por qué no advierten que estos manuales poco o nada dicen de las intrigas de todo tipo que impidieron la descolonización y la emancipación total? ¿Por qué no evocan el genocidio provocado por España, país de origen de la editorial Santillana y de su didáctica colonizadora? *¿Por qué no renuncian a la adicción acrítica?* Luego de estos relatos e interrogantes sobre lo que somos y lo que han hecho y hacen de muchos/as de nosotros/as: ¿cómo seguir ilustrándonos sobre lo acontecido el 25 de mayo de 1810?, ¿cómo dejar de lado a Colón, a Mel Gibson, a la Niña, a la Santa María y a la Pinta, para continuar con una narración fiel a lo acontecido ese 25 de mayo?

- Consecuentemente, desde la matriz del más rancio individualismo buscan intensificar, para beneficio propio, el neoliberalismo y el *management* capitalista. Los mismos que frente a la ola de "inseguridad" predican "tolerancia cero" y un panoptismo punitivo en las barriadas populares, pues es la manera más eficaz de transformar esas aberraciones urbanas en distritos segregados, en tanto que sus moradores son parte de un vecindario étnico de migrantes afectados por las más refinadas patologías de conductas antisociales.

Respecto a este último punto, repárese en que

(…) La globalización no puede adquirir un rostro humano, solo comprende, permite y promueve los valores del mercado, inequitativos, injustos y depredadores por antonomasia; son los Estados Nacionales la otra gran institución humana quien pudiera propiciar equidad en la distribución de la riqueza, asegurar la justicia social y proteger las riquezas culturales y naturales de los pueblos; por supuesto que la sociedad civil es un elemento vital en la consecución de estos ideales y debe abrevar en las fuentes de la ética y la inteligencia de sus mejores hombres y mujeres.
(Fuente: www.ecoportal.net/Temas_Especiales/Globalizacion/La_Globalizacion_de_la_Miseria_Humana)

Aún así, la sobreabundancia de esclerosis social en las democracias formales exigiría el planteo de un nuevo comienzo, algo que sería posible en la medida que el "pueblo elector" se transforme, también, en "pueblo social", "pueblo conciencia" y "pueblo principio", esos otros pueblos a los que alude Pierre Rosanvallon (2007). Un buen comienzo sería abandonar esa funesta regla de la sociedad de mercado que Luc Ferry plantea de esta manera:

… la del deseo infinito de novedades, que proporciona unas alegrías efímeras acompañadas de unas decepciones reiteradas, una especie de "goce decepcionante", por no decir adictivo, que conduce a consumir y consumir, más y más, en una verdadera huida hacia adelante. (Ferry, 2013, p. 155)

Mas para evitar esa "huida hacia adelante", pensemos que una política para la emancipación exige un cambio total de mentalidad. Esto supone, sabiendo ya del fracaso del "socialismo real" y de cierta partidocracia pseudoizquierdista, no volver a las dictaduras de Estado que hemos conocido o al vanguardismo. Esto mismo hizo Galileo Galilei cuando advirtió que la publicación y difusión de su obra astronómica, el *Siderius nuncius* (*El mensaje de las estrellas*) no le dio los resultados esperados o no estuvo a la altura de sus expectativas, de ahí su conclusión acerca de la inconveniencia de insistir con esa vanguardia a favor del heliocentrismo. Se trataba, en definitiva y como le gustaba decir a él, que previamente se debía *rifar i cervelli* ("rehacer los cerebros"). Pero como la "huida hacia adelante" podría conducirnos a intentar revitalizar la sociedad de mercado a través de una suerte de neodesarrollismo, volviendo a Rosanvallon y a Galileo, seamos sabedores de que la maravillosa aventura de la liberación social y la emancipación política también exige *rifar i cervelli*; esto es: construir democracias sustantivas como "pueblo conciencia", "pueblo social", "pueblo juez", "pueblo principio" y "pueblo vigilante".

Hacer posible esa exigencia para convertirnos en todos esos "pueblos", implica romper lazos con la adicción al crecimiento; es decir, la arrogante humanidad del poder dominador que nos impulsa hacia la ilusoria fatalidad del *"tener"*, acondicionando nuestras mentes y cuerpos a la inevitable vulnerabilidad de un *"ser"* en armonía con la otredad y la Naturaleza. Esta batalla a favor del *SUMAK KAWSAY* y el *SUMA QAMAÑA* comprende: a) la apertura del *"ser"* hacia el posdesarrollo; b) la necesidad de desbloquear la imaginación para reducir el consumo y el trabajo alienante; c) una refundación de la política que anuncie una transformación radical de la sociedad ya que no estamos en el mundo para mirarlo o para sufrirlo; nuestro destino no es ni la esclavitud ni el consumismo. Parafraseando a Emanuel Coccia, **sólo así** la *"Tierra Patria"* se hará cognoscible, factible y vivible para nosotros. Mas como *él* nos lo enseña: "Sólo en la vida sensible se da el mundo, y sólo como vida sensible somos en el mundo" (Coccia. 2011, p. 10). Pero quiero subrayar que no somos en el mundo porque en tanto hombres somos hacedores de la Historia o creadores de formas históricas nuevas, pues cierto es que nuestra condición de "fuerza de trabajo" entendida como una mercancía más no se modifica sustancialmente bajo una encubierta teoría revolucionaria. Ya se ha transitado ese camino bajo algunos de los "ismos" de Marx que convirtieron al proletariado en objetos, ya no de las relaciones sociales de producción de la sociedad capitalista sino de los "comisarios" del pueblo inventados por sutiles y tiernos revolucionarios durante la constitución de la URSS. A diferencia de esos sutiles y tiernos "comisarios", el Marx real hoy les diría a esas supuestas vanguardias: "Sus acciones culminarán en la reedición de las fatales incoherencias de una burocracia que cree que la praxis revolucionaria es una explosión aislada, y por tanto, ciega para las grandes mayorías proletarias".

Concluyo este "Proscenio" con dos tristes noticias.

Es el anteúltimo día del agitado primer trimestre del año 2015, me entero de que una de las referentes de la Línea Fundadora de Madres de Plaza de Mayo, Taty Almeida, fue operada debido a una obstrucción intestinal; a ella mis respetuosos saludos y el deseo de una rápida recuperación. También, otra fatalidad vinculada a nuestras Madres me ha conmovido: no tener más entre nosotros a Antonia Heredia. Recibí la noticia con estas palabras: "Y EN TU PAÑUELO BLANCO MUERE EL DÍA".

Antonia Heredia fue mamá de María Cristina Cornou y del cantautor Víctor Heredia; falleció sin haberse reencontrado con su nieto o nieta, ya que Cristina, brillante y muy querida docente, estaba embarazada de cuatro meses cuando fue víctima de un sombrío destino: haber sido secuestrada y desaparecida en Paso del Rey, partido de Moreno, en plena dictadura cívico-militar.

Víctor escribió este poema para despedir a su madre:

PRINCESA

Estos últimos días recordé, recordamos.
Y siempre estaba allí tu mano, aferrando la mía.
Hasta ayer que la vida decidió que era tiempo
de soltarnos, princesa.

Que este niño asustado en medio de la calle,
huérfano de tu leche, de humildes cascarillas,
de radio y pan casero reclame tu sonrisa.

Ahora sí que están lejos todas mis lejanías,
ahora sí que se hizo de noche en pleno día.
Ahora sí que el pasado es una piedra enorme
que inunda mis pulmones y respira su infame
canción de muerto en vida.

Calesitas de lata, aviones de madera,
soldaditos de plomo, cochecitos a cuerda
que se ponen en marcha detrás de un barrilete
que esparce tu ceniza sobre un cielo que dice
que nunca te pudimos devolver a Cristina.

Pero algo nace ahora, de pronto, madrecita,

porque antes si añoraba, si te necesitaba
te sabía en tu sitio, tu jardín, nuestra casa, el cielo
donde siempre tejías esperanzas.

Hoy sentí que tus alas cobijarán mi mundo,
que decidiste hacerte picaflor, mariposa,
esa brisa que mece, asintiendo, al aromo,
los álamos, los árboles que amabas,
que con sus manos verdes nos regaló Marisa.
Que vas a protegernos a todos, princesita.

Ojalá me lo crea porque nunca, te juro,
me había sentido así, tan inerme.

―――◆―――

LECTURA ACTIVA

A partir de tus ideas y lo que has leído hasta el momento, considerando a su vez que te posicionas y proyectas como un sujeto político que trasciende el mero hecho de ser sólo parte del "pueblo elector":

a) ¿Crees que las ideas sobre los Derechos Humanos deben redefinirse teniendo en cuenta, también, la manera en que la posesión exclusiva del *copyright*, las patentes o la propiedad intelectual deben ser reemplazadas por prácticas y/o instituciones acordes con el "bien común"?
b) ¿Por qué piensas que hay un saber ilustrado o experto que suele calificar de ignorantes, incultos y hasta socialmente peligrosos a quienes asumen compromisos para minimizar los riesgos humanos y las eventuales catástrofes ambientales?
c) ¿Es la ciencia un saber desinteresado?
d) ¿Cómo imaginas el rumbo que debiera tener un proyecto emancipador, auténticamente sustentable y de liberación social que, a su vez, nos devuelva capacidad para regenerar la ancestral armonía entre el Hombre y la Naturaleza?

En todos los casos fundamenta y, en la medida de tus posibilidades, comparte tus respuestas.

PROSCENIO 3
De "la primavera silenciosa" a la sustentabilidad de los "peritorum" de la (tecno)ciencia

Daniel Headrick, en el libro *El Poder y el Imperio*, escribe: "*No es sorprendente que los períodos de mayor creatividad tecnológica coincidieran con los de mayor expansión de Occidente. La naturaleza competitiva de la sociedad occidental ha sido el motor de las innovaciones tecnológicas y del imperialismo*". Unas páginas más adelante Headrick hace referencia a una cuestión medular para establecer la estrecha relación entre tecnología e imperialismo:

> Así, concluiremos con una paradoja: el mayor poder sobre la naturaleza que proporciona una tecnología superior no otorga necesariamente el poder sobre pueblos con tecnologías menos avanzadas. Sin embargo, sigue prevaleciendo la búsqueda de tecnologías cada vez más avanzadas, y con ella la tentación de utilizarlas contra otros pueblos. (Ibíd.: p. 18)

Un patrón que me permite coincidir con lo expresado por Headrick en la primera parte de la cita anterior me remite a la guerra de Vietnam: las fuerzas armadas estadounidenses arrojaron cerca de 6 millones de toneladas de bombas, casi el triple de las que ese imperio empleó en la Segunda Guerra Mundial; parte de esa cantidad de bombas fueron lanzadas en 1972 por orden de Richard Nixon en las ciudades de Hanoi y Haiphong. A su vez, EE.UU. dispuso durante ese conflicto armado de las más sofisticadas tecnologías armamentísticas; el resultado es bien conocido: además de haber soportado una pérdida próxima a los cincuenta mil soldados, no pudo someter ni al Vietcong que operaba en Vietnam del Sur ni al Ejército Popular Norvietnamita. Otro tanto le ha ocu-

rrido desde la Guerra del Golfo y en la actualidad en Irak y Afganistán; por ende, deduzco que al imperialismo norteamericano no le será posible divisar una victoria definitiva sobre un "enemigo inventado", menos aún cuando el único propósito es el de beneficiar al conglomerado de empresas productoras de tecnología armamentista. Nada de esto se pudo haber llevado a cabo sin la complicidad de científicos mercenarios o botarates cuyo único mérito era (y aún es) comulgar con los puntos de vista ideológicos del funcionario estatal o la "Fundación" que depende del complejo armamentístico, y cuya tarea –en tanto patrones y/o mecenas– es la de contribuir a forjar *Un mundo feliz*, semejante al de la irónica y ambigua novela homónima de Aldous Huxley, en la que gracias al desarrollo científico y tecnológico alcanzados fueron erradicadas las guerras y la pobreza... y claro, también otras cosas: la familia, la diversidad cultural, el arte, la filosofía, etc.

Los infortunios causados por esa inhumanidad (antropo-euro-anglo-etno) céntrica son los que quizá, como resume José Saramago en la novela *La balsa de piedra*, hacen que sus personajes viajen incansablemente surcando el océano...

> ... moviéndose sin remos ni velas ni hélices en dirección al sur del mundo, camino de una utopía nueva: el encuentro cultural de los pueblos peninsulares con los pueblos del otro lado del Atlántico, desafiando así el dominio sofocante que los Estados Unidos de la América del Norte vienen ejerciendo en aquellos parajes. (Saramago, 1999)

A su vez, para muchos de los *peritorum* que son cómplices de las corporaciones armamentísticas o las transnacionales dedicadas a la producción de bienes de consumo o técnicas para mejorar la productividad y la competitividad, una utopía no es un estado de felicidad dinámica que está en la base de las luchas por la emancipación y la liberación social; tales cuestiones les resultan insondables, pues, para alcanzar el pedestal esperado, lo conveniente es seguir los consejos de Oppenheimer, el Nobel de Física que, a propósito de la bomba de hidrógeno, le planteaba a los científicos poner a disposición todos sus conocimientos y aptitudes para la "realización de todas las cosas posibles" sin preocuparse por sus consecuencias (Easlea, 1977, p. 455).

Al parecer este tipo de opiniones es el que conforma el *background* ético del Consejo Nacional de Evaluación y Acreditación Universitaria (CONEAU), organismo de control de la "calidad educativa" universitaria a cuyos miembros poco les preocupa la pregunta: "¿Por qué *todo se ha transformado en catalina?*". Cualquier debate sobre la educación ideal es vano si en estos tiempos de "Cumbres Borrascosas", en Argentina, a través de la aún vigente Ley de Educación Superior (LES), la academia consiente su porosidad para formalizar acuerdos y emprendimientos conjuntos con el mundo empresarial. En verdad, cuando el énfasis se puso en la coartada del oxímoron "calidad educativa", la maniobra consistió en cuestionar la eficiencia de las UU.NN. por el nivel de politización del movimiento estudiantil que siempre opuso una barrera férrea al arancel y al ingreso selectivo. Los estudiantes, al menos la mayoría de ellos, no tienen la mentalidad fáustica del profesorado que sigue las recomendaciones de Julius Robert Oppenheimer. La evidencia, tanto en dictaduras como durante la década de 1990, muestra que en nuestro país el discurso de la calidad siempre ha tenido como componente, en sus motivaciones políticas e ideológicas, la despolitización o el impedimento de la misma en el movimiento estudiantil. La idea del debilitamiento de la autonomía siempre ha apuntado a cuestionar la capacidad crítica y movilizadora de vastos sectores de las UU.NN.

Un ejemplo de esa mentalidad fáustica es la que pregonara, en nombre de la calidad educativa, un exsecretario académico de la Facultad de Ingeniería de la Universidad Nacional del Comahue (UNCo). En el año 2006 llevó a cabo las primeras reuniones con miembros de la CONEAU, aunque más recientemente (4 de marzo de 2015) este *peritorum*, Vladimir Cares Leiva, y quienes fueron jurados del concurso en el que se presentó para cubrir un cargo de asistente de docencia interino con dedicación simple en la asignatura "Economía" (entre ellos el expresidente del Consejo Provincial de Educación de Neuquén durante la gobernación de Jorge O. Sobisch: Lic. en Economía Mario Pilatti), produjeron un escandaloso episodio que narra, en una carta de lectores publicada por el diario *Río Negro* (11/04/2015), una de las víctimas de la celebrada "calidad educativa", el Dr. Pablo Guido:

> El jurado decidió seleccionar en primer lugar a un ingeniero (Vladimir Cares Leiva) sin ninguna educación formal en el área económica (ni carrera de grado ni maestría o doctorado afín), como tampoco experiencia docente ni publicaciones de ningún tipo relacionadas con la ciencia económica, como consta expresamente en el dictamen del concurso (...) Y en segundo lugar quedé yo con los siguientes antecedentes: una Licenciatura en Economía, otra Licenciatura en Ciencia Política, una Maestría en Economía y Administración de Empresas y, por último, un Doctorado en Economía. Hace casi veinte años que me desempeño como docente en diferentes materias del área económica, tanto en universidades argentinas como extranjeras. He dictado clases en carreras de grado y maestría. Tengo publicaciones en libros y revistas especializadas en el área económica (...) El dictamen fue unánime, lo cual significa que los tres jurados eligieron en primer lugar al candidato que sería menos calificado para hacerse cargo de la cátedra. (Fuente: http://www.rionegro.com.ar/)

Tampoco podremos hablar de calidad educativa en el segmento de la enseñanza media si el único propósito de la escuela, como plantea –entre otras cuestiones– en el Anexo II el profesor Omar Cabrera, es convertirse solamente en un instrumento de "contención" y nunca en una herramienta de emancipación cuyo principal objetivo pedagógico sea que los/as estudiantes hagan posesión de la *dignitas hominis*, abrazando a su vez las lides que nos invitan a recuperar la armonía con la Madre Tierra.

Otro aspecto de interés en torno a este tema es el que enmascara, hasta la fecha, la constitución de un segmento de la educación superior guiado por la lógica del beneficio. Me estoy refiriendo, en el caso de las UU.NN. a un sustituto del Estado que debe satisfacer el correcto funcionamiento de la Universidad: el mercado como un nuevo "proveedor", a través, por ejemplo, de la "venta de servicios". Cuando esto sucede, cuando quien a través de sus impuestos se financian las actividades de investigación en ciencia y tecnología, ante la crítica, la arrogante respuesta de los/as *expertises* es: "No les incumbe, son legos, su ignorancia hace incompetente toda opinión que no esté fundada en un conocimiento cuya validez no esté presupuesta apriorísticamente, sino cuando se la somete a los estrictos protocolos que recomienda la buena práctica científica".

Quizá lo más razonable sea ser cauteloso para no herir susceptibilidades, después de todo, cuántos negarían las tremendas disputas que enfrentaron a muchos/as científicos/as que aspiraban pasar a la historia reconociéndoseles la prioridad en tal o cual descubrimiento o hallazgo. En casos como esos no sería ocioso recordar que

> (…) Existe un aspecto en la historia del principio de conservación de la energía que debemos mencionar, porque representa lo que sucede, a menudo, cuando se establece un nuevo esquema conceptual. Las ideas de Mayer y Joule obtuvieron, finalmente, partidarios y, en irónico contraste con el abandono y repulsa inicial, se desarrolló una lucha casi violenta respecto sobre cuál de los dos era, realmente, el creador de la idea de la conservación general de la energía en sus distintas formas. Otros científicos reclamaron también su paternidad hacia esa idea, hombres que habían expresado, de algún modo, la idea general de la conversión mutua de las distintas formas de la energía o habían calculado particularmente el equivalente mecánico del calor (…). Cuando un descubrimiento está obviamente "en el aire" como sugiere esta multiplicidad de hechos, no tiene significado reclamar prioridades; sin embargo, tales argumentos son inevitables, pues el deseo de conseguir la fama eterna por un descubrimiento es una de las motivaciones que impulsan a un científico a trabajar sin descanso en una tarea que (hasta muy recientemente) fue pobremente (o nada) remunerada. (Holton, 1983, p. 400)

Para colmo de colmos, hasta la energimasa einsteiniana se transformó en materia fecal imposible de reciclar por culpa de la entropía.

Tan patético como lo anterior es saber que no todas las extinciones son consecuencia de catástrofes naturales. Pensemos[19] en algo que ocurrió hace unos doscientos años y saquemos nuestras propias conclusiones:

> (...) las palomas migratorias eran, probablemente, los pájaros más comunes en Norteamérica oriental y central. Se congregaban en enormes bandadas, y sus migraciones oscurecían el cielo durante horas. Sus cadáveres se vencían en los mercados de Nueva York a penique la pieza. El ornitólogo Alejandro Wilson estimó que una bandada observada por él, contaba con 2.000 millones de ejemplares. Poco más de cien años después, el 1 de septiembre de 1914, la última paloma parasitaria de la Tierra –un ave llamada Martha– murió en el parque zoológico de Cincinnati. Muchas especies han caído víctimas del peor depredador del planeta: el ser humano. Nadie salió a exterminar las palomas migratorias, nadie a principios del siglo XIX hubiera creído que una especie tan abundante podría desaparecer en tan corto espacio de tiempo. Pero dos tecnologías muy eficaces –el telégrafo eléctrico y el rifle– permitieron que los cazadores emboscasen las bandadas mientras emigraban, y su número no les sirvió de protección. (Aydon, 2005, pp. 230-231)

Cabría preguntarse: ¿qué sucede con las ciencias y sus aplicaciones cuando quedan entrampadas entre la moralidad social y la ética de sus propios hacedores? Bertolt Brecht, en su obra teatral sobre Galileo Galilei, nos da una respuesta cuando le hace decir al autor del *Sidereus nuncius* y los *Discorsi e dimostrazioni matematiche intorno à due nuove scienze*:

> ¿Para qué trabajáis? Mi opinión es que el único fin de la ciencia debe ser aliviar las fatigas de la existencia humana. Si los hombres de ciencia, atemorizados por los déspotas, se conforman solamente con acumular saber por el saber mismo, se corre el peligro de que la ciencia sea mutilada y que vuestras máquinas sólo signifiquen nuevas calamidades. Así vayáis descubriendo con el tiempo todo lo que hay que descubrir, vuestro progreso sólo será un alejamiento progresivo de la humanidad. El abismo entre vosotros y ella puede llegar a ser tan grande que vuestras exclamaciones de júbilo por un invento cualquiera recibirán como eco un aterrador griterío universal. (Brecht, 1956, p. 102)

---

19 Cada vez que utilice el término "pensar" o algunos de sus derivados, tengamos en cuenta que "*(...) pensar implica no solamente el flujo de pensamientos, sino también su detención. Allí donde el pensamiento se detiene de pronto en una configuración preñada de tensiones otorga a esa configuración un choque en virtud del cual se cristaliza en una mónada*" (Cfr. Benjamin, 1973, p. 190).

No hace mucho tiempo apunté: *Siempre que hubo seres humanos que soñaron con transportarse a un "mundo bello" en el que pudieran descansar a salvo de todos los peligros y vivir en gozosa fraternidad con sus congéneres, la realidad del Occidente violento ha mostrado que, sistemáticamente y de forma continua, a partir de la Revolución Científica de los siglos XVI y XVII, el objetivo de la ciencia ha sido dominar la naturaleza y, a través de ella –vía la colonización y el imperialismo– a buena parte de la humanidad. Esto ya había quedado plasmado literariamente por Jonathan Swift en los "Viajes de Gulliver" (1726), novela en la que burlonamente planteó que los científicos nunca lograrían enriquecer la sociedad, sino que, por el contrario, lo único que conseguirían sería su empobrecimiento. Tan acertado fue su diagnóstico que para constatarlo sería suficiente leer el siguiente extracto tomado de una de las ediciones de la revista Scientific American:*

> Supongamos que la Inteligencia de EE.UU. encuentra evidencia indiscutible de que un líder terrorista importante en este momento está cenando en un sitio remoto de Asia central. Supongamos también que la sensibilidad política local impide llamar a los bombarderos para un ataque aéreo y que es poco probable que la cena dure las dos horas que tomaría un misil de crucero Tomahawk para llegar al lugar desde donde está almacenado. ¿Cómo actuar? (...) Los vendedores de armas al Pentágono esperan tener una rápida respuesta con un turborreactor de avanzada que puede reducir el "tiempo a llegar el blanco" de un misil de crucero a pocas "decenas de minutos". Tal sistema podría eliminar al hipotético jefe terrorista antes del postre. (Ashley, 2006, p. 26)

El "postre" es que en estos tiempos los descubrimientos no suelen encontrarse en los clásicos laboratorios de las ciencias naturales; la robótica, la aeronáutica o muchos otros productos de la tecnología, son el resultado de la transformación de la (tecno)ciencia en capital al servicio de corporaciones empresariales que controlan la producción de bienes de consumo o las armamentísticas. En este último caso, la ideologización del "saber-hacer" científico llega a un cinismo tan extremo que el químico Louis Fieser, cuyo libro se utilizó de texto en la formación de otros químicos (Fieser, 1964), fue el inventor del napalm, describiendo esa arma letal utilizada por EE.UU. en la guerra de Vietnam bajo el título neutral de *The Scientific Method*.

A mediados del siglo XX y en los años recientes, el ataque de la inhumanidad colonial e imperial contra la "sustentabilidad" del planeta y el *SUMAK KAWSAY* (el "Buen Vivir" de la cosmovisión ancestral quechua) o el *SUMA QAMAÑA* (el "Vivir Bien" de la cosmogonía aymara) entró en una nueva fase. Se trata de una cuestión que muchos/as *peritorum* de las mal llamadas "ciencias duras" (física, química, biología, etc.) no se plantean porque para ellos, al igual que para los/as filósofos/as responsables del indisimulado "epistemicidio" en diferentes campos y vertientes del "saber-hacer", la "buena ciencia" es ética y políticamente neutral; o sea: tiene un carácter avalorativo y autónomo de toda influencia exterior. De allí la ponderada racionalidad de las prácticas científicas fundadas en los modos lógico-formales del "método científico". De allí, además, la no ponderada responsabilidad social de algunos/as científicos/as en las diferentes catástrofes ambientales. Para Ricardo J. Gómez, en su libro *La dimensión valorativa de las ciencias. Hacia una filosofía política*:

> No cabe duda de que el ideal de ciencia y de filosofía de las ciencias socialmente responsable es político (…) el ideal de la ciencia como valorativamente neutra no fue ni es valorativamente apolítico: es "político" (…) Una filosofía para una ciencia valorativamente neutra enmascara siempre (y muchas veces por razones políticas) su íntima conexión con el contexto y los valores sociopolíticos. (Gómez, 2014, p. 219)

No hay duda alguna del impacto que ha tenido la revolución tecnológica en las relaciones internacionales desde los inicios de la Guerra Fría. Mas en las últimas décadas uno de los más evidentes es el relativo al desarrollo de las Tecnologías de la Información y la Comunicación (TIC), en tanto que las palabras y las imágenes llegan al mundo entero (consultar Anexo VI). Esto amerita cerrar la brecha entre educación y tecnología, sin creer que la calidad educativa tiene que ver con el programa "Conectar Igualdad" impulsado por el Ministerio de Educación de Argentina, o mediante las llamadas "Escuelas de Contención Social"; me parece que cerrar la brecha significa dar curso a innovaciones educativas que vayan más allá de la incorporación de las TIC como el único factor capaz de potenciar los niveles de destreza y habilidad de educandos que, una vez concluido sus estudios, se enfrenten a las exigencias del mercado laboral.

Tengamos en cuenta que toda innovación tecnológica, como otras, es siempre una fuente de inquietud. Por ejemplo, cuando asistimos a la difusión de imágenes de niñas o jóvenes víctimas de la "trata" no para poner en conocimiento de la opinión pública que esta violencia debe erradicarse, sino para mostrar que en el capitalismo globalizado pueden circular libremente imágenes que a través de la *web* potencian el negocio destinado a satisfacer la pulsión sexual de los pervertidos. Cuando digo "como otras", no puedo dejar de mencionar que mediante el uso de internet se puede acceder sin dificultad, tanto a la compra de teléfonos celulares como a las instrucciones para la fabricación de armas y sus usos. Todas estas innovaciones conviven en una yuxtaposición de contrastes entre poblaciones de países "no desarrollados" y "desarrollados", "bárbaros" y "civilizados", generando tensiones de diferente género. Tzvetan Todorov nos lo ilustra de esta manera:

> Las grandes ciudades del mundo, repartidas en todos los continentes, albergan a poblaciones de orígenes diversos, y necesariamente costumbres radicalmente distintas. Así es como el "niqab", el velo integral, convive con el tanga (aunque en Francia ambos están prohibidos en la escuela). (Todorov, 2014, p. 14)

Para Todorov, tales contrastes generan una fuerte sensación de miedo entre los habitantes de los países que se asumen "civilizados" (EE.UU., Francia, Alemania, Italia, Japón, Israel, etc.), haciendo que

> (...) se convierta en peligro para quienes lo sienten, y por ello no hay que permitir que desempeñe el papel de pasión dominante. Es incluso la principal justificación de comportamientos a menudo calificados de "inhumanos". El miedo a la amenaza de muerte, peor aún, a que amenacen de muerte a nuestros seres queridos, nos hace capaces de matar, de mutilar, de torturar (...). Una vez que se ha aceptado matar (...) Cualquier medio es bueno para conseguir la victoria, y para alejar así el miedo. (*Ibid.*, pp. 17-18)

Las innovaciones tecnológicas también introdujeron modificaciones en los valores fundacionales del mentado "periodismo independiente". Científicos/as y periodistas se han convertido en un valor agregado indispensable para quienes detentan el "poder-sobre" o poder dominador del que habla John Holloway (2002). Respecto de los primeros, hace más de treinta años Lévy-Leblond opinaba:

> Después del cura, del artista y del maestro, ahora es muchas veces el científico quien encarna con mayor precisión los valores de las formas modernas de la ideología dominante: el "experto" y la "competencia". Portador de una realidad "objetiva" "¡demostrada rigurosamente!", "políticamente neutra", el científico avala de manera admirable los intentos de la clase dominante para ocultar opresión y explotación bajo pretendidas necesidades técnicas y racionales (...), el progreso científico presentado como inevitable sirve para enmascarar las opciones de una clase y las orientaciones políticoideológicas de las "innovaciones". (Lévy-Leblond, 1980, pp. 214-215)

Si no es así: ¿qué es entonces lo que constituye el valor de un régimen político basado en una democracia de alta intensidad?: ¡parecer más que ser! ¿Por qué necesita la (tecno)ciencia, como el arte o la justicia, una crítica externa realizada por ciudadanos/as que no vivan entre probetas, microscopios electrónicos y otros dispositivos de investigación?; ¡Será porque los vínculos de la investigación científica con las corporaciones industriales sigue planteando colisiones entre los intereses privados y el sector público, provocando, a su vez, un silenciamiento "científico" de la ética cuando lo que ocurre muchas veces es que el financiamiento privado implica tomar decisiones acerca de quién maneja los derechos de propiedad, el *copyright*, las patentes o los derechos de autor! ¿Cómo, para qué y por quiénes desarrollar políticas de investigación o de innovación y desarrollo (I+D)?: ¡solo búsqueda de ganancias! Si no fuera la "búsqueda de ganancias", ¿cómo conciben los/as científicos/as contemporáneos/as la próxima fase en la evolución de la relación Hombre-Naturaleza? ¿Tenderán los/as científicos/as a considerar una etapa en que la ciencia coadyuve a la paz, la belleza, la sensibilidad y el amor? De lo contrario: ¿de qué sirve un sistema educativo, como el público de gestión estatal o social, si no es para descifrar los enigmas del mundo, luchar contra la alienación, educar para la vida digna y solidaria, redescubrir las relaciones con el mundo del trabajo, articular la cultura erudita con la cultura profana y brindarnos elementos para transformar una realidad ambiental insustentable en un entorno sustentable?; me refiero a políticas públicas que garanticen la participación plural de sujetos sociales, portadores de "saberes realizantes" que no sean necesariamente legitimados por los/as *peritorum* de las academias, las fundaciones o la industria. ¿A quién le temen gobernantes, *peritorum* y corporaciones?: ¡será a la descorporatización de la opinión, a la desaristocratización de los saberes, a la deslocalización de la "autoridad científica", a una combinación de estas tres cosas, o al temor de amar!

Todos estos interrogantes conducen a la urgente necesidad de democratizar las prácticas tecnológicas, en tanto son pocos/as los/as *peritorum* que puedan defender la idea de que los sistemas tecnológicos actuales no coartan el pleno desarrollo humano ni arruinan los ecosistemas.

Respecto al "temor de amar", me remito nuevamente a la quebrantada modernidad occidental, ya que desde sus orígenes, aunque en particular bajo la imposición del modo kantiano del moralista obediente, el *"Che"* Guevara en unas famosas líneas de su diario nos recuerda:

> Permítaseme decir, aun corriendo el riesgo de parecer ridículo, que el revolucionario auténtico obra movido por intensos sentimientos de amor. Es imposible concebir a un verdadero revolucionario sin esta cualidad (…) Nuestros revolucionarios de vanguardia (…) no pueden descender, a través de pequeñas dosis de afecto cotidiano, a los lugares donde los hombres corrientes ponen en práctica su amor. (En Anderson, 1997, pp. 636-637)[20]

---

20 Cfr. "Jon Lee Anderson reconoce en el Che las cualidades del héroe clásico" en: [http://elpais.com/diario/2007/01/31/cultura/1170198001_850215.html].

Así mismo, Rosa Luxemburgo hubo de escribir: *"Si los revolucionarios no son humanos, si no entienden el arte de vivir, ¿cómo pueden crear una vida mejor para los demás?"* (Obligado, 2006, p. 271). Pero el proyecto político y cultural del capitalismo de mercado, ya lo sabemos, es heredero del ideal iluminista, de un *logos* cuyos límites están dados por el uniformismo y la universalidad del discurso de un amo al que todos/as debemos subordinarnos prescindiendo del "arte de vivir".

Sin embargo, abrigo la esperanza de que llegarán los días en que una parte importante de la sociedad no delegue poder en otra subjetividad política[21] que no sea la sugerida por la "contra-conciencia" ciudadana. Las reformas del reformismo han probado ser estructuralmente irrealizables. Hoy, los ejemplos están a la vista en la "zona del euro".

Paulo Freire, en ocasión de una conferencia que dio el 21 de junio de 1985 en el Centro Cultural Gral. San Martín de Buenos Aires, afirmaba:

> A esta altura quiero decir que no hay que temer a pronunciar la palabra democracia. Porque hay mucha gente que al escuchar esa palabra la asocia con socialdemocracia, inmediatamente con reformismo. Yo, cuando la escucho, la asocio con socialismo, con revolución. (Paulo Freire, *Reflexión crítica sobre las virtudes del educador*, 1985).

Esa asociación "con socialismo, con revolución" no implica ninguna religión terrenal salvífica como la prometida por la Revolución de Octubre, otra versión del humanismo occidental que nos condujo –también en nombre del progreso y de una racionalidad instrumental y unidimensional– a la dominación de la Naturaleza por el hombre y a la tragedia del estalinismo, que al igual que el fascismo, el nazismo o el capitalismo encontraron la forma de enfrentar y deshacerse de los "obstáculos" indeseables de la "contraconciencia" crítica y autocrítica, la cual, como dice Edgar Morin en *Tierra patria*, es: "*(...) la conciencia de la finitud (...) de nuestra inconsciencia y un conocimiento de nuestra ignorancia: en adelante podemos saber que nos hallamos en una aventura desconocida*" (Morin, 1999, p. 195).

En relación con esa imposibilidad de "saber que nos hallamos en una aventura desconocida", Illya Prigogine e Isabelle Stengers revelan que:

> La ciencia inició un fructífero diálogo con la naturaleza, pero el resultado de este diálogo fue más que sorprendente. Reveló al hombre una naturaleza muerta y pasiva, una naturaleza que se comportaba como un autómata, que una vez programada funciona eternamente siguiendo las reglas inscritas en

---

21 La "subjetividad política" implica la existencia de sujetos que, en tanto agentes sociales, tienen conciencia de su solidez histórica y de la responsabilidad política de sus acciones, independientemente de eco o alcance que pudieran tener estas; esos agentes son los "sujetos políticos".

su programa. En este sentido, el diálogo con la naturaleza aisló al hombre de ésta en lugar de acercarlo más a ella. Para algunos, como Pascal y Monod, (...) esta soledad "descubierta" por la ciencia era el precio que teníamos que pagar por esa nueva racionalidad. (Prigogine y Stengers, 1985, pp. 16-17)

Creo que ha llegado la hora de someter a revisión toda nuestra herencia intelectual desde el Cosmos aristotélico al *Big Bang*. Al respecto, un tema sobre el que insisto desde hace años, es que durante siglos el desarrollo (tecno) científico estuvo encaminado, primariamente, a la invención de una aplicación bélica; estos son los casos que permiten apreciar con absoluta claridad que la actividad de científicos y tecnólogos no tiene carácter avalorativo. Dos ejemplos del siglo pasado dan cuenta de ello: a) la primera aplicación del proceso de fisión nuclear condujo a Julius Robert Oppenheimer, director científico del Proyecto Manhattan, a desarrollar la bomba nuclear que provocó el fallecimiento de miles de personas en Hiroshima y Nagasaki (1945), sólo más tarde la fisión nuclear se aplicó para la generación de energía en las centrales nucleoeléctricas; b) en 1991 las bombas utilizadas en Irak eran autoguiadas por un dispositivo consistente en un "sistema de posicionamiento global" (GPS), hoy de uso corriente por parte de la sociedad civil. Estos son dos de los cientos de casos que, a lo largo de la Historia, dan cuenta de la paradojal disociación entre el mito de la neutralidad científica y su carácter avalorativo. Me ayuda a pensar en ello un interrogante que se plantea Henryk Skolimowski en *Racionalidad evolutiva*: "*¿Qué género de conocimiento podrá iluminar la comprensión de los procesos vitales y servir al mismo tiempo como guía de la vida buena?*" (Skolimowski, 1979, p. 50).

Como lo he expresado otras veces: ¿qué alentar y hacer para no quedar en el diagnóstico y poder contribuir a generar ciencia y tecnología socialmente útiles para la mayoría de nuestro pueblo? Insisto en la perentoriedad de poner en práctica un saber-hacer que nos devuelva la pulsión de vida; aunque previamente tendremos que librarnos de los Oppenheimer y de la concepción "esencialista y triunfalista" de la tecnología parida en 1945 por el coordinador del Proyecto Manhattan, Vannevar Bush. Este, al igual que otros dirigentes y *mass*media de EE.UU. reconocían en su país la obra de Dios. Recuerdo que en *La tecnociencia y la tecnocultura en la era de la globalización* me preguntaba:

> ¿Cómo olvidar aquellas declaraciones del presidente norteamericano Harry Truman cuando se lanzó la bomba atómica sobre Hiroshima?: "*Tenemos la bomba atómica, y la usamos; continuaremos empleándola (...) es una pesada responsabilidad que debemos soportar, pero, gracias a Dios, nos incumbe a nosotros, y no a nuestros enemigos. Roguemos para que Él nos ayude a utilizarla según sus deseos y objetivos*". (Datri, 2010, p. 147)

Aquí creo necesario insistir en la desmitificación de algunas cuestiones vinculadas al Estado de Bienestar y a la denominada "buena ciencia", no sólo para el debate posterior, también para aquellos dirigentes que en la era de la post-política como espectáculo se definen neokeynesianos o defensores del pedestal de los *peritorum* que llegaron al Premio Nobel. Sólo deseo recordar que en las postrimerías de la década de 1930 se implementa la política de *New Deal* (el "nuevo contrato") en los términos planteados por un diagnóstico de Keynes:

> El gasto público romperá el círculo vicioso. Si se logra hacer esto durante un par de años, su efecto será, si mi diagnóstico es acertado, la restauración de los beneficios empresariales a un nivel más próximo al normal, y si esto puede conseguirse, la empresa privada revivirá. Estimo que lo primero es hacer algo para restaurar los beneficios y después confiar en que la empresa privada se encargará de continuar. (Lekachman, 1970, p. 53)

La idea subyacente era que los déficits presupuestarios constituyen la forma de sacar de la depresión a una economía capitalista. ¿Cuál fue el resultado? El sector de bienes de equipo, la fuerza motriz de la sociedad capitalista, continuó inactivo y el desempleo (de 1929 a 1940) nunca bajó del 14 por 100. Ahora bien, la dirigencia americana, observando que Alemania prácticamente había eliminado –ya en 1936– el paro mediante el déficit financiero del programa nazi de rearme, volvió a darle validez a la receta de Keynes y, en la producción de tanques, navíos de guerra, aviones y diferentes tipos de armas, consiguieron lograr el objetivo que les fuera esquivo durante más de diez años de paz: el pleno empleo y el aumento del nivel de vida. Por lo tanto, en el prototipo ideal de la "sociedad de mercado" (el Estado de Bienestar) existe una manera de plantear un presupuesto deficitario beneficioso, lo cual es posible con una propaganda hábil que gane el consenso de la "gente" y satisfaga las exigencias de rentabilidad de los poderes fácticos de la sociedad: la fabricación de armamentos. Además, la construcción de armamentos no sólo contribuyó a la plena utilización de la capacidad industrial –con sus benefactoras consecuencias sobre el "público" en general–, también le permitió a los sectores concentrados del capital lograr una armonía de intereses entre industriales, científicos, militares y políticos.

En los años de la Guerra Fría, el generoso apoyo recibido le permitió a los científicos resucitar la idea de que estaban haciendo ciencia por sí misma; una señal de ello es el informe titulado *Un manifiesto explicativo sobre la física de partículas elementales*, hecho público por la Casa Blanca en 1959, y preparado a instancias de la Comisión de Energía Atómica para sentar las bases de mayor nivel de financiación del gobierno para la investigación en física de altas energías. En un párrafo de dicho documento se lee:

La física de partículas elementales (...) se ocupa de fenómenos muy apartados de nuestros entornos inmediatos y familiares (...) y procede no con vista hacia aplicaciones útiles, sino hacia el descubrimiento por sí mismo (...) Constituye el corazón de la física moderna, y es el producto de muchos siglos de esfuerzos por comprender el universo. (Sánchez Ron, 2001, p. 32)

En cuanto a nosotros, argentinos, ya hemos cargado con numerosas responsabilidades que no nos vinieron dadas por la "Providencia", sino por los/as *peritorum* de la dictadura y de las democracias de "baja intensidad"; de allí la exigencia de activar una política de ciencia, tecnología e innovación de tipo "abajo-arriba" (*botton-up*) en lugar de las tradicionales "arriba-abajo" (*top-down*), tanto sea para no dedicarnos a agradecerle "a Dios por la invención de la alquimia" como para no inventar en nuestros laboratorios la "*Mierda de perro*" de la que habla Gabriel García Márquez en *Cien años de soledad* (leer epígrafe de la Conclusión).

Por lo expuesto, reitero algunas ideas que vengo planteando para potenciar el desarrollo de un Plan Estratégico Nacional en ciencia, tecnología e innovación productiva; abarcador, entre otras cuestiones, de la:

- Producción pública de medicamentos básicos esenciales y vacunas.
- Producción de reactivos biológicos de uso hospitalario.
- Erradicación o disminución de la incidencia del Chagas.
- Definición de medidas que prevengan las inundaciones y puedan paliar sus efectos, tales como la erosión de suelos o sus consecuencias sociales y económicas.
- Resolución integral del problema de la contaminación de los ríos.
- Radarización del mar argentino para el control del tráfico marítimo y de la pesca clandestina por buques factoría que ingresan en aguas territoriales.
- Resolución del problema del analfabetismo.
- Erradicación de las causas sociales y económicas que producen la exclusión de miles de niños, niñas y jóvenes del sistema educativo.
- Ampliación de técnicas vinculadas al reciclaje de residuos urbanos e industriales y la producción de plásticos biodegradables de origen bacteriano.
- Convergencia del "diálogo de saberes" que devuelva armonía a la relación Hombre-Naturaleza, tomando como patrón el respeto a la diversidad cultural y sus potencialidades para modificar hábitos de consumo y, a su vez, velar por esos "bienes comunes" (*commons*) que forman parte de los ecosistemas.

Esta aceleración de la historia, vinculada a la aparición de nuevas tecnologías cuyos artífices no suelen contemplar "los procesos vitales y servir al mismo tiempo como guía de la vida buena", nos pone ante problemas inéditos para los cuales no hay ningún catecismo escrito para resolver los desequilibrios y disfuncionamientos del "metabolismo" entre la Naturaleza y el Hombre.

De lo que estoy seguro es que en estos tiempos hay evidencia de una convergencia que no es precisamente la del Hombre con la Naturaleza. Eduardo R. Saguier, Investigador Independiente del CONICET, ha escrito un artículo bajo el título: "Prebendarismo y faccionalismo en la institucionalización del conocimiento: el caso de la investigación y la docencia argentinas (1989-2003)". Ya desde el resumen de ese trabajo nos advierte sobre los alcances y consecuencias que tienen los "patronazgos, clientelismos, carrerismos, caudillismos, amiguismos y reciprocidades negativas etnocéntricas, sectarias y nepóticas" (Fuente: http://epaa.asu.edu/epaa/v12n6/).[22]

Sólo por el hecho de recuperar esa ancestral armonía, celebro la decisión de la UNESCO de declarar al 10 de noviembre Día Mundial de la Ciencia y la Tecnología para la Paz y el Desarrollo, pero destaco que sería importante que la sinergia que pueda producir en torno a encuentros internacionales sobre la materia, no esté absorbida: ni por la *libido sciendi* de alguno de sus integrantes, ni por las ansias de lucro de quienes quieren sacar tajada de la cuestión, ni por el narcisismo de los participantes individuales.

Posiblemente empecemos a transitar el tiempo para que, bajo la influencia mayoritaria de los pueblos, esta celebración pueda ser el motivo para establecer nuevas metas y una nueva agenda. En ese caso, algunos de los objetivos deberían ser:

- Erradicar el hambre.
- Lograr la atención de la salud.
- Desterrar toda forma de racismo y/o discriminación.
- Que mediante la educación pública, laica y gratuita, todos los seres humanos puedan poner en acto sus potencialidades.
- Que todas las personas tengan acceso al agua potable y a los servicios básicos.
- Que todas las personas puedan gozar del derecho a un ambiente sano.
- Que todas las personas disfruten de una vivienda digna.
- Que no haya más terrorismos de Estado.
- Que no se destinen más presupuestos para aquellas ramas de la I+D cuyo propósito sea la producción armamentística.
- Que todas las personas puedan realizarse como seres humanos.

---

22 Sobre este tema haré otros comentarios en el Proscenio 5.

Alguien le ha pedido a la ciencia y a la tecnología llegar a la Luna y lo han logrado. Alguien le pidió remontarse hasta los confines de nuestro origen y supo retroceder unos 15.000 millones de años hasta llegar al *Big Bang*. Alguien le pidió que llegue hasta la insignificancia del átomo y nació la nanotecnología. Alguien pidió conocer la estructura de la molécula del ADN, y hoy la ingeniería genética y la biotecnología se codean peligrosamente con los límites del antropomorfismo absoluto.

Todos esos "alguien" nos hablan de que el impulso de la (tecno)ciencia es monumental y sin antecedentes, y que la sociedad del conocimiento y la abundancia está entre nosotros. Pero, ¿para quién es la abundancia?, ¿quiénes son "nosotros"?

¿Por qué no imponerles a los gobiernos del mundo que tanto la ciencia como la tecnología sean herramientas para resolver el conjunto de pequeñas cuestiones cotidianas que hacen a la vida y la dignidad de las dos terceras partes de la humanidad?

No confío en que la UNESCO pueda aportar algo al respecto. Sólo sé, y sí confío, en que los pueblos del mundo lo pueden hacer.

LECTURA ACTIVA

Lee el siguiente texto extraído del libro de Daniel R. Headrick (*El poder y el imperio*) y luego responde el cuestionario que figura a continuación:

> *A principios del siglo XXI Estados Unidos no sólo es un país más poderoso que cualquier otro, sino que su poder sobre la naturaleza es mayor que el de ninguna potencia del pasado. La tecnología –o más bien el conglomerado de empresas que la producen– dicta la política. Como explicaba Robert J. Stevens, presidente ejecutivo y director general de la corporación Lockheed (una compañía que obtiene el 80 por ciento de sus ingresos del gobierno estadounidense): "Estamos plenamente dedicados a desarrollar una tecnología intimidatoria (que requiere) repensar las dimensiones políticas, además de las tecnológicas, de la seguridad nacional (...) Con la tecnología hemos podido hacernos más seguros y más humanos (...) no digo esto a la ligera. Nuestra industria ha contribuido a un cambio en la humanidad" (Headrick, 2010, pp. 345-356).*

a) Investiga qué tipo de armas produce la corporación Lockheed y en qué conflictos armados las utilizó EE.UU. desde los inicios de la Guerra Fría hasta la fecha.
b) Si para Robert Stevens la tecnología militar hace "más seguros y más humanos" a sus congéneres norteamericanos, ¿está presuponiendo que tanto él como sus conciudadanos son ascendientes del *homo sapiens demens* del que habla Edgar Morin? ¿A qué "humanidad" se refiere cuando afirma "Nuestra industria ha contribuido a un cambio en la humanidad"?
c) Investiga a través de internet la entrevista que le realizara, en noviembre de 2004, el *New York Times*.
d) Comparte tus puntos de vista con otras personas.

PROSCENIO 4
Del "bonapartismo" a la ruptura con el "consenso de Washington"

Una interpretación semejante a la que formulo evitaría que una positiva y necesaria profundización de las reformas sociales, culturales y políticas llevadas a cabo por el actual gobierno argentino desde el año 2003, sean presa de una situación sociopolítica "bonapartista" como la descripta por Marx desde los inicios de *El XVIII Brumario de Luis Bonaparte*:

> Los hombres hacen su propia historia. Pero no la hacen según el deseo de su iniciativa, ni en las circunstancias libremente elegidas; ellos están obligados por las circunstancias del momento, tales como las han creado los acontecimientos y la tradición. La tradición de todas las generaciones pasadas pesa como una pesadilla sobre el cerebro de los vivientes. En el momento preciso en que parecen ocupados en transformarse a sí mismos, en transformar todas las cosas, en realizar las creaciones nuevas, llaman ansiosamente en su ayuda a los espíritus del pasado, recibiendo de sus antecesores, justamente en estos períodos de crisis revolucionaria, a su nombre, su grito de guerra, su costumbre, para representar con este antiguo y venerable disfraz y con un lenguaje que no es de ellos, la escena nueva de la historia universal. (Marx, 2008, p. 25)

Dos historias nos permitirán comprender la descripción de Marx y, al mismo tiempo, advertir sobre los riesgos del bonapartismo.

En primer lugar, habían pasado diez años del inicio de la Revolución Francesa de 1789, pero aún, producto de la confrontación entre las distintas clases sociales, no se había conseguido el equilibrio político, económico y social aspirado –fundamentalmente– por el proletariado. De un lado, la utópica armonía de algunos sectores sociales era perturbada por las presiones de una mayoría popular marginalizada que exigía medidas para acabar con la pobreza y la miseria. Del otro lado, la burguesía, clase social que había liderado la Revolución Francesa, veía que sus negocios sucumbían por las constantes crisis económicas y políticas. Para completar el escenario, varios países europeos se confabularon para poner fin al régimen revolucionario en Francia. En medio de ese caos, sobresale triunfante en el campo de batalla el general Napoleón Bonaparte, y es a partir del respeto y la fama adquiridos en el campo de batalla que, para los franceses, Napoleón Bonaparte representó la alternativa política ideal para solucionar sus problemas. Era visto como un ídolo por los sectores populares y considerado un líder por la burguesía. Respaldado por su gran popularidad, comandó el 9 de noviembre de 1799 (18 de brumario del año VIII, según el calendario revolucionario de Francia) un golpe de Estado conocido como el "Golpe de Estado del 18 de brumario" en el que desterró de Francia a los jacobinos. Durante mucho tiempo se ha relacionado esa fecha con el concepto de "golpe de Estado" y, en este particular, con el soporte dual que, desde un punto de vista clasista, tuvo Napoleón Bonaparte: ídolo para el proletariado y líder para la burguesía; estrategia política que le permitió sostener una relativa autonomía respecto de ambas clases sociales… hasta que un día su liderazgo mesiánico sufrió los embates de la burguesía. Este breve relato histórico es políticamente conocido, y descripto por Marx con el nombre de "bonapartismo". Para Marx, a su vez, en el golpe de Estado que diera Luis Bonaparte (sobrino de Napoleón Bonaparte) años después (1851), se hallaba encubierta una cuestión de clase vinculada al supuesto apoyo de los pequeños productores campesinos a la aventura del que sería Napoleón III.

Esto último me trae a la memoria que en el año 2008, en el acto "campestre" de Palermo (CABA) dijeron presente: el Movimiento Socialista de los Trabajadores (MST), la Izquierda Socialista (IS) y la Corriente Clasista y Combativa (CCC); haciendo lo propio: el gobernador cordobés, José Manuel de la Sota; la líder de la Coalición Cívica, Elisa Carrió; dirigentes de la llamada CGT Azul y Blanca, encabezada por Luis Barrionuevo; Jorge Macri, de PRO; Raúl Castells, del Movimiento Independiente de Jubilados y Desocupados; Ricardo López Murphy; Hilda "Chiche" Duhalde y Patricia Bullrich.

Tanto la exacerbación de conflictos internos como la ruptura con las bases socioeconómicas de consenso han conducido, a lo largo de la historia contemporánea, a un bonapartismo que muchas veces culminó en dictaduras militares, o bien, en lo que se conoce como golpe de Estado "suave" o "blando".

Algo similar ocurrió y ocurre en Argentina.

Juan Domingo Perón, líder indiscutible de las masas populares, fue depuesto por la autodenominada Revolución Libertadora el 16 de setiembre de 1955, exiliándose en la España franquista. Pasados los años, Héctor Cámpora, uno de los dirigentes del Partido Justicialista de los inicios de la década de 1970, reorganiza al peronismo a partir del fortalecimiento y posterior apoyo de los sectores militantes juveniles. Una vez fraguada la consigna "Cámpora al gobierno, Perón al poder", la dictadura de Lanusse, apoyada por la burguesía y la oligarquía, es derrotada en las elecciones de 1973. Acto seguido, el nuevo presidente, Héctor Cámpora, amnistió a los presos políticos y posibilitó el regreso de Juan Domingo Perón. De allí en más la tragedia del "bonapartismo" criollo, Perón retoma el gobierno y previa expulsión de la izquierda nacionalista, después de su muerte, se hace visible, una vez más, el síndrome político bonapartista: el poder real queda en manos de la derecha peronista y el retorno a la connivencia con la oligarquía y la burguesía. Cómo olvidar el acto de Plaza de Mayo del 1º de mayo de 1974, encabezado por el propio Perón, en el que la juventud peronista coreaba: "¿Qué pasa, qué pasa, qué pasa General, que está lleno de gorilas el gobierno popular?", cántico dirigido hacia algunos peronistas de derecha que integraban el poder ejecutivo, entre ellos el ministro de Bienestar Social, José López Rega, vinculado a la organización terrorista paraestatal Triple A (Alianza Anticomunista Argentina). Ese día, los integrantes de la organización Montoneros, en su gran mayoría jóvenes, se retiraron de la plaza cuando Perón respondió sus cánticos diciéndoles: "a través de estos veintiún años, las organizaciones sindicales se han mantenido inconmovibles, y hoy resulta que algunos imberbes pretenden tener más mérito que los que durante veinte años lucharon".

De ninguna manera esto presupone que todos/as los/as funcionarios/as que acompañaron al gobierno de la presidenta Cristina Fernández y ella misma, por el hecho de considerarse "herederos/as" de Juan Domingo Perón son "bonapartistas". Los habrá, pero la generalización solo conduce a un razonamiento falaz que se conoce como la "falacia genética", consistente en presuponer que si una cosa B tiene su origen en otra A, las propiedades que A poseía, también las poseerá B.

Volviendo ahora a la cuestión de fondo, además de evitar el bonapartismo, un ejercicio auténticamente transformador en el desarrollo de políticas que nos conduzcan a la emancipación, exige evitar la regeneración de épocas y personajes como los que Giuseppe Tomasi di Lampedusa describe en su novela histórica *El Gatopardo* (Di Lampedusa, 2007). En especial, me refiero a esas realidades imperturbables y estáticas que tan bien describe Di

Lampedusa, ligadas a políticas que imponen inmovilidad a los seres humanos: las típicas maniobras de dirigentes –reformistas o revolucionarios– que modifican un aspecto de las estructuras socioeconómicas y culturales para conservar el todo sin que nada cambie.

Consiguientemente, para viabilizar la hipótesis del comunismo a través del *SOCIALISMO DEL SIGLO XXI* debemos superar tanto el síndrome del "bonapartismo" como las actitudes "gatopardistas" o "lampedusianas". Pero también, tal como lo comprendieron Marx y Engels después de la Primera Internacional cuando disolvieron el partido comunista: llevar a cabo la ruptura radical con dos lógicas que dieron cuenta de un par de escenarios temporales que contaminaron el comunismo de la emancipación, contaminación que continúa con las diferentes variantes del "izquierdismo" en la era de la globalización capitalista: i) la lógica del "progreso" y del "desarrollo" heredada del Siglo de las Luces, cuyos efectos son la exclusión, la segregación y la eliminación de cualquier otredad que se oponga a los designios del amo dominador, lo cual, como dice Rancière, "*convierte al Capital en maestro que instruye a los trabajadores ignorantes y los prepara para una igualdad todavía futura*" (2010b, p. 145); ii) la lógica de las formas más acabadas del liberalismo de mercado que afirma aquello de que el hombre es un ser esencialmente egoísta, motivo por el cual intentará obtener el máximo beneficio posible a expensas de los demás hombres.

Ahora bien, sin caer en la "falacia genética", a mi juicio dos hechos comenzaron a erosionar la tendencia "movimientista" y por lo tanto bonapartista de este estadio de desarrollo del peronismo durante los sucesivos mandatos de Néstor Kirchner y Cristina Fernández. El primero de ellos, entre el 4 y 5 de noviembre de 2005, durante el mandato presidencial de Néstor Kirchner con el "NO al ALCA" ("Área de Libre Comercio de las Américas" impulsada por EE.UU.). En ese momento se produjo una primera gran fuga o ruptura con los aliados extrapartidarios y los sectores conservadores y de derecha que conformaban el Frente para la Victoria. Cómo olvidar el entusiasmo del presidente de la República Bolivariana de Venezuela con su expresión: "*Alca, al carajo*". El segundo, no menos importante fue en el año 2008 a partir de la Resolución 125 emitida por la presidenta Cristina Fernández. Un tercero más reciente: la intervención de la presidenta Fernández contra el imperialismo norteamericano y británico en la "VII[a] Cumbre de las Américas" realizada en Panamá el 11 de abril de 2015.

Volviendo a noviembre de 2005, en el que se realizó la IV[a] Cumbre de las Américas, se dio curso a un evento a partir del cual las relaciones centro y suramericanas (y aún con la caribeña Cuba ausente) tuvieron un giro geopolítico y geoestratégico cuya influencia aún persiste. En esa Cumbre, a excepción de Cuba, que años antes había sido excluida de la OEA, se reunieron en la ciudad argentina de Mar del Plata (provincia de Buenos Aires) los gobernantes de las tres Américas para tratar una agenda de problemas que había preparado el gobierno argentino:

- Promover políticas para la generación de más y mejores empleos y la incorporación del sector informal a la economía formal.
- Combatir la desigualdad, la pobreza, el hambre y la exclusión a fin de elevar el nivel de vida de nuestros pueblos.
- Combatir todas las formas de discriminación en el empleo.
- Promover el desarrollo de capacidades innovativas y la difusión del avance tecnológico.
- Promover políticas de extensión de protección social para que todos los ciudadanos puedan disfrutar del acceso a los servicios de salud.
- Garantizar el acceso a la educación básica de calidad como base del conocimiento durante la vida laboral de los trabajadores.
- Ampliar las oportunidades de empleo para todos, con atención especial a los grupos vulnerables, minorías, pueblos indígenas, afrodescendientes, personas con discapacidades, los jóvenes y la tercera edad.
- Promover medidas concretas para prevenir y erradicar las peores formas de trabajo infantil.
- Proteger los derechos laborales de todos los trabajadores, sin importar su condición migratoria.
- Desarrollar programas que ayuden a que los mercados laborales funcionen de forma eficiente y transparente.

Sin embargo, el presidente norteamericano George W. Bush, principal responsable de las guerras en Irak y Afganistán en esos años, intentó actualizar y dar continuidad a las políticas imperiales y coloniales que ya se habían acordado décadas antes durante el "Consenso de Washington", pretendiendo someter a debate la adhesión al ALCA. La Cumbre fue ampliamente resistida por distintos actores sociales de la Argentina y de la "Patria Grande", al punto de organizarse en forma paralela una anticumbre y la necesidad de organizar un denso operativo de seguridad en la ciudad para controlar eventuales disturbios. Para *NuestraAmérica*, el año 2003 es en realidad un hito histórico, ya que comienzan a profundizarse los primeros pasos de unidad en aras de la decolonización: el presidente Kirchner y su par de Brasil, Inácio Lula Da Silva, con la firma del "Consenso de Buenos Aires" avizoran la posibilidad de consolidar un proceso con capacidad para fundar una alternativa distante de los mandatos imperiales de EE.UU. Esa estrategia geopolítica ya había tenido antecedentes a partir de 1999, cuando los acontecimientos político-electorales producen un giro en las históricamente debilitadas relaciones de los países suramericanos; desde ese año se fueron sucediendo los triunfos de Chávez, Lula, Correa, Evo Morales, Daniel Ortega, Michelle Bachelet, Tabaré Vázquez, Fernando Lugo e, incluso, Ollanta Humala.

De allí en más cobran especial protagonismo: un nuevo MERCOSUR, la UNASUR y la CELAC.

Todo esto, como he comentado en los Proscenios anteriores y continuaré haciéndolo en los posteriores, tuvo las esperadas respuestas de los sectores más conservadores, reaccionarios y fascistas de nuestros países.

Unos años después (2008), las cuatro organizaciones del sector empresario de la producción agroganadera de Argentina: Sociedad Rural Argentina (SRA), Confederaciones Rurales Argentinas (CRA), CONINAGRO y la Federación Agraria Argentina (FAA), dieron inicio a las medidas de desestabilización institucional que continúan hasta la fecha de edición de este libro. Fueron acciones contra la Resolución N° 125/2008 del ministro de Economía Martín Lousteau,[23] durante la presidencia de Cristina Fernández. Esa resolución del Poder Ejecutivo establecía un sistema móvil para las retenciones impositivas a la soja, el trigo y el maíz.

La medida, consistente en un *lock-out* patronal, se extendió por 129 días, desde el 11 de marzo de 2008 hasta el 18 de julio del mismo año. A la pugna por convertirse en la vanguardia del conflicto se yuxtapuso un paro de empresarios transportistas con bloqueo de rutas, todo lo cual agravó el desabastecimiento de las ciudades. Inspirados por lo que se diera en llamar "Proceso de Reorganización Nacional" a partir del golpe de Estado del 24 de marzo de 1976, la convergencia empresarial, con el apoyo de todos los "ismos" del arco político argentino, pusieron en evidencia el alto nivel de politización que tuvo este conflicto que aún persiste.

Quien fuera ministro de Economía, el *peritorum* Martín Lousteau, *Master of Science in Economics*, egresado de la *London School of Economics* que supo dirigir Sir Karl Popper –quizá el más importante filósofo de la ciencia del *establishment* durante el siglo pasado– reveló su adhesión a la errónea estrategia bonapartista del gobierno y, a pesar de haber sido el autor de las medidas cuestionadas por los "Cuatro Jinetes del Apocalipsis", renunció al cargo. El 17 de junio de 2008, la presidenta Fernández envió al Congreso un proyecto de ley sobre las retenciones a las exportaciones de granos y las compensaciones a los pequeños productores, con el fin de que sea el Poder

---

23 Todo un ejemplo de inviabilidad del "bonapartismo", al momento de relatar estos acontecimientos era diputado nacional por el frente UNEN.

Legislativo el que resuelva en definitiva la situación. Luego del debate en la Cámara de Diputados, el proyecto fue sometido a votación, resultando la misma en un empate. En esa ocasión, como lo establece el reglamento, debió desempatar el vicepresidente de la Nación, Julio Cobos (individuo que en 2015 también comenzó a jugar al bonapartismo en la UCR apoyando un frente con el PRO, la fuerza de la antipolítica dirigida por el ingeniero Mauricio Macri). Como es sabido, siendo ya la madrugada del 17 de julio de 2008 votó en contra del proyecto presidencial. Al día siguiente, la presidenta Cristina Fernández ordenó dejar sin efecto la Resolución 125/08.

Poco menos después de un mes, el 3 de octubre de 2008 los "Cuatro Jinetes del Apocalipsis" declararon un nuevo *lock-out* por seis días, esta vez para reclamar la completa anulación de las retenciones a la exportación.

A propósito de este tema, jamás olvidaré que debí renunciar a la Secretaría de Prensa de la Comisión Directiva de la Asociación de Docentes de la UNCo (ADUNC) porque un dirigente del Partido Comunista Revolucionario (PCR), hoy Partido del Trabajo y del Pueblo (PTP), quizá "obedeciendo" decisiones del comisariado político de *mierda* de su partido, "olvidó" que la SRA participó de todos los golpes de Estado que se sucedieron en Argentina. Prueba de ello fue el hecho de haber proscripto en la Revista de ADUNC, *Pancarta Gráfica* (que yo dirigía fomentando la pluralidad de ideas), un artículo del filósofo Rubén Dri.

———◆———

LECTURA ACTIVA

El artículo al que hice referencia anteriormente es el que transcribo a continuación; a partir de la lectura del mismo, y de este Proscenio, extrae y fundamenta tus posiciones al respecto:

> **El golpe, los cuatro jinetes y la IV Flota.** Hace unos cuantos días escribíamos "el golpe está en marcha" y luego, "el golpe sigue marchando". Hoy, después de los debates en la cámara de diputados, ¿alguien que no esté directamente interesado en el mismo puede dudar de ello? Las corporaciones rurales que eufemísticamente se denominan "el campo" han expresado claramente que si las resoluciones de diputados son convalidadas por el Senado, el problema no se resuelve y ellos vuelven al *lock-out*.
>
> De hecho, no era necesario que lo dijeran, porque ya volvieron al mismo, es decir, al corte abusivo de rutas, al matonismo al que nunca renunciaron, al amedrentamiento de los legisladores, al desabastecimiento; en una palabra, a las acciones mediante las cuales quieren lograr el desgaste del gobierno para finalmente someter al Estado. Esto es lo que en criollo se denomina "golpe". En la jerga imperial se llama "golpe suave", que, como afirma el politólogo norteamericano Gene Sharp, procede por etapas: ablandamiento, deslegitimación,

calentamiento de calle y combinación de diversas formas de lucha para culminar con la "fractura institucional". El orden de las etapas puede variar.

Los cuatro jinetes del Apocalipsis criollo y el ángel exterminador amenazan con un conflicto que no conoce límites de tiempo hasta lograr sus objetivos. Algunos pensaron que finalmente la Federación Agraria se despegaría de esta guerra contra el pueblo, ignorando que desde hace tiempo no representa a ningún pequeño productor, sino a rentistas que tienen los mismos intereses que los de la Sociedad Rural.

Buzzi, el presidente de la Federación Agraria, expresó, con relación al pasado golpista –incluido el genocidio de la pasada dictadura militar– que no le interesaba el pasado de la Sociedad Rural, sino el presente. Efectivamente, en el presente coinciden plenamente en la agresión al pueblo que debe terminar, según ellos, con el sometimiento del Estado.

En esto es necesario no volverse a equivocar. No es haciendo concesiones como se va a desactivar el conflicto. Cada vez que el gobierno hizo una concesión, los jinetes redoblaron la apuesta, y en esto se destaca nítidamente el que jinetea a la Federación Agraria, azuzado siempre por el ángel exterminador. La única manera de hacerlos retroceder es mediante la movilización popular que, por otra parte, requiere del gobierno serios compromisos con los sectores populares, con los cuales tiene diversas deudas pendientes.

El movimiento golpista liderado por los cuatro jinetes es la ofensiva de la nueva derecha que en toda Latinoamérica lleva adelante en contra de los procesos populares que, de una u otra manera, han avanzado significativamente en todos los países, reaccionando en contra de los programas neoliberales que nos han condenado a la miseria.

A ello no es ajeno, de ninguna manera, la presencia de la IV Flota en las aguas latinoamericanas. Estados Unidos, como lo señalara la periodista e investigadora Stella Calloni, tiene como plan estratégico recolonizar América Latina. El empantanamiento que sufrieron sus tropas en Irak retrasó sus propósitos recolonizadores y ahora se encuentra en un apuro debido a los avances populares latinoamericanos. De ahí el envío de la IV Flota.

No estamos hablando de un complot tramado en la oscuridad, sino de una confluencia de intereses. El imperio y la nueva derecha confluyen en la necesidad de terminar con los avances populares latinoamericanos y reinstalar el más crudo neoliberalismo que tan buenos dividendos les ha dado en el pasado próximo. La IV Flota nos vigila, dispuesta a intervenir cuando lo crea necesario, las corporaciones agrarias se mueven agresivamente, la mayor parte de los grandes medios de comunicación propagandizan el *lock-out* como si fuese una patriada y los más impresentable de los políticos profesionales esperan pescar a río revuelto.

Es absolutamente necesario frenar esta ofensiva de una derecha neoliberal que no cesa de actuar agresivamente en su plan de provocar finalmente el sometimiento del Estado y la consecuente implantación de un neoliberalismo que les deje las manos libres para sus negocios sin ningún tipo de control.

PROSCENIO 5
Del "consenso de Washington" a los "dogmas del productivismo" y el regreso del "mecenazgo"

Kristin Shrader-Frechette ha publicado en 1994 el libro *Ethics of Scientific Research*; en el mismo expone una de las propuestas más concluyentes acerca de los principios normativos de una ética para la investigación científica. Como
una aurora notable y condición *sine qua non*, sugiere que la investigación científica tenga objetivos sociales incitantes para dar cuenta del bien común. Sucede –lo expreso sintéticamente– que cada vez la investigación científica está en manos privadas, restringiendo, por lo tanto, la posibilidad de empoderamiento del bien común por parte de los "comunes".

Esa aurora, desde hace siglos, suele ser el resultado de la pecunia percibida por muchos/as científicos que obedecen "solicitudes" de funcionarios públicos o "Fundaciones" que dependen de empresas nacionales o transnacionales. No se trata de nada nuevo, recordemos que durante el siglo XVI el contacto de Galileo Galilei con la corte del Estado italiano de Florencia fue continuo. Por ejemplo, recomendó a su cuñado Benedetto Landucci a la gran duquesa de Toscana, Cristina de Lorena, como *pesatore al saggio*,[24] a los efectos de obtener el apoyo de los Médicis en sus renovaciones de contrato y renegociación de sueldo con la Universidad de Padua. De allí también que oficiara de consultor astrológico para distintos miembros de esa familia florentina, y que, además, llamara a cuatro de

---

24 Su función básica era: "pesar todos los metales preciosos que se venden donde y cuando las partes se pongan de acuerdo" y llevar un libro en el que se llevase el detalle de las transacciones. "Así se define en el nombramiento de Landucci, que Galileo consiguió para él a pesar de que el cargo estaba casi comprometido" (Cfr. Beltrán Marí, 2006, pp. 64 y 649).

los satélites de Júpiter que descubrió con el uso del telescopio: "planetas medicios", en este caso para ganarse el apoyo de Cosme II, otro miembro de los Médici que en 1609 se había convertido en gran duque de Toscana.

Más recientemente y en nuestro caso, es el modo en el que se manejan los conflictos de intereses relacionados con las debacles ecológicas. Agrego aquí la enorme irresponsabilidad social de los/as *peritorum* de algunas de nuestras UU.NN. que, para dar cumplimiento a algunas exigencias de la CONEAU, firman convenios de mutua cooperación con la Barrick Gold, Monsanto o YPF-Chevron. No sólo me estoy refiriendo a los adalides del capitalismo de mercado; de la misma manera incluyo –en una lista imaginaria– a los "marxistas" que no reparan, criteriosamente, en estas palabras de Marx: "*La humanidad sólo se plantea los problemas que puede resolver*" (Comte-Sponville, 2010, p. 157), y no lo hacen porque prefieren corregir problemas desastrosamente resueltos por líderes como Stalin o Deng Xiaoping bosquejando las mismas soluciones ("campos de trabajos forzados" –*gulag*– o el retorno a la economía de mercado capitalista), razón por la cual no soy un marxista dogmático, sólo un "marxiano" que procura no ser cómplice de los daños ambientales y la salud de muchos pobladores que son privados de vivir en conformidad con lo establecido en el *SUMAK KAWSAY* o el *SUMA QAMAÑA*, cuyo objetivo no es "tomar el poder", sino, como plantea Holloway, contribuir al "fluido social del hacer".

Ahora bien, si el tránsito hacia una sociedad comunitaria e igualitaria supone el paso previo por el modo de producción capitalista, exigencia que implicaría la "asimilación" de los pueblos originarios de *Abya Yala* a las tradiciones heredadas de la Modernidad de Occidente, confieso que a esta altura de mi vida ni siquiera sería "marxiano", pues lo que estaría implicado en semejante imposición es mi propia incapacidad para situar al propio Marx en "nuestro" aquí y ahora; una temporalidad y territorialidad en el que presupongo que la meta de la *Patria Grande* es la conformación de un Estado Plurinacional, Pluriétnico y Pluricultural.

En la medida que esto no ocurra, y las universidades e institutos de investigación no se conviertan en actores protagónicos de la lucha por una sociedad más justa y al servicio de un proyecto político que aventure la emancipación teniendo en cuenta ese tipo de Estado, los *peritorum*, en virtud de su connivencia con las corporaciones multinacionales responsables de la degradación y contaminación ambiental, tampoco darán cuenta de esta catastrófica realidad:

El costo humano
Por Pablo Piovano, 25 de marzo de 2015

El año pasado, durante los meses de noviembre y diciembre de 2014, el fotógrafo Pablo Piovano decidió recorrer por cuenta propia áreas rurales de

las provincias de Entre Ríos, Chaco y Misiones para ser testigo del efecto del uso de agrotóxicos en los pobladores. En el viaje de 6.000 kilómetros documentó la vida de los pueblos que conviven con las fumigaciones y los efectos de los químicos sobre la salud de los habitantes más desamparados.
Según diferentes fuentes, el primer relevamiento de los pueblos afectados por fumigaciones con glifosato en la Argentina da cuenta de aproximadamente 13.400.000 personas afectadas directa e indirectamente; esta cifra representa a casi un tercio de la población total del país.
En el año 2012 se han utilizado 370 millones de litros de agroquímicos sobre 21 millones de hectáreas, el 60 por ciento de la superficie cultivada del país. Esto significó que en una década los casos de cáncer en niños se triplicaran y las malformaciones en recién nacidos aumentaran un 400 por ciento.
A pesar de la contundencia de las denuncias, no existe hasta ahora información sistematizada a nivel oficial.
(Fuente: http://www.izquierdoshumanos.com)

¿Cuál será el "costo humano" de los resultados de una investigación (consultar edición online del diario *Página 12* del 21/10/2015) en la que científicos de la Universidad Nacional de La Plata descubrieron que todos los algodones y las gasas estériles contienen glifosato (o su derivado AMPA), el herbicida que la OMS declaró potencialmente concerígeno; demostrando, además, que en menor medida también "lo hallaron en hisopos, toallitas y tampones"?

En este aspecto, no deja de ser sumamente reveladora la siguiente información de la Organización Mundial de la Salud (OMS):

30.000 médicos y profesionales exigieron la prohibición del glifosato
8 de abril de 2015

Lo hicieron trabajadores de la salud nucleados en FESPROSA, luego de que la Agencia Internacional para la Investigación sobre el Cáncer, que depende de la Organización Mundial de la Salud, llegara a la conclusión de que "es probable que el glifosato sea cancerígeno".

Los trabajadores nucleados en la Federación Sindical de Profesionales de la Salud de la República Argentina (FESPROSA) explicaron:

"En nuestro país se aplica glifosato a más de 28 millones de hectáreas. Cada año, los suelos son rociados con más de 320 millones de litros, lo que implica 13 millones de personas en riesgo de ser afectadas, según datos de la Red de Médicos de Pueblos Fumigados (RMPF). No sólo la soja es adicta al glifosato: también se usa para el maíz transgénico y otros cultivos. Donde cae el glifosato, sólo crecen los organismos genéticamente modificados. Todo lo demás muere".

"Nuestra Federación Sindical de Profesionales de la Salud de la República Argentina (FESPROSA), que representa a más de 30.000 médicos y profesionales de la salud de nuestro país, es miembro del Colectivo Socio Sanitario Andrés Carrasco. Andrés Carrasco fue un investigador del CONI-

CET, fallecido hace un año, quien demostró los daños del glifosato en embriones. Por difundir sus investigaciones, fue atacado por la industria y las autoridades del CONICET. Hoy la OMS le da la razón".

"El glifosato no sólo provoca cáncer. También está asociado al aumento de abortos espontáneos, malformaciones genéticas, enfermedades de la piel, respiratorias y neurológicas".

"Las autoridades sanitarias, en particular el Ministerio de Salud de la Nación y los poderes políticos no pueden seguir mirando para el costado. El agronegocio no puede seguir creciendo a costa de la salud de los argentinos. Los 30 mil profesionales de la salud de Argentina de la FESPROSA pedimos que se prohíba ya el glifosato en nuestro país y que se abra un debate sobre la necesaria reconversión de los agronegocios, con la aplicación de tecnologías que no pongan en peligro la vida humana".

(Fuente: http://www.laolla.tv)

Respecto de la degradación, dos claros ejemplos son:

1) El proceso de destrucción de la selva atlántica amazónica que a lo largo de dos siglos de extracción maderera, construcción de ciudades, represas, caminos y la expansión de la actividad agroganadera, redujo la estructura natural originaria de casi un millón de kilómetros cuadrados a menos del 2% (Dean, 1996), siendo sus consecuencias más catastróficas:

a) La reducción de la población indígena que superaba las 6 millones de personas a aproximadamente un millón y medio, debido –fundamentalmente– al etnocidio provocado por los colonos blancos y la transmisión de enfermedades que portaban ellos para las cuales los aborígenes no tenían defensas, pero además, por la violencia generada por otros colonos blancos durante el auge del caucho entre 1880 y 1914.

b) Una fauna amenazada por la destrucción de los hábitats debido a la deforestación.

c) Durante la Cumbre Mundial de la Tierra (1992) realizada en Río de Janeiro, se estimaba que de los 44.000 kilómetros cuadrados de bosques tropicales que se queman o deforestan anualmente, casi el 50% pertenece a la selva atlántica amazónica.

d) La transformación gradual de las especies del ecosistema originario mediante la técnica de "tumba y quema", tanto para el establecimiento de fincas en las que las actividades económicas están dirigidas a la producción agroganadera, como para el monocultivo de drogas de manera clandestina, lo cual genera situaciones de violencia semejantes a las que los pobladores nativos padecieron durante la fiebre del caucho.

2) Tal vez, uno de los casos paradigmáticos de degradación irreversible es el que surge de las investigaciones sobre el cambio climático global en

la Patagonia realizadas por el doctor en Ciencias Naturales y Geología Jorge Rabassa; en el resumen de uno de sus trabajos, titulado "El cambio climático global en la Patagonia desde el viaje de Charles Darwin hasta nuestros días", escribe:

El viaje del Beagle que trajo a Charles Darwin a América del Sur entre 1832 y 1835 AD (…) se desarrolló bajo condiciones climáticas muy desfavorables: frías, secas y ventosas, correspondientes a las condiciones predominantes en la última fase de la pequeña edad del hielo, un episodio de frío global que caracterizó a los siglos XVII, XVIII y XIX. Esta fase es conocida como mínimo de Dalton, en referencia a la disminución relativa de la frecuencia de las manchas solares, lo cual redunda en una disminución de la radiación solar y como consecuencia, en menores temperaturas medias globales en ese período. Darwin fue perfectamente consciente de dichas condiciones climáticas, que se manifestaban fuertemente en Europa (…) y así lo transmite en sus escritos. Desde el viaje de Darwin a la Patagonia, las condiciones climáticas y ambientales cambiaron sustancialmente, especialmente luego de 1850 AD y, finalmente, después de mediados de la década de 1970 AD. Algunas de las más importantes consecuencias del cambio climático global son el aumento de la temperatura media anual o la temperatura estacional, la elevación o disminución de las precipitaciones al nivel regional, el continuo ascenso global del nivel del mar y un incremento significativo de la frecuencia de eventos meteorológicos extremos. El impacto de esos cambios ha sido observado en los glaciares de Patagonia y Tierra del Fuego, por lo menos desde 1978 AD, y particularmente en la última década del siglo XX. Los impactos más notables son la rápida recesión de las márgenes del hielo en los glaciares, el adelgazamiento de la cobertura glacial, la elevación de la línea de nieve regional y la reducción de las áreas andinas bajo condiciones de suelos permanentemente congelados (*permafrost*), como han demostrado estudios científicos recientes. A la tasa presente de recesión del hielo glacial, la mayoría, si no todos, los glaciares (…) de la Patagonia y Tierra del Fuego desaparecerán durante las próximas dos décadas, y tanto los glaciares de valle como los mantos de hielo de la Patagonia se verán severamente reducidos en su superficie y espesor. Como consecuencia de la desaparición paulatina de los glaciares, se esperan significativos cambios en las condiciones ambientales, hidrológicas, geomorfológicas, turísticas y del patrimonio natural de estas regiones, que afectarán severamente a aquellas comunidades que viven en ellas.
(Fuente: http://www.scielo.org.ar)

En cuanto a la contaminación, año a año va creciendo como consecuencia, principalmente, del consumo y la emisión de residuos producidos por una población mundial urbana en aumento, que a comienzos del siglo

XX sólo cubría una superficie cercana a los 250 millones de hectáreas y albergaba unos 2.500 millones de habitantes (Simmons, 1989).

Algunos ejemplos ponen en evidencia tanto la falta de previsión, precaución y prevención por parte del sector privado como la responsabilidad del Estado. A propósito de ello, en otra ocasión escribí:

1) Independientemente de las responsabilidades compartidas en la catástrofe que enlutó al país en febrero de 2012, hace años que se viene discutiendo el tema de la nacionalización o reestatización de los ferrocarriles, ¿pero alguien nos ha dicho algo sobre la imperiosa necesidad de invertir en una infraestructura que garantice seguridad, rapidez y confort en el traslado de pasajeros o seguridad y rapidez en el transporte de cargas? Nosotros estamos de acuerdo con la reestatización pero el "pueblo principio" debe saber, entre otras cosas, que la capacidad de transporte es limitada si se la compara con el gálibo de un camión de treinta toneladas.

2) Ante esta última cuestión, ¿se ha previsto una responsable inversión en infraestructura carretera, pues la existente provoca las innumerables trombosis ocasionadas por el aumento del tráfico de mercancías a través de vehículos pesados, a lo que se le agrega el significativo aumento de la densidad de vehículos livianos en calles y rutas (consecuencia: el contenido de CO_2 aumenta en la atmósfera y aumenta el impacto negativo sobre la estabilidad del clima: la molécula de gas carbónico tiene la característica de absorber la radiación de infrarrojos –invisible– que emite la Tierra cuando es iluminada por el sol. La luz solar, fuente de calor y, consecuentemente, de vida para la Tierra, queda atrapada en la atmósfera dando lugar a lo que se denomina "efecto invernadero"). ¿Hay solución para esto? Sí, en el caso de los coches, dos sustitutos permitirían reemplazar la gasolina: la electricidad y la pilas de combustible basadas en la síntesis de agua (2 hidrógeno + 1 oxígeno dan una molécula de agua –H_2O–, lo cual se traduce en mucha energía). La cosa es delicada y lleva su tiempo, de allí que se deban formular políticas públicas de I+D en esta dirección; pero mientras solo se gestione, no habrá quién o quiénes "iluminen el futuro".

3) Hay una casi nula política del Ministerio de Ciencia y Técnica dirigida a mantener el equilibrio del medio marino, amenazado fundamentalmente por la sobreexplotación de sus recursos haliéuticos. ¿Hay solución para esto? Sí, el fomento de la acuicultura marina.

4) El lobbying de las compañías petroleras, que desde la privatización de YPF y Gas del Estado, hace que muchos funcionarios o exfuncionarios

mantengan estrechos lazos con las multinacionales del rubro, obstaculizando la elaboración de un protocolo de "precaución", como existe en otros países: formalidad en la que se establece que ningún barco de transporte de petróleo que no disponga de casco doble está autorizado a penetrar en aguas territoriales por el riesgo de derrame ante un siniestro. Y como desastres de esta naturaleza son frecuentes, afectan también las reservas haliéuticas. Por otra parte, el Estado debe regular el tema de los vertidos y la limpieza de los barcos en general. ¿Se han previsto medidas de precaución ante la posibilidad cierta de "mareas negras" que también afecten los recursos haliéuticos? Por lo que sabemos, ninguna.

5) ¿Cuánto tiempo más debe pasar para que los gobiernos, la *expertise* y las corporaciones ligadas a la actividad agrícola, develen que la actividad agro-química-biológica, consistente en seleccionar y multiplicar en superficies extensas un solo genoma vegetal, esto es, la ausencia de variedad genética, como también los masivos derrames de fertilizantes o pesticidas utilizados para maximizar los rendimientos de una cosecha, destruye las regulaciones entre especies pudiendo provocar la multiplicación de una especie dañina e inmune a los pesticidas que, a su vez, pasan a los alimentos alterando la salud de quienes los consumen?

6) Sabemos que sin agua no hay vida, sin embargo tenemos tres problemas que amenazan constantemente los diferentes ecosistemas, y las únicas políticas públicas que se generan dan lugar a un aumento en la probabilidad de amplificar desastres. Por una parte, tanto la sequía como las inundaciones son consecuencias de las mismas causas: las modificaciones climáticas; por otro lado: el "desarrollo" económico, la ordenación del espacio y el crecimiento demográfico hace que el ser humano deba enfrentarse a sus exigencias domésticas apelando a la agricultura intensiva, y, como consecuencia de ello, a la consecuente argilización de los suelos cultivables por el exceso de abonos tales como los nitratos, los fosfatos y la potasa (estos abonos en contacto con el agua son químicamente muy reactivos, además del aumento de la argilización –su impermeabilización y la consecuente escorrentía– aceleran la degradación de los suelos). Esas exigencias domésticas conllevan a desarrollos tales como la explotación minera a cielo abierto. Se nos dice que todo esto es consecuencia del "progreso" que aventura el bienvivir de los ciudadanos, pero el ciclo natural del agua se ha alterado mientras que las necesidades del "desarrollo" agrícola e industrial contaminan su potabilidad. ¿Hay solución para este problema? Sí, "*se trata de mantener los acuíferos inyectándoles agua, ya sea bombeándola de los ríos en invierno o primavera, ya sea reinyectando la que procede de*

la desalinización del agua de mar" (Allegre, 2007, p. 41). El recurso tecnológico es barato y eficaz, pero como lleva algún tiempo, conspira contra la disponibilidad de los funcionarios que solo están atentos a las encuestas de opinión.

Algo muy claro da cuenta del orden de prioridades respecto de la estrecha relación entre las negociaciones acerca del cambio climático y el sistema regulador del comercio internacional, tanto en el acuerdo firmado en la Cumbre de la Tierra de la ONU (Río de Janeiro, 1992) como en el Protocolo de Kyoto, tal como afirma la politóloga australiana Robyn Eckersley:

> De hecho, el mandato de los debates del CCMA sobre exenciones se redujo, por lo que no están cubriendo incluso las políticas y medidas del régimen climático. Los derechos de los miembros de la OMC para impugnar esas medidas, por tanto, se mantienen intactos. (Eckerley, 2004)[25]

Leo en la página web de la Escuela de Educación y Formación Ambiental "Chico Mendes" (Rosario, Argentina): "*Los dogmas productivistas confluyen para que el agua, fundamento de la vida se evapore, y convierta a la vida en la aridez del ser*".[26] Sabiendo que el agua no sólo es portadora de energía sino sostén de la vida, no estamos frente a una cuestión menor. Sin embargo, ese saber parece inmune a una gran cantidad de factores que inciden negativamente sobre los ecosistemas; por ejemplo: los riesgos de la agricultura intensiva, ya que los fertilizantes químicos sobrantes, en especial los que contienen nitrógeno y fósforo, se disuelven en las napas de agua subterránea incorporando demasiados nutrientes a los ríos, lagos y aguas litoraleñas. Esto, junto con las aguas remanentes no tratadas como corresponde –desde hace un tiempo algo ya casi "normal" en el antes translúcido río Limay–, suele dar lugar a incrementos de algas que, enriquecidas por los nitratos y fosfatos, acaban con el oxígeno disuelto del agua, con lo que esta se vuelve anaerobia o eutrófica, produciendo lo que se conoce como "eutrofización del ecosistema acuático" (consultar Anexo IV).

En síntesis: la contaminación puntual de las aguas por vertidos de efluentes urbanos sin tratamiento o por la contaminación agraria y/o atmosférica, puede aportar cantidades importantes de esos fertilizantes. El resultado es un aumento de la producción primaria (fotosíntesis) con importantes consecuencias sobre la composición, estructura y dinámica del ecosistema. Debido

---

25 "*In fact, the mandate of CTE discussions on exemptions was narrowed, so they are not even covering the climate regime's policies and measures. The rights of WTO members to challenge such measures hence remain intact. (Eckerley, 2004)*". (Cfr. Zelli et al., 2012, p. 180).

26 Cfr. http://chicomendesrosario.blogspot.com.ar/.

a ello, en el fondo de los lagos y los mares cerrados, el agua ya no puede sostener la vida más allá de bacterias anaerobias comúnmente malolientes.

La siguiente es una breve lista de algunos agentes contaminantes del agua en estos tiempos "civilizatorios" caracterizados por la falta de previsión, prevención, precaución y responsabilidad socioambiental:

a) como acabamos de realzar anteriormente: aguas residuales y otros desperdicios que producen su desoxigenación, estimulando por ello el crecimiento de plantas acuáticas como las algas;
b) desechos químicos de las fábricas e industrias;
c) sustancias radioactivas procedentes de los residuos producidos por la minería y el refinado del uranio y el torio para las centrales nucleares;
d) derrame del agua que, con centenares de productos químicos –algunos de ellos altamente cancerígenos–, se utiliza en los procesos "no convencionales" de extracción de petróleo a través de la técnica conocida con el nombre de hidrofractura o *fracking*;
e) vertido de agua conteniendo sustancias sumamente tóxicas para las plantas, los animales y el ser humano, que debiera ser almacenada en pozos de relaves mineros cuidadosamente fabricados; esta forma de contaminación de las aguas es muy común en los procesos extractivos propios de la "megaminería" o minería a "cielo abierto".

¿Por qué motivos o razones, después de conocer las faltas de precaución, previsión, prevención y responsabilidad socioambiental, no nos indignamos? ¿Por qué no nos sentimos obligados a expresar la negación radical de toda estructura de poder que "convierta a la vida en la aridez del ser"? ¿Por qué presumir que la mayoría de la población de San Juan que votó como gobernador al ex menemista José Luis Gioja valida los métodos de la minera Barrick Gold? Igualmente, ¿por qué creer que la mayoría electoral que acompaña al gobierno nacional en acertadas políticas de inclusión social, vía redistribución de ingresos entre los sectores más vulnerables de la sociedad, debe callar ante el hecho de que casi el 65% de la superficie de siembra está destinada a la implantación de soja transgénica? ¿Y qué decir del *fracking* y el convenio firmado con la petrolera Chevron, la heredera de Texaco, responsable de un pasivo ambiental casi irreversible en la Amazonia ecuatoriana?

Interrogantes como los anteriores le llevan a Sergio Federovisky, destacado biólogo, ecólogo y consultor en política ambiental, a decir que

> (…) El Estado argentino, en lo que respecta a las políticas ambientales, se ha mantenido al margen del extractivismo. O ha sido claramente cómplice. Su función, en el mejor de los casos, se ha limitado –cuando las protestas o

la exigencia social lo demandaban– a pregonar que cumpliría con su papel de controlador de los procedimientos tecnológicos (...) no para poner en debate (...) el modelo que exige la aplicación de dicha tecnología. En algunas situaciones, el Estado ha promovido o ha debido aceptar (...) normativas que impliquen algún freno al uso discrecional de alguna tecnología. También (...) para morigerar las consecuencias dramáticas de determinada política productiva. La ley de bosques, para ponerle hipotéticamente un tope al desmonte, o la ley de glaciares (...) fueron dos casos concretos. Ambos resultaron en fracasos estrepitosos. (Federovisky, 2014, pp. 105-106)

Respecto de la ley de presupuestos mínimos de protección ambiental de los bosques nativos (Ley N° 26.631, conocida como "Ley de Bosques"), después de muchísimas idas y vueltas que incluyeron fondos de compensación económica para las provincias "afectadas", no logró aplicarse, aunque sí aumentó la tasa de desmonte y la propia Secretaría de Medio Ambiente de la Nación calculó que entre los años 2006 y 2011, parte de la superficie de tala se destinó al monocultivo de soja transgénica. A su vez, entre 1998 y 2011 aumentó en un 200% el uso de plaguicidas, sabiendo que estos agroquímicos provocaron, por procesos de fumigación, numerosas muertes en localidades como Ituzaingó, próxima a la ciudad de Córdoba. Aparte de la muerte de numerosos niños, se computan cientos de casos de intoxicación denunciados por la organización Madres de Ituzaingó.

Con relación a la Ley de Glaciares, la posición del poder ejecutivo fue terminante: fue vetada, tanto por el expresidente Néstor Kirchner como por la presidenta Cristina Fernández. ¿Cuál habrá sido el motivo? No quisiera pensar que se debió a la creencia del escaso impacto que, para ellos, pudieran tener sobre el efecto invernadero prácticas como la explotación minera a cielo abierto. No, esas son cuestiones propias de los agoreros de siempre; me tienta pensar que todas las críticas que le puedan realizar desde la seudociencia a empresas multinacionales como la Barrick Gold, tan identificada con las políticas progresistas del "capitalismo serio", tienen escasa relevancia prognóstica: no permiten hacer predicciones en el dominio de lo observable, son meras especulaciones metafísicas; pura habladuría.

Dejando a un lado las apreciaciones irónicas, no me cabe la menor duda de que los principales competidores del bonapartismo "K" piensan exactamente lo mismo. Son, epistemológicamente hablando, carnapianos. Admiran la talentosa metodología de la ciencia desarrollada por Rudolf Carnap.

Mas si es cierto que el planeta está amenazado por graves calamidades, ¿no tienen los investigadores, tal como lo hiciera la bióloga Rachel Carson en *Silent Spring* (*Primavera silenciosa*), el deber de romper con la reserva que les impone su supuesta neutralidad?

Mi respuesta es que en la actual fase reformista, es imposible romper con las políticas circunscriptas a la defensa de los intereses de muchas corporaciones; por supuesto que esto no impide creer en la posibilidad de construir un nuevo orden social metabólico, como afirma István Mészáros:

> La estrategia reformista de defensa del capitalismo se basa, de hecho, en el intento de postular un cambio gradual en la sociedad a través del cual se modifiquen defectos específicos de manera de minar la base sobre la cual puedan formularse las reivindicaciones de un sistema alternativo. (Mészáros, 2008, p. 57)

Respecto de la actitud de los investigadores, comparto con Bourdieu que:

> Esta fuga hacia la pureza acarrea consecuencias sociales extremadamente graves (...) [El investigador] debe inventar un rol nuevo que es muy difícil: tiene que escuchar, buscar y crear; debe tratar de ayudar a los organismos que se plantean como objetivo (...) resistir a la política neoliberal; tiene que ayudarlos ofreciéndoles sus herramientas. Me refiero especialmente a los instrumentos contra el efecto simbólico ejercido por los "expertos" que obedecen a las grandes empresas multinacionales. (Bourdieu, 2002, p. 153)

Otros destacados "expertos", los que jamás aceptaron el "patronazgo", el "clientelismo", el "carrerismo", el "amiguismo", "reciprocidades negativas etnocéntricas, sectarias o nepóticas", pagaron un precio muy alto por el decoro, la decencia, el sacrificio y el coraje personal para construir conocimientos y aplicaciones que estuvieran a disposición de todos y todas. En este sentido, jamás olvidaré que hacia el año 2000, cuando Argentina ya estaba sumergida en una crisis económica y política provocada por dirigentes que habían adherido desde hacía más de una década al breviario neoliberal y sus consecuencias genocidas, la Fundación Favaloro se encontraba en una difícil situación, tenía una deuda de aproximadamente 18 millones de dólares, motivo por el cual el eminente cardiólogo René Favaloro pidió ayuda al Gobierno argentino, sin recibir una respuesta oficial. A raíz de esta situación, antes de suicidarse escribió: "*Estoy pasando uno de los momentos más difíciles de mi vida, la fundación tiene graves problemas financieros. En este último tiempo me he transformado en un mendigo. Mi tarea es llamar, llamar y golpear puertas para recaudar algún dinero que nos permita seguir*".

Tras ese desenlace fatal, se conoció que en una carta dirigida a las "autoridades competentes", cuyo contenido se reveló parcialmente, explicaba que la crisis económica que atravesaba la Fundación Favaloro había sido el desencadenante de su determinación, expresando que la sociedad argentina necesitaba de su muerte para tomar conciencia de los problemas en los que estaba envuelta. Expresaba su cansancio de "*ser un mendigo en su propio país*", luego de los reclamos enviados al entonces presidente de la Nación, Fernando de la Rúa, en los cuales solicitaba entre otras cuestiones el pago de las deudas millonarias que mantenían con su fundación varias obras sociales, siendo la más abultada la contraída por PAMI, que por aquel entonces tenía al frente, en calidad de interventor, a Horacio Rodríguez Larreta, quien había negado su pago aludiendo que la deuda aún no había sido verificada.

Esto me trae a la memoria que en el III Encuentro "Cultura, Sociedad y Política" (2001), organizado por la Secretaría de Extensión de la UNCo, el escritor Eduardo Rosenzvaig hizo la apertura con una conferencia titulada: "Favaloro, Rodrigo y la Chica". Allí, este querido Maestro leyó lo siguiente:

> (…) Lo que jamás pudimos pensar es el suicidio de Favaloro. Un inventor de vidas. Pero él también quiso volar más rápido que el modelo de inequidad. Usarlo, y llegar a una fumata de paz de indio con blanco, fumata de la sala de cirugía con la Bolsa. Confió en que por sus saludos efusivos al menemato, el Pami de los delincuentes le pagaría las cuentas pendientes. Así que el modelo lo aplastó. No tolera que alguien viaje a la misma velocidad pero en dirección contraria. Le perforó el pecho.
> Pero antes Favaloro dejó una carta o varias, y las notas hacen una denuncia implacable sobre esta catástrofe capitalista sin una gota de afecto. Sin una gota de sangre (…). Favaloro estampó en su corazón el sello ético de una denuncia (…). Su acto de vida trunca tiene, con todo, algo de simiente. Puede serlo. Debería. Carga una acusación de crimen de lesa humanidad a un prototipo de economía carente de afectos al extremo tal de condenar a los jóvenes (a la vida misma) a la ausencia de educación y de futuro (…). Favaloro era pobre y pudo estudiar. Lo hizo en una escuela pública, en un secundario público y en una Universidad gratuita. Él mismo insistía que en su trayecto cósmico de chico humilde a científico internacional, estaba la nave con vuelo autónomo de la educación estatal (…). En cuanto Favaloro abandonó el gesto de solidaridad por la educación pública que siempre tuviera, para guiñarle el ojo a Menem y que éste salvara a su Fundación de la debacle, quedó solo.

Situaciones como las narradas también me conducen a compartir con Bourdieu (2003) la distinción que hace sobre cuatro "capitales" cuya posesión simultánea define a los sectores dominantes:

1. El *capital económico*, determinado por la propiedad de los medios de producción y ese fetiche llamado dinero.
2. El *capital cultural*, fruto de los diferentes procesos de socialización: familiar, institucional, etc.

3. El *capital social*, constituido por la red de relaciones sociales que cada sujeto puede construir.
4. El *capital simbólico*, inherente a las capacidades de una persona de sobreponerse o no a los procesos de dominación.

Marx anunciaba: *"socialismo o barbarie"*. He aquí que en la sociedad realmente existente –que ha dado lugar al excremental capitalismo de mercado– la barbarie se intensifica. Entre los variopintos ejemplos de esa barbarie tenemos:

1) El caso de la liberalización de la agricultura que ha dado lugar a una puja entre los grandes productores y los pequeños campesinos, lucha en la que no están ausentes los conflictos con las empresas transnacionales de las industrias agroalimentarias, químicas y semilleras como Monsanto, pues el pequeño campesinado, agrupado en organizaciones como Vía Campesina, se orienta hacia una producción en la que el policultivo en pequeñas explotaciones legitiman una agricultura que no se reduce solamente a la calidad de los productos obtenidos sino que permite preservar la biodiverdidad sin provocar la fragilización de los ecosistemas;

2) la polución y destrucción de la atmósfera debido a los residuos que dejan los viajes aéreos; la efusión de los mares por los desechos industriales; el exceso de pesca y agricultura o la descarga en el medio ambiente de miles de productos químicos sintéticos que ninguna especie había conocido jamás. Todas estas son algunas de las consecuencias que han hecho aumentar la posibilidad de una extinción masiva universalmente novedosa: la destrucción de una parte sustancial de las formas de vida por culpa de los actos de una sola especie: el *Homo sapiens demens*.

A esta especie pertenecen muchos miembros del colectivo social de científicos y tecnólogos, aunque en especial: la amplia gama de diletantes instruidos que buscan prestigio fabulando en algún medio televisivo. Mientras tanto, los/as más seguimos condenados a la experiencia del desastre sin encontrar soluciones, sólo ilusiones. Del "sujeto sujetado" de Michel Foucault hemos pasado al "sujeto ilusorio" inventado por el frenesí de la alianza entre la sociedad de mercado y la sociedad de conocimiento. Al respecto, Pierre Bourdieu, como otros/as intelectuales, realiza estas reflexiones sobre ese frenesí:

> Pienso en las nuevas formas de mecenazgo y en las nuevas alianzas que se instauran entre ciertas empresas económicas (…) y los productores culturales; pienso también en el recurso cada vez más frecuente de la investigación universitaria (…) directamente subordinada a la empresa (…). Pero el dominio o el imperio de la economía sobre la investigación artística o

científica también se ejerce (…) a través del control de los medios de producción y de difusión cultural e, incluso, de las instancias de consagración. Los productores vinculados a grandes burocracias culturales (periódicos, radio, televisión) están cada vez más obligados a aceptar y adoptar normas y coacciones (…) que ellos tienden, más o menos inconscientemente, a constituir como medida universal de la realización intelectual. (Bourdieu, 2003, pp. 192-193)

> Para salir de las garras de la **Racionalidad Instrumental**, el nuevo imaginario ambiental deberá reconocer que:
> - El territorio es un diálogo de espesores diversos.
> - Es imprescindible desmontar la colonialidad del saber y del poder.
> - Se hace impostergable repensar la dicotomía culto-popular, sabiendo que en el pensar culto, científico, predomina lo técnico, y en el popular lo semántico (Kush).
> - Debe terminar la fractura kantiana entre las ciencias naturales y las ciencias sociales.
> - Es inevitable romper el cerco que externaliza a la Naturaleza y cosifica al SER.

Esa alianza es la que deja al margen cualquier tipo de condicionante ético o social, pues en conformidad con ciertas tradiciones epistemológicas, las ciencias, entendidas como conjuntos de teorías, son absolutamente independientes de sus aplicaciones, quienes las cultivan operan en el mundo de las ideas, son seres que han podido salir de "caverna" a la que hace referencia Platón en el mito homónimo. Esto significa que, de acuerdo a esta concepción, a los/as científicos/as no se les debe exigir responsabilidad alguna por el resultado de sus esfuerzos. Ellos/as son moradores/as que sirven a técnicos/as y tecnólogos/as que intentan dilucidar fenómenos. Serán los/as tecnólogos/as los/as que tienen por tarea canalizar los hallazgos científicos, canalizándolos a través de alguna aplicación operativa fundada en una Racionalidad Instrumental con el propósito de dominar, o reemplazar mediante su intervención, a la Naturaleza.

En términos generales, en el cuadro superior, en el que recojo un pensamiento de Enrique Left, dejo abierta la imaginación para que el o la lectora desmistifiquen la promocionada imagen avalorativa de la ciencia. Una imagen que libra a los/as científicos/as de las desventuras que suelen provocar sus descubrimientos o hallazgos. Creo, a su vez, que algunas reflexiones de Marcelino Cereijido son lo suficientemente "sabias" como para no caer en la trampa de tales desventuras y hacer "ciencia con seso":

> (…) La realidad es demasiado grande y diversa como para que la ciencia pueda estudiar todos sus aspectos a la vez (…), y eso fuerza a escoger; al

escoger entran en juego los intereses humanos... y eso hace que la ciencia no sea neutra (...). Dado que no es neutra, tenemos que desarrollar nuestro propio punto de vista y luchar por pensar independientemente, incluso en el caso de que esa sea toda la libertad que consigamos, y aunque sólo sea para entender por qué y cómo nos sojuzgan otros habitantes del Planeta (...). No hay ninguna razón para pensar que las crisis hayan cesado. No hay ninguna razón para suponer que la ciencia ha encontrado, por fin, su estructura definitiva y seguirá progresando linealmente. No hay ninguna razón para afirmar que en las próximas crisis no habrán de surgir pueblos que hoy están sumergidos (...). El elemento central de todo esquema científico es la mente que conoce (...). Con todo, el sujeto de la investigación científica moderna no es el sabio aislado, sino el "grupo" (...) Hay que repensar urgentemente la relación entre las distintas ramas del saber (...) la ciencia es un "sistema complejo" (...). Debería llegar el día en que también los empresarios vengan a dar en la universidad seminarios sobre los problemas que los aquejan, y que estos no se reduzcan a planteamientos monetaristas (...) Tenemos que acabar con la idea de que introduciendo computadoras, televisores y aviones más rápidos (...) se producirá una sociedad más eficiente y justa (...) Es necesario defender y hacer respetable la profesión científica (...) Hay que conseguir que también nos respeten las empresas transnacionales (...) El próximo paso debería ser (...) crear un sistema científico unificado para toda la región. (Cereijido, 2004, p. 256 y ss.)

Ahora bien, sabemos que los medios de destrucción se han multiplicado y el ritmo de destrucción ambiental y de especies ha aumentado; ya no hay duda de que una gran extinción es inminente. Ya está en marcha, pero lo que no pretendo es realizar enfoques eco-catastrofistas que suelen provenir de agrupaciones conformadas por individuos que pertenecen abrumadoramente a la clase media ascendente o a la pequeña burguesía, infiltrados, al igual que ciertos sectores de la mal llamada "izquierda", en movimientos sociales que legítimamente enfrentan dos de los problemas más acuciantes de nuestro planeta: la contaminación y la degradación ambiental. Así y todo, me cabe reflexionar sobre la amplitud de los problemas que se avecinan. Leamos un...

Informe sobre conflictos ambientales en América del Sur

(AW) La Asamblea Pachamama de Uruguay, una organización que propone un consumo responsable, publicó un informe donde detalla doce conflictos ambientales en Sudamérica y a sus responsables.
Los doce mayores conflictos ambientales y amenazas al ambiente en Sudamérica y sus responsables, según la Asamblea Pachamama, son:
1- Monsanto: Empresa ecocida responsable de la expansión de los monocultivos de semillas transgénicas y de las fumigaciones con venenos

agroquímicos asociados a este agronegocio, que enferma y mata tanto a humanos como al resto del ecosistema.

2- Chevron/Texaco: Empresa responsable de los peores desastres ambientales registrados en la historia de la industria petrolera, ocasionados en la amazonia ecuatoriana entre 1964 y 1992. Pretende continuar el desastre en Vaca Muerta, patagonia argentina.

3- Yanacocha: Empresa responsable del proyecto minero Conga en la provincia de Cajamarca, Perú, para la extracción de oro, plata y cobre. Opera desde 1993 y es hoy la mina que ocupa la mayor área devastada en toda Sudamérica.

4- Electronorte: Empresa responsable de la construcción de la represa Belo Monte sobre el río Xingú, estado de Pará, Brasil, que dejará devastados e inundados más de 1.500 km^2 de selva y tierras donde sobreviven pueblos originarios como el Guaraní-Kayapó.

5- Xtrata/Goldcorp/Yamana Gold: Desde hace quince años, empresas responsables del proyecto minero de oro y cobre Bajo la Alumbrera en la provincia de Catamarca, Argentina, que ha contaminado y dejado sin agua potable a varias poblaciones cercanas.

6- Aratirí: Responsable del proyecto minero para la extracción de 18 millones de toneladas anuales de concentrado de hierro en Valentines, Uruguay. Implica la instalación de un puerto de aguas profundas en Rocha, una planta regasificadora en Montevideo y un mineroducto de 220 km de largo a través de áreas protegidas.

7- Eco Oro/Greystar: Responsable del proyecto minero Angostura que pretende extraer oro y plata en el Páramo de Santurbán, Colombia, región de bosques y humedales que sirve de hábitat a miles de especies, cientos de ellas amenazadas o endémicas.

8- CNEA: Oficina del gobierno responsable de la construcción de plantas nucleares en Argentina y de los proyectos mineros para la extracción de uranio en La Rioja, Mendoza y otras provincias argentinas.

9- Barrick Gold: Responsable del proyecto binacional minero Pascua Lama, en el límite entre Argentina y Chile, para la extracción de oro, plata y cobre. Este proyecto implica la destrucción de glaciares y la contaminación con cianuro y drenajes ácidos en las nacientes de varios ríos.

10- Chevron/YPF: Responsables de la explotación de petróleo y gases de esquistos utilizando el hipercontaminante método de *fracking* (fractura hidráulica) en Vaca Muerta, patagonia argentina.

11- HidroAysén: Responsable del proyecto del complejo hidroeléctrico homónimo que pretende construir dos represas sobre el río Baker y tres sobre el Pascua, en la XI Región, patagonia chilena.

12- Botnia/UPM y Montes del Plata: Empresas papeleras responsables de la instalación de las megafábricas de pasta de celulosa sobre el río Uruguay, y del monocultivo de casi dos millones de hectáreas de eucaliptos y pinos para abastecerlas de materia prima.

Nota: Los gobiernos de los países involucrados y los sistemas político-partidarios que los sustentan, son socios y cómplices en estos depredatorios y contaminantes emprendimientos.
(Fuente: http://kaosenlared.net/)

Contaminación física, química, biológica y cultural simbólica, además de expoliación; ¡todo hecho *mierda*! Residuos radioactivos, plásticos no biodegradables, pesticidas, agroquímicos, detergentes. ¡No ha quedado una *mierda*! Alimentos sintéticos de *mierda*. Especies vegetales y animales que desaparecen porque Chevron con el *fracking*, Monsanto con el glifosato y la Barrick Gold con la megaminería a cielo abierto los hicieron *mierda*. Agujeros en las capas de ozono que provocan alteraciones climáticas y en vez de lluvia ácida ya cae "*catalina*", y para peor... el efecto invernadero, cuyos severos daños intestinales convertirán el colon de miles de millones de personas en miles de millones de volcanes que comenzarán a despedir lavas de *merde* (incluso en los poblados del Macizo Central Francés), efecto que, además, ya está conduciendo a un aumento de la temperatura promedio de la Tierra, influyendo a su vez sobre el ciclo hidrológico. Expresado cualitativamente, la influencia del desbalance del carbono atmosférico sobre el ciclo hidrológico provoca:

- Aumento de la evaporación del agua: a raíz de esto cabe esperar un incremento de la nubosidad y, consecuentemente, un aumento en las precipitaciones, aunque existe la posibilidad cierta de desertificación en algunas regiones por la evaporación del agua.
- Calentamiento de las capas superficiales del agua de mar; aquí se combinan dos consecuencias: por una parte, la disminución de la densidad del agua, por otro lado, la fusión de témpanos y masas de hielo en general. Ambos efectos conducen a un aumento del nivel del mar, con posibles inundaciones en zonas costeras bajas.

También la calidad del agua se está degradando debido a la inyección de productos fitosanitarios en la agricultura y de metales pesados en algunas actividades industriales, haciendo que los riesgos sanitarios hayan llegado a límites muy preocupantes, en particular, por la disminución de las resistencias a los antibióticos, dado que los controles, como es el caso de lo que está ocurriendo actualmente en el río Limay, son insuficientes o inexistentes.

Esto último lo analizaremos con cierto detalle en el primer anexo; sólo adelantaré aquí que los ríos y lagos padecen eutrofización por el desarrollo excesivo de algas que absorben el oxígeno disuelto en el agua en virtud de la presencia, en aumento, de fosfatos utilizados por la industria, o bien de desechos cloacales no tratados debidamente. Otro tanto ocurre con las napas freáticas (consultar Anexo IV).

Un corolario de toda esta situación es que estamos en presencia de la producción de hidrocarburos no convencionales en los que se utiliza para su extracción la técnica llamada fractura hidráulica (*fracking*), sistema que requiere, para ampliar las fracturas existentes en el sustrato rocoso que encierra el gas o el petróleo –"roca madre"–, la utilización de ingentes cantidades de agua con una enorme concentración de productos químicos. Por ello, no es desatinado pensar que el incumplimiento de los principios de precaución, prevención y responsabilidad empresarial y del Estado provocarían un impacto medioambiental que puede incluir, además de la contaminación de acuíferos y un enorme consumo de agua, otros tipos de degradación contaminante: atmosférica; sonora; en superficie debida a la migración de los gases y productos químicos utilizados; además de los posibles efectos en la salud provenientes de ello.

Como afirman Maristella Svampa y Mirta Alejandra Antonelli:

> El símbolo de esta cultura de la expoliación ha sido sin duda Potosí, en la vecina Bolivia, que a partir del siglo XVI supo alimentar las arcas y contribuir al temprano desarrollo industrial de Europa. Ahora bien, pese a que la explotación y exportación de bienes naturales no son actividades nuevas en nuestra región, resulta claro que en los últimos años del siglo XX, y en un contexto de cambio en el modelo de acumulación, se ha venido intensificando la expansión de proyectos tendientes al control, la extracción y la exportación de bienes naturales a gran escala. La megaminería a cielo abierto es un ejemplo elocuente (…) ya en el período 1990-1997, mientras la inversión en explotación minera a nivel mundial creció un 89%, en América Latina aumentó 400% (…). En este marco, la expansión del modelo extractivo-exportador (como la relativa al de agronegocios) no puede comprenderse sin involucrar también (…) la política de privatizaciones (…). Por otro lado, muy poco se ha hablado de las resistencias sociales que han venido generando los emprendimientos mineros (…). Así, uno de los datos novedosos, al compás del crecimiento de los conflictos ambientales, es precisamente el surgimiento de numerosas organizaciones de autoconvocados (…). En la actualidad existen unas setenta asambleas de base, nucleadas desde 2006 en la Unión de Asambleas Ciudadanas (UAC). (Svampa y Antonelli, 2009, pp. 15 y ss.)

A propósito de los niveles de afectación del medio ambiente, la génesis de un nuevo concepto de territorialidad por parte de los pobladores damnificados por estos emprendimientos y la persistente negativa de los gobiernos provinciales, nacional e incluso de algunas UU.NN. de viabilizar la discusión pública de estos mecanismos que no sólo afectan la biodiversidad, sino que provocan represiones cuyo grado de violencia ha provocado numerosas víctimas. En relación con este tema, en otro momento de mi vida apunté:

> A pesar de esta realidad histórica descomunal y del epígrafe de Rimbaud, nuestros pueblos deben confiar en que la democracia, aún con sus aberrantes deudas, no está definitivamente perdida. José Saramago, en ocasión de una entrevista periodística, dijo: "las victorias se parecen mucho a las derrotas en que ni unas ni otras son definitivas" (García Márquez, 2010: Yo no vengo a decir un discurso). Sabias palabras las del "comunista hormonal", en especial por la hipocresía de muchos políticos, tecnócratas, comunicadores sociales y académicos, que sin poder esconder su fingido y argumentado dolor, reivindican la victoria del ideal democrático cuando unos fueron responsables de la erosión del Estado social, y otros cómplices de la imposición del "pensamiento único" y del "fin de las ideologías"; dos instrumentos de retórica malsana utilizados para enmascarar la desaparición del Estado-nación, el esplendor de la globalización capitalista y la petrificación de los principios y valores comunitaristas.

Estamos asistiendo, a partir del reconocimiento de algunos productores y *expertises* de instituciones privadas o del Estado involucrados en los debates sobre el modelo de soja RR ("Intacta") resistente a herbicidas como el glifosato, a un relativo consenso en torno a los impactos de la extensión de su cultivo en diferentes regiones del país. Este consenso básicamente gira en torno a tres cuestiones: el corrimiento de la frontera agrícola que, por la rentabilidad que tiene la siembra de soja RR, tiene como consecuencias el monocultivo y la no rotación, a lo que hay que sumar –consecuentemente– el desplazamiento de la actividad ganadera. Digo consenso relativo, porque poco dicen sobre lo inherente a los mecanismos o el marco de regulación que debe existir para: i) los cultivos transgénicos; ii) las actividades de deforestación (principalmente en regiones del NEA y NOA del país) que al parecer no están resultas a pesar de la vigencia de la Ley de Bosques; iii) el uso inapropiado del glifosato y sus efectos en la salud y el ambiente; iv) los derechos de las poblaciones indígenas que ven amenazados sus territorios ancestrales a partir del avance de la frontera agrícola; v) la producción de biocombustibles.

En términos generales, funcionarios/as políticos/as, *peritorum* y corporaciones como Monsanto promueven la agricultura industrial (AI) a gran escala mediante la utilización de semillas genéticamente modificadas y herbicidas como el glifosato, pues en su opinión la agricultura orgánica (AO) no puede brindar alimento a un mundo cuya población es de unos 7.000 millones de personas. Sin embargo, desde hace ya unos años que un importante número de expertos en alimentación desestiman ese argumento; entre ellos Olivier

De Schutter, que se desempeñó como Relator Especial sobre Derecho a la Alimentación de las NN.UU. entre 2008 y 2014.

Esta visión es la que defienden los movimientos sociales campesinos adscritos a La Vía Campesina que adhiere a la AO y en la que se basa su propuesta de Soberanía Alimentaria. Planteo nada distante de la idea de "decrecimiento sostenible" comentada en el Proscenio 2, en tanto el ansiado "crecimiento" sólo significa más acumulación en pocas manos.

Los contrastes entre ambos modelos informan con absoluta claridad quiénes se pueden beneficiar con uno o el otro:

- (AO) Sostén de la fertilidad del suelo en base a la diversificación productiva y estrategias como la rotación de cultivos. (AI) Sostén de la fertilidad del suelo mediante la aplicación de fertilizantes industriales.
- (AO) Uso de una gran diversidad de variedades de cada especie, desarrolladas por los propios campesinos generación tras generación. (AI) Uso de un número reducido de variedades de cada especie desarrolladas en laboratorios (semillas híbridas y OGM).
- (AO) Proceso productivo que tiende a mantener el equilibrio del ecosistema agrario generando utilidades medioambientales. (AI) Proceso productivo que favorece el rompimiento del equilibrio del ecosistema (contaminación, sobrexplotación de los recursos naturales, fractura del ciclo de nutrientes, etc.).
- (AO) Escasa o nula emisión de gases de efecto invernadero. (AI) Fuerte contribución al cambio climático.
- (AO) Organización política: sindicatos y movimientos sociales de ámbito nacional y supranacional. (AI) Organización política: plataformas empresariales y *lobbys* de ámbito nacional y supranacional.
- (AO) Desarrollo tecnológico en base a estrategias agroecológicas. (AI) Desarrollo tecnológico en base a los principios del capitalismo del consumo.
- (AO) Innovaciones desarrolladas por el propio productor. (AI) Innovaciones desarrolladas por científicos y tecnólogos encuadrados en empresas de carácter transnacional o centros académicos.
- (AO) Difusión libre de conocimientos e innovaciones. (AI) Conocimientos e innovaciones bajo sistemas de derechos de propiedad.

Nada de esto conforma ni la agenda gubernamental ni la de la maquinaria publicitaria de los medios masivos de información. En este último caso, la palabra está dirigida a poner al sujeto a merced del fetichismo de la mercancía, nunca al reconocimiento de instrumentos que le permitan lidiar contra la lógica de la sumisión y la enorme deuda de la genealogía ética de las democracias insustantivas.

Contrariamente a lo que sostienen autores como Debal Deb, en *Beyond Developmentality: Constructing inclusive freedom and sustaintability* (Londres, Earthscan, 2009), cuyo resumen transcribo, los intereses en juego de la AI tienen el espaldarazo del "desarrollo" en su reificación occidental:[27]

> El libro traza el origen y evolución del concepto de desarrollo en el contexto económico, y sugiere una manera de lograr el desarrollo post-industrial con crecimiento industrial cero. También sostiene que el desarrollo sostenible sólo es posible cuando la preocupación por la biodiversidad y el desarrollo humano se ponen en el centro de la economía y la política social. Por lo tanto, proporciona una base teórica para la sostenibilidad y presenta casos prácticos de los sistemas de producción sostenibles. La cobertura es magistral e incluye la historia, la ecología, la economía, la antropología, el análisis de políticas, la teoría de la población, la sociología, la crítica marxista del capitalismo, el orientalismo, la semiótica y la sociología de la ciencia.

Para Deb, el concepto de "desarrollo" fue construido y continúa siendo usado en la economía política en conformidad con el estándar implícito de desarrollo económico occidental, medido –fundamentalmente– con la fusta de la industrialización y urbanización. Modernidad que, como ya hemos visto, los modelos de desarrollo industrial y el crecimiento de este estadio de la sociedad capitalista.

Consecuente con esta manera de emular los fetiches de la Modernidad occidental, la Argentina, desde el estallido de diciembre de 2001 rediseñó su economía sobre la base del modelo sojero, toda vez que la biotecnología agraria hacía posible el ingreso de capitales que significaron enormes ganancias para productores y empresas asociadas (Monsanto, por ejemplo); además de ingresos extraordinarios a las provincias dedicadas a este tipo de actividad agrícola y al propio Estado nacional. Sin embargo, todo esto no sólo dependió del precio internacional del *commodity* en cuestión que, como el caso de la explotación hidrocarburífera "no convencional", sufrió bajas significativas en los mercados internacionales, también obedeció al conflicto suscitado en el año 2008 con las organizaciones que representan los intereses de los pequeños y grandes propietarios a raíz del decreto Nº

---

[27] "*The book traces the origin and development of the concept of development in the economic context, and suggests a way to achieving post-industrial development with zero industrial growth. The book argues that sustainable development is possible only when concerns for biodiversity and human development are put at the centre of the economy and social policy. It both provides a theoretical foundation to sustainability and presents practical instances of sustainable production systems. Coverage is magisterial and includes history, ecology, economics, anthropology, policy analysis, population theory, sociology, the Marxian critique of capitalism, Orientalism, semiotics and sociology of science*". (Cfr. http://www.academia.edu/1944094/Beyond_Developmentality_Constructing_Inclusive_Freedom_and_Sustainability).

125/8 del Poder Ejecutivo Nacional que dio inicio a la política de "retenciones". Esto ha llevado a la Argentina, y a otros países de *NuestraAmérica* que le han dado una creciente y progresiva relevancia a las actividades provenientes de la biotecnología, a situaciones sumamente ambiguas: la producción y comercialización de Organismos Genéticamente Modificados (OGM) simultáneamente se han transformado en la principal fuente de riqueza y riesgo. Con el agravante de que la legislación argentina no incorpora en su legislación sobre bioseguridad la participación ciudadana en foros de debate, por el contrario, cuando esto ocurre, del mismo modo en que pasa con la explotación minera a cielo abierto o la de hidrocarburos no convencionales aplicando la técnica de fractura hidráulica, la reacción de muchos gobernadores es la inmediata represión de quienes se movilizan para manifestar su preocupación por este tipo de actividades que, además, tienen como protagonistas a tres empresas transnacionales que reúnen copiosos antecedentes en lo que son las cadenas de pasivos ambientales: Chevron (ex Texaco), Barrick Gold y Monsanto. Es innegable que el capitalismo de mercado está ganando la batalla de quienes hemos tomado (con)ciencia de la inmediata preservación de los ecosistemas.

Para que algo de todo esto se transforme en una vuelta de página definitiva, es preciso que adquiera protagonismo una perspectiva social, política, cultural y ética que no vea la Naturaleza y al resto de los comunes como contrincantes a los que hay que doblegar para dominar. Es una de las grandes deudas que tenemos para con la *Tierra Patria*, sobre todo porque la negación por parte de funcionarios/as y *peritorum* es tan pródiga como los *neg-otium* (ver el Proscenio siguiente) que realizan con las corporaciones responsables de estas ruinas. "*El logro de los objetivos de la sustentabilidad depende de una buena gestión social, política, económica, tecnológica y ambiental, pero también deben basarse en una preocupación sobre los valores éticos*" (Zahedi y Gudynas, 2008).

A pesar de las protestas y la heterogénea participación de quienes participan en ellas, una nota firmada por el periodista Darío Aranda en el diario *Página 12* del 13 de abril del año 2009, basada en una entrevista al Dr. Andrés Carrasco, provocó profundo malestar entre: a) los/as *peritorum* y los/as *expertises* de las empresas que participan de este tipo de actividades; b) funcionarios/as de los diferentes poderes de los estados provinciales y la Nación; c) colegas suyos que se desempeñan en diferentes universidades e institutos de investigación. Es que Carrasco, investigador de la Facultad de Medicina de la Universidad de Buenos Aires (UBA) y del Consejo Nacional de Investigaciones Científicas y Técnicas (CONICET), no sólo denunció ante el periodista que "la ciencia está urgida por los grandes intereses económicos, y no por la verdad y el bienestar de los pueblos", proponiendo que se tomaran inmediatas medidas cautelares para producir el uso de herbicidas basados en el glifosato; también presentó los resultados de sus experimentos en un informe titulado: "Efecto del glifosato en el desarrollo embrionario de *Xenopus laevis*[28]", sosteniendo lo siguiente:

> Concentraciones muy reducidas de glifosato como las usadas aquí respecto de las usadas en el terreno, producen en el embrión efectos reproducibles tanto morfológicos como moleculares acotados. Al menos hasta donde la interpretación de los marcadores moleculares nos permiten. (Carrasco, s/f)

El experimento de Carrasco demostró que los herbicidas basados en glifosato provocan malformaciones en embriones de ranas, en dosis mucho más bajas que las utilizadas en las fumigaciones terrestres y pulverizaciones aéreas en diferentes áreas de cultivo. Pero más allá de todo lo anecdótico vinculado a las protestas de diferentes actores interesados que lo incriminaban por haber presentado los resultados de sus experimentos en un medio de comunicación antes de haberlo hecho, como responsablemente le correspondería hacer a un investigador –según sus críticos–, en las instituciones científicas que era de suponer no desconocía, lo que personalmente rescato es el inicio, por parte de Carrasco, de un "activismo científico" poco común en estos tiempos de convergencia aliancista entre la "sociedad de conocimiento" y la "sociedad de mercado". Es irrebatible que para ponerle fin a hechos como los de Ituzaingó, es nuestro deber como comunitaristas hacer lo posible para llamar la atención de los funcionarios públicos de turno, y no limitarnos a ser simples espectadores de todo esto. Sobran experiencias de movimientos de masas que tesoneramente consiguieron llamar la atención acerca de situaciones que no solamente afectan la salud de la población sino, también, el equilibrio de los ecosistemas: lo hemos visto en Esquel, Gualeguaychú, Bajo La Alumbrera, Neuquén, etc.; en todos estos casos no hubo que esperar que la burocracia estatal declarara que se está frente a una crisis ambiental. La periodista y escritora Naomi Klein, con relación al cambio climático, lo ejemplifica con absoluta claridad:

> (…) si un número suficiente de todos nosotros dejamos de mirar para otro lado y decidimos que el cambio climático sea una crisis merecedora de niveles de respuesta equivalentes a los del Plan Marshall, entonces no hay duda de que lo será y de que la clase política tendrá que responder, tanto dedicando recursos a solucionarla como reinterpretando las reglas del libre

---

28 Es una especie acuática de anuro oriundo de Sudáfrica. El *Xenopus laevis* es un animal muy usado en investigaciones vinculadas a la biología del desarrollo.

mercado que tan flexiblemente sabe aplicar cuando son los intereses de las élites los que están en peligro. (Klein, 2015, pp. 19-20)

La planteada por Naomi Klein es una estrategia de supervivencia perfectamente comprensible, pero cuando la cultura de fugacidad estructural característica de los amantes del capitalismo de consumo choca contra un grupo de personas hondamente arraigadas en un territorio que comienza a ser afectado por el extractivismo o el corrimiento de la frontera agrícola, es absolutamente comprensible la determinación comunitaria de protegerlo. De allí el imperativo ético, político y moral de acompañarles. Desde el momento en que la acción devastadora de estas técnicas pone en peligro la supervivencia de algunas comunidades pertenecientes a pueblos originarios, según Naomi Klein

> Se están abriendo importantes espacios para una reconciliación histórica entre pueblos indígenas y no nativos. Estos últimos están comprendiendo por fin ahora, ante el manifiesto desdén de las autoridades electas por los principios democráticos más básicos, que los derechos indígenas no son una amenaza (…). Si un número suficiente de ciudadanos exigen a sus gobiernos que respeten los compromisos legales adquiridos en su momento con personas sobre cuyas tierras se fundaron naciones coloniales, y lo exigen con suficiente fuerza y contundencia, los políticos –interesados en la reelección– no serán capaces de ignorar esas demandas permanentemente. Ni tampoco los tribunales, que, por mucho que digan sus magistrados que ellos están por encima de semejantes influencias, se ven inevitablemente condicionados por los valores de las sociedades en las que juzgan y sentencian. (Ibid., p. 467 y 469)

Para muchos *peritorum* misóginos las palabras de Naomi Klein los remite a dos obras de Hesíodo: *Teogonía* y *Los trabajos y los días*, ya que este pensador del siglo VIII a.C. fue uno de los primeros en considerar que antes de la llegada de las mujeres sólo existían hombres que vivían en perfecta armonía con los dioses hasta que Zeus decide castigarles cuando descubren, a través de Prometeo, un secreto muy guardado por y sólo para él: el fuego. Su venganza, según cuenta Hesíodo, fue hacerles padecer el *kalon kahon* ("el bello mal") ofrendándoles "una cosa maligna para su deleite": Pandora, la primera mujer. *"Desde entonces (…) la humanidad ha estado condenada a trabajar, envejecer, enfermar y morir en medio del sufrimiento"* (Holland, 2010, pp. 27-28). Es que para los griegos antiguos

> (…) la naturaleza era una amenaza y un desafío al ser superior del hombre, y la mujer era la encarnación más poderosa de la naturaleza (porque era la más seductora). Era necesario deshumanizarla, aunque fuese ella la que hacía

posible que la raza humana subsistiese. Merecía el desprecio por excitar la lujuria que nos lleva el ciclo del nacimiento y de la muerte, del cual jamás podremos desprendernos. (Ibid., p. 29)

Esto habilita una serie de interrogantes: ¿será que desde los tiempos de Hesíodo viene la idea de la "Madre Tierra"?; a su vez, ¿no habrá sido este mito la fuente más poderosa sobre la que abrevó la tradición judaica, pues tal como lo relata el Génesis la culpable de la infelicidad humana comenzó con el pecado de Eva? Es interesante observar aquí una diferencia cultural más que significativa: la "Mama Pacha" o la "Pachamama", la diosa suprema de los pueblos indoamericanos, era considerada por igual tanto por hombres como por mujeres, ya que según la creencia de estos pueblos todos/as fueron creados iguales. Sin embargo, los colonizadores los creyeron bárbaros a diferencia de ellos que eran civilizados herederos de las tradiciones grecorromana y judeocristiana.

Bien, después de este paréntesis, volviendo a la responsabilidad social de los/as científicos/as: en cuanto a la idea de ciencia como saber desinteresado y neutral y a la influencia de la (tecno)ciencia en el desarrollo de la sociedad capitalista, es menester asegurarnos de no caer en falacias como las que se esgrimen cuando alguien nos dice que no debemos caminar sobre un terreno resbaladizo, pues ciertos caminos nos pueden conducir a cosas malas, pero lo más prudente sería poder demostrar que esa situación es inevitable o incluso probable, de lo contrario el argumento sería falaz. Argumentos de esta naturaleza se conocen con el nombre de "falacia del terreno resbaladizo". Menciono esto porque ciertas opiniones en torno a quienes critican las investigaciones sobre la producción de OGM, incurren en este tipo de sofismas; de allí que quienes sostengan que los OGM constituyen el principio de muchos males, tienen la responsabilidad de demostrar, científicamente y no retóricamente, cuáles son esos males. No hacerlo es incurrir en el tipo de falacia a la que hice referencia. Esa misma responsabilidad tienen los/as *expertises*, que sin ningún tipo de reparo forman parte de una de las más virtuosas riquezas de las empresas que les ofrecen su mecenazgo: su conocimiento; a punto tal que para poner al tanto de los/as CEO que las conducen e ignoran los detalles científicos y técnicos, a manera de ayuda para los/as *peritorum* hay colegas suyos que publicaron libros con requisitos de concisión y útiles recomendaciones para elaborar los informes que deben entregar a sus mecenas. Un claro ejemplo es el "viejo" libro de E. Emmet Reid, *Invitación a la investigación química* (Buenos Aires, EUDEBA, 1977), cuya primera edición en inglés es del año 1961. Como se puede observar, desde hace muchos años las relaciones entre "los unos y los otros" se da en un terreno ético sumamente "resbaladizo".

Sin pretender establecer aquí mayores valoraciones, no se puede no comprender las penetrantes diferencias entre: i) la sociedad de consumo que concibe a la Naturaleza como un objeto o medio para acentuar los procesos de productividad y competitividad ligados a la especulación económica; ii) las culturas cuyos comulgantes, como el profeta Smohalla en la rebelión del pueblo Sioux, afirman:

> Me pides que are la tierra. ¿Tomaré un cuchillo y rasgaré el pecho de mi madre? Entonces, cuando yo muera, no me dará ella su pecho para descansar. Tú me pides que clave para obtener piedras. ¿Hurgaré bajo su piel para encontrar sus huesos? Entonces, cuando yo muera, no podré entrar en su cuerpo para nacer otra vez. (Magrassi, Maya y Frigerio, 1982, p. 161)

En el Anexo I propongo la lectura de un trabajo cuyo principal mérito le corresponde a Beatriz Adaro: "Flujo energético: entropía y problemática ambiental"; en el mismo he colaborado con algunos aportes que ponen en debate la cuestión del "desarrollo sustentable o sostenible". Este material, *ex profeso*, está orientado a estudiantes del nivel medio y terciario de enseñanza, son ejemplos muy claros de que aún en la enseñanza de la Matemática, la Química, la Física y la Biología, podemos ser –como plantea Ricardo Gómez–, "*socialmente responsables*", siempre que consideremos que también son dominios del conocimiento sociopolítico y, por ende, ni neutrales ni avalorativos. En el mismo, la propuesta consiste en construir (con)ciencia acerca de problemáticas que tienen relación, por ejemplo, con el contexto socioambiental en el que se desenvuelven los estudiantes.

> *Evitemos que el abrazo no crítico de la razón, que en vez de ser una fuerza de liberación social y de emancipación intelectual, se convierta en un nuevo mecanismo de control social, como sucede con la "razón instrumental". Hagamos lo propio con la industria de la cultura y los medios de comunicación, es muy común que en las sociedades de mercado nos induzcan a consumir productos que tienen que ver con necesidades artificiales o espectáculos diseñados para controlar las ansias de liberación y emancipación.*

──────◆──────

LECTURA ACTIVA

El filósofo argentino Rodolfo Kush, en uno de sus libros: *La negación en el pensamiento popular*, interpela la mentalidad reglada por el (antropo-euro)centrismo que, con relación al pensar y ser del pretendido universalismo de la Modernidad occidental, desconoce la autoctonía del pensar y ser soberano de los pueblos originarios, imponiéndoles hoy –más allá de las atrocidades provocadas durante la "Conquista de América"– una cultura y el uso de técnicas y tecnologías que serían facilitadoras de "buena vida". De allí los siguientes reflexiones de Kush:

Si nuestra tecnología responde a una ecología ajena a nosotros, lo mismo pasa con nuestra cultura (...). Quizá de ahí se expliquen los conflictos políticos, el estado de convulsión de nuestra república que no vacila en seguir importando soluciones de afuera porque cree que somos una parte de una así llamada cultura universal. Pero aún así cabe pensar que el problema argentino es de nuestro suelo y no creo que las soluciones vengan totalmente de afuera. Por la misma razón que no puede venir de afuera todo lo referente a la tecnología. Con ambas importaciones fomentamos la segregación y la incoherencia social y, por consiguiente, la falta de base sólida del país. La ausencia de una cultura manifiesta y de una tecnología constituyen la paradoja del país. (Kush, 2008, p. 157)

a) ¿Cuál es tu parecer, en relación con el impacto sobre nuestra propia autoctonía y la de los pueblos originarios, acerca de las consecuencias de depender de procedimientos y tecnologías que se importan bajo la perorata de su eficacia y eficiencia universales? O bien, releyendo también este Proscenio: ¿cuál es el impacto "sobre nuestra autoctonía" de la dependencia de los modelos agroindustriales en relación con los agroecológicos o el extractivismo en sus variantes de fractura hidráulica (*fracking*) para la producción de hidrocarburos o el literal estallido de montañas en los procesos de explotación minera a cielo abierto?

b) Vincula también la inquietud de Kush con lo que se ha estado desarrollando hasta el momento en relación con la cultura *mass*mediática.

c) ¿Piensas que "seguir importando soluciones de afuera" hace posible construir una identidad propia? Sí/No/¿Por qué?

d) ¿En qué sentido, para Kush, crees que "la ausencia de una cultura manifiesta y de una tecnología constituyen la paradoja del país?"

En la medida de tus posibilidades, comparte con otras personas tus puntos de vista.

PROSCENIO 6
Del "ocio" (*otium*) al "negocio" (*neg-otium*)

El pensamiento de Marx es el gran trueno del "Capital", poco audible en su tiempo; no es un punto de llegada, sino un punto de partida y un paso obligado que pide ser superado.

Daniel Bensaïd: *Marx ha vuelto*

Hasta ahora hemos visto que desde el Siglo de las Luces (s. XVIII), y aun desde antes, a partir de la Revolución Científica de los siglos XVI y XVII, la racionalidad antropocéntrica de la Modernidad occidental configuró parámetros de homogeneidad y uniformidad que fueron caracterizando el magma de significados y significantes que resumen la actual "crisis civilizatoria" de la humanidad.

En la antigua Grecia, el término que etimológicamente significa "parar" o "cesar", con el significado primigenio de estar desocupado y por tanto, disponer de tiempo para uno mismo, es *skholé* (este término coincide con el significado literal de la expresión "tiempo libre"). Por supuesto que la disposición de este tiempo fue posible en virtud de la estratificación social de los helenos. Solamente unos pocos, por ejemplo los "peripatéticos" (seguidores de la filosofía de Aristóteles), podían gozar de este tiempo, gracias precisamente a la esclavitud.[29] En general para los griegos sólo el hombre que posee ocio, entendido como tiempo libre para dedicarse a la reflexión

---

29 En otros tiempos, el concepto de "familia" incluía a los esclavos. Es conveniente tenerlo presente cuando en el trabajo nos digan: "Somos una familia".

teórico-filosófica, es libre. Esto es posible porque sólo el hombre libre, el que no es esclavo, puede poseer ocio. Ese hombre libre es, además, el único ciudadano en la democracia ateniense. Los esclavos, por lo tanto, no gozaban de ciudadanía. Tampoco las mujeres.

A partir del Imperio Romano tenemos: por un lado el *otium* y por otra parte el *neg-otium*. El *otium* significa descanso, dando origen –por oposición– a la palabra "negocio": *neg-otium*, o sea: la negación del ocio, genéricamente conocido como "el descanso". Por ello el *otium* de los romanos establecía una relación de inclusión entre "ocio" y "trabajo". Cicerón por ejemplo, habla de un *"Otium* como tiempo de descanso del cuerpo y recreación del espíritu" (Munné, 1980, pp. 42-43; Raillón, 1971, p. 198). En Roma, se hacía una marcada distinción entre el ocio de la nobleza romana y el *neg-otium* de la plebe: *panis et circense* (Giangrande, 1974, p. 48), vilipendiado y manipulado por las élites para sustentar su medio de dominación y explotación. Durante ese devenir surgió la concepción del trabajo como actividad básica del ser humano: un plan ideado para transformar y adecuar los recursos de la naturaleza con el propósito de satisfacer sus necesidades materiales; algo determinante en la imposición de horarios rígidos de trabajo y fijación de los salarios. Estos últimos, dos aspectos taxativos para lograr, por una parte, la resolución de los períodos de descanso y tiempo libre, mientras que por otra, la conformación del desarrollo y progreso característicos del sistema capitalista y sus nefastas consecuencias.

Así fue que a partir de la antigüedad y desde los albores de la sociedad capitalista, *"el tiempo libre de una clase se crea convirtiendo en tiempo de trabajo toda la vida de las masas (...) la medida de la riqueza no será ya el tiempo de trabajo, sino el tiempo libre"*. De este modo precisaba Marx el concepto de tiempo libre, por consiguiente, regocijarse del tiempo libre no es igual para explotados que para explotadores. De hecho, quienes ejercen el poder dominante gozan de todo el tiempo libre deseado: su "trabajo" consiste en procurar que los/as trabajadores/as no dispongan ni un instante de ocio. Disponen del mismo en la "justa medida", ya que de lo contrario el capitalista no podría adecuar correctamente el valor de su poder dominador, afectando por tanto, el valor de uso y el valor de cambio que, según veremos, dan cuenta de la plusvalía que genera la fetichización de la mercancía (*El Capital*), el rasgo fundamental de la ley de intercambio. Repárese, como observaremos más adelante, que esto también convierte al hombre en una mercancía que forma parte del *neg-otium*.

Es importante aclarar que el término "ocio" no debe ser confundido con "ociosidad", el cual, además de ser peyorativo es un estado en el cual se está voluntariamente sin realizar ninguna actividad. Este último es el caso de los fondos buitre que le reclaman a Argentina el pago de una deuda externa ilegítima a tasas usurarias. Lo de ellos es una especie de "ociosidad financiera voluntaria". Tan voluntaria como la ociosidad de la oposición de *mierda* que aspira llegar al gobierno –"a como sea"– en el curso del año 2015. Sólo falta que la patética dirigencia de la totalidad del arco político opositor organice una marcha en apoyo al desendeudamiento con pobreza extrema utilizando pancartas con las leyendas "Yo soy Paul Singer", magnate capo mafia del fondo buitre NML y "Yo soy Thomas Griesa", el juez neoyorquino que a mediados de marzo del año 2015, en un nuevo fallo en contra de Argentina: primero impidió al Citibank el pago de deuda bajo ley argentina y días después, alguien le habrá recordado que Argentina no es un Estado de su país, por lo que autorizó el pago.

Retomando las perspectivas acerca del tiempo libre, autores como Lanfant (1972) consideran la existencia de cierta convergencia entre el enfoque marxista del tiempo libre y la respectiva visión burguesa. Este autor plantea ocho proposiciones que convergen entre ambas; las presenta bajo la denominación de *"teoría del ocio"*:

- El tiempo libre se da separado del resto del tiempo, especialmente del tiempo del trabajo.
- El tiempo libre es aprehendido como una totalidad abstracta.
- El tiempo libre aumenta al incrementarse la productividad.
- El tiempo libre evoluciona con autonomía del sistema social.
- Las actividades propias del tiempo libre son actividades libres.
- El individuo se determina libremente, en función de sus necesidades personales.
- Las actividades y los valores del tiempo libre están ligados entre sí por las elecciones individuales, las cuales se ordenan libremente.
- El ocio es un sistema permutable de valores y elecciones.
(Fuente: http://www.efdeportes.com/)

Ahora bien, uno de los grandes engaños de la sociedad de mercado consiste en afirmar que el "individuo" es más libre que en una sociedad socialista porque dispone del pleno dominio de su iniciativa personal; sea para emitir una opinión, crear una empresa o recrearse con su tiempo libre, haciéndolo como le plazca. Pero si el ocio, *ergo* el tiempo libre, está condicionado por las relaciones sociales de producción, se llega a la conclusión de que ese tiempo: a) se transforma en "tiempo cautivo"; b) está determinado por la clase social a la que se pertenece; c) una parte del tiempo cautivo se genera dentro mismo del proceso de producción convirtiendo en "mercancía" la "fuerza de trabajo" y otra cuando se compra en cuotas un televisor, auto o lo que fuera para usarlo antes de contar con el dinero que se obtiene al vender la "fuerza de trabajo".

Hoy tenemos la sensación de que si el mercado y la propia sociedad del conocimiento en ocasiones embelesan y en otras inquietan, es porque están aludiendo a un plus que va más allá de un simple dispositivo de servicio, gestión o regulación. Al respecto, Pierre Rosanvallon (2006), refiriéndose al mercado, dice: "Aparece como portador de una visión mucho más vasta de organización descentralizada y anónima de la sociedad civil" (p. 6).

En este contexto, una primera cuestión a tener en cuenta es una cierta impresión de dualidad, tanto respecto del mercado como de la propia sociedad del conocimiento. En *La libertad de elegir*, Milton Friedman explica de esta manera lo que, según él, hace a la superioridad política del mercado sobre cualquier otra forma de organización de la sociedad:

> Los precios que emergen de las transacciones voluntarias entre compradores y vendedores –en síntesis, en el mercado libre– son capaces de coordinar la actividad de millones de personas, cada una de las cuales no conoce más que su propio interés (...) El sistema de los precios cumple con esta tarea en ausencia de toda dirección central, y sin que sea necesario que la gente hable entre sí, ni se guste (...) El orden económico es una emergencia, es la consecuencia no intencional y no querida de las acciones de una gran cantidad de personas movidas únicamente por sus intereses. (En *ibid.*, p. 9)

Friedman, al igual que otros defensores de las políticas conservadoras, recomienda que la política monetaria a adoptar se debe basar en el control, a través del banco central, de la oferta de dinero y los tipos de interés que determinan la disponibilidad y el coste de los préstamos para las empresas. Para él, la restricción de la oferta monetaria ayuda a reducir la inflación y el aumento de la oferta ayuda a recuperarse de una recesión. Pero ocurre que cuando la inflación y la recesión se producen simultáneamente (un fenómeno denominado estanflación), es difícil saber qué política monetaria aplicar. Para estos casos, pareciera que el liberalismo económico no tiene recetas. Bien lo sabemos los argentinos.

A juzgar por lo expuesto, la noción de "contrato social", heredada del pensamiento político moderno –desde Hobbes hasta Rousseau–, ha sido desplazada por el mercado, y no meramente como un instrumento técnico para la organización de la actividad económica.

Volviendo a Marx, en *El Capital* demuestra cómo los/as trabajadores/as disponen de la fuerza de trabajo y el capitalista del dinero, este último la compra durante una porción del tiempo cautivo generando un excedente de valor al que Marx llama plusvalía. Este concepto, siguiendo al matemático y filósofo de la ciencia húngaro Imre Lakatos (1993), es el "núcleo duro" infalsable de *El Capital*. Para que no quepan dudas de la infalsabilidad del concepto de plusvalía, desarrollaré brevemente la tesis marxiana: lo que el capitalista paga no es el resultado del trabajo –el producto en sí– sino la mercancía denominada fuerza del trabajo, la capacidad de producir. Al comprar esta fuerza por un tiempo determinado, el capitalista obtiene, en cambio, el derecho de explotarla un tiempo mucho mayor; una parte del cual es el llamado tiempo cautivo. Así pues, el tiempo de explotación alienante se fracciona en dos períodos. Durante uno, la laboriosidad de su fuerza sólo produce un equivalente de su precio. Durante el otro es simplemente gratuito y, en consecuencia, le genera al capitalista un sobrevalor por el que no paga equivalente alguno. En este caso, el sobretrabajo que realizan los/as trabajadores/as durante parte del tiempo cautivo le confiere una tasa de ganancias que, de acuerdo al comportamiento productivo o especulativo del dueño del capital, no le cuesta una *mierda* al magnate o CEO de la empresa. Por lo tanto, el capital no es solamente la facultad de disponer del trabajo de otro como dice Adam Smith en *La riqueza de las naciones*; comprende además la facultad de disponer de un trabajo no pagado. De allí, en mi opinión, que nunca es posible encontrar la plenitud personal: ni en tiempos de precariedad y tercerización laboral ni cuando se goza de estabilidad en el trabajo; motivo por el que coincido con André Gorz cuando al preguntarse "¿(…) mi aporte al trabajo implica un enriquecimiento o un empobrecimiento de mi mismo?", diga:

> Trabajar no es producir solamente riquezas económicas; es siempre también una manera de "producirse". La pregunta que hay que plantear a propósito de los contenidos del trabajo es, por consiguiente, "también" la que sigue: ¿Es éste el género de hombres y de mujeres de los que deseamos que esté hecha la humanidad? (Gorz, 1995, p. 110)

"Producirse", como veremos, es "posicionarnos" en tanto poseedores de una identidad y "proyectarnos" como sujetos políticos en dirección de nuestra emancipación y la de la otredad, pues el propósito de una sociedad humanamente civilizada es permitir que todas las personas, cualquiera sea la etnia a la que pertenezcan o de la cual provengan, puedan condensar sus potencialidades de la manera más plena posible, cosa que jamás podrían llevar a cabo en la sociedad capitalista.

Por lo tanto, hay que ser pánfilo para creer que el salario percibido por los/as trabajadores/as tiene directa correspondencia con el enriquecimiento de "sí mismo" como "sujeto-no sujetado" o con el trabajo realizado y su rendimiento. Y como el capitalista no es pánfilo, establece una relación entre el salario pagado y el trabajo efectuado a fin de transformar la fuerza de trabajo en capital variable; estrategia que le permite constatar si el precio de la fuerza de trabajo que ha comprado –a condición de garantizar un empleo– resulta en un aumento de "su" capital. Vemos pues que el salario remunera el valor de la mercancía fuerza de trabajo con el solo propósito de que el asalariado efectúe un trabajo productivo, o sea: "produciendo" plusvalía. Toda plusvalía, cualquiera sea su forma particular, en el fondo es la materialización de un trabajo no pagado.

El secreto del poder que tiene el capital para reproducirse estriba en que la plusvalía creada por los/as trabajadores/as durante el tiempo de trabajo suplementario (parte del tiempo cautivo) es el origen de la ganancia del capitalista. Asimismo, hago notar que el tiempo cautivo, y por ende la plusvalía, aumentan a medida que los procesos productivos mejoran su eficacia y eficiencia con los aportes de las nuevas tecnologías.

Para Bertrand Russell:

> El tiempo libre es esencial para la civilización, y, en épocas pasadas, sólo el trabajo de los más hacia posible el tiempo libre de los menos. Y con la técnica moderna sería posible distribuir el ocio sin menoscabo para la civilización (...) En un mundo sensato, todos los implicados en la fabricación de alfileres pasarían a trabajar cuatro horas en lugar de ocho, y todo lo demás continuaría como antes. Pero en el mundo real esto se juzgaría desmoralizador. Los hombres aún trabajan ocho horas; hay demasiados alfileres; algunos patronos quiebran y, la mitad de los hombres anteriormente empleados son despedidos. Al final hay tanto tiempo libre como en el otro plan, pero la mitad de los hombres están absolutamente ociosos, mientras la otra mitad sigue trabajando demasiado. De este modo queda asegurado que el inevitable tiempo libre produzca miseria por todas partes, en lugar de ser una fuente de felicidad universal. ¿Puede imaginarse algo más insensato? (Russell, 1989, pp. 14-15)

En el capitalismo el tiempo libre del trabajador o trabajadora está condicionado por su capacidad para consumir mercancías, pero también por la necesidad del sistema dominante para manejar a voluntad las relaciones sociales de producción, ya que de este modo quienes tienen el control del poder real establecen los criterios de producción y reproducción de la vida material y cultural de los seres humanos. En un sistema monárquico o republicano donde una persona adquiere ciudadanía a partir de su conversión en parte del "pueblo elector", si dispone libremente de su tiempo de ocio sin estar condicionada por los patrones de consumo y comportamiento social pasa a formar parte de un pueblo intelectual y políticamente emancipado; desde ese momento y en un sentido semejante al de Franz Fanon, prioriza al "ser" antes que al "tener" y, de allí en más, es considerado un "ser" potencialmente amenazador para el capitalismo. Mas si no está consumiendo mercancías y malgasta su tiempo libre viendo programas televisivos de *mierda* como *A dos voces* (TN – Grupo Clarín) o *Almorzando con Mirtha Legrand*, por dar sólo un par de ejemplos, inevitablemente formará parte del engranaje alienante de un sistema que actúa forjando un "sentido común" a la medida de los intereses de las corporaciones empresariales.

Marx y Engels en el Manifiesto Comunista habían planteado que la burguesía en tanto poseedora de los medios de producción material, al mismo tiempo posee los medios de control mental. En este sentido, para la socióloga y politóloga de la Universidad Complutense de Madrid, Ángeles Díez:

> El capitalismo no puede subsistir sin apropiarse también de los medios de producción de conciencia. La labor del periodismo en este sistema es, fundamentalmente, elaborar relatos coherentes que destruyen a su vez la posibilidad de otros relatos que vengan de otras fuentes que no sean el poder político y el poder económico (…). No podemos entender lo que son y la función que cumplen los medios de comunicación de masas separados del tipo de sociedad en la que actúan y las relaciones de poder que en ella se dan. La función que cumplen es la de fabricar el consentimiento y la aceptación. Y si nos preguntamos qué es lo que hay que consentir, la respuesta es sencilla. Hay que consentir la desigualdad y la explotación (…). De la misma manera en la que nos podemos apropiar de los medios de producción, podemos hacerlo de los medios de comunicación. Aunque, siempre, teniendo en cuenta que esto sería parte de un proceso revolucionario general, no aislado (…). El objetivo debe ser recuperar la comunicación como un derecho humano. Como aquello que nos puede llevar a liberar de esta maquinaria infernal, que es una maquinaria de guerra, de apropiación de nuestras conciencias, de disciplinamiento y de sometimiento.
> (Fuente: http://periodismo-alternativo.com/)

En estos casos, u otros semejantes, de no ser posible liberarnos de "esta maquinaria infernal" difícilmente llegaremos a la autodeterminación o a formar parte de un proyecto contracultural emancipador.

Se suele tener tanto pánico a la diversidad y a la discrepancia que el compromiso con una versión manipuladora de lo que es real, llega a confundirse con el hallazgo de la verdad. Ello es un peligro para el pensamiento crítico. Pero el peligro es también un reto. Un reto que nos desafía a escuchar y a tratar de ser escuchados, a desear que la cantilena mediática no acalle la voz de lo diverso sino que acompañe el intercambio enriquecedor de perspectivas.

Algo parecido ocurre con la sociedad del conocimiento, en términos generales, cualquiera sea el ámbito de las ciencias; como he manifestado en Proscenios anteriores, hay *expertises* que tejen estrechas relaciones con la sociedad de mercado, convirtiendo esa interdependencia en una subordinación de las actividades de investigación a los imperativos del capital, acallando, como suele ocurrir, la voz de lo diverso y el intercambio de opiniones con quienes no acreditan ser calificados científicos o tecnólogos. Así, la *libido sciendi* se autoconstituye como una corporación al servicio de la *libido dominandi*. También en esa esfera el ocio es una industria fecunda para el capitalista, pues cuando las aplicaciones científicas son inmediatas y rentables, la inversión y el negocio son sus ingredientes básicos. Esta deriva está al abrigo, desde los tiempos del Siglo de las Luces, de un oscurantismo que hoy no pasa por la religiosidad inquisitorial, sino por el sueño prometeico de domesticar la Naturaleza mediante ese recurso ilusorio conocido como "método científico", fundado a su vez en una metafísica cuyo principio orientador es una racionalidad técnico-económica: la racionalidad instrumental.

Esta idea del ocio dictada por el simple valor del mercado y la fuerza de trabajo, refleja el proceso mediante el cual los valores cuantitativos reemplazan a los cualitativos. Lo cualitativo sería comprender que el ocio debería contribuir a desarrollar el proyecto contracultural emancipador a partir de dos principios fundamentales: la imaginación creativa y la inteligencia crítica. Partiendo de esos dos principios, el "pueblo elector" podrá tomar conciencia de que sólo con su participación activa sería posible construir una democracia sustantiva que evite el surgimiento de desigualdades sociales y la concentración de un poder económico con capacidad para cooptar y premiar al poder político que garantice maximizar ganancias: a) bajando costos de producción mediante la precarización de la fuerza de trabajo; b) aumentando el tiempo cautivo en los procesos de producción y comercialización; c) logrando ajustar las políticas fiscales y monetarias a sus demandas; d) desregulando la protección laboral social: e) haciendo lo propio en lo pertinente a la preservación de los ecosistemas; f) satisfaciendo las preferencias de inversión de las empresas transnacionales a partir del establecimiento de cláusulas confidenciales. No hay que teorizar demasiado para comprender, como lo plantea con absoluta claridad Colin Crouch en *La extraña no-muerte del neoliberalismo*, que

> (…) las empresas constituyen grupos de presión, y el tipo de papel que las corporaciones gigantes están en condiciones de jugar en la economía global las vuelve inquietantemente poderosas, amenazantes para el equilibrio de la democracia y el pluralismo (…). Actualmente los representantes de las empresas transnacionales no están en modo alguno en el vestíbulo, marginados del espacio de gobierno donde ocurre la verdadera toma de decisiones políticas. Ellos fijan normas, establecen sistemas privados de regulación,

actúan como asesores del gobierno, incluso cuentan con personal adscripto a las oficinas de los ministros (...). Un ejemplo de cómo se ha permitido a las compañías acceder a la intimidad de la política tiene que ver con el financiamiento de las campañas electorales por los donantes corporativos en Estados Unidos. (Crouch, 2012, p 216 y ss.)

Con relación a este tema, repasemos las sucesivas crisis del capitalismo y la íntima relación de sucesivos miembros del gobierno de los EE.UU., Italia y Grecia con sus "donantes corporativos". La primera gran crisis comenzó en la década de 1890 cuando se produjo una fuerte caída de la tasa de ganancias de las empresas; luego, entre 1929 y 1930 vino aquella que se conoció como la "Gran Depresión", resuelta por Roosevelt a partir de algunos de los principios del denominado "Estado Benefactor": aumentó en un casi 90% el impuesto a los ricos en tanto que el origen de la crisis fue el resultado de un proceso previo de feroz acumulación de capital por parte de las empresas (por ejemplo, el capital de la corporación Goldman Sachs, uno de los grupos de inversión más grandes del mundo, había aumentado más de 1.400 veces entre la primera y la segunda crisis). Décadas después (1973) la conocida como "primera crisis del petróleo" se produjo a raíz de la decisión de la Organización de Países Árabes Exportadores de Petróleo (OPEP) de no exportar más petróleo a los países que habían apoyado a Israel durante la guerra del *Yom Kippur* (llamada así por los judíos en conmemoración del "Día de la Expiación") que enfrentaba a Israel con Siria y Egipto. Esta medida afectó a Estados Unidos y a sus aliados de Europa Occidental; consistió también en una suba del precio del barril de petróleo que provocó un fuerte efecto inflacionista y una reducción de la actividad económica de los países afectados. Por último, la que aún persiste y que se inició entre los años 2007 y 2008, una crisis financiera (que también involucró a la corporación Goldman Sachs) debida al colapso de la burbuja inmobiliaria en EE.UU., provocando una gran recesión y la llamada crisis de las hipotecas *subprime*. La magnitud de esta crisis fue tan profunda que se propagó internacionalmente afectando principalmente a numerosos países europeos, entre ellos: España y Grecia. Sus repercusiones, además de la profunda liquidez y los derrumbes bursátiles que afectaron a millones de familias que perdieron sus viviendas, trajeron aparejadas otras catástrofes económicas que aún persisten, como una crisis alimentaria global.

Efectivamente, a la luz de los acontecimientos históricos modernos desde la "Gran Depresión", consecuencia de lo que Marx en el siglo XIX llamó "capital ficticio" (hoy instrumentos financieros como acciones y *swaps* de incumplimiento crediticio), toda la fachada del capitalismo de mercado y el capitalismo financiero se vino abajo.

Las políticas neoliberales de ajuste destinadas a producir la demandada "austeridad expansiva" hicieron que los secretarios del Tesoro de Clinton y de Bush, como los primeros ministros de Grecia e Italia (2012) fueran, en todos los casos, ejecutivos de la corporación de *mierda* Goldman Sachs.

Otra cuestión esencial a tener en cuenta, sobre todo en estos tiempos de crisis del capitalismo financiero, es que tanto el "tiempo cautivo" (producto de la alienante explotación laboral) como el "tiempo de ocio", ya no se refieren a temporalidades diferentes: ambos se transformaron en un dispositivo de programación mental sutil para hacer *mierda* al "fantasma del comunismo" y continuar liberando, a través del capitalismo de mercado, la energía que muchos individuos malgastan para disfrutar del goce perverso del consumo. De allí que comparta muchas de las preguntas y reflexiones que plantea Julio Gottheil en *Capitalismo + Contaminación: una suma que resta*:

> ¿Qué vacío se produciría en la vida de mucha gente si sólo pudieran adquirir lo necesario para la supervivencia y tuvieran a su disposición un tiempo y una libido hoy ocupados en estar a la moda? ¿Puede imaginarse hoy una catástrofe existencial peor? (...). ¿Habrá que abrir en las universidades especialidades en terapias contra la adicción a la moda? (...). ¿Qué va a hacer toda esta gente cuando el planeta diga "basta"? Ellos, que son los creadores de las "experiencias" consumistas perversas, serán extrañados por muchos de nosotros que apoyamos nuestras vidas en esos momentos de confirmación del yo. ¿Podrán transformarse y dedicar su tiempo a generar "experiencias", emociones, placeres no perversos, no de dilapidación? Porque de eso se trata: canalizar libido (...). Hasta los centros de educación terciaria y universitaria hacen su contribución para que agredamos el planeta. Las escuelas de "comunicación" son, en muchos casos, fábricas de personas que saben convencer, vender, fabricar publicidad para que la rueda imparable siga funcionando. (Gottheil, 2009, p. 116 y ss.)

Para que esa "rueda imparable" deje de funcionar, el "fantasma del comunismo" habrá de regresar cuando podamos escribir las palabras HOMBRE y MUNDO con mayúsculas, pues el "HOMBRE NUEVO", en mi concepción existencial del ser se convierte en SUJETO para dejar de ser "objeto" cuando sale fuera de sí para relacionarse con la otredad y sus mundos. Es a partir de ese "salir de sí mismo" que el "HOMBRE NUEVO", emancipado, puede desplegar las potencialidades frente a las cuales actúa. Actúa, como plantea Carlos H. Gómez, en un doble horizonte: el temporal y el espacial:

> Temporal, porque es a partir de la experiencia, entendida como la permanente presencia del pasado en el presente, que se "leen" las posibilidades desplegadas enfrente, se eligen y se toman decisiones; también, teniendo en cuenta el futuro deseado; y todo esto en cada momento, en cada instante

de conjunción del pasado y del futuro que es ese volátil presente, siempre llegando y partiendo de nuestras vidas. Espacial porque actuamos en un lugar, en un sitio, dentro de un contexto, en el centro de nuestro territorio que surge en su estar ahí y de nuestra forma de captarlo, modificarlo, crearlo y recrearlo. (Gómez, 1998, p. 180)

Si esto no ocurriera, si una persona no pudiera "salir de sí mismo" para conectarse témporo-espacialmente con la otredad y sus mundos, si esa situación afectara a los más, nos encontraríamos frente al estancamiento trágico de la búsqueda de emancipación: la inconsciencia, el aislamiento con el Otro diferente y la agravante reclusión del propio "Yo", obligado en tales circunstancias a ejercer su propia función arbitral por las exigencias normativas y punitivas del *superyó*, el cual –en versión freudiana– constituye la internalización de las normas, reglas y prohibiciones parentales. En definitiva, la ilusoria resolución del Complejo de Edipo apelando a la transitoriedad de un presente elusivo y efímero que transcurre delante de un televisor. Parafraseando a Albert Camus, cuando esto sucede: i) la fraternidad (NO) se establece de manera políticamente correcta; ii) los propósitos naturales (NO) se justifican; iii) el amor a la alteridad (NO) nace. En relación con este último punto, recordemos lo que dice Marx en los *Manuscritos económicos y filosóficos de 1844* en el último párrafo del apartado "El poder del dinero":

> Si suponemos al hombre como hombre y a su relación con el mundo como una relación humana, sólo se puede cambiar amor por amor, confianza por confianza, etc. Si se quiere gozar del arte hasta ser un hombre artísticamente educado; si se quiere ejercer influjo sobre otro hombre, hay que ser un hombre que actúe sobre los otros de modo realmente estimulante e incitante. Cada una de las relaciones con el hombre –y con la naturaleza– ha de ser una exteriorización determinada de la vida individual real que se corresponda con el objeto de la voluntad. Si amas sin despertar amor, esto es, si tu amor, en cuanto amor, no produce amor recíproco, si mediante una exteriorización vital como hombre amante no te conviertes en hombre amado, tu amor es impotente, una desgracia. (Marx, 2001)

En un *demos* de alta intensidad, "si amas sin despertar amor", nunca en aras de la igualdad de género podrías levantar pancartas con la leyenda "Yo soy víctima de la trata o del prejuicio"; probablemente uno de los crímenes más atroces. Por ello insto e invito a los/as lectores/as a "posicionarse" y "proyectarse" cuando lean el escrito siguiente:

> Tiradas a la basura, desgarradas, en pelotas: en la montaña asquerosa, un cuerpo como una cosa, como una cosa ya rota y que no sirve para nada, los restos del predador, la carne que le sobró de su festín asesino.

Horas antes o después a la chica la buscaron la familia, los amigos, al final la policía y casi siempre la encuentra el que hace de la basura su trabajo cotidiano: un cartonero, el chofer de un camión recolector, alguien que anda por ahí. Después viene la ambulancia, le cambia la bolsa a blanca, se la llevan a la morgue y un auto lleva a los padres a ver si la chica es suya. Afuera espera la prensa: las cámaras y micrófonos buscando mostrarle al mundo el dolor más lacerante, la frase más torturada, la cara más arrugada por la angustia que la arrasa (…). Ya terminó el predador. Seguirán la policía, los abogados, los jueces y las cámaras de TV: sigue la carnicería en una especie de show que explica los femicidios (feminicidios).

Si la chica usaba short. Si tenía más de un novio. Si puso fotos en Facebook con boquita pecadora. Si salía mucho de noche. Si volvía a la mañana y tenía olor a whisky. Si estudiaba o no estudiaba. Si trabajaba de día o repartía tarjetas en la puerta de un boliche. Si era virgen. Si le gustaba enfiestarse. Si fumaba marihuana o sólo tomaba agua. Si tenía buenas notas o había repetido de año. Lo que dicen los amigos. Lo que piensan los vecinos. Lo que recomienda el cura que dirige la parroquia. Lo que supone un psiquiatra que va a la televisión. Lo que dice el movilero. Lo que supone la prensa. La idea que todos dicen sin terminar de decir: si la chica usaba mini y le gustaba bailar y si llevaba adelante su propia vida sexual según lo que le gustaba, era una trola y las trolas se la buscan y la encuentran.

La construyen poco a poco como si fuera culpable: dígame, comunicador y digan sus audiovidentes, si una mujer joven tiene más de un novio o, peor, ninguno, y vuelve en pedo a las seis y salió en vestido corto, ¿se está buscando la muerte? ¿Piensa que se la merece? ¿Usted cree que debería volver antes de las doce? ¿Vestirse con una burka e ir a misa los domingos? ¿Usted quiere que le pida permiso a algún buen señor para salir cuando quiere? ¿Que deje de salir sola? ¿Que piense lo que se pone porque si a un hijo de puta le parece algo indecente por ahí la hace pelota? Le pregunto más cortito: ¿Piensa que una chica es propiedad de algún muchacho y que si no tiene dueño pueden matarla tranquilos? ¿De verdad se siente bien eligiendo como elige la foto más provocativa para decir sin decir "la piba era una atorranta", "los padres no la cuidaban", "su vida no tenía rumbo"?

Empieza una denigración, algo que está en la cultura, no digo que lo inventa usted, pero podría revisar la máquina de prejuicios que le salta cuando habla y cuando hablan los demás. Entre otras cosas se nota la puntuación del mercado: hay cuerpos que valen más y hay cuerpos que valen menos.

Casta, rica y estudiosa vale más que pobre y trola pero todas valen menos que el cuerpo del matador que es la manifestación extrema de este estado de las cosas: buena parte del planeta cree, a veces sin saberlo, que cosas somos nosotras. Pobres cosas, poca cosa, algo que se usa y se tira, nada de bienes suntuarios, muñecas que se descartan como globos ya pinchados.

Es como canibalismo. Es una bestialidad. Piensen un poco, señores, piensen también las señoras y sientan un poco más: somos sus madres, sus hijas, sus hermanas, sus esposas, sus amigas, sus amantes, sus novias. Somos más de la mitad del mundo que hacemos juntos. No insumos a descartar.
Gabriela Cabezón Cámara.
(Fuente: Revista Anfibia (Cfr.: http://www.revistaanfibia.com/ensayo/basura/)

"Somos la mitad del mundo que hacemos juntos", y por si fuera poco una mitad que no le teme ni a las diferencias ni al amor. Si esto último ocurriera, si dejáramos de amar a la otredad... si fuera esto último, al igual que en la cita anterior de Marx, uno de los íconos revolucionarios más importantes del mundo contemporáneo respondería:

> Permítaseme decir, aún corriendo el riesgo de parecer ridículo, que el revo‍lucionario auténtico obra movido por intensos sentimientos de amor. Es imposible concebir a un verdadero revolucionario sin esta cualidad (…) Nuestros revolucionarios de vanguardia (…) no pueden descender, a través de pequeñas dosis de afecto cotidiano, a los lugares donde los hombres corrientes ponen en práctica su amor.
> (Párrafo del Diario del "Che" Guevara. Cfr. http://www.chebolivia.org/)

Llegó el momento de recordarle a cierta izquierda contrarrevolucionaria insensata y de *mierda*, particularmente aquella que se predica marxista no siendo "marxiana", que el regreso mencionado nada tiene que ver con los balbuceos doctrinarios del gélido marxismo dogmático que admira a Marx sin haberlo leído. Escribe Atilio Boron:

> (…) estamos convencidos de que la supervivencia del marxismo como tradición intelectual y política se explica por dos factores principales que, sin ser los únicos, aparecen sin duda como los más importantes. En primer lugar, por la reiterada incapacidad del capitalismo para enfrentar y resolver los problemas y desafíos originados en su propio funcionamiento. En la medida en que el sistema prosiga condenando a segmentos crecientes de las sociedades contemporáneas a la explotación y todas las formas de opresión —con sus secuelas de pobreza, marginalidad y exclusión social–, y agrediendo sin pausa a la naturaleza mediante la brutal mercantilización del agua, el aire y la tierra, las condiciones de base que exigen una visión alternativa de la sociedad y una metodología práctica para poner fin a este orden de cosas seguirán estando presentes, todo lo cual no hace sino ratificar la renovada vigencia del marxismo. Esta es una de las razones que explica, al menos en parte, su permanente "actualidad". La otra es la inusual capacidad que este corpus teórico ha demostrado para enriquecerse en correspondencia con el desenvolvimiento histórico de las sociedades y de las luchas por la emancipación de los explotados y oprimidos por el sistema. (Boron, 2006, p. 35)

Esto no es historicismo, debemos garantizar, más allá de los maniqueísmos y a través de nuestro compromiso a favor de la emancipación intelectual, un ejercicio de memoria activa que destruya la secuencia de *mierda*: "obedece-olvida-obedece-olvida". Secuencia que, al decir de Paul Ricoeur (2000) nos conduce por "los usos y abusos de la memoria, desde la memoria 'impedida' hasta la memoria 'obligada', pasando por la memoria 'manipulada'" (p. 96 y ss.); continuando con ese otro derrotero, fenomenológicamente diferente, que denomina "El olvido de rememoración: uso y abuso" (p. 567 y ss.), para luego concluir en que:

> (…) la culpabilidad política en la que incurre el ciudadano por el hecho de pertenecer al mismo cuerpo político que los criminales de Estado; la culpabilidad moral que se vincula a todos los actos individuales que pueden haber contribuido efectivamente, de un modo o de otro, a los crímenes de Estado (…), la culpabilidad llamada "metafísica", que es solidaria del hecho de ser hombre en una tradición transhistórica del mal. (*Ibid.*, p. 600 y ss.)

El recorrido que hace Paul Ricoeur en esta obra tiene tres etapas que, a partir de un *aggiornamento* que respete las tesis expuestas, atraviesan diagonalmente buena parte de las problemáticas que he abordado en este libro.

En lo que a mí concierne, respecto de la *Patria Grande* pensada por Manuel Ugarte, vinculo esas tres culpabilidades a los colonos que vinieron poco después de los conquistadores a poblar territorios habitados por los pueblos originarios. Estos pueblos fueron víctimas de un genocidio aún impune, con el agravante, al menos en nuestro país, de que sus territorios continúan vendiéndose para, seguidamente, expulsar a los pobladores originarios. El tema es tan preocupante que, a propósito de los desafíos en torno a la amplia gama de derechos todavía pendientes, por respeto a la diversidad cultural no deben ser resueltos ni por la vía de la asimilación ni por la integración a los patrones civilizatorios (euro-etno-antropo)céntricos. En varios sitios hago referencia a esta situación, fundamentalmente para dar cuenta de la vulnerabilidad y exclusión que padecen muchas comunidades en la región cordillerana de la Patagonia y en las provincias de Chaco, Formosa y Misiones; pues, como se describe en el informe de la Unión de Asambleas Ciudadanas que cité en el Proscenio 1: en nombre del desarrollo y a través de los *neg-otium*, se otorgan concesiones territoriales para la explotación minera a cielo abierto y la extracción de hidrocarburos no convencionales, con un alto poder de contaminación y deterioro ambiental que, como también habré de insistir en virtud de la falta de prevención, previsión, precaución y responsabilidad empresarial y de los estados provinciales y de Nación, afectan a esas tierras tanto a nivel superficial como de las napas de aguas subterráneas; sin desconocimiento, como consecuencia de todo ello, de los graves daños sobre la salud de los pobladores. Otro tanto ocurre con el fenómeno del corrimiento de la frontera agrícola para el monocultivo de soja transgénica y la fumigación con agrotóxicos altamente contaminantes como el glifosato en regiones del centro y noreste del país.

En el nefasto caso de las conquistas colonizadoras, los individuos que participaron de esos históricos episodios no vinieron a habitar estas tierras, no eran su *oikos* (morada/hábitat). Para Ezequiel Martínez Estrada, en el caso de nuestras pampas, carentes de las atractivas riquezas de los aztecas, mayas o incas, el conquistador no vino ni siquiera a poblar. En un trabajo práctico sobre su libro *Radiografía de la pampa* (Buenos Aires, Losada, 1942), se lee:

> Al verse derrotado por la naturaleza, el conquistador destruyó al indio y amplió sus dominios para disimular su fracaso. Quiso vengarse de la naturaleza triunfadora haciendo trabajar al aborigen, al hombre de su seno para llevar a cabo lo que él no pudo y no quiso hacer y así obtuvo, por medio de la encomienda y la mita, el fruto que la tierra no había preparado para su llegada. Poseer la tierra pasó a ser una consecuencia de la furia del invasor y el poderío por tener la misma remite a la situación de la Edad Media. (Fuente: http://www.alipso.com/monografias/radiografia/)

Hubo de escribir el "Che":

> (...) ahora se aprende, como se aprende siempre en la revolución, que no puede haber desunión, que no podemos luchar contra los grandes enemigos, separados unos de otros; que solamente hay un enemigo común en este momento, que es el que reúne todas las enemistades (...) es el que significa opresión de cualquier tipo; el que significa asesinato, el que significa opresión política, el que significa opresión económica, el que significa distorsión de nuestro desarrollo, el que significa incultura, todo eso, lo significa el imperialismo.[30]

A propósito de la última parte del fragmento de este discurso, hoy diríamos: "*todo eso, lo significa* la globalización". Por supuesto que dicho término esconde lo que sigue siendo la piedra angular de unas relaciones sociales signadas por el capitalismo y el imperialismo; de allí que el tema continúe ocupando la atención de todo ser humano que no haya perdido el rumbo del largo proceso de hominización, nos referimos, concretamente, al problema de la propiedad. Decimos esto porque plantear la relación del Hombre y la Tierra con los medios de producción, implica, necesariamente, discutir auténtica soberanía económica y cultural. Mas a propósito de esto último, téngase presente que en el extenso conflicto "campo vs. gobierno"

---

30 Ernesto "Che" Guevara: fragmento del discurso "La Alianza (para el Progreso) fracasará", pronunciado en el paraninfo de la Universidad de la República Oriental del Uruguay, el 17 de agosto de 1961.

ningún sector habla de reforma agraria. No creo que tampoco lo fueran a hacer los dirigentes que llaman "yegua" a la presidenta Cristina Fernández. Al respecto, huelgan los comentarios.

Lo cierto es que los cambios a los que nuestro país fue sometido desde antes de la última dictadura y hasta la fecha, desorientaron a muchos/as. Ya no siguen mentalmente adhiriendo a los viejos principios de su juventud. Desde los noventa, en la práctica contribuyen o son cómplices de la implementación de las políticas neoliberales. La realidad es que vaciaron sus mochilas. En ellas ya no hay ni principios ni ideales ni utopías de liberación y emancipación. Por ello es necesario comprender contra qué y cómo tenemos que luchar en esta y otras partes de *NuestraAmérica*. No se trata de saber contra quién o quiénes, ya estamos al corriente, eso no es lo más importante. Algunas de las preguntas son: ¿cómo salir de esta catástrofe?, ¿cuáles son las nuevas alternativas?

Entonces, frente a los conflictos que provocan las nuevas formas de saqueo y dominación que nos impuso la mentada globalización, cabe que, unidos (como afirmaba el "Che"), cada uno/a en sus respectivos trabajos, en sus barrios, en las escuelas, en los hospitales y en las universidades, construyamos democratización sin restricciones en la educación, en la salud, en la economía, en la política y en la cultura; ya que, siguiendo a Feenberg:

> *La principal preocupación del libro fue el creciente conflicto entre la democracia y las formas capitalistas y tecnocráticas de organización (…). La alternativa propuesta aquí es la democratización de las diferentes instituciones mediadas técnicamente de nuestra sociedad. (Feenberg, 2002, VI)*

LECTURA ACTIVA

El texto "El investigador loco" fue publicado en el portal de las Madres de Ituzaingó; te propongo que después de su lectura analices:

a) Si crees que el investigador Andrés Carrasco violentó los protocolos tradicionales del "saber experto" al considerar que todas las consecuencias de los impactos de una investigación deben ser puestos en conocimiento de las comunidades afectadas que luchan por hacerse oír.

b) Si los vínculos entre el "saber experto" y el poder de empresas multinacionales como Monsanto deben ser corporativamente protegidos, evitando de esa manera dañar intereses estratégicos, sean ellos públicos o privados.

c) Dada la vinculación entre la investigación científica y las empresas como Monsanto u otras, ¿es posible considerar que la ciencia es un saber desinteresado? ¿Por qué?

d) Si la avalancha (des)informativa de la sofisticada maquinaria de comunicación de situaciones como las que se produjeron en la localidad de Ituzaingó, además de los informes hechos públicos por el Dr. Carrasco, no debieran contrarrestarse con un activismo maduro que juegue un papel preponderante a la hora de denunciar los peligros y riesgos que pueden afectar a una comunidad.

e) Si en situaciones como estas antes de "ver" no es conveniente "mirar" lo que se percibe para posicionarnos y proyectarnos correctamente al tomar decisiones.

f) La conveniencia de generar transformaciones en la enseñanza de las ciencias y las tecnologías en las que los estudiantes asuman que, al formar parte de una comunidad, todos sus miembros deben tener acceso a los conocimientos de una "ciencia expandida" que promueva: el derecho a un saber abierto; el derecho a sospechar; el derecho a conocer y ser conocidos; el derecho a hacer saber la voluntad de los afectados. Para tu información, todos estos derechos y muchos otros, son desarrollados convincentemente por Antonio Lafuente y Andoni Alonso en el libro: *Ciencia expandida, naturaleza común y saber profano* (Buenos Aires, Universidad nacional de Quilmes, 2011).

El investigador loco

Andrés Carrasco es investigador principal del CONICET y profesor adjunto en la Facultad de Ciencias Médicas de la UBA. En 2007, comenzó a corroborar en su laboratorio las historias de vida que suceden no sólo en Barrio Ituzaingó, sino también en otros pueblos de Córdoba, Santa Fe, Chaco y Misiones. "Allí está concentrado un cuarto de la población argentina, delimitado por 20 millones de hectáreas afectadas por 270 millones de litros de herbicidas ligados a cultivos transgénicos y no transgénicos", nos confirma Carrasco.

Su estudio fue sencillo: tomó una dosis de glifosato, principal herbicida empleado para potenciar el crecimiento de soja y otras semillas, la diluyó a una escala 5 mil veces menor a los productos utilizados en el campo, y allí sometió a embriones anfibios. "Los sobrevivientes", explica, "presentan malformaciones que se reiteran: de cráneo y estructura encefálica, y un aparato digestivo que no es normal".

Hoy se sabe que el glifosato circula por sangre, que va a los tejidos y pasa la placenta. Por ello, no hay duda sobre la posibilidad de que si hay glifosato en sangre, pase al embrión", concluye Carrasco. Así fue informado públicamente en abril de 2009 a través de un artículo en *Página 12*. Cuatro meses después, en una revista científica de los Estados Unidos.

Desde aquellos días, al científico se le hizo todo más difícil. "Testaferros como Clarín y La Nación gritaron mucho. El presidente la Asociación Argentina de Productores de Siembra Directa, Víctor Truco, decía que yo no existía. Hubo gente del sector público que me descalificó diciendo que mi investigación era una farsa y prometiendo a las empresas callarme. Desde el CONICET, del cual fui director, crearon una comisión que plantea no asustarse con el glifosato. Por supuesto, tuvieron que reducir las fuentes de ese informe del que, además, participó un ingeniero agrónomo que hizo trabajos con Monsanto y fue miembro de la comisión que aprobó el uso de glifosato en 1996", sentencia Carrasco.

PROSCENIO 7
De los "cuatro jinetes del Apocalipsis" al "golpe de Estado suave"

> *Un enfoque ético de la vida no nos prohíbe divertirnos o disfrutar de la comida o el vino, pero cambia nuestra idea de las prioridades (...). En comparación con la gente que muere de hambre en Somalía, el deseo de catar los vinos de Francia palidece hasta la insignificancia.*
> Peter Singer: *Repensar la vida y la muerte* (1994)

El término "universidad" deriva del latín *universitas magistrorum et scholarium* que significa: "profesores universitarios y académicos", quienes –a su vez– conforman la "comunidad universitaria". Por otra parte, si una "comunidad", entre otros significados, es un grupo de personas que tienen algo en común; por ejemplo: ser profesores universitarios, independientemente de esa identidad común compartida y elaborada, deberían sortear (como un objetivo que trasciende a su propia identidad comunitaria) algo que hace a la esencia misma de la actividad académica: el fomento de lo diverso a través de la pluralidad de opiniones e ideas.

Ahora bien, sobrentendida la incompetencia de cierta partidocracia para darle la bienvenida a las diferencias de opinión, más particularmente cuando estas situaciones suceden en el ámbito universitario, me voy a referir ahora a dos politólogos norteamericanos contemporáneos, Gene Sharp y Samuel Huntington, ya que dan cuenta de la herencia que nos condujo al atajo de conflictos enmascarados –e incluso abiertos–, como los protagonizados desde siempre por EE.UU. y, a partir de la década de 1950, por el Estado de Israel en Palestina; sin olvidar, por cierto, a los miles de migrantes conducidos al destierro o la muerte por los gobiernos etno-xenófobos de Italia, Francia, Inglaterra o Alemania.

Imagen de los "Cuatro Jinetes del Apocalipsis" (*Indymedia*)

"La naturaleza de la guerra en el siglo XXI ha cambiado". Así lo manifiesta desde hace tiempo Gene Sharp. Afirma: *"nosotros combatimos con armas psicológicas, sociales, económicas y políticas"*. En su ensayo titulado *De la dictadura a la democracia*[31] propone cinco etapas para dar un golpe de Estado "suave o blando":

> **Primera etapa:** Consistiría en llevar a cabo acciones para generar y promocionar un clima de malestar. Entre dichas acciones destacan la realización de "denuncias de corrupción y la promoción de intrigas", señalan los expertos.
> **Segunda etapa:** Se procedería a desarrollar intensas campañas en defensa de la libertad de prensa y de los derechos humanos acompañadas de acusaciones de totalitarismo contra el gobierno en el poder.
> **Tercera etapa:** Esta fase se centraría en la lucha activa por reivindicaciones políticas y sociales y en la promoción de manifestaciones y protestas violentas, amenazando las instituciones.
> **Cuarta etapa:** En este punto se llevarían a cabo operaciones de guerra psicológica y desestabilización del gobierno, creando un clima de "ingobernabilidad".
> **Quinta etapa:** La fase final tendría por objeto forzar la renuncia del presidente mediante revueltas callejeras para controlar las instituciones, mientras se mantiene la presión en la calle. Paralelamente se va preparando el terreno para una intervención militar, mientras se desarrolla una guerra civil prolongada y se logra el aislamiento internacional del país.[32]

A mi entender, no hay que ser demasiado sagaz para advertir que esas etapas son las que se aplicaron exitosamente en Honduras y Paraguay, las que continuamente se llevan a cabo en los países que conforman el ALBA (República Bolivariana de Venezuela, Estado Plurinacional de Bolivia, Ecuador) y, en menor medida pero con bastante intensidad, en Brasil y Argentina.

Habría que recordarle a los mandatarios estadounidenses y a las corporaciones de la industria bélica para la que trabajan, unas sabias palabras de Mao Zedong:

> La teoría de que "las armas lo deciden todo" [constituye] un planteamiento mecanicista y [un] punto de vista subjetivo y unilateral sobre el problema de la guerra [o los golpes de Estado]. Nuestro punto de vista es opuesto a esta teoría, no sólo tenemos en cuenta las armas, sino también los hombres. Las armas son un factor importante en la guerra, pero no el decisivo. El factor decisivo es el hombre, y no las cosas. La correlación de fuerzas está

---

[31] Cfr.: http://www.aeinstein.org/wpcontent/uploads/2013/09/DelaDict.pdf

[32] Fuente: http://actualidad.rt.com/actualidad/view/120340-psicologia-economia-armas-nuevos-golpes-estado

determinada no sólo por la potencia militar y económica, sino también por los recursos humanos y el apoyo popular. (Zedong, 1968, p. 146)

Este mecanismo de disciplinamiento que aplica EE.UU. desde hace unos años en *NuestraAmérica*, los golpes de Estado "suaves", más precisamente cuando fuera el primer intento de golpe de Estado que sufriera la República Bolivariana de Venezuela, ha sido objeto de reflexión en muchos de los cursos y conferencias que he dictado desde el año 1998 a partir de la creación, en Neuquén, del Foro del Comahue en Defensa de la Educación Pública y la Red Patagónica de Derechos Humanos y Organizaciones Sociales. El primer antecedente registrado en nuestro país, para mí fue el proceso de desestabilización institucional que obligó, en 1989, al presidente Raúl Alfonsín a dejar su cargo cinco meses antes de la finalización normal de su mandato. Al respecto, no me cabe la menor duda de la activa participación de Carlos Saúl Menem y muchos/as de sus adláteres (Carlos Corach, María Julia Alsogaray y una extensa lista de etcéteras) en ese operativo "CIA-destituyente" de EE.UU. y sus "socios" del capitalismo globalizado y el sacralizado modelo neoliberal.

Eduardo Rosenzvaig, apelando al "realismo mágico", así describe al "Turco" en el cuento "El que mató a Rosendo":

El Turco nos dijo, cambio la inflación por el remate total del país; chipen muchachos, aprovechen la situación de los distraídos por el dólar uno a uno y la inflación cero, chipensé todo que no va a haber otro momento ni otro lugar en el mundo. (Rosenzvaig, 2004, p. 37)

Esto ha hecho que entre otros muchos escritos (algunos de los cuales reproduzco en este trabajo), un numeroso grupo de intelectuales, artistas, escritores y militantes por los DD.HH., hiciera circular un documento en el que critican el uso político que sectores de la oposición, las corporaciones mediáticas y un grupo de fiscales han realizado en torno a la muerte de Nisman. Son los mismos sectores políticos y comunicadores sociales funcionales a los *mass*media; aquellos que insistentemente, en lugar de desentrañar cuáles son las motivaciones profundas que conducen a muchos pibes a cometer diversos tipos de delitos, piden más y más penas, agitando el eslogan predilecto de campaña en tiempos preelectorales: "¡Basta de inseguridad!". Por ende, como hay quienes no queremos impunidad para los desestabilizadores institucionales, adherimos a los términos de este documento:

Por la Constitución, la Democracia, la Justicia, los Derechos Humanos y la Paz en la República.

Los abajo firmantes, argentinos y argentinas del campo intelectual, artistas, científicos, profesionales de las más diversas actividades, nos manifestamos en favor del estricto cumplimiento de la Constitución y por la salud de la Democracia, el saneamiento profundo de la Justicia, el respeto irrestricto de los Derechos Humanos y el imperio de la Paz en la República. Nos manifestamos en contra de toda forma de violencia. Incluso la aparentemente sutil y subliminal, como la que se incita desde el terrorismo periodístico disimulado, la financiera, la empresaria y/o cualquier otra. Repudiamos todo intento de desestabilización institucional, y exigimos que se cumplan las leyes, todas, sin chicanas ni cautelares como las que es costumbre político-judicial disponer en beneficio de los poderosos, sean personas o grupos empresariales. Rechazamos la parodia democraticista de un pequeño grupo de fiscales, desprestigiados casi todos, apadrinados por los medios hegemónicos en la convocatoria a una marcha a todas luces sectaria y provocadora. Y rechazamos también el siempre renovado oportunismo de dirigentes políticos capaces de todo tipo de inconductas y servilismos a gobiernos extranjeros, y a irritantes violencias verbales. La República Argentina necesita seguir trabajando en Paz, para avanzar aún más en las conquistas sociales y laborales ya logradas, la inclusión social, la defensa del patrimonio público, la independencia económica y la soberanía política que la ciudadanía ha recuperado después de la crisis terminal de 2001 y 2002. Exigimos una investigación seria y honesta sobre la muerte del Fiscal Alberto Nisman. La designación de una Corte Suprema de Justicia completa, como manda la Ley. Una transformación democrática y profunda de las estructuras de inteligencia.

En la República Argentina, a 10 de Febrero de 2015.

No a la mentira y el uso político de la muerte de Nisman. No al golpe "suave". Más democracia. Más Justicia.
(Fuente: http://www.infonews.com/)

Quiero destacar que entre los firmantes se encuentran: Osvaldo Bayer, Horacio González, Liliana Herrero, Adrián Paenza y Noé Jitrik.

También el escritor y periodista Mempo Giardinelli publicó en la edición del diario *Página 12* del 16 de febrero de 2015 una nota en la que hace referencia a esta situación; he aquí tres párrafos de la misma:

> El golpe de Estado, pensamos muchos, de todos modos está en marcha. De ahí el temor a que pueda haber provocaciones y desmanes el 18F. De ahí, también, la firme condena a toda forma de violencia, incluso la que se incita desde el terrorismo periodístico y televisivo imperante, que impulsa y estimula alocadamente a un minúsculo grupo de fiscales —desprestigiados casi todos, algunos con probados lazos con la dictadura y uno con el narcopoder— a seguir esmerilando las instituciones republicanas, ya muy dañadas luego de la frustrada "denuncia" del malogrado fiscal Nisman. Todo indica que la anunciada marcha del 18F será numerosa, porque recogerá descontentos de

todo tipo y en particular de las clases medias porteñas. A esa convocatoria se sumó, veloz y oportunista, toda la dirigencia política y sindical experta en violencias verbales y en servir a veces con más eficiencia a gobiernos e intereses extranjeros (...). Así vive hoy la república estos carnavales en los que, patéticamente, el circo de los desestabilizadores continúa. Por fortuna en el interior, en la Argentina profunda, todo es diferente y para nada el país real comparte la locura inducida que se vive en la Ciudad de Buenos Aires. (Fuente: http://www.pagina12.com.ar/)

En la *Patria Grande*[33] otro instrumento golpista es la Unión de Organizaciones Democráticas de América (UnoAmérica). Tomemos por caso Argentina: el PRO está organizado en la Fundación PensAr, satélite de la Fundación Libertad. Ambas fundaciones dependen de la NED (*National Endowment Foundation*), cara social de la CIA. El movimiento de Patricia Bullrich Luro Pueyrredón, Unión por Todos, participa de UnoAmérica. La Coalición Cívica, la agrupación política que dirige Elisa Carrió, pidió ayuda a la NED para desentrañar actos de corrupción en el Congreso. ¡La NED que participó del golpe de Chile, la invasión a Panamá, la guerra en Nicaragua!

A partir de algunas posiciones esgrimidas por Pierre Bourdieu en un artículo titulado *La nueva vulgata planetaria*[34], conjeturo que el imperialismo de estos tiempos se propone llamar la atención acerca de la realización intelectual de dos nuevos fetiches que no suelen tener el atractivo del dinero o las mercancías; fetiches que, siguiendo a Bourdieu, conforman buena parte del "capital simbólico" que fue forjando el sentido común de las democracias de baja intensidad. Sentido común urdido por una suerte de capitalismo semántico cabildeado por "productores culturales" que con el auxilio de los *mass*media hicieron posible la incorporación al lenguaje cotidiano de un dialecto constituido por términos que no nos eran familiares: "neoliberalismo", "economías emergentes", "flexibilidad", "calificadoras de riesgo", "*New World Order*", "empleabilidad", "PBI", "nueva economía", "el modelo", "banco de inversión", "apalancamiento", "fragmentación", "calidad educativa", "riesgo país", "paraíso fiscal", "gobernanza", "gobernabilidad", "etnicidad", "multiculturalismo", "contracción del crédito", etc., dando lugar a una *ingeniería eufemística* a través de la cual fuimos sometidos a una suerte de realfabetización.

---

33 Utilizo esta expresión no sólo para dar cuenta de los pueblos de la América hispana, también al Brasil, a todos los pueblos originarios del Río Grande hacia el Sur y a los pueblos caribeños de habla no hispana. De la misma manera procedo cuando hago lo propio con la expresión *NuestraAmérica*.

34 Pierre Bourdieu, "La nueva vulgata planetaria" (Cfr.: http://www.pedagogica.edu.co/storage/rce/articulos/42_04ens.pdf).

La erosión de la confianza de los/as ciudadanos/as (o al menos la de aquellos/as que alcanzan esa categoría) en sus dirigentes y en las instituciones políticas es, sin duda, uno de los grandes problemas políticos de nuestro tiempo. ¿Cómo entender este hecho en países como la Argentina o el resto de *NuestraAmérica* en donde hubo dictaduras? ¿Alcanza, como diría Pierre Rosanvallon, analizar este problema como indicativo de una "crisis", de un "mal", de una "desafección" o de una "avería"? ¿Alcanza con reexaminar, como ha sido en nuestro caso, lo que sucedió los días 19 y 20 de diciembre de 2001? Me parece que todos esos interrogantes son insuficientes para dar cuenta, incluso, de ciertos males que confusamente se suelen invocar en esto de comprender la naturaleza de problemas como: i) el crecimiento del individualismo durante los noventa; ii) el infeliz repliegue sobre la esfera privada; iii) la declinación de la voluntad política; iv) la aparición de élites cada vez más alejadas del pueblo; v) la ceguera o renunciamiento de los gobernantes; vi) la traición a las habituales promesas hechas en época de elecciones; vii) la nostalgia de un pasado ciudadano ampliamente idealizado (como pudo haber sido el "Desarrollismo" o el "Estado de Bienestar"); viii) el desaliento o bien el relajamiento de los gobernados; ix) la felonía. Es posible que cualquier combinación de los efectos mencionados explique, en parte, la pérdida de legitimidad y confianza en la democracia; sin embargo, creo que para comprender este fenómeno social hay que explorar otras pistas.

Pienso que las democracias realmente existentes han quedado inacabadas. Por una parte, a raíz del principio de la construcción electoral de la representación, principio que desde la Revolución Francesa hasta la fecha ha sido entendido como una forma de delegación del poder del soberano, fundamentalmente, a un otro varonil, pues contrariamente a la idea de Olimpia de Gouges quien creyendo que las palabras de Danton, Condorcet y otros revolucionarios remodelarían en Francia la tradición de la familia patriarcal otorgando derechos y poderes igualitarios a hombres y mujeres, publica en setiembre de 1771 la "Declaración de los derechos de la mujer y de la ciudadana", y tiempo después, al oponerse a la ejecución del monarca Luis XVI por entender que "La sangre, incluso la de los culpables, mancilla eternamente las revoluciones" (Obligado, 2006, p. 125), pone en alerta al misógino terrorista Robespierre y es guillotinada el 3 de noviembre de 1793.

Robespierre fue el estereotipo del político que oculta su condición de amo y aparece o reaparece para satisfacer los más sublimes ideales. Aquí, no puedo evitar recordar aquel admirable monólogo de uno de los miembros de Les Luthiers cuando se pregunta: "¿El trono o María?", y continúa diciendo: "*(...) al fin de cuentas al trono lo quiero para posarme sobre él y satisfacer mis deseos, los más sublimes y los más perversos. En cambio a María la quiero para… ¡caramba, qué coincidencia!*". En mi opinión, o al menos la de algunos, lo que "María" debería delegar en la construcción electoral de la representación no es "su" poder al amo, sino un mandato; pues, el poder, en tanto poder popular es algo indelegable, no sólo para participar activamente del control de la cosa pública: también para que los pueblos sean los auténticos sujetos históricos de la transformación social.

Por otra parte, la dolorosa experiencia del poder en manos inescrupulosas en las democracias liberales, o mejor dicho, la corrupción del poder en las democracias en las que las relaciones sociales están predeterminadas por el "metabolismo social del capital", hacen indisociable la ilegitimidad y la desconfianza, por más perfectos o perfectibles que sean los mecanismos electorales.

Por lo tanto, como se comprenderá, aquí no se trata de hablar de una "crisis", de un "mal" o de un "conjuro" que explican la desafección cívica y el rechazo de tal o cual gobernante; se trata, más bien, de un problema de carácter sistémico. Problemas que a la sombra de las democracias electorales-representativas de carácter liberal, van generando poco a poco contrapoderes que nos deben llamar la atención sobre lo que Pierre Rosanvallon denomina "entropía representativa": degradación de las relaciones entre elegidos y electores.

En síntesis, la soberanía del pueblo se manifiesta así cada vez más como poder de rechazo. Ese poder de rechazo tiene que ver con el conocimiento, por parte de muchos sectores del pueblo, de que hay *peritorum* que en la penumbra de ocultos despachos ministeriales o patronales, o en el secreto de los *think tanks*, preparan protocolos de alto contenido técnico redactados, en la medida de lo posible, en lenguaje económico y matemático. Luego viene el asesor en comunicación que suele ocupar un lugar destacado en alguna universidad, me refiero al apóstata del inframundo de la academia, que en ocasiones, de progresista se pasó al bando de los dominadores; consistiendo su tarea en dar forma de "calidad académica" a los proyectos políticos de la caterva de neófitos que parasitan el Estado o se desempeñan en las corporaciones, organizaciones no gubernamentales o fundaciones como las que mencioné con anterioridad.

A manera de aplicación, repasemos un ejemplo de la forma en que estas fundaciones suelen operar para forjar el sentido común del dominador de turno. Entre el 21 y 22 de septiembre de 2009, UnoAmérica realizó un congreso internacional en la ciudad de Buenos Aires. Así comienza la cartilla donde se hizo la presentación del congreso:

> El Foro de São Paulo está compuesto, entre otros, por presidentes que integran UNASUR y que alcanzaron el poder en quince países latinoameri-

canos. Sin embargo, luego de varios años gobernando, no han solucionado los problemas de la región; por el contrario, los han agravado, debido a su errónea cosmovisión, que divide y polariza la sociedad.

En el caso de la Argentina, la polarización se manifiesta, entre otras formas, en la persecución contra quienes combatieron al terrorismo marxista, hoy presos políticos, aplicando de manera retroactiva decisiones judiciales ilegítimas, entre otras irregularidades, en el marco de una inseguridad jurídica que afecta a todos los sectores de la vida nacional: la educación, la salud, la seguridad pública, la producción, el trabajo y las libertades individuales. Como consecuencia, los pueblos de América Latina buscan una alternativa, que defienda los valores y principios de nuestra civilización, y a la vez fomente el desarrollo y la industrialización.

(Fuente: http://diariopregon.blogspot.com.ar/)

¡Una fundación de características terroristas actuando abiertamente en CABA, y que dice defender los "valores y principios de nuestra civilización"! "Valores" y "principios" que, a partir de los procesos de colonización, restringieron el sentido original del término "civilización" al de dominación de unos pueblos sobre otros y su enriquecimiento a costa de estos últimos. Así lo expresan Guillermo Magrassi, María Maya y Alejandro Frigerio:

> La "civilización" se convertía así en la fase final o estadio superior de la humanidad. Después de haber alcanzado tibiamente a ser sinónimo de esta última en su conjunto (la humanidad), vio restringido su sentido hasta designar sólo a una porción de ella: las élites de los pueblos europeos autoerigidas en las únicas capaces de haber arribado a la soberbia cúspide del "desarrollo humano" (...). Este sentido restrictivo e interesado fue acentuándose aceleradamente y puede observarse claramente en el desarrollo del pensamiento europeo y europeizado moderno y contemporáneo acompañando sobre todo la etapa neocolonial del proceso de colonización. Ello fue más notable, y trágico para la América indígena y el África negra, durante el auge del positivismo, el evolucionismo y el darwinismo social. (Magrassi, Maya y Frigerio, 1982, pp. 171-172)

En verdad no me resulta extraño, sobre todo porque en las diferentes caras del gueto etno-porteño, el sentimiento de inseguridad que padece buena parte de la clase media ascendente tiene una única respuesta para gobernantes como Mauricio Macri, Horacio Rodríguez Larreta o Gabriela Michetti, la que considera Gabriel Kessler según las circunstancias:

> [Una para] aquellos cuya inquietud central es la protección individual, poco interesados en el plano político, pero que, para preservar esa sensación de resguardo subjetivo, pueden apoyar, sin estridencias ni grandes reflexiones, cualquier tipo de medida punitiva. Y aquellos que, por el contrario, no

aceptan de ningún modo un discurso punitivo extremo, pero ante una situación de incertidumbre creciente son susceptibles, como se vislumbra en algunas narraciones de la crisis social o de la inseguridad jurídica, de verse atraídos por un discurso político que articule el reconocimiento de las causas estructurales con algún tipo de endurecimiento de leyes o con la implementación de medidas coyunturales hasta que los cambios sociales de más largo aliento muestren algunos resultados. (Kessler, 2009, p. 268)

En el portal de la Fundación Libertad (http://www.libertad.org.ar/) podemos encontrar una solución de largo alcance para tal situación dilemática; nos la brinda el Premio Nobel de Literatura, Mario Vargas Llosa en la conferencia: "Confesiones de un Liberal Latinoamericano", oficiada el año pasado en el *5° Lindau Meeting on Economic Sciences* (Alemania). Invito a leer un par de deleitables fragmentos de su discurso; podrán advertir, como dice Fontanarrosa, la "capacidad de transmisión y de expresión" que tiene este "*coso*":

> Por lo tanto, el valor central del liberal que yo aspiro a ser es la libertad. Gracias a esa libertad, la humanidad ha podido hacer su viaje de las cavernas a las estrellas y la revolución informática, y progresar desde las variadas formas de colectivismo y asociaciones despóticas hacia los derechos humanos y la democracia representativa. Los cimientos de la libertad son la propiedad privada y el imperio de la ley. Ese sistema garantiza las menores formas de injusticia posibles, produce el mayor progreso material y cultural, frena con mayor eficacia la violencia y genera el mayor respeto por los derechos humanos. Para este concepto de liberalismo, la libertad es un concepto único e integral. La libertad política y la libertad económica son inseparables, como las caras de una moneda. Y como en Latinoamérica la libertad no es entendida de esa forma, la región ha sufrido varios intentos fallidos de gobiernos democráticos. (…). Más que la revolución, el mayor obstáculo actual para el progreso en Latinoamérica es el populismo. Hay muchas maneras de definir "populismo", pero tal vez la más exacta sea que es una forma de demagogia social y económica que sacrifica el futuro de un país a favor de un presente efímero. Con un discurso fogoso imbuido de bravatas, la presidenta argentina Cristina Fernández de Kirchner ha seguido el ejemplo de su marido, el fallecido presidente Néstor Kirchner, con nacionalizaciones, intervencionismo, controles y persecución de la prensa independiente, políticas que han llevado al borde de la desintegración a un país que es, potencialmente, uno de los más prósperos del planeta. Otros tristes ejemplos de populismo son la Bolivia de Evo Morales, el Ecuador de Rafael Correa y la Nicaragua del comandante sandinista Daniel Ortega, quienes en varios aspectos, siguen implementando el centralismo del control estatal que tantos estragos ha causado en todo nuestro continente.

Para completar este espantoso cuadro de situación, entre las entidades que componen el Foro de Convergencia Empresarial, estructurado bajo la férula de la Fundación Libertad, se encuentran:

ABA (Asociación de Bancos de la Argentina); ACDE (Asociación Cristiana de Dirigentes de Empresa); AEA (Asociación Empresaria Argentina); AMCHAM (Cámara de Comercio de EE.UU. en la Argentina); BCBA (Bolsa de Comercio); CAC (Cámara Argentina de Comercio); CAMARCO (Cámara Argentina de la Construcción); CAEM (Cámara Argentina de Empresarios Mineros); CEMCI (Comisión Empresaria de Medios de Comunicación Independientes); CET (Confederación Empresaria del Transporte); CONINAGRO (Confederación Intercooperativa Agropecuaria); CAA (Comité Asegurador Argentino); CRA (Confederaciones Rurales Argentinas); CREA (Consorcios Regionales de Experimentación Agrícola); CSA (Cámara de Sociedades Anónimas); FAA (Federación Agraria Argentina); IDEA (Instituto para el Desarrollo Empresarial de la Argentina); SRA (Sociedad Rural Argentina); UIA (Unión Industrial Argentina).
(Fuente: http://www.libertad.org.ar/)

Haciendo una paráfrasis de algo que escribí en otra oportunidad, digo que la tragedia de la desmemoria no sólo encubre diferentes maneras de sustraerse a los acontecimientos, al mismo tiempo confunde al que se comporta como "el amo y señor" con esa alteridad que es el "ser-en 'común'" con quien puedo "encontrarme" o "reencontrarme" en la ruta que nos conduzca a la emancipación sin ser amenazados por EE.UU. o cualquier otra patética manifestación del "capitalismo real". Mi mayor deseo es el *convivio* con el *SOCIALISMO DEL SIGLO XXI*, de allí que frente al horror del terrorismo de Estado norteamericano, honro, a través del siguiente escrito de Luis Britto García, al pueblo Bolivariano de Venezuela:

VENEZUELA AMENAZA(DA)

¿Cómo Venezuela puede ser considerada "amenaza extraordinaria e inusual a la seguridad nacional y política exterior estadounidenses"? Somos país de extensión mediana, modesto desarrollo industrial, armamento convencional, ejército con moderado número de efectivos y desde que liberamos cinco repúblicas a principios del siglo XIX, nunca hemos agredido a otro pueblo.

Venezuela amenaza con el ejemplo. El Imperio vive de la predación de los recursos naturales y las industrias básicas de las naciones periféricas. Venezuela es elocuente demostración de que un país puede utilizar los unos y las otras en beneficio de su pueblo por vías democráticas y constitucionales. El Imperio recurrirá a ocho vías complementarias para aniquilar a Venezuela. La primera, la profundización de la guerra económica con un bloqueo progresivo a fin de forzar un resultado adverso al bolivarianismo en las elecciones para el Poder Legislativo. La segunda, utilizar dicha esperada mayoría en un golpe de Estado parlamentario a la paraguaya. La tercera, la intensificación del terrorismo por paramilitares y mercenarios para simular un escenario de "guerra civil". La cuarta, para coronar dicho montaje, intentar un magnicidio o un atentado de falsa bandera. La quinta, intervención militar de otro país de la región. La sexta, agresión directa con tropas y equipos imperiales, desde las bases que ya ocupan en América Latina y el Caribe. La séptima, la campaña mediática para ocultar y deformar ante el país y el mundo la naturaleza de las agresiones anteriores. La octava, agresión diplomática para arrancar de las instancias internacionales veredictos condenatorios para el país.

¿Cómo salvarnos? Combatamos la guerra económica que desmoraliza a la población con la asunción por el Estado del control de las importaciones básicas, con implacables sanciones contra empresas de maletín y cómplices en fraudes cambiarios, acaparadores, especuladores, bachaqueros y contrabandistas, y con la promulgación de leyes para tipificar delitos financieros, traición a la patria e infracciones a la seguridad. Ganemos las elecciones parlamentarias con candidatos de reputación inmaculada, no incursos en delitos ni corruptelas.

Así como terceriza su economía, Estados Unidos terceriza sus ejércitos. Primero los integra con mercenarios reclutados entre sus hispanos, sus afroamericanos, sus marginales; luego, funda, financia y pertrecha organizaciones terroristas compuestas de sicarios y terroristas a sueldo como Al Qaeda y el Daesh. Lo más probable es que la agresión a Venezuela se tercerice a través de un tercer país o de sus fuerzas paramilitares, que han infiltrado profundamente nuestra sociedad. Muchos de sus integrantes fueron detenidos actuando durante las oleadas terroristas de 2014. Es precisa una tarea conjunta de inteligencia entre organismos de seguridad y movimientos sociales para localizar y neutralizar estos invasores silenciosos antes de que se movilicen de nuevo. En todo caso, no es seguro el triunfo de los agresores.

Localicemos y neutralicemos a los paramilitares mediante la coordinación de inteligencia entre fuerza pública y movimientos sociales. Extremos las medidas de seguridad para dirigentes y figuras claves, así como para instalaciones y personas estadounidenses. Convenzamos a países vecinos que llevan medio siglo combatiendo infructuosamente una insurrección interna, de que les sería imposible vencer contra una sublevación interna y otra externa.

En las agresiones imperiales, el ejército convencional del país víctima es a veces destruido a las pocas semanas. Lo que decide el conflicto es la resistencia popular. El pueblo venezolano no puede esperar a que caigan las bombas para preparar su defensa. Organizaciones populares, movimientos sociales, sindicatos, partidos, comunas, cooperativas, deben desde ya coordinar con el gobierno y el ejército regular respuestas, estrategias de supervivencia y coordinación para preparar la guerra del pueblo.

Hemos construido un sistema de medios de servicio público, comunitarios y alternativos que nos permiten manejar la batalla comunicacional interna. Reformemos y dinamicemos sin contemplaciones este sistema para llevarlo a su máxima eficacia.

Venezuela ha hecho casi más que cualquier otro país por el desarrollo de una diplomacia multipolar. Incorporada al Mercosur, impulsora de organizaciones integracionistas latinoamericanas como el ALBA, la CELAC y UNASUR que excluyen a Estados Unidos y Canadá. Venezuela ha consolidado relaciones con Asia y África y con los No Alineados. Estas redes diplomáticas tienen peso en los organismos internacionales y deben ser usadas para propiciar en el Consejo de Seguridad de la ONU el veto de Rusia y China, impenetrable escudo contra intervenciones. Cuba pudo. Nosotros también.

Luis Britto García

Rara vez la crueldad y la brutalidad de la existencia humana, en particular las vinculadas a los golpes de Estado de los que fuera partícipe la oligarquía, han sido temas de debate para los expertos en currículum escolar. Contrariamente, son muchos los textos escolares que mutilan, a partir del olvido, la memoria histórica. "No se trata de una táctica novedosa" nos recuerda el filósofo esloveno Slavoj Žižek:

> (...) durante los tempranos setenta (...) Henry Kissinger aconsejó a la CIA sobre la mejor manera de desestabilizar el gobierno democrático del presidente Salvador Allende en Chile. Tras una reunión con Kissinger y el presidente Nixon el 15 de septiembre de 1970, el entonces director de la CIA Richard Helms escribió en sus notas la instrucción sucinta recibida de éstos: "¡Hagan que la economía chilena grite de dolor!". Altos representantes del gobierno estadounidense han reconocido que el mismo procedimiento está siendo aplicado en Venezuela.
> (Fuente: http://www.telesurtv.net/)

Una vanguardia para este tipo de tácticas es la Editorial Santillana. Nunca encontraremos en textos escolares de esa editorial información para la "emancipación intelectual" a la que hace referencia Jacques Rancière (2002). Tal como se puede constatar, dicha editorial, perteneciente al Grupo Prisa, o sea: al pasquín de *mierda* (...¡y van...!) *El País* (España), publica un libro de texto para el noveno grado. En ese manual "genesharpiano", al hacer mención a la modernidad y al progreso, se selecciona como emblemático ejemplo "La llegada de McDonalds" a Barinas, mientras que en la página anterior se habla de la "miseria en Venezuela". En cuanto a la geopolítica mundial, se utilizan expresiones como: "El Sistema Democrático" y "El Régimen Socialista"[35]. Ningún encomiable intento revisionista podrá encontrar en las colecciones de esa editorial denuncias formativas como la siguiente:

> El Tribunal Internacional sobre Crímenes de Guerra (Tribunal Russell-Sartre) elevó este domingo una solicitud a la Corte Penal Internacional (CPI) de La Haya, para que investigue y lleve a juicio al Estado de Israel por los crímenes cometidos en los territorios palestinos ocupados, contra los habitantes de la Franja de Gaza y Cisjordania.

Sin embargo, los sionistas que viven en Argentina u otros países tratan de antisemitas a quienes denuncian los crímenes de lesa humanidad del "Estado terrorista de Israel", pero callan cuando en el curso del mes de mayo de 2015 el primer ministro israelita, Benjamín Netasnyahu, nombró a cargo del Ministerio de Justicia a una terrorista. Léase la siguiente información:

> El primer ministro israelí, Benjamín Netanyahu, decidió nombrar a Ayelet Shaked como ministra de Justicia en su cuarto gobierno. Shaked es diputada de la Knesset (parlamento israelí) y representa al partido de extrema derecha HaBayit Hayehudi (Hogar Judío). La política es conocida por sus extremos puntos de vista ultranacionalistas (…). Se informa que el nombramiento de Ayelet Shaked, de 39 años, se realizó en el marco de un acuerdo entre el primer ministro, Benjamín Netanyahu, y el líder del partido Hogar Judío, Naftali Bennett (…). La decisión ha levantado una ola de indignación por parte de activistas y políticos propalestinos, así como fue enérgicamente criticada por algunos políticos israelíes. "La demanda para dar a Ayelet Shaked la cartera de Justicia es como darle un pirómano a los Servicios de Bomberos y Rescate", cita HispanTV a Najman Shai, legislador opositor del parlamento israelí.
> En julio pasado, en pleno estallido del conflicto palestino-israelí, Ayelet Shaked, abogó en unas polémicas declaraciones por la muerte de las madres de los terroristas palestinos porque –según dijo– dan a luz a "pequeñas serpientes".
> "Tienen que morir y sus casas deben ser demolidas. Ellos son nuestros enemigos y nuestras manos deberían estar manchadas con su sangre. Esto también se aplica a las madres de los terroristas fallecidos", escribió la diputada en su página en Facebook.
> Sus declaraciones desataron gran polémica en la sociedad, pues muchos las percibieron como un llamamiento al genocidio al declarar que todos los palestinos son enemigos de Israel y deben morir.
> (Fuente: http://actualidad.rt.com/)

---

35 Fuente: http://ensartaos.com.ve/noticia/nacional/editorial-espanola-manipula-texto-de-geografia-contra-venezuela

Mientras tanto, el informe del Tribunal Russell-Sartre continúa:

> El Tribunal Russell sobre Palestina (TRP), adscrito al Tribunal Russell-Sartre, se formó en marzo de 2009 para promover y sostener iniciativas en apoyo de los derechos del pueblo palestino. (...)
> En ese sentido, el Tribunal exige a La Haya que reconozca a Palestina como un Estado observador de las Naciones Unidas (ONU), estatus concedido recientemente por la Asamblea General, y reciba las miles denuncias presentadas por ciudadanos palestinos a las diferentes instancias de la CPI.
> El Tribunal Russell también pidió a Bruselas organizar una sesión especial de la Comisión Especial de la ONU contra el Apartheid para examinar los crímenes de Israel.
> Igualmente, solicitaron un boicot a todas las importaciones de bienes producidos en los territorios palestinos ocupados, especialmente los producidos en los asentamientos israelíes edificados en Cisjordania.
> Por último, criticaron la indiferencia mostrada por Estados Unidos, la ONU y la Unión Europea ante las violaciones del derecho internacional cometidas por Israel, calificando a cada uno de estos entes y Estados como cómplices de Tel Aviv.
> El TRP es una parte del Tribunal Russell, también conocido como el Tribunal Internacional de Crímenes de Guerra o Tribunal Russell-Sartre, un organismo público que fue creado por el filósofo británico Bertrand Russell y auspiciado por el filósofo y dramaturgo francés Jean-Paul Sartre. Israel lanza ataques constantes contra la población palestina que habita en la Franja de Gaza y aquellos que viven en los territorios ocupados de Cisjordania, generalmente empleando tácticas de guerra por el poderío militar que posee, gracias al apoyo de Estados Unidos.
> Asimismo, Tel Aviv mantiene a la Franja de Gaza bloqueada del mundo exterior, negando a sus habitantes derechos humanos, civiles y económicos. (Fuente: http://www.telesurtv.net/)

A propósito de esto último, Frank Chalk y Kurt Jonassohn expresan en *Historia y sociología del genocidio*:

> Las grandes masacres del pasado yacen detrás de una línea de telescopios diseñados para apuntar a las pruebas de que la justicia siempre prevalece. Según los libros de texto de escuelas y universidades, Atenas fue próspera, pero muy rara vez se habló de la masacre del pueblo de Milo (...) la suerte de millones de seres humanos que sufrieron muertes forzosas como civiles indefensos fue y seguirá siendo invisible (...) Nuestro estudio de la historia del genocidio y su olvido nos ha llevado a la conclusión de que, hasta hace muy poco tiempo, los académicos participaron de un proceso de negación autoimpuesta y penetrante (...) En la mayoría de las épocas de las cuales hay registros, fueron los vencedores quienes escribieron la historia de sus

conquistas e incluso las víctimas de exterminios en masa aceptaron su suerte como el resultado natural de la derrota. (Chalk y Jonassohn, 2010, pp. 28-29)

En fin, con "sujetos-sujetados" a las decisiones de cualquier "comisariado", a la Madre Tierra no le queda demasiado tiempo, máximo cuando el tiempo de ocio se ha banalizado a través de la "televisión basura" o mediante las "revistas del corazón", cuya tarea de *mierda* es curar –como lo hacen las religiones– el alma de las criaturas oprimidas.

Se lee en el *Internacional Journal of Occupational and Environmental Health* (Diario internacional de salud ocupacional y ambiental):

> Aunque las enfermedades ocupacionales y ambientales son a menudo vistas como fracasos únicos y aislados de la ciencia, el gobierno o la industria para proteger mejor el interés público, en realidad son el resultado de un sistema omnipresente que afecta el ajuste de prioridades, toma de decisiones e influencias de las corporaciones. Este sistema produce enfermedades porque las normas políticas, económicas, reguladoras e ideológicas priorizan valores de riqueza y ganancia sobre la salud humana y el bienestar del medio ambiente.[36]

Sabido es, desde los tiempos de Marx, que el opio alivia y adormece, no en vano es una *"catalina"* de consumo habitual. Esto último, en absoluto tiene que ver con médiums, curas, rabinos o imanes, o con una declaración de ateísmo de heces, sino con la necesidad de promover la conciencia de que cualquier tipo de fetiche solo produce la felicidad ilusoria de seres humanos explotados y en estado de vulnerabilidad material y espiritual. Digo "ateísmo de heces" porque coincido con la interpretación marxiana que hace del "ateísmo abstracto" Daniel Bensaïd:

> (…) El ateísmo filosófico es pues la ideología de la burguesía ilustrada que siente la necesidad de emancipar la economía de las trabas de la religión sin tocar el orden social. Encuentra en el positivismo y en el culto al progreso su expresión más clara. (Bensaïd, 2011, p. 31)

No hay "ateísmo filosófico" que me haga pensar que la Historia pasada de nuestras desventuras ocurrió de una sola manera. En tal caso, eso creen entre otros/as, los/as "gorilas" que en el presente reconstruyen la historia con la lente ideológica de la política liberal-mitrista-conservadora-golpista.

---

36 "*Although occupational and environmental diseases are often viewed as isolated and unique failures of science, the government, or industry to protect the best interest of the public, they are in fact an outcome of a pervasive system of corporate priority setting, decision making, and influence. This system produces disease because political, economic, regulatory and ideological norms prioritize values of wealth and profit over human health and environmental well-being*". (Cfr.: Volumen 11, Número 4 - Octubre / Diciembre 2005, p. 331).

Son los/as mismos/as que no ignoran que las luchas sociales y políticas han evidenciado, siempre, proyectos antagónicos. Procedimientos que pretenden instalar, ante la comunidad, que existe una única y verdadera opinión u opción, la cual a su vez presentan de forma aséptica, desapasionada, neutra y científica.

Los que abrevan de tales tácticas, parafraseando a Marcelino Cereijido, hacen "historia y ciencia política sin seso", pues continúan defendiendo una jerarquía epistémica impregnada de una concepción elitista y antipopular. ¿O acaso no sucedió ayer con los que apoyaron la Revolución Libertadora, sin importar las opiniones correspondientes a decenas o cientos de organizaciones sociales?

Quienes hoy reivindican la supuesta cientificidad económica de sus actos, se creen legitimados por un mero acto jurídico de carácter procedimental, el voto. Aún así, huelga recordar que no se llegó a la Revolución Libertadora a través del voto popular. Sin embargo, esos historiadores o esas historiografías no dan señales de la profunda "crisis de representación". ¿No es esta, acaso, la naturaleza profunda y última de la "crisis en la subjetividad de las representaciones políticas" que afecta a todas las instituciones?

Frente a todo esto, ¿cuál será la tarea por delante? Movilizarnos. Gestar el cambio emancipatorio acompañando el accionar de la sociedad civil a la cual nos debemos... pero sabiendo que ni el amor ni la poesía ni el alma existen, pues como plantea André Comte-Sponville (2010): "no nos vienen dados hechos" (p. 75), hay que hacerlos. Esas tres "*cosas*" de las que también hablaba Fontanarrosa, no son dones del cielo. Debo "querer amar", continúa Comte Sponville: "*Si no fuera así, ¿para qué comprometerse, prometer o, incluso, soñar? No amar no es ya tan solo una maldición (...). Es un fracaso*" (ibid., pp. 74-75).

Usted, Mauricio Macri, podrá ganar en las urnas, pero no amar al "pueblo social" es su fracaso. Usted, Massa, podrá ganar en las urnas, pero no amar al "pueblo principio" es su fracaso. Usted, Daniel Scioli, podrá ganar en las urnas, pero no amar al "pueblo conciencia" es su fracaso. Ustedes y tantos otros dirigentes, podrían ganar en las urnas, pero todos esos "Otros" pueblos, diferentes al "pueblo elector", constituyen vuestro fracaso. Y son su fracaso, porque para todos ustedes esos "Otros" pueblos son permanentemente reinventados como colectividades "anormales" por las políticas de significación de sus patrones de campaña: los coleccionistas de encuestas mal llamados "medios de información". Es que la demanda por la "inseguridad", a la que ustedes se avienen en sus campañas "electoralistas", tiene sus fundamentos en una secuencia socio-ideológica impuesta por el breviario fascista neoliberal: "segregación-exclusión-fragmentación-represión".

Sabrán estos dirigentes que la estupidez es una enfermedad extraordinaria, y que no es el enfermo el que sufre por ella, sino los demás.

Lo cierto es que nunca podrán engañar con sus maniqueas tribulaciones a esos "Otros" pueblos, ya que entre sus virtudes cuenta el saber sobre las contradicciones del modo capitalista de producción y reproducción de las condiciones materiales de existencia, ese "fantasma" que siempre se apodera de buena parte de la sociedad a la que esclaviza mentalmente.

Lector/a, si tienes la convicción de que las estructuras de poder generan el sentido común que te hace pensar que no es necesario compromiso crítico alguno con la transformación social, explora los procesos que te llevan a dudar de determinadas creencias de cierto "sentido común", verás que detrás de ellas cobra existencia real ese "fantasma" que actúa como una fuerza controladora cuya tarea es la de forjar modos de vida no comunitarios; maneras de pensar y actuar que desconozcan al "ser en común con el otro o la otra diferente".

Además, tú tienes un singular lugar de importancia en la consolidación de una democracia sustantiva que te asegure el don de proyectarte como parte de un "Pueblo Principio" que le asegure al nos-Otros auténtica justicia social y justicia ambiental.

Ve en búsqueda del bien común, no sólo para el aquí y el ahora, haz lo posible para que tu compromiso emancipador garantice tanto la equidad intragranracial como la intergeneracional. También, como parte del "Pueblo Social" y del "Pueblo Conciencia", debes saber que eres imprescindible, pues el capitalismo de consumo ha profundizado las desigualdades sociales, culturales y de género; agravando, además, los desequilibrios ecológicos que amenazan la sostenibilidad de la Tierra Patria.

Debes saber que te necesitamos. Como ha dicho Félix Guattari en el "Capitalismo real integrado": *"Los actuales modos de vida humanos, individuales y colectivos, evolucionan en el sentido de un progresivo deterioro"*.

———◆———

LECTURA ACTIVA

Lee el párrafo siguiente del libro *La educación más allá del capital*, escrito por el filósofo húngaro István Mészáros:

Conformarse con una "reforma gradual" y con los cambios parciales correspondientes es contraproducente. No se trata de si los cambios se introducen "de pronto" o paulatinamente sino del "marco estratégico general" de la transformación "fundamental estructural" que se persigue, independientemente de cuánto tiempo requiera su implementación. Los riesgos de las alternativas entre las formas mutuamente excluyentes del control del metabolismo social –la actual y la futura– son "globales" en términos espaciales y temporales. Por esa

> *razón, el proyecto socialista triunfará sólo si se lo presenta y reivindica como la alternativa hegemónica al metabolismo social alienante y consolidado a nivel estructural del capitalismo; es decir, si en el transcurso de su desarrollo productivo, el orden socialista alternativo abarca "todas las sociedades" y la hace con el espíritu de asegurar la "irreversibilidad histórica" de la alternativa hegemónica del trabajo al control del metabolismo social establecido del capital. (2008, p. 86)*

- ¿Qué significa, a tu entender, lo que el autor quiere significar con una "reforma gradual"? ¿Puedes dar uno o más ejemplos?
- ¿Cuál crees que debería ser el "marco estratégico general" para llevar a cabo una "transformación 'fundamental estructural'"?
- ¿Cómo ejemplificarías lo que Mészáros denomina "metabolismo social del capital"?
- Enumera algunos de los riesgos sociopolíticos de introducir "de pronto" una "transformación fundamental estructural'".
- Expone, con tus palabras, tu parecer sobre el texto que has leído.
- Comparte la lectura de este fragmento del libro de Mészáros y tus opiniones con otras personas.

PROSCENIO 8
De la pancarta "yo soy Charlie" a la pancarta "yo soy Nisman"

> *Sabiduría y política son dos cosas distintas, ambas necesarias; no sería prudente confundirlas, ni pretender privarse de ninguna de las dos. No esperemos el reino de la justicia para ser felices. Ni ser felices para combatir la injusticia.*
> André Comte-Sponville: *El placer de vivir* (2010)

Hablando de "sabiduría y política", me permito descreer de todas las especulaciones mediáticas en torno a la muerte del fiscal Nisman; de allí mi adhesión, también, al texto que doy a conocer:

¿ASÍ QUE VOS SOS NISMAN?

Yo soy Luciano Arruga (muerto extrañamente luego de no querer "trabajar" para la Bonaerense).

Yo soy Maximiliano Kosteki y Darío Santillán (muertos por la espalda por balas policiales. Cuyas vidas se fueron por "culpa de la crisis" a decir de *Clarín*).

Yo soy Marita Verón (aunque desde que su madre Susana Trimarco reconociera los méritos de este gobierno en la lucha contra la trata, tenga mucha menos prensa).

Yo soy Jorge Julio López (desaparecido por los protagonistas del pasado que Macri y Massa dicen que hay que enterrar).

Yo soy Lourdes Di Natale (ex secretaria de Emir Yoma y testigo en la causa armas. Misteriosamente caída desde el balcón de su casa justo antes de declarar).

Yo soy Marcelo Cattáneo (testigo del caso IBM-Banco Nación. Ahorcado. Con un recorte periodístico sobre el caso entre sus pertenencias).

Yo soy René Favaloro (suicidado por las deudas de su fundación y que el PAMI se negaba a pagar. PAMI que en esos días era administrado por el actual Jefe de Gabinete y Jefe de Gobierno electo de la Ciudad de Buenos Aires Rodríguez Larreta, y cuya área de liquidaciones estaba en manos del periodista y vaticinador apocalíptico Tomás Bulat).

¿Y vos sos SOLO Nisman?

¡Qué lástima! Yo pensé que te interesaba la justicia.

No obstante, para profundizar una mirada que escape a toda precipitación especulativa en torno a ese *e-mail*, aún sabiendo que está fehacientemente probado en cables desclasificados por *Wikileaks* que hubo contactos del fiscal Nisman con la Embajada de EE.UU. en Argentina, la CIA y el Mossad, recibiendo directivas de estas tres aristas de la constelación  del poder internacional –algo que silencia la "izquierda revolucionaria" en nuestro país–, léanse a continuación algunos párrafos de "¿Quién era el fiscal Nisman?":

> (…) Natalio Alberto Nisman saltó a la fama internacional cuando en 2010 WikiLeaks publicara una serie de cables de la embajada de Estados Unidos en Argentina en los que se comprobaba cómo la investigación que él llevaba sobre el atentado a la AMIA, que en 1994 se cobró 85 víctimas fatales, era dirigida desde Washington. En los cables filtrados por la web dirigida por Julian Assange, hay informes de las visitas de Nisman a la embajada y a Estados Unidos donde se discutían los detalles de la causa, enviaba documentos legales antes de ser presentados a la Justicia argentina e incluso pedía disculpas por no avisar de procedimientos inherentes a su cargo (…).
>
> **Nisman y EE.UU.**
>
> En el marco de la investigación por la causa AMIA, en 2008, Nisman ordenó la detención del expresidente Carlos Menem y del exjuez Juan José Galeano. Este hecho, según los documentos filtrados de WikiLeks, habría generado el disgusto del estadounidense Buró Federal de Investigaciones (FBI). En mayo de 2008, el entonces embajador estadounidense Earl Anthony Wayne, se quejó en un cable emitido al filo de la medianoche por el pedido de detención de Carlos Menem y los demás funcionarios por desviar la investigación. En otro cable, escrito el 27 de mayo de 2008, la embajada de EE.UU. en Argentina reseña que Nisman llamó al embajador estadounidense para disculparse luego de que el pedido de arresto del expresidente Carlos Menem coincidiera con la visita al país del vicedirector del FBI.
>
> Nisman dijo que "no sabía a quién más informar". En el mismo cable, la embajada de Estados Unidos advierte que el FBI ha alentado a Nisman para que focalizara la investigación en los ataques y no en los supuestos "encubrimientos". Días después, Nisman ofrece más explicaciones ("El fiscal especial de Argentina defiende sus acciones", reza otro cable). Incluso, Nisman, informaba a Estados Unidos sobre la pista de nuevos sospechosos, antes que a la Justicia de su propio país. En un cable fechado el 19 de mayo

de 2009, Nisman le advierte a la embajada de Estados Unidos sobre su próxima acusación sobre un nuevo sospechoso en el caso, incluso antes de que el juez Canicoba Corral recibiera el escrito.

Trabajó durante diez años con el "espía histórico", el exdirector general de operaciones de la Secretaría de Inteligencia (SI), Antonio Stiles, alias "Jaime Stiuso", quien se retiró de su cargo en diciembre pasado tras 42 años de servicio, incluidos siete con los cuatro gobiernos militares que dejaron unos treinta mil detenidos-desaparecidos en el llamado "Proceso de Reorganización Nacional" (1976-1983). Jaime Stiuso tuvo también estrecha relación con la Agencia Central de Inteligencia de Estados Unidos (CIA) y con la Mossad israelí.

Acusar a Irán.
El periodista argentino Santiago O'Donnell, quien analizó los cables de WikiLeaks y autor de "Argenleaks" y "Politleaks", asegura que Alberto Nisman recibía desde la embajada de Estados Unidos la instrucción de acusar a Irán del atentado contra la AMIA. "Los cables demuestran que no actuó con independencia de la Embajada de Estados Unidos (…) Anticipaba a la Embajada lo que iba a hacer y la Embajada le decía lo que tenía que hacer", afirmó el periodista en declaraciones a Radio América, al agregar que (a Nisman) le decían que no podía investigar la pista siria ni la conexión local porque eso iba a distraer, y daba como culpables a los iraníes", sostuvo (…). (Fuente: http://www.telesurtv.net/)

En una entrevista que se le realizara a Juan Gabriel Labaké, abogado y defensor de Kanoore Edul, acusado por el fiscal Nisman en la causa AMIA, el letrado afirma:

> Está demostrado que Nisman realizó falsas denuncias contra iraníes y si se leen todos los informes se observa una animadversión a los musulmanes (…) Hace poco descubrí que había un informe secreto en el expediente de la causa que había sido elaborado por la CIA con colaboración del Mossad. (…) A este archivo sólo podía accederse con autorización del fiscal Nisman. Lo vengo siguiendo en muchas irregularidades y es feo hablar de un muerto, pero Nisman siempre se fue escapando. Antes de irme al exterior le presenté una denuncia con todo esto a la jueza Alejandra Gils Carbó (…) Ahora esta denuncia debe hacerse pública.

A su vez, repasando todas las irregularidades que tuvo la investigación, expresó:

> En muchas oportunidades le pidieron pruebas a Nisman que demuestren la culpabilidad de los iraníes y nunca las mandó (…) Edul está acusado de poner los explosivos en la Traffic que luego le habría entregado a un fantasmal chofer suicida llamado Berro. La Embajada del Líbano confirmó que Berro había muerto dos meses antes, en una incursión de Israel en el Líbano

(...) demostré que en once atentados donde intervino un coche bomba, en distintos lugares del mundo, quedaron restos del vehículo. Nunca me entregaron la prueba, o al menos el chasis, que pruebe esta teoría.

A raíz de esta hiriente situación que nos afecta como Pueblo y Nación, mi reacción está muy lejos de formular comentarios obscenos o soeces, como los que recibe la presidenta Cristina Fernández de parte de amplios sectores de la oposición, por esto mismo tomo distancia en lo que respecta a cualquier intriga en torno a la muerte del fiscal Nisman. Lo aclaro porque hay dos temas que no puedo pasar por alto: i) me parece imposible que su familia, en especial sus hijas, puedan congelar el dolor de su muerte; el propio Marx, en las primeras líneas de *El dieciocho Brumario de Luis Bonaparte*, escribe: "La tradición de todas las generaciones muertas oprime como una pesadilla el cerebro de los vivos"[37]; ii) es quimérico negar cualquier otredad por el solo hecho de declararla *Outlaws*[38] o *Hors l'humanité* (*Fuera de la humanidad*), llevando la tragedia a la más extrema inhumanidad.

Esos dos tópicos me permiten decir, y muy respetuosamente, que "No soy Charlie, ni Nisman, ni Theo van Gogh". Esta última persona, Theo van Gogh, fue asesinado en Ámsterdam (2 de noviembre de 2004) por un joven islamita holandés de origen marroquí, Mohammed Bouyeri. Este cometió el crimen porque van Gogh, basándose en un guión de Ayaan Hirsi Ali, realizó la película *Sumisión* (Primera parte) en la que se describen los malos tratos que reciben las mujeres en la sociedad islámica. El homicidio volvió a poner en debate una pregunta y una reflexión: ¿es posible que la investigación acerca del atentado a la AMIA quede atrapado, una vez más, en la misma red de complicidades y silencios que caracterizaron al desenvolvimiento del poder judicial durante la década del genocidio social provocado durante la presidencia de Carlos Saúl Menem? Digo genocidio porque en conformidad con la Resolución 360 A, aprobada el 9 de diciembre de 1948 por la Asamblea General de las Naciones Unidas, el genocidio se define así:

> Se entiende por genocidio cualquiera de los actos siguientes, cometidos con la intención de destruir, totalmente o en parte, un grupo nacional, étnico, racial o religioso: a) muerte de miembros del grupo; b) atentado grave a la integridad física o mental de los miembros del grupo; c) sumisión intencional del grupo a condiciones de existencia que impliquen su destrucción física total o parcial; d) medidas tendientes a impedir los nacimientos dentro del grupo; e) transferencia forzada de niños del grupo hacia otro grupo.

---

37 Cfr: http://biblioteca.clacso.edu.ar/ar/libros/panama/cela/tareas/tar122/04marx.pdf
38 Por la película "Fuera de la ley" (1985) del director francés Rovin Davis, protagonizada por Clovis Cornillac.

Volviendo a la causa AMIA, no hay que olvidar que la jueza interviniente es la misma que actuó en el caso de Lourdes Di Natale: la Dra. Fabiana Palmaghini. Di Natale, ex secretaria de Emir Yoma (ex cuñado y asesor de Carlos Saúl Menem) había testimoniado en el juicio sobre contrabando de armas a Ecuador y Croacia, mas cuando estaba a punto de declarar en el marco de la investigación de la explosión de la fábrica de armas de Río Tercero (Córdoba), falleció al caer del décimo piso del departamento donde vivía (1/03/2003). Pasado el tiempo la jueza Palmaghini cerró la causa de Río Tercero y el expediente. Después que la Cámara Federal interviniente confirmó el cierre, quedó en poder de la Corte Suprema de Justicia sin que todavía se registren novedades.

El lema *Novus Ordo Seclorum* ("Nuevo Orden de los Siglos") aparece en el reverso del Gran Sello de los Estados Unidos, e igualmente se encuentra inscrito al dorso de los billetes de dólar estadounidenses. La "Comisión Trilateral", acusada de instigar los golpes de Estado que se sucedieron a partir de la década de 1970, formaría parte del "Nuevo Orden de los Siglos".

Esto sugiere no olvidar que hubo una expresión: "choque de civilizaciones", que apareció por primera vez en 1990 en un artículo del orientalista inglés Bernard Lewis, intitulado: "Las raíces de la rabia musulmana". Aparece allí el razonamiento según el cual el Islam no da nada bueno y la amargura que eso provoca en los musulmanes se transforma en furor contra el Occidente judeocristiano, de allí la necesidad de la "libanización" del Medio Oriente y el fortalecimiento del Estado de Israel. Años después, en 1993, Samuel Huntington –miembro de la Comisión Trilateral, el otro politólogo norteamericano que ya mencioné– retoma esta hipótesis y la da un eco aún mayor. En uno de sus libros: *El choque de civilizaciones*, considera que las naciones occidentales podrían perder su supremacía si erran en el reconocimiento de la naturaleza de la tensión latente entre la cultura y/o religión de los países bárbaros y la de los países civilizados[39]. La tesis principal está plateada al inicio del texto:

> (…) la supervivencia de Occidente depende de que los estadounidenses reafirmen su identidad occidental y los occidentales acepten su civilización como única y no universal, así como de que se unan para renovarla y preservarla frente a los ataques procedentes de sociedades no occidentales. (Huntington, 2001, p. 14)

---

39 En uno de mis libros, *Umbral para educar en la emancipación, la interculturalidad y la decolonialidad de saberes*, en el capítulo 7: "Del carácter universal de la alienación al 'sistema mundo'", hago referencia a estos hechos y sus protagonistas principales. (*Cfr.* Datri, 2014, cap. 7).

Para quienes crean que el escribir estas líneas me expone a la aceptación incondicional de todos los posicionamientos políticos, conductas y actitudes de la presidenta Cristina Fernández, digo no compartir, como se lee en la versión castellana de la canción "No llores por mí, Argentina", compuesta por Tim Rice, que sus...

> *(...) lujos son solamente un disfraz*
> *Un juego burgués, nada más*
> *Las reglas del ceremonial*

Apelando a la misma letra, sí creo que la presidenta tiene integridad política para expresar...

> *(...) por vosotros luché (...)*
> *Mi alma está contigo*
> *Mi vida entera te la dedico*
> *Mas no te alejes, te necesito*
> *¿Qué más podré decir*
> *Para convenceros de mi verdad?*

Bajo el efecto "Huntington", valga como ejemplo, la extrema derecha de Holanda a través de uno de sus dirigentes, Geert Wilders, exigió en el año 2007 la prohibición del Corán. Motivo por el que creo que bajo el mismo efecto nunca se investigó, en el caso AMIA, la pista Siria. En esos años el principal enemigo del imperialismo yanqui y del Estado de Israel era Irán.

Pero lo grave del efecto "Huntington", analizado desde una perspectiva geopolítica e histórica, es el objetivo de encubrir y hacer legítima las agresiones hacia los países del otrora Tercer Mundo, en especial cuando desde hace algunos años en *NuestraAmérica* hay naciones que decidieron adoptar políticas que contrastan radicalmente con las del "Consenso de Washington", el que en la década de 1980 a través de un acuerdo entre el Fondo Monetario Internacional (FMI) y el Banco Mundial (BM) decide someter toda ayuda financiera a una condición inexorable: el Estado debe dar un paso atrás, tanto en lo concerniente a la ordenación y distribución del financiamiento de actividades relacionadas con diferentes rubros como al funcionamiento del desarrollo. Lección que fue aplicada posteriormente a varios países europeos: Islandia, España y Grecia, entre los más afectados.

Tengo la impresión de que la muerte del fiscal Nisman no está del todo desligada de esta temática, de allí la continuidad de provocaciones de los sectores político-partidarios no afines con el actual gobierno que, haciéndose eco del bombardeo informativo de los profetas del desastre que trabajan para el multimedio Clarín, buscan a través de un menú de estrategias masificar el supuesto malestar de las mayorías populares para intensificar las acciones golpistas. En particular, como la "masificación del desastre institucional" es uno de los pasos del golpe de Estado suave al que hace referencia Gene Sharp, mi consejo no es convertirnos en anacoretas del desierto apagando radios, desconectando televisores, quemando periódicos o pateando al mismísimo Gene Sharp; juzgo que debemos ver y escuchar sus provocaciones para multiplicar hasta el infinito los momentos existenciales que nos permiten sesgar todo tipo de manipulación, también eso fortalece nuestra identidad.

En lo que a mí respecta, intentaré fortalecer mi identidad *nuestroamericana* procurando, a partir del asesinato de Martin Luther King y la "sospechosa" muerte del fiscal Nisman, una analogía comparada con la que intento mostrar la verdadera intencionalidad de los convocantes a la marcha del silencio del 18F (18/02/2015):

FISCAL NISMAN	PRESIDENTA CRISTINA FERNÁNDEZ
A1) En enero de 2003, en el estado de Florida, se dio un chocante acto fallido.	B1) En febrero de 2015, en CABA, también hubo un chocante acto fallido.
A2) Se descubría una placa para homenajear al actor James Earl Jones durante una celebración en honor de Martin Luther King, pero la placa decía: "Gracias a James Earl Ray por mantener vivo el sueño" (referencia al discurso de King, "Yo tuve un sueño").	B2) Se llevaba a cabo una marcha del silencio en honor al fiscal federal Nisman en la que se mostraban carteles que rezaban: "¡Todos somos Nisman!" y "¡Que la verdad salga a la luz!" En el primer caso el acto fallido está en el hecho de que en esa sentencia la palabra "Todos" opera como un universal estricto, por lo que no es cierto que todos sean Nisman. Respecto a la otra pancarta, muchas personas, como Martin Luther King, tienen un sueño: "Que la verdad salga a la luz"; en este caso el acto fallido sería suponer que eso mismo deseaban los convocantes.
A3) Es sabido que Ray fue el hombre inculpado del asesinato de M. L. King en 1968. Ciertamente, es muy factible que este haya sido una ligereza racista, no obstante, hay en él una chocante verdad: Ray evidentemente contribuyó a preservar el sueño de King en dos planos diferentes. En primer lugar, parte del ardor memorable y la dimensión que alcanzó la estampa de Martin Luther King obedecieron a su muerte violenta. Si no hubiera fallecido de esa manera, nunca se habría tornado en el símbolo que es hoy en su racista país.	B3) Como se sabe, después de veintiún años la "pista siria" no se investigó, Nisman intentó hacerlo pero la CIA y el Mossad prefirieron que contribuyera a mantener vivo el "sueño americano" del "choque civilizatorio" para que la verdad nunca salga a la luz. Sin embargo, la dimensión mediática de su muerte conmovió las raíces fascistas de algunos de sus colegas, y la variopinta oposición al gobierno de la presidenta Cristina Fernández decidió tornarlo en el símbolo de la justicia por los crímenes de la AMIA.
A4) De manera aún más palpable, hasta podría sustentarse que M. L. King murió en el instante justo: ¿o es que algunos olvidaron que desde unas semanas antes a su asesinato, el paladín negro, la contracara de Barack Obama, había arrogado por una postura más radicalmente anticapitalista apoyando huelgas de proletarios blancos y negros? De haber perseverado en ese itinerario político, hubiera llegado a ser una figura inadmisible en el panteón de los héroes norteamericanos.	B4) De manera aún más palpable, hasta podría sustentarse que Nisman murió en el instante justo: ¿o es que algunos olvidaron que Patricia Bullrich lo había citado a la Comisión de Legislación Penal, presidida por ella, y seguramente iba a ser interpelado por diputados del oficialista FPV? De haber sucedido eso, el paladín de la justicia por los crímenes de lesa humanidad de la AMIA, no hubiera llegado a ser una figura admisible en el panteón de los fiscales federales más heroicos para todo el movimiento golpista de Argentina.

El viernes 13 de febrero de 2015 se conoció que la presidenta Cristina Fernández fue imputada por el fiscal Gerardo Pollicita, por el supuesto encubrimiento de iraníes en el atentado contra la AMIA. Una vez más, en casos como estos, queda demostrado que las pasiones, el poder *dominandi*, la inmoralidad y las falacias *ad hominem* y *ad baculum* de ciertos juristas, periodistas y opinólogos hace que quienes ofician de patrocinantes (Embajada de EE.UU., CIA, Mossad, corporaciones *mass*mediáticas como Clarín, etc.) estén:

> (...) dotados del sentido del juego necesario para ubicar a sus clientes, asegurarles una carrera y asegurarse así relevos de poder [por lo que], deben lograr el punto óptimo entre la preocupación de conservar el más largo tiempo posible a sus "pollitos", evitando que accedan demasiado pronto a su independencia, incluso a la competencia activa (especialmente por la clientela), y la necesidad de "empujarlos" lo suficiente como para no decepcionarlos, para ligarlos a sí mismo (...) y afirmar a la vez su poder. (Bourdieu, 2008, p. 122)

Tan burda es la imputación a la presidenta Cristina Fernández, al canciller Héctor Timerman y a varios de sus colaboradores, que tiene como eje excluyente de argumentación la presunta decisión del gobierno nacional de buscar la anulación de las "alertas rojas" emitidas por Interpol, que son, precisamente, las que pesan contra los funcionarios iraníes acusados de haber perpetrado el atentado a la AMIA. ¿Alguien puede poner en duda que el fiscal Gabriel Pollicita, seguramente al servicio de los sectores que promueven un golpe de Estado en nuestro país, ignora la carta que, sobre las "*alertas rojas*", le dirigiera Ronald Noble –exsecretario general de Interpol– al canciller Timerman? Copio y pego, del portal de internet del pasquín de *mierda* La Nación, uno de sus párrafos: "*Mientras era secretario general de Interpol, en cada ocasión que hablamos, usted indicó que Interpol debía mantener las notificaciones rojas en rigor. Su posición y la del Gobierno argentino fueron consistentes*" (Fuente: http://www.lanacion.com.ar/).

Lo lamentable es que también quedaron afectados por la seducción de desestabilización institucional del estilo de Gene Sharp, sectores políticos que dicen ser afines a un ideario de izquierda revolucionaria. En lo que a mí respecta, alcanza con escuchar las arrogantes arengas de Jorge Altamira para dar cuenta de ello. El 15 de agosto de 2011, estando en campaña, este dirigente trotskista que se autodefine revolucionario y clasista brindó en Radio Mitre, para celebrar los buenos resultados que el día anterior obtuvo el Frente de Izquierda y los Trabajadores (FIT) durante las elecciones primarias de ese año en la provincia de Buenos Aires, con el conductor "Chiche" Gelblung (jefe de redacción de la revista *Gente* entre 1976 y 1978). Tal situación no debería escandalizar a nadie que ignore qué papel jugó

Gelblung durante la última dictadura. Pero para conocimiento de muchas otras personas, veamos quién, al decir de Fontanarrosa, es el *"coso"* que se lleva el premio a la peor *"cosa"*:

> La historia de Alejandrina Barry y la de sus padres, militantes montoneros de los 70, habla de la barbarie genocida durante la dictadura. Los militares contaron con un ramal periodístico para desarrollar el plan de los grandes empresarios que planearon y financiaron el golpe.
>
> Alejandrina presentó hace unos meses una querella contra Editorial Atlántida por encubrimiento y participación en los delitos de privación ilegal de la libertad y homicidio. La acusación a Editorial Atlántida incluye nada menos que a Chiche Gelblung (quien el lunes pasado bebió champán con Jorge Altamira en los estudios de Radio Mitre, del Grupo Clarín, festejando los buenos resultados del FIT en las primarias) y a Héctor D'Amico, el actual secretario de redacción del diario *La Nación*.
>
> Alejandrina (según se cuenta en la página web del PTS) es hija de Susana Matta y Juan Alejandro. Nació el 19 de mayo de 1975 en la cárcel de Olmos y pasó sus primeros días junto a su mamá prisionera. "Eran militantes montoneros –dice– y fueron asesinados en diciembre del 77 por un operativo conjunto en Uruguay entre las FFAA argentinas y uruguayas. Primero asesinan a mi papá y luego, ese mismo día, cercan la casa donde estábamos con mi mamá, la matan y quedo yo sola".
> (Fuente: http://tallerlaotra.blogspot.com.ar/)

Alejandrina Barry es una militante del Partido de los Trabajadores por el Socialismo (PTS) que honra la memoria de sus padres y la de toda una generación que luchó por "la patria socialista", fue primera candidata a senadora por el FIT para la 3ª Sección de la provincia de Buenos Aires. La denuncia a la que se hace referencia la realizó el 24 de septiembre de 2011, nada más y nada menos que contra los directivos de Editorial Atlántida y quienes dirigían las publicaciones *Gente*, *Para Ti* y *Somos* en diciembre de 1977 y enero de 1978.

Al parecer, el señor Jorge Altamira no ha podido elaborar los efectos sociopolíticos de la secuencia "olvido-memoria-olvido", secuelas psicológicas vinculadas al exterminio sistemático de personas y secuestro de niños y niñas acaecidos durante ese pasado traumático que se inició con la Alianza Anticomunista Argentina ("Triple A") y el "Operativo Independencia" durante la presidencia de María Estela Martínez de Perón (01/07/1974 al 24/03/1976), profundizándose cuando comenzó la dictadura cívico-militar que le puso un punto final a su mandato presidencial. Como tiene la memoria mutilada, quizá, como lo hiciera el terror estalinista en la ex URSS, se siente forzado al silencio. Aún así, su actitud es imperdonable, de allí que el oportunismo político mediatizado vía brindis con un malhechor como Gelblung, lo hace cómplice de todos/as los/as que intentan suavizar la querella contra los matricidas de la memoria. Mas si estoy equivocado, y en verdad hay un trauma psicológico que le afecta, a falta de conocimiento quizá le ayude la lectura del libro de Dina Wardi: *Las velas conmemorativas. Niños del Holocausto*, "un libro de esos", cuenta Paolo Rossi en *El pasado, la memoria y el olvido...*

> (...) que tocan cuerdas profundas y ayudan a comprender mejor el carácter verdaderamente enorme de la Shoah. Porque el mal de las víctimas que han sufrido sin culpa no sólo ha suprimido innumerables vidas, sino que aparece como destructivo incluso en la vida de las víctimas que escaparon a la muerte, y sigue envenenando, a través de esa destrucción que los que escaparon llevan dentro para siempre, la vida de otros inocentes que en los años del exterminio todavía no habían llegado al mundo (...) la conciencia del cruce-identidad entre memoria y olvido no puede y no debe debilitar la polémica contra los "asesinos de la memoria". (Rossi, 2003, pp. 229-230)

Hay silencios que lo dicen todo y palabras que no dicen nada, este no es el caso.

Al señor Altamira podría resultarle conveniente leer, también, un párrafo del libro de Manuel Reyes Mate que me permito ilustrar con agregados entre paréntesis:

> El materialista histórico (Jorge Altamira) se acerca a un objeto histórico ("Chiche" Gelblung) sólo y únicamente cuando este se le enfrenta como una mónada (aunque no en el sentido que le diera Leibniz: unidad indivisible e inextensa, sustancia simple, especie de átomo inextenso, todo lo cual implica su inmaterialidad, en tanto "Chiche" cobra sustancialidad como materia fecal compuesta y extensa). En esa estructura él (Altamira) reconoce el signo de una suspensión mesiánica del acontecer o, dicho de otra manera, de una oportunidad (contra) revolucionaria en la lucha por el pasado (ominoso de "Chiche" brindando con un Dom Pérignon). (Reyes Mate, 2006, p. 261)

Mientras recuerdo estos hechos y dichos, el día 11 de abril de 2015 se llevaba a cabo la VII[a] Cumbre de las Américas con la presencia, por vez primera, del presidente de Cuba, Raúl Castro. En los discursos de los presidentes Rafael Correa, Nicolás Maduro, Evo Morales o Cristina Fernández, es imposible negar que todos/as ellos/as, dirigiéndose a Barack Obama, criticaron las responsabilidades actuales y pasadas de EE.UU. en los procesos de desestabilización institucional en nuestros países. Dos referencias nada casuales daban cuenta de que en *NuestraAmérica* hay una suerte de "continentalismo" que el señor Jorge Altamira no sería capaz de poner en práctica con su visión "internacionalista" de una revolución "cósmicotelúrica": me refiero a la denuncia del decreto que días antes de la Cumbre (4 de abril) firmara Barack Obama declarando que la República Bolivariana de Venezuela es una "amenaza" para su país, y las declaraciones del canciller del Reino Unido de Gran Bretaña haciendo lo propio con Argentina, cuestión esta que condujo al imperio británico a "reforzar" las defensas de las Islas Malvinas.

Pero también, ¿qué decir de la asimismo "materialista histórica" Vilma Ripoll? ¿Cómo no recordar su actitud solidaria hacia gendarmes y prefectos movilizados en demanda de mejores salarios para cumplir con sus tareas de prevención y represión? Algo llamativo, por calificarlo de alguna manera, pues cuando eso aconteció (octubre de 2012) le gritaron: "¡Andate zurda!". Este hecho es lo que podría considerarse una profecía autocumplida: la "clasista" y "revolucionaria" Vilma Ripoll puso en evidencia que los aparatos represivos, en una sociedad capitalista, fueron, son y serán funcionales a los sectores dominantes.

He aquí un hombre y una mujer, Altamira y Ripoll, que divulgan ser materialistas históricos; sin embargo acuerdan, aunque no lo expliciten, con las estructuras del poder real. Ellos, como Henry Kissinger, saben "cómo articular el consenso de su clientela". A mi juicio, Jorge Altamira se pavonea por los medios de comunicación porque considera que si hay un "periodismo independiente" es porque la prensa es libre; o sea: ¡no es el Estado quien la controla a través de la Ley de Medios, sino las empresas! ¿Será esto lo que Altamira entiende por libertad?: ¡control empresarial!

Quiero terminar estos alardes golpistas de algunos sectores de nuestra iluminada izquierda con unas líneas publicadas por Facundo Aguirre el 24 de julio de 2008:

> Es lamentable pero irremediable, el MST se ha pasado con un entusiasmo que nada tiene que envidiarle al del PCR, al campo de la oligarquía y la burguesía opositora.
>
> Para Vilma Ripoll la derogación de la resolución 125 dio como resultado "un gran triunfo de la movilización popular" (*Página 12*, 18/07). Para el MST "desde abajo se impuso la Marcha Federal y el gobierno fue derrotado" (Alternativa Socialista Nº 479, 17/7/08). Extraña movilización popular que tuvo su pico en el acto del 16 de julio en el rosedal de Palermo, sobre la paqueta Avenida Libertador, con la Sociedad Rural (la misma que cobijó a Martínez de Hoz, por ejemplo), la CRA y los terratenientes a la cabeza. Junto a ellos, expresando su alianza política con la oligarquía y la burguesía agraria, estuvieron Carrió, Macri, Menem, Rodríguez Saa, Reutemann y la flamante CGT Azul y Blanca de Barrionuevo (…) el MST –junto al PCR, Izquierda Socialista y otros– no puede decir, sin que se le caiga la impostura

izquierdista, que fue parte de una coalición patronal oligárquica, con la vieja política impresentable que tanto se jacta en repudiar.
(Fuente: http://www.pts.org.ar/)

No puedo dejar de mencionar que en Neuquén se iniciaron causas penales contra dirigentes que repudiaron el acuerdo YPF-Chevron a raíz de su participación en una marcha realizada en el año 2013, recorrido que terminó con una concentración y feroz represión en la legislatura provincial. Fue citado a declarar (06/03/2015), entre otros, quien fuera diputado provincial por el FIT, el compañero de Zanón y dirigente del PTS, Raúl Godoy, en mi opinión: el **único** diputado digno. El único que se sumó a la protesta popular mientras el resto permanecía en sus bancas o como espectadores. Días después fue sobreseído por el fiscal interviniente, Ignacio Di Maggio, ante la previa acusación del delito de "perturbación de las funciones públicas y daños calificados". A propósito de este hecho no me sorprende que con fecha 10 de marzo de 2015, el "periodista independiente" Aleardo F. Laría, columnista del diario *Río Negro* o lo que es lo mismo: "el *Clarín* de la Patagonia Norte", publica en la sección "Opinión" un artículo con el título "Anarquía en Neuquén"; el asunto es que se siente sorprendido porque *"La solución brindada por el fiscal Di Maggio supone arrasar con miles de años de civilización"*. Me pregunto: ¿cuál civilización?, ¿será la misma que la de los legisladores y funcionarios que en el día de la movilización no detuvieron una represión cuasi-etnocida dirigida contra las diferentes comunidades mapuches que participaban de la protesta (represión en la que fuera gravemente herido por una bala de plomo de la policía del Movimiento Popular Neuquino, el hijo del hoy exdecano de la Facultad de Humanidades de la Universidad Nacional del Comahue)?

Continuando ahora con el *affaire* golpista que aconteció inmediatamente después de la muerte del fiscal Nisman, en el portal de Internet "Carta Maior", con fecha 24 de enero de 2015, se puede leer la siguiente nota del actual director de CLACSO, el sociólogo y politólogo brasilero Emir Sader:

Cristina somos todos

"Excelentísimos cadáveres", la notable película del recién fallecido director italiano Francesco Rosi, rodada en el sur de Italia, ya apuntaba hacia la manipulación de cadáveres en circunstancias políticas.

Si investigamos la historia política de América Latina, nos encontramos muchas veces con esa macabra mezcla de muertos y política. La misma victoria electoral de Salvador Allende, en 1970 en Chile, se puso en peligro por la aparición del Comandante en Jefe de las FFAA, asesinado en un intento desesperado de los golpistas de impedir la toma de posesión del presidente socialista. Más recientemente, el triunfo aparentemente tranquilo de Dilma

Rousseff en primera vuelta fue bloqueado por un sospechoso incidente de avión, en el que murió un candidato opositor y obligó a la candidata a intervenir políticamente, a que se barajaran de nuevo las cartas y a poner en peligro la continuidad del PT en el gobierno de Brasil.

Argentina es el nuevo escenario de esos "excelentísimos cadáveres". Todo muy sospechoso, como conviene a la manipulación política de circunstancias como esas. Si todo fuera claro, no se prestaría a las manipulaciones de los que quieren pescar en aguas turbias.

(…). No le perdonan a Cristina que haya protagonizado ese rescate, que haya sobrevivido a las movilizaciones golpistas, a la propia muerte de su marido Néstor, a la ofensiva cobarde de los fondos buitre. No se le perdona que, mujer, haya afrontado, con altivez, las agresiones torpes, machistas y groseras, como corresponde a una derecha complaciente con los crímenes del terrorismo de Estado. No le perdonan a Cristina y a Néstor haber reabierto los procesos en contra de los responsables por los crímenes de Estado. No les perdonan el reencuentro de más de 100 nietos, hijos de militantes opositores a la dictadura, que además de asesinados tuvieron a sus hijos secuestrados, en el peor crimen humanitario que hayamos conocido. Cristina somos todos, porque hemos resistido juntos a las dictaduras militares, solidarios en la lucha, en los sufrimientos, en las pérdidas, en la supervivencia y en la recuperación de la democracia. Cristina somos todos porque todos nuestros países son víctimas de manipulaciones burdas como esas, hoy en contra de Cristina, de la democracia argentina, de las conquistas sociales de su pueblo y de la soberanía nacional.

A una derecha que no consigue líderes que se unan en contra del gobierno popular de Cristina le duele el liderazgo de la presidenta de Argentina, su dignidad, su vínculo directo con el pueblo y con la historia de luchas de los argentinos.

Cristina somos todos, porque todos los que luchamos por países justos, solidarios, soberanos y dignos estamos con Cristina y con los argentinos también en esta hora. Somos todos.

A su vez, la Red en Defensa de la Humanidad, integrada por artistas, científicos y luchadores sociales de todo el mundo, dio a conocer (enero de 2015) un documento en torno a este lamentable episodio que afecta a buena parte del pueblo argentino; en especial al pueblo que Pierre Rosanvallon denomina "Pueblo Principio" o "Pueblo Conciencia" (no está demás aclarar que estos dos últimos significados no tienen como referentes a buena parte de los electores de Daniel Scioli, Jorge Altamira, Fernando "Pino" Solanas, Elisa Carrió, Julio Cobos, Gabriela Michetti, José M. de la Sota, Sergio Massa, Oscar Parrilli, Ernesto Sanz, Jorge Sapag, Patricia Bullrich, Luis Barrionuevo, Miguel Ángel Pichetto, Jorge Sobisch, Mauricio Macri, Hermes Binner, Eduardo Duhalde, Adolfo Rodríguez Saá, Miguel del Sel,

Gildo Insfrán, Vilma Ripoll, Graciela Camaño, etc.). Con ninguno de estos personajes *La classe operaia va in paradiso*. Léase el documento aludido:

En defensa de la soberanía argentina

La Red de Intelectuales, Artistas y Movimientos Sociales en Defensa de la Humanidad denuncia la campaña de desestabilización de los medios hegemónicos internacionales, en conjunción con las fuerzas de la derecha autóctona, contra el gobierno legítimo de la presidenta Cristina Fernández de Kirchner a partir de la muerte del fiscal Alberto Nisman, que la justicia argentina investiga. Esta campaña se complementa con el ataque sufrido contra la soberanía nacional por parte de los fondos buitre y se inserta en la ofensiva de Washington contra los gobiernos progresistas de América Latina y el Caribe.

Nos pronunciamos contra las manipulaciones de la prensa concentrada, los multimedios cuyas cabezas visibles son el diario *La Nación* y el grupo Clarín, que han pretendido responsabilizar al Ejecutivo del supuesto asesinato del fiscal que había acusado al gobierno de diseñar un plan para encubrir la responsabilidad que pudiera caberle a Irán en los criminales ataques efectuados en Buenos Aires contra la Embajada de Israel en 1992 y la Asociación Mutual Israelita Argentina (AMIA) en 1994.

Asumimos como nuestras las declaraciones de reconocidos jurisconsultos como los doctores Eugenio Zaffaroni y Julio Maier, la postura oficial de la Asociación Argentina de Juristas así como de las máximas autoridades de Interpol y la prensa especializada, que han demostrado que la denuncia de Nisman no contaba con las pruebas mínimas necesarias como para ser admitida en sede judicial, como fuera reiteradamente demostrado en fechas recientes por dos jueces de la justicia federal. El "plan delictivo" denunciado por el fiscal no es más que la ley votada por ambas Cámaras en el Congreso de la Nación: el "Memorándum de Entendimiento con Irán", concebido para salir del *impasse* en que se había estancado la causa de la AMIA durante veinte años.

Por otro lado, como ha sido fehacientemente probado en cables desclasificados por Wikileaks, la sumisión del fiscal Nisman a las directivas de la Embajada de Estados Unidos en Argentina, la CIA y el Mossad arroja un pesado manto de sospechas sobre su independencia de ciertas constelaciones internacionales de poder y la idoneidad de una investigación realizada bajo tales influencias.

La ausencia de la solidez necesaria para exigir la indagatoria de la Jefa del Estado –con toda la gravedad institucional que una tal acusación implica– así como la sórdida pugna interna en la ya disuelta Secretaría de Inteligencia de la Argentina (reemplazada, como lo anunciara en su discurso del 26 de enero la presidenta Cristina Fernández de Kirchner, por una renovada Agencia Federal de Inteligencia) donde sectores recientemente desplazados de la SI intentan erosionar la figura presidencial, tienen como objetivo perjudicar las posibilidades del candidato del kirchnerismo en las próximas elecciones presidenciales y, con ello, impedir la continuación de las políticas sociales y de soberanía nacional, condicionándolo a inescrupulosas instancias judiciales y a la voluntad de las corporaciones mediáticas que con su inmenso poder manipulan incesantemente a la opinión pública.

La Red en Defensa de la Humanidad, integrada por miles de intelectuales, artistas, científicos, activistas y luchadores sociales de todo el mundo, convoca a estar vigilantes sobre el desarrollo del plan desestabilizador contra Argentina, país donde, en 2005, fue enterrado el llamado Acuerdo de Libre Comercio de las Américas (ALCA) y cuya actuación ha sido determinante en el proceso de unidad e integración de la Patria Grande.

(Fuente: Red de Redes, En Defensa de la Humanidad, enero de 2015)

Esto que plantea la Red en Defensa de la Humanidad es absolutamente ignorado por los populismos de izquierda y de extrema derecha. Acerca de los primeros, nunca sabemos si van a jugar a la "toma del poder" intentando el "copamiento" de un cuartel, como en los tiempos de la presidencia de Raúl Alfonsín (23 de enero de 1989), con el pretexto de defender la forma republicana de gobierno. Me estoy refiriendo a la aventura seudo-revolucionaria de Enrique Gorriarán Merlo y a su frustrada toma del cuartel La Tablada (Villa Martelli, Buenos Aires), para unos años después (2003) aceptar, junto al militar golpista Mohamed Alí Seineldín, el indulto concedido por el nefasto Eduardo Duhalde. A mi juicio, Gorriarán Merlo es el mayor contraejemplo criollo de Pável, el joven revolucionario de la novela *La Madre* de Máximo Gorki, detenido y enviado a "la Siberia" por la policía zarista. Por otra parte: ¿no resulta extraño que los que se declaran "ser Charlie" o "ser Nisman" no padezcan islamofobia cuando se les recuerda la aventura golpista del coronel Seineldín?

Traigo a la memoria ese hecho, porque creo que los ecos de un pasado evocable podrían servir para comprender las falencias de ciertos sectores de izquierda que aún se sienten fascinados por la lógica foquista.

A su vez, en la extrema derecha, el gárrulo Ing. Mauricio Macri, jefe de gobierno de la Ciudad Autónoma de Buenos Aires (CABA) y presidente electo, procesado por escuchas ilegales llevadas a cabo por Ciro James, ex policía experto en espionaje que actuaba bajo las órdenes del también procesado Jorge "Fino" Palacios, primer jefe de la Policía Metropolitana y aparente pieza clave de una supuesta organización de espías, también nombrado por Macri en virtud de una recomendación que le diera la embajada de EE.UU.

El caso Nisman y el de la AMIA ameritan muchísimos análisis, entre ellos el de los estigmáticos e injuriosos relatos que dejan profundas llagas en muchos/as miembros de la comunidad judía, razón por la cual me voy a permitir transcribir un párrafo de una nota que me hizo llegar un muy querido colega y amigo judío, porque es con muchos sectores de esta comunidad que también aspiro a embellecer el aroma político (pos)colonial y (pos)imperial de nuestro país y el resto de *Abya Yala* en esa maravillosa experiencia revolucionaria y cosmopolita que es el *SOCIALISMO DEL SIGLO XXI*:

> Somos cientos de miles los judíos y judías argentinos y argentinas que no hemos sido obligados a continuar nuestra infancia y juventud en la colonia de verano de Summerland, ni a remar en Hacoaj, ni a jugar al vóley en Macabi, ni a hacer vida cultural en Hebraica, ni a ir a la sinagoga porque no creemos en la existencia de dios, ni a mandar a nuestros hijos al colegio Weitzman ni al Wolfsohn, ni nos hemos casado con un buen judío sino con un compañero de la facultad o de la militancia o con el hermano de una amiga del barrio que no profesaba nuestra religión ni tenía la misma historia del templo arrasado pero compartía nuestros ideales y nuestra esperanza de un mundo más justo. Somos cientos de miles los judíos y judías argentinos y argentinas que no estamos representados por la AMIA y la DAIA, que no comulgamos con las dirigencias israelíes, que lamentamos la derechización de una sociedad que se olvidó del kibutz y de los motivos que llevaron a sus antepasados a Palestina, y nuestras organizaciones comunitarias no tienen por qué convertirnos en sus adláteres, en sus defensores, en sus cómplices. Somos los que queremos una Palestina sin territorios ocupados, donde nadie se crea superior ni explote al otro y una dirigencia independiente que no pretenda colocar a nuestra minoría en un estamento ideológico que no le corresponde, porque los judíos somos muchos y pertenecemos a corrientes políticas diversas.
>
> Es así que esos judíos deberíamos haber tenido una participación más activa en las instituciones comunitarias, o quizá, aún estamos a tiempo de crear otras nuevas en las que la diversidad de pensamiento y una visión del mundo más amplia no nos recluyan en estructuras manoseadas por miserias locales, mezquindades empresariales e intereses globales. Los judíos debemos hacer el mea culpa y recuperar el espíritu solidario de los fundadores de estas instituciones hoy cuestionadas, pensando en sus mutuales, en sus cooperativas y en los grandes hombres y mujeres de nuestra etnia que dedicaron su vida a la lucha por un mundo mejor y que ya han sido vastamente nombrados en los varios artículos que tantos judíos hemos publicado últimamente en los medios.
>
> Elina Malamud (escritora y periodista)

No sería aventurado afirmar que en la era de la post-política o la "política como espectáculo", "el arte de mandar" ha tenido como uno de sus objetivos crear un paraíso de impunidad. Por ejemplo, en Neuquén la tríada Sobisch-Sapag-Pechén, puso la probidad de muchos miembros del poder judicial y de la legislatura en una situación que es consustancial con la corrupción y la inmoralidad. Prueba de ello son, entre otras cuestiones: el desprocesamiento de Sobisch en la "cámara oculta"; la demora en la constitución de un tribunal que debía juzgar a los 28 policías torturadores de la Unidad Penitenciaria N° 11 (U11) en la causa Zárate (patrocinada por Zainuco y la APDH); la parálisis en la causa Temux; el desprocesamiento de los imputados en la causa Fuentealba II (en este caso, al momento de la publicación de este libro se han producido novedades). Este es precisamente el escenario en el que se ejercita la aventura de un *demos* meramente electoralista y vaciado de derechos para con el pueblo. En estos casos, cuando se trata de este tipo de dirigentes, la compasión es una debilidad insana. Lo digo de esa manera porque en la propia tropa emepenista no se revela ninguna debilidad en el accionar de dirigentes o punteros que no le hacen asco a la intolerancia de sus mandantes.

Puedo comprender, mas no justificar, que muchas personas admiren a las mafias intelectuales neoliberales de Harvard, Chicago, la Escuela Económica de Londres o Berkeley; pues cierta academia les concede importancia o suscribe aún sus principales afirmaciones en tanto que algunos de ellos llegaron a lo más alto del pedestal recibiendo premios nobeles, pero cuando se trata de esta tríada vernácula a la que hice referencia, no se comprende del todo bien el que haya quienes tengan que hacer caso a sus palabras y se conviertan en fieles esclavos de sus balandronadas. Lo que hacen, ya ni se trata de torpezas inoportunas, es la solemne actitud de los que le han devuelto al Estado el carácter absolutista que supo tener alguna vez. Carlos Menem fue un maestro ejemplar, también lo son Mauricio Macri o Gildo Insfrán.

Argentina tiene que liberarse de estas pesadillas. El soberano tiene el deber de vigilarlos y controlarlos; aunque enhorabuena sea visto como un peligro para su perpetuación en el poder, de lo contrario, jamás podrá decirse: ¡somos libres, estamos emancipados!

Debemos demostrarnos a nosotros mismos que no hemos nacido para ser sus esclavos y víctimas. Debemos convencernos de que vale la pena la protesta y la movilización permanentes. No podemos vivir ligados a un sentimiento de debilidad para con estos individuos; de ser así, viviremos bajo una presión y coacción prolongadas.

No podemos seguir siendo huéspedes de los rincones oscuros, peregrinar con los llenos de malicia, dejarnos poseer por los dilapidadores de la ética y del bien común. El concubinato con ellos hasta ha corrompido la sagrada institución del matrimonio: ¡¿Qué dirá el Santo Padre?!

Todos ellos saben que la ética política es un atavismo de un ideal envejecido. Nosotros debemos saber que todo lo que es absolutismo pertenece al dominio de la patología política. El dominio propio de las elites dominantes, aquellas que –ilustradas o no– consideraron que hay *"cosas"* y *"cosos"* cuya prevalencia está dada únicamente por el capitalismo de mercado. *"Cosas"* y *"cosos"* que desde los primeros tiempos de la revolución industrial en Inglaterra producen efectos combinados que actualmente persisten: la organización fabril y, como en la Ciudad Autónoma de Buenos Aires gobernada por el Ing. Mauricio Macri, la esclavitud. Un quebranto de humanidad en la que los/as niños/as al igual que sus madres y padres forman parte del *neg-otium* de unos pocos empresarios y funcionarios/as, pues como en la obra de Charles Dickens, *Tiempos difíciles*, no son considerados humanos sino mano de obra barata (sobre esta obra más información en el Anexo 1).

Son las mismas corporaciones, *expertises* y funcionarios/as de la política como espectáculo que:

> Después de contaminar nuestros ríos, nuestro aire, nuestra tierra, nos quieren enseñar lo que es el equilibrio biológico y a respetar la naturaleza que obligaron a negar, "dominar" y destruir o abandonar a nuestras poblaciones nativas de quienes, sin embargo aprendieron a saber lo que es una sana ecología. Y mientras hacen pingües negocios de la extinción de nuestras especies animales y vegetales hacen la defensa de su propia fauna y flora silvestre... Y así todo ¿hasta cuándo? (...). Una cosa al menos es segura (...). Nosotros los americanos, los sudamericanos al menos, ya sabemos que no somos ni "oriente" ni "occidente", ni queremos ser "occidentalizados" como tampoco "orientalizados", no optamos por el "ser" contemplativo ni por el "hacer" y el "tener" obsesivos. Nuestro modo-forma de ser es y/o debe ser mestizo, un hacer para ser, un hacer siendo y un ser haciendo; nuestra forma-modo de ser se está haciendo, está siendo, es el renacer del ser por el hacer, de los nuestros, de nosotros mismos, sudamericanos, con raíces indígenas e injertos europeos y africanos. (Magrassi, 1982, pp. 205-206)

En efecto, "nuestra forma-modo de ser se está haciendo" a través de una nueva utopía, la del *SOCIALISMO DEL SIGLO XXI*.

———◆———

LECTURA ACTIVA
Como la Historia de la Ciencia, el Arte o la Filosofía, entre otros campos del saber profano o erudito, también la Poesía es una forma de poner en palabras hechos que ameritan un amplio debate sobre acontecimientos del maltratado cuerpo social: peor aún cuando los o las responsables permanecen impunes. "La poesía –escribió Thomas Eliot– puede hacernos ver el mundo en un nuevo aspecto, o hacernos descubrir aspectos hasta entonces desconocidos de ese mundo; puede llamar nuestra atención sobre esos sentimientos sin nombre y más profundos en los que rara vez penetramos". La poeta mendocina Nora Bruccoleri le dedica al Maestro Carlos Fuentealba, asesinado hace ocho años en la provincia de Neuquén,

el poema que te invito a leer; ¿en qué sentidos –al decir de Eliot– sus versos te permiten descubrir aspectos hasta entonces desconocidos por ti?

Carlos Fuentealba

*Por fidelidad al pulso
milenario de la justicia
abrimos los ventanales de la verdad
para que no apesten complicidades
para no extraviarnos en atorrantes olvidos.
Está cerca la desfigurada pizarra del Neuquén
vuelve a ser reciente la desolación multiplicada
el desgarro que voceó el país.
Canallas ocultos tras carátulas de poder
ese invento del vacío
empuñaron las órdenes
para desenhebrar marchas y letras,
lumbres, hombros y caminos,
escribientes fortunas de dignidad
con sus cerrojos impunes
y triunfantes atropellos de ruina.
Entre malezas de vergüenza
los tiradores agujerearon mañanas,
escuelas y versos.
El mapa de la educación estaba insurrecto
y los adormecedores de siempre
trizaron la osamenta de ser uno*

*aridando con el puñetazo del descuido
al caudal valiente
que no deja de arbolar
las aulas de los tiempos.
Enlutaron la blancura,
esa aldaba que entre la noble gente
llama a enristrarse de lucha
para atravesar astilladas realidades
sacudir la resignación
y reconocer que el absurdo del hambre
pronuncia enfermedad
y termina degollando a la mejor caligrafía,
esa copla gloriosa del pensar.
Implacable disparo por la espalda
al Maestro Fuentealba
nos vuelve a encielar de sangre la historia
hendida de cobardes muecas.
Deshojaron la verde luz de su tañido
que arrebataba a puro rumbo y refugio
a quienes leían su química de vocación
y razón
los arrebataba del sinsentido que lo fusiló.*

Nora Bruccoleri

PROSCENIO 9
Del "Nunca Más" del genocidio al "Nunca Más" del etnocidio y el ecocidio

> *Pero la Historia avanza, quizás despacio, pero avanza. Pasaron muchos años y continuas resistencias, enormes luchas de los pueblos originarios y de quienes no tenemos ni una gota de sangre indígena, pero que nos sabemos y sentimos nacidos en esta tierra (...). Allí, en Martín García, en la "Argirópolis" que imaginó la civilización de Sarmiento, paradójicamente una escuela lleva el nombre de uno de sus "bárbaros" más conspicuos: "Cacique Pincén".*
> Marcelo Valko: *Pedagogía de la desmemoria* (2013)

Hay dirigentes políticos que por sus prejuicios racistas acogen con agrado las distorsiones de la que fuera objeto la teoría de Darwin sobre la evolución de las especies; por ello, al adherir al "darwinismo social" no pueden establecer diferencia alguna ni entre "raza" y "etnia" ni entre "etnia" y "tribu". A partir de ese enfoque sociobiologicista, frente a un conflicto con alguna comunidad indígena que reclama por sus derechos ancestrales a no ser expulsada del territorio que puebla, el argumento del que lleva a cabo el desalojo es que esas tierras de provecho para personas civilizadas están siendo ocupadas ilegítimamente por una "tribu" de usurpadores. Esto significa que el materialismo absolutista aplicado por los racistas no repara en que hay pueblos originarios que, en virtud de su cultura y las relaciones sociales establecidas por sus miembros (mediadas por la misma cultura), dan cuenta de una identidad colectiva que trasciende las meras relaciones familiares atribuidas a lo que históricamente se denominaban "tribus".

Esa identidad emerge de una cultura no disociada del territorio que ocupan ancestralmente, toda vez que viven en armonía con él, razón por la que los pueblos originarios se conforman como "grupos étnicos" y no como "tribus".

Toda mención al concepto de "raza" aplicado a la especie humana no corresponde a ninguna realidad objetiva. ¿O será que para muchos/as funcionarios/as "racistas" de Neuquén, Chaco, Corrientes o Formosa, por dar tan solo algunos ejemplos que afectan a pueblos como el Mapuche, el Qom, el Pilagá, el Wichi, el Guaraní, etc.: hay tribalismo y razas en Argentina? ¿Lograremos convertirnos en una mayoría de voluntades conscientes de que aún hay funcionarios estatales social y políticamente responsables de la discriminación que padecen los pueblos originarios, también cómplices de las empresas causantes de un sinnúmero de ecocidios? ¿Cuánto tiempo más habrá de pasar para que comprendamos que las culturas indígenas de *NuestraAmérica* consideran al Hombre como un ser más de la Naturaleza? ¿Y cuánto para entender que es deber de todos/as respetarla y vivir en comunión con ella, lo cual significa abstenernos de no depredarla, pues vivir en armonía con ella es estrictamente tomar de la misma lo necesario para subsistir?

Adolfo Colombres hace referencia al hecho de que el cristianismo vio a los indígenas como entes paganos a los que se debía combatir porque le ofrecían culto a seres sobrenaturales que cuidan de la *Madre Tierra* y todas las formas de vida que se reproducen en ella. Para esta religión, no podía ser de otra manera, pues el hombre:

> (…) perdió el paraíso terrenal y ahora sólo le resta aspirar al paraíso celestial, donde no hay ríos, plantas ni animales, como tampoco la más mínima forma de vida sensual: la tierra y la naturaleza están en él abolidas, por lo que el hombre que se salva, ¿qué salva? (Colombres, 2008, p. 66)

Agrava la situación el que ciertos/as funcionarios/as no intervengan con el rigor necesario para evitar que las corporaciones empresarias reduzcan sus agresiones contra los ecosistemas, cumpliendo además con las legislaciones vigentes y las medidas sugeridas por la "Agenda XXI" o "Programa 21", pues:

> (…) la cuestión ha tomado hoy una enorme vigencia, un interés práctico que deja atrás la especulación pura, se debe a que la ciencia y la técnica se han desarrollado caóticamente, actuando no ya como modificadoras del ambiente, sino como destructoras del mismo. (*Ibid.*, p. 67)

En virtud de todo esto, es importante tener presente algunos de los objetivos y bases para la acción que, en materia de desarrollo sostenible o sustentable, figuran en el entramado de la "Agenda XXI", documento firmado por Argentina y otros Estados en ocasión de celebrarse la Conferencia de las Naciones Unidas sobre el Medio Ambiente y el Desarrollo (Río de Janeiro, 1992). Transcribo algunos de los objetivos y bases que constan en diferentes capítulos:

24). Medidas mundiales en favor de la mujer para lograr un desarrollo sostenible y equitativo (...). 25.12). Los niños no sólo heredarán la responsabilidad de cuidar la Tierra, sino que, en muchos países en desarrollo, constituyen casi la mitad de la población. Además, los niños de los países en desarrollo y de los países industrializados son igualmente vulnerables en grado sumo a los efectos de la degradación del medio ambiente. También son partidarios muy conscientes de la idea de cuidar el medio ambiente. Es menester que se tengan plenamente en cuenta los intereses concretos de la infancia en el proceso de participación relacionado con el medio ambiente y el desarrollo, a fin de salvaguardar la continuidad en el futuro de cualesquiera medidas que se tomen para mejorar el medio ambiente (...). 26). Reconocimiento y fortalecimiento del papel de las poblaciones indígenas y sus comunidades (...). 27). Fortalecimiento del papel del las organizaciones no gubernamentales: asociadas en la búsqueda de un desarrollo sostenible (...). 28.2.a) Para 1996, la mayoría de las autoridades locales de cada país deberían haber llevado a cabo un proceso de consultas con sus respectivas poblaciones y haber logrado un CONSENSO sobre un Programa 21 Local para la comunidad. (Fuente: http://www2.medioambiente.gov.ar/)

La Memoria y NUNCA MÁS el olvido me conducen a formular esta pregunta: ¿fueron consultadas todas las comunidades afectadas por la acción depredadora de empresas como Monsanto, Barrick Gold y Chevron que, a través de sus agencias locales y acuerdos o convenios, tanto a nivel provincial como nacional, operan en Argentina?

Asimismo, la Memoria y NUNCA MÁS el olvido, es lo que hizo posible que el gran muralista Omar Edgardo Sirena, en un encuentro sobre interculturalidad, nos mostrara cómo una *machi* ("líder espiritual") o una *calfú malen* ("doncella azul") mapuche está tejiendo a ese Maestro auténticamente inmortal, Carlos Fuentealba, asesinado durante el gobierno racista de Jorge Omar Sobisch. A propósito de este crimen, como lo hiciera otras veces, el 30 de marzo de 2009, escribí:

JORGE OMAR SOBISCH, ¿TIENE UD. LA CABAL COMPLETUD DEL SENTIDO DE LO HUMANO?

Me niego a admitir el fin del hombre. Creo que no sólo resistirá. Sino que triunfará. Es inmortal, no sólo porque es el único, entre todas las criaturas, que tiene una voz inextinguible, sino porque tiene un alma, un espíritu capaz de compadecer, de sacrificarse y resistir.
William Faulkner

Carlos Fuentealba, dirigiéndose a su asesino, Jorge Omar Sobisch:
—¿Te niegas a admitir que el 4 de abril de 2007 asesinaste a un maestro? ¿Crees que has triunfado? ¿Por qué tratate de imponerme lo que tú querías, si yo no quería aprender de tus miserias?

Nuevamente Carlos:

— JOS, si el sonar de tus veleidades por llegar a ser presidente fueron mi tragedia. Si tus presas del MPN en las urnas de Neuquén eran tu objetivo, y tus pernadas en las urnas del resto del país tu mejor botín, te diré que mi ausencia física fue el resultado que liberó de la inconsciencia y la alienación a millones de personas. Es verdad que tu hacer fue mi destrucción física... mas no mi negación en el presente y el futuro. Los sinsabores que provocaste a mi amada familia no solo aligeraron sus corazones, también hicieron lo propio con el sentir de millones de personas que aprendieron a situar el desprecio y el horror.

Tú sabías que el fusil no solo hiere, acaba y mata; pero lo que no sabías es que tu perversidad comenzó a tejer otra historia, la historia de un "nunca jamás" un maestro o una maestra educando en la negación de un presente nefasto. También lo sabían tus socios, pero al igual que tú, JOS, quisieron combatir violentamente a los y las oponentes que enfrentan la ignorancia. Tus adláteres lograron que su cobardía se transformara en un canto a la grandeza tenebrosa de la destrucción. Son incapaces de "sacrificarse y resistir" por todo lo que huela a humano.

Carlos vuelve a preguntar a su verdugo:

—¿Sabes JOS que tu ambición fue mi desgracia? ¿Te crees inmortal? ¿No te han dicho que ese es el privilegio de los buenos poetas, de los grandes maestros y de todas y todos los que están más allá de la morbosidad de los poderes corruptos?

¿Y ahora JOS, de qué te sirve la impunidad? Tus cómplices de la policía, del poder judicial y del ejecutivo, ¿acaso piensan que acabarán con todos los oponentes que quieren combatir la infelicidad? ¿Creen tus cómplices que son "una voz inextinguible"? ¿No saben que ahora hay muchos y muchas que recuperaron la voz y se niegan al silencio?

¿Sabes JOS cuál fue tu última conquista?: el tiro de gracia de una culata traicionera.

¿Dinos JOS, cuál de tus amigos te prestará la pala con la que cavarás la tumba de tus promiscuas ambiciones? ¿Cuál de ellos o de ellas erigirá el santuario de tus insaciables jactancias de hombre rudo y rapaz?

Para que NUNCA MÁS gobiernen dirigentes como Jorge Omar Sobisch, y para que NUNCA MÁS la codicia de empresarios inescrupulosos encuentre justificación en pasados ominosos como fue el de la saqueadora y asesina "Conquista del Desierto" dirigida por Julio Argentino Roca, exijamos a las autoridades competentes de la provincia de Neuquén y de Nación, que cesen las agresiones de las que hace unos años atrás fuera objeto, por parte del ciudadano norteamericano William Henry Fischer, la comunidad Mapuche *Paichil Antriao* en el Cerro Belvedere de Villa La Angostura, reiteradas en esta oportunidad, desde fines del año 2014, por el *huinca* usurpador Cristian Furlong. Cuando William H. Fischer agredía a esta comunidad Mapuche, se presentó en la Cámara de Diputados de la Nación una nota de la que no hubo respuesta alguna por parte de las autoridades de Neuquén y la Nación (*cfr.* Datri, 2010, pp. 227-234):

Los diputados nacionales abajo firmantes:

- Considerando que el pueblo Mapuche es preexistente a la formación del Estado argentino, el que este año celebra también su bicentenario;
- que en la cosmovisión del pueblo Mapuche la gente pertenece al territorio y que el pueblo Mapuche lucha por recuperar el territorio ancestral para recrear la vida en libertad;
- que Argentina suscribió el Convenio 169 de la OIT y la declaración de los derechos de los pueblos originarios de la ONU, así como pactos internacionales de DD.HH. y contra la tortura;
- que los estados federales deben ser coherentes con los principios establecidos en la Constitución nacional y las leyes nacionales, en este caso en relación con el reconocimiento a los derechos de los pueblos originarios establecidos en el Art. 75 inciso 17 de la Constitución, la ley de emergencia de los territorios indígenas; que el Estado nacional es soberano y no reconoce injerencias extranjeras en asuntos internos, lo que comprende necesariamente al Estado provincial de Neuquén;
- que el terrorismo de Estado atenta contra la vigencia plena del estado de derecho en una república; que Argentina decidió "nunca más" el terrorismo de Estado incluyendo sus variantes nuevas de "baja intensidad";

Exigimos:
- El reconocimiento total y definitivo del espacio territorial ancestral de la comunidad Mapuche Paisil Antreao de Villa La Angostura, asentada en el antiguo lote 9 de 625 hectáreas por lo menos desde 1900;
- la investigación del despojo sistemático del lote 9 original que provocó la atomización del territorio y la aparición de terceros ajenos al pueblo mapuche que reclaman la propiedad privada de fracciones del territorio; de la intervención de particulares y el Estado en ese despojo entendiendo que la verdad es indispensable para establecer justicia y reparación al robo y destrucción históricos;
- la desmilitarización total y definitiva del territorio de la comunidad Paisil Antreao que se mantiene bajo distintas modalidades desde el 2 de diciembre de 2009;
- el desmantelamiento de los cuerpos parapoliciales mantenidos en el territorio de la comunidad Paisil Antreao bajo la órbita directa del ciudadano norteamericano William Henry Fischer una y de Daniel Ducau otra, los que amenazan la vida y la libertad del pueblo Mapuche;
- el restablecimiento de los derechos y garantías fundamentales para los miembros del pueblo Mapuche que defienden el territorio ancestral en Villa La Angostura, los que son perseguidos sin orden judicial peligrando la vida y la libertad;

- la investigación total e independiente de las violaciones a los derechos humanos cometidos por distintos grupos y divisiones de la policía de Neuquén antes, durante y después del 2/12/09;
- la garantía de funcionarios judiciales independientes en la circunscripción 4 de primera instancia de Villa La Angostura, la de segunda instancia con asiento en Junín de los Andes y del Superior Tribunal de Justicia de la provincia con asiento en Neuquén;
- la deportación del ciudadano William Fischer, que violando toda la legislación vigente actuó al frente de una división de la policía del Neuquén con un arma de fuego, durante la represión perpetrada contra el pueblo Mapuche el 18/01/2010 en un espacio ceremonial sagrado (*rewe* y *pillal leufun*);
- el repudio a la embajadora de EE.UU. que estuvo presente en Villa La Angostura en indudable respaldo político institucional al accionar delictivo de Fisher, que mantiene y dirige uno de los escuadrones parapoliciales en el territorio ancestral de la Paisil Antreao; el repudio a los funcionarios de la administración de Parques Nacionales y de representantes del Movimiento Popular Neuquino (MPN) que respaldaron la presencia de la embajadora norteamericana.

Consta que sólo diez diputados nacionales firmaron la declaración anterior. ¿Alguien me puede explicar de qué soberanía habla la abrumadora mayoría de los "representantes del pueblo", e incluso de todos/as y cada uno/a de los/as funcionarios/as de los poderes ejecutivo y judicial? Respecto de este tema, transcribo algo que escribí en el libro citado: "... todxs lxs que se sientan aludidos duerman tranquilxs... esa pasión por el poder (*libido dominandi*) que tanto disfrutan, ¡no es algo que pueda afectarles!" (*Ob. cit.*, p. 234).

Lamentablemente, la dialéctica sarmientina de civilización o barbarie, hoy funcional al capitalismo globalizado, continúa poniendo en un extremo a la cultura de los pueblos originarios y en el otro al eurocentrismo, de allí que no cesen los crímenes de lesa humanidad contra miembros de estas comunidades. Estos crímenes, extrapolación de por medio, hoy tienen una dinámica semejante al de las tensiones étnicas en los EE.UU., caracterizadas por dos tipos de situaciones que se complementan: a) el "prejuicio" que se traduce en discriminación, segregación y un estatus socioeconómico inferior para la población negra y quienes son migrantes de América Central y Suramérica; b) el "credo Americano" que expresa la devoción de todo el pueblo de "raza" blanca que, consciente o no, aprecia dos valores tradicionales heredados del liberalismo (euro-anglo)céntrico: la libertad y la igualdad.

Paul Baran y Paul Sweezy, al hacer referencia a los orígenes del prejuicio racial y su innegable persistencia, sea en Norteamérica como en muchos países de Europa, dicen:

El prejuicio racial (...) es casi exclusivamente una actitud de los blancos y tuvo sus orígenes en la necesidad de los conquistadores europeos del siglo XVI en delante de racionalizar y justificar el robo, la esclavitud y la continua explotación de sus víctimas de color en todo el mundo (...). Desde la época colonial los norteamericanos, tanto del norte como del sur, han construido sistemática y continuamente un muro de propaganda para nutrir las ideas de superioridad del blanco y la inferioridad del negro (...). En tanto que los negros conocieran y mantuvieran "su lugar" se les toleraba (...). Lo que los blancos odiaban era que el negro pensara y actuara de acuerdo con el principio de que todos los hombres se habían creado iguales (Baran y Sweezy, 1969, pp. 199-200).

Más adelante:

Realmente no hay ningún misterio acerca del por qué las reformas que quedan dentro de los límites del sistema no ofrecen ninguna perspectiva de mejora importante para las masas negras. El sistema tiene dos polos: riqueza, privilegio, poder, en uno; pobreza, privaciones, debilidad, en el otro. Siempre ha sido así, pero anteriormente todos los grupos podían subir porque la expansión dejaba espacio arriba y había otros listos para tomar su lugar en la base. Hoy día los negros están en la base y no hay espacio arriba ni nadie está dispuesto a tomar su lugar. Así, sólo los individuos pueden ascender, no el grupo como tal; las reformas ayudan a los pocos, no a los muchos. Para los muchos nada que no sea un cambio en el sistema –la abolición de ambos polos y la sustitución de una sociedad en la que la riqueza y el poder sean compartidos por todos– puede transformar su situación. (*Ibid.*, p. 222)

Hace unos años atrás, en un documento emitido por el Consejo Regional Indígena del Cauca (CRIC) –Colombia–, se lee:

Y se nos mata con ideas cuando a nosotros mismos nos meten en la cabeza que es vergonzoso seguir nuestra propia cultura, hablar nuestra propia lengua, vestir nuestros propios vestidos, comer ciertas cosas que la naturaleza nos da o nosotros producimos.

Accediendo a través de la *web* al Centro de Documentación Indígena "José María Ulcué", es posible, por ejemplo, conocer la "misión" y la "plataforma de lucha" que se han planteado los miembros del CRIC:

La Misión del CRIC ha sido la defensa de los derechos fundamentales y específicos de los pueblos indígenas, para lo que ha implementado equipos de capacitación, apoyo jurídico, el impulso a proyectos productivos, de educación y salud, teniendo como principios rectores la Unidad, la tierra y la cultura, pilares fundamentales en la búsqueda de la Autonomía.

Plataforma de lucha

1. Recuperar las tierras de los resguardos
2. Ampliar los resguardos
3. Fortalecer los cabildos indígenas
4. No pagar terraje
5. Hacer conocer las leyes sobre indígenas y exigir su justa aplicación
6. Defender la Historia, la lengua y las costumbres indígenas
7. Formar profesores indígenas
8. Fortalecer las empresas económicas y comunitarias
9. Defender los recursos naturales y ambientales de los territorios indígenas.
(Fuente: http://cdipebicric.bligoo.com.co/)

Argentina, comparada con otras naciones de *NuestraAmérica*, debido a una combinación de lo que fue la "Campaña del Desierto" y los procesos inmigratorios de origen europeo hacia fines del siglo XIX y las primeras décadas del siglo XX, ha pretendido ocultar la existencia de numerosas comunidades de pueblos originarios. Salvo en los últimos años, debido fundamentalmente a las protestas de los Mapuche y de otras etnias indígenas del norte y noreste del país, se comenzó a tomar conocimiento de los despojos de tierra para que, por una parte, un puñado de extranjeros y criollos se dedicaran al *neg-otium* del ecoturismo, mientras que por otro lado los despojos estuvieron y están vinculados al corrimiento de la frontera agrícola para beneficio de la oligarquía terrateniente.

Tan reprochable e indigno como lo relatado, es el desprecio de las élites de nuestro país y de otras naciones de *NuestraAmérica* hacia los pueblos originarios, pues en el mejor de los casos el único interés de algunos gobernantes es "usarlos" como objetos exóticos para el fomento de la actividad turística o para hacer "folclorismo". Quizá este sea el caso del exjefe de gabinete, Jorge Capitanich, quien, además de haber elogiado en un libro de su autoría las políticas del neoliberalismo en la década de 1990 (Capitanich, 1998), dijo que la muerte del niño Qom, Néstor Femenía, por desnutrición y afectado por una tuberculosis pulmonar, fue "un hecho aislado". El señor Capitanich nunca escuchó el proverbio que dice: "Donde hay soberbia, allí habrá ignorancia; pero donde hay humildad para aprender, habrá sabiduría". Proverbio que me recuerda, además, algunos versos de una canción infantil española que este y otros/as funcionarios/as deberían memorizar:

Tanto vestido blanco, tanta parola.
Y el puchero a la lumbre con agua sola.
(...)
Tanto reloj de hora tanta cadena
luego vas a su casa y ahí no hay cena.
(...)

*Tanto coche de lujo, tanto boato
y llegando a casa no tienes plato.*

El que no haya masacres masivas contra los pueblos indígenas no quita que sigan viviendo marginados y expuestos al racismo o a políticas de asimilación bajo la promesa de recibir subsidios por parte del Estado. Por consiguiente, es parte del "deber-ser" de todos/as exigir que cesen las persecuciones y asesinatos de indígenas comuneros: Toba, Wichi, Pilagá, Qom y Nivaclé, en Chaco y Formosa. Soslayar el NUNCA MÁS, en casos como estos, amerita una sola respuesta: el *Aika Liwen* ("Rebelde Amanecer" en lengua *mapudungun*, que en conformidad con su etimología significa: "el hablar de la tierra").

A fines de febrero de 2015 el Círculo de Docentes por la Identidad y la Cultura de los Pueblos Originarios ha expresado su pesar por una nueva situación de violencia institucional contra el pueblo Mapuche; el comunicado difundido pone en evidencia, una vez más, que los sucesivos gobiernos argentinos continúan con su política de discriminación étnica:

> El 3 de febrero del corriente año nació en Choele Choel, Calfú Ñancu Leufú. Al igual que cualquier familia, sus padres asistieron al registro civil, pero le negaron el derecho a su identidad cultural al no permitirles registrarlo en su lengua, con el paupérrimo argumento de que "el nombre no sale en internet". Ante tal acto de discriminación sus padres tuvieron que realizar trámites adicionales y afrontar los perjuicios que esto acarrea, como por ejemplo, no poder acceder a una obra social.
>
> Denunciamos que esta situación discriminatoria en los registros civiles de Río Negro es sistemática e histórica, visto que en repetidas ocasiones se ha negado la inscripción de niñxs con nombres mapuche según el requerimiento de sus padres, que deben recurrir a la intervención del INAI para certificar su identidad cultural y la existencia u origen del nombre.
>
> Estas conductas no sólo son violatorias de derechos fundamentales, como el derecho a la identidad (garantizado por la Convención Internacional de los Derechos del Niñx, la Constitución Nacional y leyes nacionales) sino también de toda la legislación vigente en relación con el reconocimiento de los pueblos originarios. Es inadmisible que en los registros civiles de la provincia se desconozca normativa básica como la ley de nombres, que establece que "podrán inscribirse nombres aborígenes o derivados de voces aborígenes autóctonas y latinoamericanas…", así como también la ley provincial integral del indígena (ley Nº 2287), que considera "la pertenencia indígena mapuche de acuerdo a la autopercepción y al reconocimiento como tal por parte de la familia, asentamiento o comunidad de pertenencia".
>
> Entendemos que estas omisiones no son casuales ni inocentes, sino que son parte de las políticas estatales que demuestran, una y otra vez, que existe

una continuidad de las prácticas colonizadoras a través de las instituciones del Estado. Al igual que en los años posteriores a la "conquista" el pueblo Nación Mapuche sigue padeciendo una relación de sujeción con el Estado argentino, el cual continúa reproduciendo políticas integracionistas que violentan sus derechos.

La lengua no es un componente más de la cultura, su uso y desarrollo implica un factor de fortalecimiento de la autoafirmación y la autoestima individual y social, es la expresión del pueblo vivo. Para el pueblo mapuche existe una forma particular de nombrar a un niño o niña a partir de su nacimiento, que está relacionada con su cosmovisión, la observación del entorno natural y la interpretación de las fuerzas. Negar la posibilidad de nombrar al niñx respetando su identidad individual como mapuche es negar la existencia del pueblo.

Denunciamos esta situación pues como docentes asumimos la responsabilidad de trabajar en pos de una educación intercultural que nos permita a todos y todas vivir en una sociedad más justa, respetuosa de la diversidad y que rompa con el mandato "civilizador" que oprime a nuestros pueblos originarios. Exigimos al Estado rionegrino que se arbitren los medios legales para evitar las demoras, tramites y angustias que esta situación violenta y discriminatoria genera en las personas mapuche que quieren ejercer sus derechos.

Fuentes: Anahí Meli (2984322319) y Laura Santillán (0299-156018031)

Demandemos que frente a situaciones como la negación de identidad aludida en el comunicado anterior, el Estado Nacional ponga a disposición todos los medios que sean necesarios para respetar la diversidad cultural.

Con respecto a la muerte del niño Néstor Femenía, de haber sido un colaborador de la presidenta Cristina Fernández en el momento en que ordenó que su hijo Máximo Kirchner (junio de 2012) fuera trasladado en el avión presidencial Tango 01 para ser operado de una rodilla, no hubiera pensado en volverme massista, macrista, duhaldista, delasotista, cobista o golpista, le hubiera preguntado: "¿Y los demás?".

Quizás la presidenta lo haya hecho porque es parte del protocolo del "capitalismo serio" del que hizo mención en varias oportunidades, aunque estoy convencido que lo urdió porque cree que el cargo que ocupa le confiere dominio de lo que es patrimonio del pueblo todo. El Tango 01 no es la Ferrari de *mierda* como la que le habían "obsequiado" a Carlos Saúl Menem, motivo más que suficiente para que deje a un lado la "terquedad" a la que aludiera el expresidente Mujica y comprenda que no puede decir: "el Tango 01 es mío, mío, mío".

Tampoco ha sido demasiado ético que el gobernador de Tucumán, José Alperovich, utilizara (diciembre de 2014) el avión sanitario de la provincia para viajar de vacaciones con su esposa a Punta del Este.

En estos casos no es la primera vez que se producen polémicas por el uso de aeronaves del patrimonio de las provincias o de la Nación por parte de funcionarios y/o sus familiares. Mientras pienso en estos mecanismos de erosión de la confianza ciudadana me viene a la memoria la pista de aterrizaje de 2.400 metros de longitud que se hizo construir el hoy senador nacional Carlos Saúl Menem en su pueblo natal (Anillaco). Personaje que desde el Poder Ejecutivo fue responsable del genocidio social de la década de 1990.

Tampoco confío en quien fuera vocero de Menem en el proceso de privatización de YPF, Oscar Parrilli, designado por la presidenta Cristina Fernández (16 de diciembre de 2014) titular del nuevo Servicio de Inteligencia (SI). Ojalá me equivoque, pero no creo que pueda o quiera honrar ese cargo develando todos los enigmas que rodean el gravísimo atentado terrorista padecido por la AMIA, en especial porque pasados 21 **años** de impunidad hay familiares de las víctimas y muchos sectores del pueblo que esperamos verdad y justicia. Repito, ojalá que por el poder mismo de la vergüenza me equivoque y, consecuentemente con la exigencia ciudadana de verdad y justicia, al menos devuelva soberanía energética al país desclasificando las cláusulas confidenciales del convenio entre YPF y Chevron.

En esta porción de la Patria Grande, y a partir de los últimos años de gobierno del Frente para la Victoria, han sido muchas las conquistas sociales que se han realizado. Esto, a diferencia de la mayoría de los sectores opositores, hay que reconocerlo, pero también, frente a la imposibilidad de recorrer un proceso revolucionario radical que suponga el advenimiento del control del Estado por la vía de la "toma del poder", no se puede ignorar que la centralidad de este modelo reformista y desarrollista está afirmada en la voluntad política de no realizar acciones significativas en contra de los intereses del capital concentrado, ya que de hacerlo se pondría en riesgo el carácter históricamente instrumentalista que tiene el Estado capitalista, consistente en manipular a voluntad la centralidad del desenvolvimiento de los mercados y el control de cualquier proyecto emancipatorio que socave las relaciones sociales de producción, pieza fundamental para continuar manipulando esa mercancía que Marx llama "fuerza de trabajo".

Vayamos al papel que John Holloway, en *Cambiar el mundo sin tomar el poder*, le atribuye al Estado capitalista para poder comprender, de manera más general y desde su actual visión geopolítica, su actual funcionamiento:

> El capital no se basa en la propiedad de las personas sino en la propiedad de lo hecho y, sobre esta base, del repetido comprar el poder-hacer de las personas. Dado que no hay propiedad de las personas, ellas muy fácilmente pueden rechazar tener que trabajar para otros sin sufrir un castigo inmediato. El castigo proviene más bien del hecho de ser separadas de los medios de

hacer (y de supervivencia). El uso de la fuerza no proviene entonces de la relación directa entre capitalistas y trabajadora o trabajador. La fuerza, en primer lugar, no se centra en el hacedor sino en lo hecho. No la ejerce el propietario individual de lo hecho porque eso sería incompatible con la naturaleza libre de la relación entre el capitalista y la trabajadora o el trabajador, sino en una instancia separada responsable de proteger la propiedad de lo hecho: el Estado. La separación de lo económico y lo político (y la constitución misma de lo "económico" y lo "político" por esta separación) es, por lo tanto, central para el ejercicio de la dominación bajo el capitalismo (…) sin esta separación, la propiedad de lo hecho (como opuesta a la posesión meramente temporal) y, por tanto, el capitalismo mismo, serían imposibles. (Holloway, 2002, p. 58)

Así y todo, para José Martí, los agraviantes sucesos relatados anteriormente y el silencio cómplice de otros, son propios de quienes creen que:

Se viene a la vida como cera, y el azar nos vacía en moldes pre-hechos. Las convenciones creadas deforman la existencia verdadera (…) Las redenciones han venido siendo teóricas y formales; es necesario que sean efectivas y esenciales (…) La libertad política no estará asegurada mientras no se asegure la libertad espiritual (…) la escuela y el hogar son las dos formidables cárceles del hombre. (Martí, 1991)

Después de repasar todos estos lamentables episodios, coincido con un llamamiento/deseo que realizan Stéphane Hessel y Edgar Morin:

No queremos fundar un partido nuevo, ni sumarnos a un partido antiguo, sino que deseamos llevar a cabo una regeneración a partir de las cuatro fuentes que alimentan a la izquierda: la fuente libertaria, que se centra en la libertad de los individuos, la fuente socialista, que se centra en la mejora de la sociedad, la fuente comunista, que se centra en la fraternidad comunitaria y –añadimos– la fuente ecológica, que nos devuelve nuestro vínculo y nuestra interdependencia con la naturaleza, y más en profundidad con nuestra Madre Tierra, y que reconoce en nuestro sol la fuente de todas las energías vivas. Deseamos que los partidos políticos actuales, cuyos recursos se han agotado y por añadidura se han fosilizado, acepten descomponerse para proceder a una recomposición que bebería de las cuatro fuentes al mismo tiempo (…). No proponemos un pacto a los partidos ya existentes. Deseamos contribuir a la formación de un poderoso movimiento ciudadano, de una insurrección de las conciencias capaz de engendrar una política a la altura de estas exigencias. (Hessel y Morin, 2013, pp. 73-74)

"Estas exigencias" obligan a articular el pasado ominoso para adueñarnos de la memoria histórica referida a todas las formas de genocidio, racismo y etnocidio. Ni los unos ni los otros tienen una calificación que les confiere más o menos estatus.

Al cumplirse 37 años del último golpe de Estado, escribí:

LA COMPLICIDAD DE LA FILIAL DE FORD, OTRO EJEMPLO DE IMPUNIDAD

A la una de la madrugada del 24 de marzo de 1976, Isabel Martínez de Perón fue derrocada; en su lugar asumió la Junta de Comandantes de las FF.AA, integrada por Videla, Massera y Agosti. De inmediato, tropas provenientes de regimientos, bases navales y comisarías ocuparon edificios públicos e intervinieron las organizaciones políticas y gremiales.

Grupos armados, uniformados algunos, y otros vestidos de civil, salieron con extensos listados a la caza de militantes políticos y sindicales, estudiantes, obreros, docentes, artistas, empleados, periodistas, curas, monjas. Ningún sector de la sociedad argentina quedaría a salvo. Había que terminar con toda forma de movilización popular.

Se clausuró el Congreso Nacional, se prohibió la actividad política y sindical y se obligó a la población a cumplir las órdenes emanadas de la Junta Militar.

Con el nombre de Proceso de Reorganización Nacional, se ponía en marcha la dictadura más devastadora que conoció la Argentina del siglo XX.

La verdadera cara del autodenominado Proceso de Reorganización Nacional fue el Terrorismo de Estado: la implantación de una política cuidadosamente planificada y ejecutada por ideólogos civiles, empresarios y militares que actuaron pública y al mismo tiempo clandestinamente a través de sus estructuras institucionales, mediante la "doctrina de la seguridad nacional", inspirada en los lineamientos que para los ejércitos de América Latina delineó Estados Unidos.

El Estado argentino contó, entre otras empresas multinacionales, con la explícita, y todavía impune, colaboración de la filial local de Ford. La empresa suministraba vehículos a los militares, entre ellos el Ford Falcon, automóvil que fuera utilizado en miles de secuestros y desapariciones. Mientras esto ocurría, Ford era correspondida por la Junta Militar eliminando dirigentes sindicales problemáticos. Cientos son los testimonios del proceso de militarización de la fábrica ubicada en la localidad de Pacheco, provincia de Buenos Aires. Bastaría citar dos fuentes: la de Victoria Basualdo, quien escribió el artículo "Complicidad patronal-militar en la última dictadura argentina", publicado en Engranajes: Boletín de FETIA, n° 5, edición especial, marzo de 2006; o bien, la edición de *Página 12* del 24 de febrero de 2006, donde, bajo el título: "Demandan a la Ford por el secuestro de gremialistas durante la dictadura", aparece el nombre de uno de los querellantes, Pedro Troiani, leyéndose que lo "...pasearon por la fábrica, lo hicieron al descubierto para que la gente pudiera verlo: Ford lo utilizó para acabar con los sindicatos en la fábrica".

Fue el fin de la Argentina industrial, de la economía de sustitución de exportaciones, de las fábricas y el pleno empleo. Se inició un esquema de concentración de la riqueza, apertura irrestricta a los productos extranjeros, atracción de capitales financieros especulativos y endeudamiento. "Este cuadro de exterminio" –dirá Rodolfo Walsh en su famosa "Carta Abierta" a la Junta, a un año del golpe de Estado–, que sacude la conciencia del mundo civilizado, no es sin embargo el que mayores sufrimientos ha traído al pueblo argentino. Tenemos que releer esa Carta una y mil veces: "El espectáculo de una Bolsa de Comercio –sigue Walsh– donde en una semana ha sido posible para algunos ganar sin trabajar el cien y el doscientos por ciento, donde hay empresas que de la noche a la mañana duplicaron su capital

(...) y el crédito nacional en manos de la banca extranjera, indemnizando a la ITT y a la Siemens (premiando) a empresas que estafaron al Estado (aumentando) las ganancias de Shell y la Esso (...) Frente al conjunto de esos hechos cabe preguntarse quiénes son los apátridas de los comunicados oficiales, dónde están los mercenarios al servicio de intereses foráneos, cuál es la ideología que amenaza al ser nacional". "En la política económica –citamos nuevamente a Walsh– debe buscarse no sólo la explicación de sus crímenes sino una atrocidad mayor que castiga a millones de seres humanos con la miseria planificada".

Hace unos años atrás, en una de las actividades realizadas en la UNCo durante la gestión del Dr. Rabassa, Osvaldo Bayer habló de un mito de la sabana africana: el *Mambagua*. Contaba que durante la hora de la siesta, en esa inmensa llanura se producía una especie de largo insomnio, tan prolongado como audible. En eso consistía el *Mambagua*. En realidad, Bayer utilizaba la leyenda como una metáfora para ilustrar lo que nos sucedió a los argentinos durante los años de plomo, y aún en los noventa, cuando no pudimos, quisimos o supimos despertar a tiempo de lo que fuera uno de los mayores genocidios sociales que padecimos.

Si en verdad la memoria histórica de un pueblo no está encarcelada por el olvido ni por los efectos del *Mambagua*, no hay poder que impida a quienes no se sienten sujetados a ningún ideologismo refugiarse en el remanso del silencio. En esos casos, la solidaridad puesta en escena mediante las acciones políticas convenidas en comunión con quienes padecen discriminación, será el triunfo de la desgracia que tendrán que enfrentar los/as responsables de vejámenes que llegan a convertirse en crímenes de lesa humanidad. Frente a situaciones semejantes no puedo evitar citar un fragmento de *El exilio de Helena*, escrito por un artesano argelino de las palabras, Albert Camus. Este laureado escritor, en una Europa en ruinas y en un mundo por reconstruir, hace referencia a la tragedia del pensamiento moderno que empujó a la humanidad a la cumbre de la barbarie en Auschwitz e Hiroshima:

> Hemos exiliado la belleza. Los griegos tomaron las armas por ella. Primera diferencia, pero que viene de lejos. El pensamiento griego se ha escudado siempre en la idea de límite (...). Tomó en cuenta todo, equilibrando las sombras con la luz. Nuestra Europa, al contrario, lanzada a la conquista de la totalidad, es hija de la desmesura. Niega la belleza como todo lo que no exalta. Y, aunque de forma diversa, no exalta sino una sola cosa: el imperio futuro de la razón. Hace retroceder en su locura los límites eternos, y, de inmediato, oscuras Furias se abaten sobre ella y la desgarran. (...). Deliberadamente, el mundo ha sido amputado de lo que sustenta su permanencia: la naturaleza, el mar, la colina, la meditación de las tardes. (...). Uno busca en vano los paisajes en la gran literatura europea desde Dostoievski. La historia no explica el universo natural que existía antes

que ella, ni la belleza que está por encima de ella. Ha decidido, pues, ignorarlos. Mientras que Platón lo contenía todo, el sinsentido, la razón y el mito, nuestros filósofos no contienen más que el sinsentido y la razón, porque crearon los ojos para los demás (…). Desde hace mucho tiempo el esfuerzo de nuestros filósofos no ha apuntado sino a reemplazar la noción de naturaleza humana por la de situación, y la armonía antigua por el impulso desordenado del azar o el movimiento despiadado de la razón (…), hoy los mesianismos se enfrentan y sus clamores se funden en el choque de los imperios (…) Ya no es a martillazos cómo Europa filosofa sino a cañonazos. Con todo, la naturaleza todavía está aquí. Opone sus cielos tranquilos y sus razones a la locura de los hombres. Hasta que el átomo arda también y concluya la historia con el triunfo de la razón y la agonía de la especie (…). Pero esta época es la nuestra y no podemos vivir odiándonos. No ha caído así de bajo sino tanto por el exceso de sus virtudes como por la grandeza de sus defectos. Lucharemos por aquella que, de entre sus virtudes, viene de lejos. Los caballos de Patroclo lloran a su amo muerto en la batalla. Todo está perdido. Pero el combate se reanuda con Aquiles y la victoria espera el final, porque la amistad acaba de ser asesinada: la amistad es una virtud (…). ¡Oh idea luminosa, la guerra de Troya se lleva lejos del campo de batalla! También caerán esta vez los muros de la ciudad moderna para entregar, "alma serena como la calma de los mares", la belleza de Helena. (Fuente: http://www.trestribuscine.com/)

En la *Patria Grande*, la "belleza de Helena" ha sido forjada con la creación del primer Estado Plurinacional y Pluriétnico del mundo en la República Hermana de Bolivia. Ese Estado es gobernado por un presidente de origen aymara, Evo Morales, quien entre otras políticas, además de recuperar la gran riqueza mineral y de hidrocarburos con procesos de reestatización nada comparables con la vergonzosa reestatización de YPF en nuestro país, lleva a cabo acciones que terminan con la destrucción de la biodiversidad y la vigencia de las economías de subsistencia. Con todo, una vez más la *"belleza de Helena"* es hostigada por el fantasma de un ecologismo lisa y llanamente golpista, ya que tal como lo plantean Alfredo César Dachary y Stella Maris Arnaiz Burne…

> (…) la otra Bolivia –la tropical, la amazónica, que es un granero y, a la vez, una zona con grandes riquezas energéticas– intentó con apoyo externo balcanizar el país y crear nuevas naciones (…). Las ONG ambientalistas internacionales impulsan organizaciones locales que aplican sus criterios y políticas, generando enfrentamientos con la población y los gobiernos (…). Un ejemplo de ello es Eco-Bolivia, una ONG que actúa sobre las áreas de conservación (…) promoviendo el ecoturismo como un negocio propio. (Dachary y Arnaiz Burne, 2014, p. 94)

También Ecuador se ha sumado a la "belleza de Helena" para darle a los pueblos originarios su lugar en la política actual, en la inteligencia de que estos pueblos no necesitan de ninguna ayuda foránea para preservar la biodiversidad. Incluso la República Bolivariana de Venezuela, esta otra parte de la *Patria Grande* nuevamente amenazada por EE.UU. –en esta ocasión, como comenté en la Introducción, a través de un decreto del presidente "demócrata" Barack Obama–, en los artículos 119 y 120 de su Constitución, se afirma:

> El Estado reconocerá la existencia de los pueblos y comunidades indígenas, su organización social, política y económica, sus culturas, usos y costumbres, idiomas y religiones, así como su hábitat y derechos originarios sobre las tierras que ancestral y tradicionalmente ocupan y que son necesarias para desarrollar y garantizar sus formas de vida. Corresponderá al Ejecutivo Nacional, con la participación de los pueblos indígenas, demarcar y garantizar el derecho a la propiedad colectiva de sus tierras, las cuales serán inalienables, imprescriptibles, inembargables e intransferibles de acuerdo con la establecido en esta Constitución y en la ley. (Art. 119)
> (…) el aprovechamiento de los recursos naturales de los hábitats indígenas por parte del Estado se hará sin lesionar la integración cultural, social y económica de los mismos e, igualmente, está sujeto a previa información y consulta a las comunidades indígenas respectivas. (Art. 120)

En la República Bolivariana de Venezuela actúan como agentes de desestabilización político-institucional grupos de ecologistas financiados por países europeos y EE.UU.:

> … y es ahí donde emerge la otra cara de la ecología, el ser una ideología del capitalismo global, que hoy toma partido en un nuevo enfrentamiento posguerra fría y que es evidente en los tres países con modelos de cambio: Ecuador, Venezuela y Bolivia. (*Ibid.*, p. 107)

De allí que sistematizar históricamente el pasado no es correr el velo de lo que realmente aconteció. Significa dar cuenta de la memoria de algo que amenaza volver a convertirse en un peligro. En este sentido, si bien la Argentina, de manera visible y sostenida desde el año 2008, también es presa de la voracidad golpista de buena parte de su clase dirigente, a diferencia de los países del ALBA –cuyas políticas conducen a la auspiciosa aventura del *SOCIALISMO DEL SIGLO XXI*: al *SUMAK KAWSAY* y el *SUMA QAMAÑA*–, evade la indelegable responsabilidad del Estado en la preservación de la biodiversidad. En nuestro país, el "desarrollo sustentable" es un oxímoron que nada tiene que ver con esa figura retórica de uso corriente en la literatura poética, pues en este caso el concepto remite claramente a una retórica malsana destinada a desviar la atención acerca de la responsabilidad estatal en la degradación del ambiente, pero palmariamente a la concepción liberal de que la extensión perpetua del consumo sin límites garantiza, así lo establece el informe Brundtland, la compatibilidad del crecimiento económico indefinido, la satisfacción de todas las necesidades humanas y la conservación de los equilibrios ecológicos. Algunos ejemplos son suficientes para tomar nota de que el modelo de "desarrollo sustentable" de estos últimos años muestra una capacidad prácticamente nula en lo concerniente al fomento de actividades económicas que garanticen sostenibilidad sin recurrir a esa cáscara vacía como serían los satisfactores inhibidores del *SUMAK KAWSAY* y el *SUMA QAMAÑA*; por ejemplo: democracia formal porque recurre siempre a la falacia del voto para calificar los estándares de adhesión al modelo económico vigente, mesianismo, dirigismo, ecologismo, etc. Sin embargo, no es posible negar el desdén del gobierno, sectores de la oposición, "empre(saurios)" y el recurrente "periodismo independiente" en las graves consecuencias que pueden modificar de manera irreversible muchas ecorregiones: el extractivismo puesto en marcha a través de la explotación minera a cielo abierto (Barrick Gold); la explotación hidrocarburífica "no convencional" (convenio YPF-Chevron y otras empresas) o el avance de la frontera agrícola para imponer el monocultivo del lucero estelar de Monsanto: la soja transgénica. Afortunadamente, la resistencia de muchas comunidades hace posible un eco que sirve de estímulo para eliminar los inhibidores del *SUMAK KAWSAY* y el *SUMA QAMAÑA*; por ejemplo:

> El "efecto La Alumbrera", tanto en razón de que abarca varias provincias como por el hecho de que demuestra de manera palpable cuáles son las consecuencias sociales, económicas y ambientales que genera este tipo de megaemprendimientos, fue articulándose con el "efecto Esquel", constituyéndose en un poderoso incentivo, en un proceso de construcción de territorios en red. Asimismo, las luchas han ido abriendo progresivamente un canal de expresión para las demandas de las comunidades indígenas, tan invisibilizadas en nuestro país. Esas comunidades (...) exigen el cumplimiento del derecho a la consulta, así como la participación de los pueblos indígenas sobre el territorio que habitan, como consta en diversos tratados internacionales, incluidos en la Constitución Argentina. Así, como en otros países de América Latina, entre sus principales demandas se destacan el respeto de los derechos territoriales, la gestión de los recursos naturales y el respeto a su cultura y su cosmovisión. (Svampa, Sola Álvarez y Bottaro, 2009, p. 178)

El 11 de agosto del año 2008, al recordar a un amigo, Daniel; a una compañera de militancia, Sandra (Marcela), y a su hija Sol, víctimas de la última dictadura cívico-militar, escribí:

UNA INVOCACIÓN POLÍTICAMENTE INCORRECTA

Cuando se miente descaradamente, cuando se cosifica la memoria y cuando el Derecho no es confiable, el Soberano no debe callar ni reprimir sus ansias de Justicia. Así lo creyeron los Cumpas desaparecidos. La que sigue es una evocación en la que dos personajes, Daniel, Sandra (Marcela) y Sol, pudieron ser cualquiera de los y las 30.000.

Desde estudiante en el cuarto año de una escuela secundaria, a Daniel le pareció injusto que pudiera llevar una vida despreocupada en medio de tanto sufrimiento ajeno. Así fue que tomó la decisión firme de dedicarse con pasión a construir la sociedad de iguales. Tuvo la certeza de que su búsqueda, a pesar de los numerosos obstáculos, era mucho más que una cuestión de principios. Quería ser un revolucionario; había dado con la idea de que la afirmación del mundo bello y de la militancia se podían conjugar armoniosamente. Creía que la ética de respeto a la vida le proporcionaría la obligación incesante de preocuparse por todos los despojos humanos que producía la sociedad capitalista. No se permitió vivir sólo para instruirse, aunque supiera que la instrucción le sería muy útil. Consagró gran parte de su vida y la vida misma para sus semejantes. Se liberó de la aborrecida rutina burocrática de su primer trabajo cuando lo echaron por adherir a un paro. Por otra parte, la mamá de Sol, Sandra (Marcela), era hermosa, sensual, inteligente, apasionada, despreocupada y hasta desordenada por naturaleza. El uno y la otra configuraban una combinación extraordinaria. Al igual que él, Sandra (Marcela) observaba la realidad en la que se encontraba inmersa y sentía la monstruosa anomia que le rodeaba. No era algo impreciso, se trataba de hombres, con o sin uniforme, que hoy, en el día que comienzan los juicios contra los genocidas que actuaron en nuestra región, nos hacen decir: ¡qué años aquellos!, ¿cómo pudo la sociedad argentina permanecer tanto tiempo sin aire que respirar y en silencio?, ¿cómo fue que dejaron que tantos y tantas jóvenes fueran hechos desaparecer?, ¿cómo fue que pensaron o piensan que con una justicia que ahora es presentada con un ropaje de siniestro humanismo es posible alguna reparación?

Sandra (Marcela) fue una joven "chamana", una mujer sabia, "partera del espíritu revolucionario", la encarnación de todo lo bello e inalcanzable. Al igual que Daniel, hizo de su vida un ritual de convicciones políticas, sociales y libertarias. No actuaron en nombre de la verdad como suelen decir algunos, tenían la profunda certeza de que esta sería siempre una aspiración eterna.

Fueron conscientes de que el amor fraternal hacia el prójimo sufriente jamás pide nada a cambio. Por eso a nosotros nos corresponde exigir ahora y siempre JUSTICIA. Por eso nosotros entendemos que hay un fundamento para la memoria: el enemigo sigue omnipresente y no nos es desconocido. No podemos tolerar con resignación, que una justicia indecente será capaz de reconocer culpa alguna después de tantos años de olvido.

Vivimos, como dice Mirta Mántaras, en "democracias de baja intensidad". Tanto es así que quienes nos gobiernan hacen de la existencia cotidiana un sinfín de frustraciones.

LECTURA ACTIVA

El sociólogo francés Michel Wieviorka en *El espacio del Racismo* (1992) propone un análisis en el que distingue cuatro niveles de racismo:

a) El primer nivel habría que clasificarlo como *infrarracismo*, un fenómeno inorgánico y aparentemente desarticulado con la presencia de doctrinas, la difusión de prejuicios y de opiniones con frecuencia más xenófobas que racistas. La violencia puede aparecer difusa o más localizada: la segregación tanto social como racial puede producirse hacia grupos étnicos que comparten la marginación con bolsones de miseria y desocupación; la discriminación aparece en instituciones aunque no logra estigmatizarse en lo inmediato.

b) En un segundo nivel el racismo es aún *fragmentado*, aunque se muestra más preciso, manifiesto y cuantificable en los sondeos de opinión. La doctrina más extendida aparece en ciertos medios periodísticos. La violencia es más frecuente y dirigida, y deja de ser un fenómeno secundario. Tanto la segregación como la discriminación son más evidentes y perceptibles dentro de la vida social y generan un espacio visible, aunque sin hallar una unidad concreta.

c) Esta actitud aparece en el tercer nivel en su forma *política*, cuando el racismo se convierte en un principio de acción de una fuerza política o parapolítica que anima debates, ejerce presiones, moviliza a amplios sectores de la población, capitaliza ideologías, opiniones y prejuicios, los orienta y desarrolla por medio de intelectuales orgánicos, y puede utilizar la violencia como un medio para la toma del poder. En este contexto hace proyectos de segregación racial y reclama medidas discriminatorias.

d) En el último nivel el racismo es *total*, cuando el Estado mismo se organiza de acuerdo a orientaciones racistas y asume al racismo como ideología propia: desarrolla políticas y programas de exclusión, de destrucción o de discriminación masiva: el grupo segregado carece totalmente de espacio; conmina a intelectuales a colaborar con este proyecto racista y estructura las instituciones en función del mismo. El racismo total se encarna en el Estado que se convierte en sectario y terrorista. (Fuente: COMISIÓN DE EDUCACIÓN DE LA ASAMBLEA PERMANENTE POR LOS DERECHOS HUMANOS. *Discriminación. Un abordaje didáctico desde los derechos humanos*. Buenos Aires, APDH-INADI, p. 43).

En tu opinión, independientemente de que estos niveles puedan estar conectados entre sí y dar origen a otra categoría:
1. ¿Dónde ubicarías y por qué a los casos relatados en este Proscenio?
2. Si conoces otros casos haz el mismo ejercicio de reconocimiento.
3. Como en las otras Lecturas Activas, procura compartir tus comentarios.

PROSCENIO 10
Del *SUMAK KAWSAY* y el *SUMA QAMAÑA* al "Socialismo del siglo XXI"

> *El hombre se ha emancipado de todo marco trascendental, pero, como señala Lipovetsky, ha caído en la "era del vacío". Vivir sin ideal, sin objetivos trascendentes, sin compromisos políticos, reduce los intereses humanos a la esfera puramente privada. Los problemas personales toman entonces dimensiones desmesuradas. Esta hipertrofia del espacio privado señala el fin del "homo politicus"* (Platón y Aristóteles, Hegel y Marx), *y el nacimiento del "homo psicologicus".*
> María Josefina Regnasco: Crisis de civilización (2012)

Si la palabra experta de los científicos no siempre es la de fijar una posición que equidiste de los intereses de los que tienen capacidad y poder para demandar sin que les importe el bien común, queda muy claro que su opinión o recomendación está viciada de ideologismos, y no importa si la consecuencia pueda acelerar la barbarie, la catástrofe ecológica planetaria o la aniquilación de los sectores más vulnerables de la sociedad. Si este es el caso, quisiéramos creer que ninguna de las UU.NN. estaría dispuesta a avalar recomendaciones que atenten contra el bien común. Pero cuando desde la membresía de algún miembro de un consejero superior de cualesquiera de las UU.NN., se plantea el pedido de constituir una comisión de expertos para evaluar el impacto ambiental de un proyecto de explotación minera, diferente es la situación, ya que existe la sospecha de que el legítimo reclamo de los pobladores que ven peligrar el entorno ambiental y su salud no es considerado científicamente admisible.

Cuando tal cosa ocurre, creo que algunos miembros de la academia, bajo el disfraz de una supuesta neutralidad ética e ideológica, padecen de una furibunda indignación, ya que consideran que la *doxa* popular es una afrenta para los fundamentos mismos de la ciencia, una amenaza para los intereses de las multinacionales que buscan protegerse de la "ciencia cívica" apelando a algún "experto" con carisma. Y no se trata de decir cualquier disparate o sandez, sobran ejemplos. Uno de ellos, muy popularizado, fue la publicidad que en 1999, a favor de las multinacionales productoras de alimentos genéticamente transformados, grabara para su difusión el primer ministro de Gran Bretaña, Tony Blair: "yo como alimentos Frankenstein y son seguros", decía con total desparpajo. El mismo desenfado que lo condujo a asociarse con la bravuconada de la "venganza infinita" de George Bush, inmediatamente después del 11S.

¿Quién no conoce intelectuales mediocres que, en pos de ser reconocidos por sus pares, son capaces de afirmar, como dijera el eminente genetista Steve Jones, "el dinero no tiene olor"? Son los que jamás rechazarían el origen de cualquier beca o presupuesto de investigación, ya que la resiliencia o integridad intrínsecas del método científico actúan como un baluarte seguro frente a cualquier influencia despreciable. Bienvenidas sean las becas de la Barrick Gold, de Chevron o de Monsanto.

Por otra parte, es en el seno de las sociedades industrializadas que se ha desarrollado la teoría acerca de la "crisis civilizatoria", teoría que intenta explicar las contradicciones de la sociedad contemporánea ante una nueva modernidad generadora, como hemos visto en el Proscenio 1, de renovados discursos acerca del carácter avalorativo de los saberes científicos y técnicos.

Esta crisis del desarrollo sostenible o sustentable que tratamos con cierto detalle en el primer anexo, es de naturaleza multicausal, y nos pone como humanidad en los bordes de la ilusión ilustrada del progreso y el crecimiento más allá de los límites de tolerancia sociocultural y de los ciclos físicos, químicos y biológicos que sostienen la vida en la *Tierra Patria*. La industrialización, ya hemos visto, ha generado un crecimiento vertiginoso de los residuos no biodegradables. Todo esto es el resultado de la concepción occidental de desarrollo cuya vertiente más contemporánea surge hacia fines de la Segunda Guerra Mundial y que, desde hace más de una década es antagónica al *SUMA QAMAÑA* y al *SUMAK KAWSAY*, el "Vivir Bien" o el "Buen Vivir" aymara y quechua, respectivamente; palabras cuyos significados constituyen formas de entender y organizar la vida a partir de alternativas y un código de valores propios de las culturas indígenas indoamericanas, en los que cobra relevancia una forma política de comunitarismo consistente en vincularse con el Otro o la Otra mediante vivencias cooperativas, interactivas y cotidianas, basadas –fundamentalmente- en disponer solamente de lo necesario y suficiente pues, como afirma José Sánchez Parga (2009, p. 137), este "Vivir Bien" responde al deseo de *"poder hacer su vida y no tanto dejarla a merced de fuerzas e intereses, lógicas y valores que, además de ajenos, le son hostiles"* a los seres humanos y a la tierra. Esta misma idea es planteada de manera similar por Gudynas en tanto el "Buen Vivir" significa rescatar la armonía entre lo material y lo espiritual, pero en el mundo actual, subrayando que no debe entenderse como un regreso a un pasado lejano, precolonial, sino como una idea en permanente evolución:

(...) debe quedar claro que el Buen Vivir no debería ser entendido como una reinterpretación occidental de un modo de vida indígena en particular (pero tampoco como) un intento de regresar o implantar una cosmovisión indígena que suplante el desarrollo convencional. (Gudynas, 2011, p. 18)

La racionalidad instrumental, basada en el crecimiento y el consumo, ha banalizado el escenario de nuestra cotidianeidad, haciendo de la precariedad y la vulnerabilidad de millones de seres humanos un trasfondo de devastación cuyas consecuencias trascienden a los miembros de los pueblos más afectados por la exclusión social, me refiero al hecho de que el "espectro" del "capitalismo real" también tiene sobrada injerencia en los procesos de sobreexplotación de la Naturaleza. Procesos de "sostenibilidad" y "desarrollo" que, por otra parte, está demostrado que son inviables a nivel planetario.

Será desde el "diálogo de saberes" al que hace referencia Enrique Left que podremos avanzar en la recuperación de la conciencia que nos devuelva una vida en armonía con la Naturaleza.

En relación con la educación, surgen importantes pronunciamientos internacionales que definen y sientan las bases de la denominada Educación Ambiental (EA), internalizando desde las mismas la noción de problemáticas ambientales. En este sentido los principales aportes han sido realizados por la UNESCO y el PNUMA: Seminario Internacional de Educación Ambiental, Belgrado, 1975; Conferencia Intergubernamental sobre Educación Ambiental, Tiblisi, 1977; Congreso sobre Educación y Formación Ambiental, Moscú, 1987; Conferencia de las Naciones Unidas sobre el Medio Ambiente y el Desarrollo, Río de Janeiro, 1992; Protocolo de Kyoto, 1997;[40] etc. A pesar de esto, como se verá en el primer anexo, la nueva modernidad sigue en deuda con las promesas de preservación del medio ambiente. Es que la crisis ambiental no es ideológicamente neutral, no es ajena a intereses económicos y sociales; por lo contrario: es desde la ideología dominante que emerge como consecuencia.

Por lo tanto: ¿es posible escudarse en el "ateísmo filosófico" o en la libertad de mercado para decidir sobre lo que por ser *común* es propiedad de toda la *koinônia* (*comunitas*-comunidad), de la que también es parte la mujer? Si lo es, entonces *¡todo se fue a la mierda o se hizo mierda!* Guardo esperanzas de que eso no ocurra con el triunfo del partido de izquierda Syriza y la asunción, como primer ministro, de Alexis Tsipras. Es que para este político, en la opinión de una feminista española, todas sus conciudadanas deben ser como Eris, la Diosa de la Discordia; en su opinión ninguna mujer ha sido nombrada como parte del gabinete. *Ma fanculo*, ¿qué pasará

---

40 En este caso, cabe recordar que varios países de los más contaminantes y degradantes de la biodiversidad no ratificaron ese Protocolo: Australia y, sobre todo EE.UU. que emite más del 25% de los gases que producen el "efecto invernadero".

con "*la classe operaia*" en Grecia... *andrà in paradiso o all'inferno*"?[41] Sin embargo, la información que viene a través de ciertas redes sociales también es un cóctel de *mierda*. ¿Quién es el responsable de tanta *mierda*?: "LA *MIERDA* DEL CAPITALISMO" que junto al *social killer*, urdieron el engaño de la Modernidad Colonial, Imperial, Sexista y Misógina. Días después la apreciación sobre la supuesta misoginia política de Tsipras fue desmentida mientras que las operaciones *mass*mediáticas poca relevancia le dieron a las razones del electo primer ministro griego para convocar a un referéndum popular el 5 de julio de 2015:

> 1. Desde la llegada de Syriza al poder en enero de 2015, Grecia sufre una "asfixia económica sin precedentes" por parte del Banco Central Europeo y el Fondo Monetario Internacional, con el objetivo de doblegar al Gobierno progresista e impedirle "poner fin a la austeridad y restaurar la prosperidad y la justicia social".
> 2. El objetivo de las negociaciones era conseguir un acuerdo viable "que respetara tanto la democracia como las normas europeas" para salir definitivamente de la crisis.
> 3. La troika exigió a Grecia el respeto de los acuerdos que tomaron los gobiernos anteriores, cuyas políticas económicamente ineficaces y socialmente desastrosas fueron rechazadas mayoritariamente por el pueblo griego, que decidió votar por Syriza.
> 4. En ningún momento el gobierno griego ha cedido a las amenazas de las instituciones europeas y del FMI.
> 5. Tras casi seis meses de negociaciones, el Eurogrupo presentó "un ultimátum a la República Helena y al pueblo griego". Este ultimátum "contraviene los principios fundadores y los valores de Europa". Europa Europa.
> 6. Europa presentó "una propuesta que suma nuevas cargas insoportables al pueblo griego y socava la recuperación de la sociedad griega y de su economía, no sólo manteniendo la incertidumbre, sino llevando aún más lejos los desequilibrios sociales".
> 7. Estas medidas imponen una "fragmentación del mercado laboral" con una mayor precariedad de los contratos, "recortes de pensiones, nuevas reducciones en los salarios del sector público y un aumento del IVA en alimentos, restaurantes y turismo, con la eliminación de las deducciones fiscales en las islas".
> 8. "Estas propuestas claramente violan las normas sociales europeas y el derecho fundamental al trabajo, la igualdad y la dignidad".

---

41 Como lo reproduje anteriormente, no puede olvidar esa gran lección del cine denuncia, "*La classe operaia va in paradiso*" (1971), que dirigiera Elio Petri y protagonizara Gian Maria Volonté.

9. El objetivo de la troika y de algunos miembros del Eurogrupo no es "conseguir un acuerdo viable y beneficioso para ambas partes, sino la humillación de todo el pueblo griego".
10. El objetivo es "castigar una voz diferente en Europa". Yanis Varoufakis, ministro griego de Finanzas.
11. El Fondo Monetario Internacional está obsesionado por la austeridad y las medidas de castigo.
12. La crisis griega afecta toda Europa y amenaza la unidad continental.
13. Yanis Varoufakis, ministro griego de Finanzas, fue arbitrariamente excluido de la reunión del Eurogrupo, en violación de la legalidad europea.
14. "La responsabilidad histórica en favor de las luchas del pueblo helénico y de la protección de la democracia y de nuestra soberanía nacional [...] nos obliga a responder a este ultimátum con la voluntad del pueblo griego".
15. Un referéndum tendrá lugar el 5 de julio de 2015 para que "el pueblo griego decida de forma soberana". "Ante este ultimátum y chantaje, os convoco para que decidáis de forma soberana y con orgullo, como dicta la historia de Grecia, sobre la aceptación de esta austeridad estricta y humillante, que no ofrece ningún fin a la vista ni opción que nos permita recuperarnos social y económicamente".
16. "En la cuna de la democracia no pediremos la autorización al señor Dijsselbloem [presidente del Eurogrupo] ni al señor Schäuble [ministro alemán de Finanzas]" para celebrar el referéndum.
17. Este referéndum "no es un intento de escisión de Europa sino de escisión de las prácticas que son una afrenta para Europa".
18. "Ante esta dura austeridad autocrática, debemos responder con democracia, serenidad y determinación".
19. "Grecia, el crisol de la democracia, debe enviar un claro mensaje democrático a Europa y a la comunidad internacional".
20. "El pueblo griego dirá un gran no al ultimátum, pero al mismo tiempo un gran sí a la Europa de la solidaridad".
21. Al día siguiente de este "no", "la fuerza de negociación del país se verá reforzada".
22. Sea cual fuere el resultado de esta consulta se respetará la voluntad del pueblo griego.
23. Esta consulta "enviará un mensaje de dignidad a todo el mundo".
24. Europa es la casa común de todos sus pueblos. "No hay dueños ni invitados en Europa".
25. Grecia es y continuará siendo una parte indispensable de Europa y Europa será una parte indispensable de Grecia. Pero Grecia sin democracia estaría en una Europa sin identidad ni dirección".
(Fuente: http://www.telesurtv.net/)

La Europa "democrática" aún quiere hacernos creer que EL PROGRESO es una bendición de Occidente cuando en realidad es cómplice del DESARROLLO CIVILIZATORIO de un OCCIDENTE que renunció a la GRAN CONFLUENCIA a la que apuntan Morin y Kern:[42]

- La toma de conciencia de la unidad de la Tierra (conciencia telúrica).
- La toma de conciencia de la unidad/diversidad de la biosfera (conciencia ecológica).
- La toma de conciencia de la unidad/diversidad del hombre (conciencia antropológica).
- La toma de conciencia de nuestro estatus antropo-bio-físico.
- La toma de conciencia de nuestro *"dasein"*, el hecho de "estar allí" sin saber por qué.
- La toma de conciencia de la era planetaria.
- La toma de conciencia de la amenaza de Damocles.
- La toma de conciencia de la perdición en el horizonte de nuestras vidas, de toda vida, de todo planeta, de todo sol; la toma de conciencia de nuestro destino terrestre.

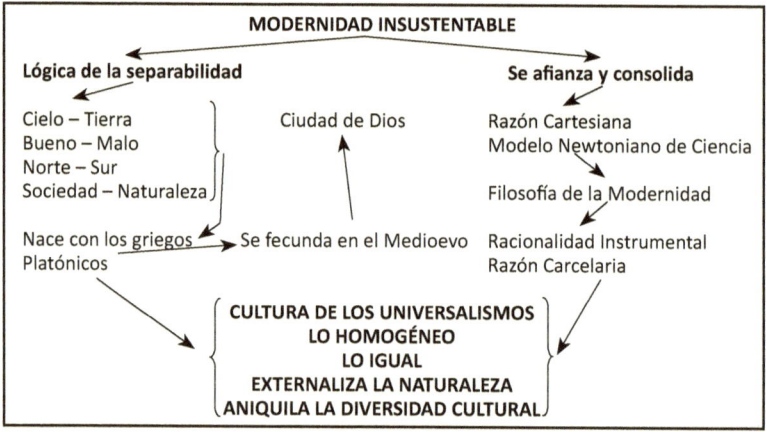

El propósito de la GRAN CONFLUENCIA, como se grafica en el cuadro superior, es tomar (con)ciencia de que nuestro destino terrestre depende de una modernidad insustentable que externaliza la naturaleza y aniquila la diversidad cultural, mas también: de una crisis de la crítica o una crisis de la soberanía intelectual. Superar estas crisis invita al desafío de volver a introducir al Hombre en la Naturaleza; parafraseando a Franz Fanon, al

---

42 *Ob. cit.*, pp. 209-210 (Es un tema que también desarrollo en el libro: *Umbral para la emancipación, la interculturalidad y la decolonialidad de saberes*).

Hombre con mayúscula, es decir, al Hombre en su totalidad: al Oriental y al Occidental, al de la América Latina como al de *Abya Yala*, pues la única "Patria", la única "Tierra", es la *Tierra Patria*. Se trata pues, de comprometernos con un "desafío de desafíos" como el propuesto por Edgar Morin:

> Un problema crucial de nuestro tiempo es el de la necesidad de hacer frente a todos los desafíos interdependientes [hace referencia al "desafío cultural", al "sociológico" y al "cívico"]. La reforma del pensamiento permitiría el pleno empleo de la inteligencia para responder a estos desafíos y permitiría el vínculo de dos culturas disociadas ["la desunión entre la cultura de las humanidades y la cultura científica"...]. Se trata de una reforma no programática sino paradigmática, que concierne a nuestra aptitud para organizar el conocimiento. Todas las reformas concebidas hasta ahora dieron vueltas alrededor de este agujero negro en el que se encuentra la necesidad profunda de nuestras mentes, de nuestra sociedad, de nuestro tiempo y, por consiguiente, de nuestra enseñanza. No percibieron la existencia de este agujero negro porque proceden del tipo de inteligencia que hay que reformar. La reforma de la enseñanza debe conducir a la reforma del pensamiento y la reforma del pensamiento debe conducir a la reforma de la enseñanza. (Morin, 1999, pp. 20-21)

La propia física moderna invita a una reforma del pensamiento que conduzca a una metamorfosis de la enseñanza, en particular porque hay situaciones en que desafía al realismo, al reduccionismo, al determinismo y a la objetividad ingenua. ¿Y por qué no, también, a una razón que se apoya en la lógica del tercero excluido? Al respecto, ¿qué decir del principio de incertidumbre de Heisenberg? En este caso dos interrogantes plantean los límites del pensamiento determinista y reduccionista: ¿es la incertidumbre el resultado de la indeterminación en la naturaleza o no es más que una confesión de la ignorancia del hombre?, ¿quiere esto dar a entender que no existen leyes exactas en el mundo atómico o solamente que nosotros no hemos descubierto todavía semejantes leyes? A su vez, si la pregunta fuera: ¿es la incertidumbre de carácter objetivo o subjetivo?, los científicos que más han reflexionado sobre el tema dan tres respuestas distintas:

1) La incertidumbre es atribuida a la ignorancia temporal humana (Einstein, Planck, Bohm y De Broglie, partiendo de diferentes argumentos sostuvieron esta posición).
2) La incertidumbre es inherente a las limitaciones experimentales o conceptuales, y como el observador perturba de una manera inevitable el sistema que está observando el átomo por sí mismo es, para siempre, algo inaccesible para el hombre (Bohr, uno de los principales miembros del "Círculo de Copenahue" insistió en esta postura).

3) Para Heisenberg, la incertidumbre es inherente a la indeterminación en la naturaleza, es una realidad ontológica que presupone un concepto de potencialidad que le conduce a Reichenbach a insinuar la necesidad de modificar la tradicional lógica de dos valores (verdadero o falso) a favor de otra que presuponga un cuarto excluido; o sea, un tercer valor de verdad, lo "no decidido" o "indeterminado".

Sin descrédito alguno por los autores que menciono, en una editorial del 26 de octubre del año 2009, escribí:

¿HAY UNA CRISIS DE LA CRÍTICA O UNA CRISIS DE LA SOBERANÍA INTELECTUAL?

Los intelectuales críticos de diferentes corrientes francesas han desarrollado tres muestrarios diferentes para hablar del mundo en el que vivimos: la naturalización (p.e. Changeux y Ricoeur: La naturaleza y la norma), la socialización (p.e. Bourdieu: El oficio de científico, Los intelectuales y el poder) y la deconstrucción (p.e. Derrida: La retirada de la metáfora). El asunto es que cuando el primero habla de hechos naturalizados, no existe ya ni sujeto, ni sociedad, ni forma del discurso. Cuando el segundo habla de poder sociologizado, no hay ya ni ciencia ni técnica ni texto ni contenido. Y cuando el tercero habla de efectos de verdad, creer en la existencia real de las neuronas sería jactarse de una gran ingenuidad.

Ninguna de estas formas de crítica pueden compatibilizarse entre sí. ¿Alguien podría imaginarse a un grupo de científicos que fuera capaz de realizar un estudio sobre los efectos devastadores de la producción minera a cielo abierto presentándolo como algo naturalizado, sociologizado y a su vez deconstruido? En el primer caso, la naturaleza del desastre estaría absolutamente establecida como algo irremediable, por lo tanto, para tal vertiente del pensamiento las otras dos opiniones funcionarían como meros efectos de sentido. Y eso mismo dirían estas últimas acerca de cada una de ellas, y ambas respecto de la primera.

En consecuencia, estos modos de crítica colonizantes se reducen a tres grandes feudos que responden a estereotipos distintos e incompatibles: hechos, poder y discurso, respectivamente. ¿Y el compromiso con una práctica transformadora que implique una inmersión en los problemas concretos del pueblo, qué lugar ocupa en sus vidas? Por lo que sabemos, ninguno.

Pero nosotros, sudacas y salvajes, propensos a la escritura de *papers* citando a alguna de estas vertientes, desapareceríamos del escenario crítico que nos ofrece hoy la academia colonizada si nos atreviéramos a confiar en nuestra propia singularidad y fuésemos protagonistas de una práctica que fuera más allá de la producción de meros efectos de sentido.

Continuemos con nuestro ejemplo de producción minera a cielo abierto para intentar comprender cuáles podrían llegar a ser las opiniones de las otras dos vertientes, la sociologista y la deconstruccionista. Veamos: la producción minera a cielo abierto es demasiado social y narrada para ser realmente natural; de allí que la estrategia del gobierno nacional esté sobrecargada de demasiadas reacciones químicas para ser reducida a ese "poder", cual es el poder del que hizo uso la presidenta Cristina Fernández cuando vetó la ley de protección de glaciares apelando a sus maravillosas dotes discursivas. En la primera parte aparece el toque de Bourdieu, en segundo lugar el de Derrida. ¡Esto sí que son efectos de sentido! ¿Qué demonios habrían querido decirnos? ¿Alguien podría explicárnoslo?

¿Es que hasta en esto somos tan poco soberanos que hacemos abandono de la crítica inteligible para adherir al sentido común de la tripartición crítica eurocentrista?

Una parte de nuestra pobreza crítica es no darnos cuenta de que para el sentido común antropologizante de esta tripartición crítica, ellos son los únicos que pueden hablar críticamente sobre nuestras naturalezas-culturas y problemas. Mientras tanto, nos-otros, solo pareciera que somos sutiles cuando siguiendo algunas de estas vertientes los emulamos viajando a los trópicos amazónicos o africanos a estudiar a los otros salvajes. De este modo nuestros críticos dirán que también nos-Otros, al igual que ellos, hacemos etnografía.

Parafraseando a Marx, podríamos decir que un modo de producción como el de la minería a cielo abierto produce maravillas para los negocios de las multinacionales, pero produce calamidades para el trabajador y las comunidades que ven afectado el ambiente con este tipo de explotación minera. Además, se sustituye el trabajo efectivo por máquinas y químicos que degradan el ambiente, convirtiendo en máquinas a quienes son explotados por este modo de producción. También, y ahora textualmente: "origina estupidez y cretinismo en el trabajador". Es muy obvio que el enfoque crítico de Marx no está destinado a producir meros efectos de sentido.

Somos presa de la deslumbrante fama y *prosperity* ("prosperidad"), debido a ella el *homo sapiens demens* occidental de Morin excluyó de su cotidianeidad los candentes problemas que, vía degradación o contaminación de la Naturaleza, afectan el SUMAK KAWSAY ("Buen Vivir") practicado por los pueblos indoamericanos, o el SUMA QAMAÑA de la cosmogonía aymara, su "Vivir Bien". Mas lo inquietante es que para ese hombre desarraigado todo funciona cuando las decisiones acerca del ¿qué hacer? son tomadas desde la racionalidad instrumental de la economía liberal y la "buena ciencia". Aunque muchos/as lo nieguen, vivimos encadenados al consumo. Hace unos años atrás, cuando todavía no se hablaba de "megaminería" ni de fracking ni de "sojización" ni de "cambio climático", Martin Heidegger, en *La pregunta por la técnica*, escribía:

> La tierra se desoculta ahora como región carbonífera, el suelo como yacimiento de minerales (…) el campo (…), en donde labrar aún quiere decir: cuidar y cultivar (…) es ahora industria motorizada de la alimentación. El aire es puesto dentro de la entrega de nitrógeno (…). En medio de todo esto, el hombre precisamente así amenazado, se pavonea como señor de la Tierra. Así se extiende la mera apariencia de que todo lo que encontramos sólo es consistente por ser un producto del hombre. (Heidegger, 1984, p. 71 y ss.)

Joan Manuel Serrat, a su vez, a través de su exquisito don artístico nos regalaba la canción "Padre", para desde ese otro lugar de combate ayudarnos a tomar conciencia de que no existe el mundo feliz que nos prometen reformistas y socialdemócratas:

Padre
decidme qué
le han hecho al río
que ya no canta.
Resbala
como un barbo
muerto bajo un palmo
de espuma blanca.
Padre
que el río ya no es el río.
Padre
antes de que llegue el verano
esconded todo lo que esté vivo.
Padre
decidme qué
le han hecho al bosque
que ya no hay árboles.
En invierno
no tendremos fuego
ni en verano sitio
donde resguardarnos.
Padre
que el bosque ya no es el bosque.
Padre
antes de que oscurezca
llenad de vida la despensa.
Sin leña y sin peces, padre
tendremos que quemar la barca,
Padre
si no hay pinos
no habrá piñones,
ni gusanos, ni pájaros.
Padre
donde no hay flores
no se dan las abejas,
ni la cera, ni la miel.
Padre
que el campo ya no es el campo.
padre
mañana del cielo lloverá sangre.
El viento lo canta llorando.
Padre
ya están aquí...
Monstruos de carne
con gusanos de hierro.
Padre
no, no tengáis miedo,
y decid que no,
que yo os espero.
Padre
que están matando la tierra.
Padre
dejad de llorar
que nos han declarado la guerra.

    La sociedad del capitalismo de consumo exige una profunda revisión del malestar de quienes se sienten perturbados por lo meramente aparente. ¿O es que a contramano del progreso y del desarrollo hay que resignificar los fundamentos de la ética porque hay individuos "incivilizados" que se resisten a la "normal" y definitiva ruptura con toda la tradición animista? ¿Cuáles son sus buenas razones? ¿Acaso creen que el mero acceso de sus propias subjetividades en la inexplorada naturaleza, como sus sensaciones y percepciones, tienen algo que ver con la debida actitud neutral y avalorativa que debe imperar en la investigación científica seria? Ocurre que esta hostilidad hacia las bondades del capitalismo y algunas de las contribuciones de la ciencia tienen anclaje en opiniones de *mierda*, máxime cuando los veredictos corresponden a científicos que, para los *peritorum*, abandonaron el carácter avalorativo de la ciencia. Tal es el caso de Jacques Monod cuando al hacer referencia al "infundado" divorcio entre verdad y valores, afirma: "*(...) le es muy necesario al Hombre despertar de su sueño milenario para descubrir su soledad total, su radical foraneidad. Él sabe ahora que, como un zíngaro, está al margen del universo donde debe vivir"* (Monod, 1984, p. 184).

Ese "Hombre" al que hace referencia Monod comenzó a ponerse al margen de la *Tierra Patria* a partir de la Revolución Científica de los siglos XVI y XVII, radicalizando su marginalidad con el advenimiento del Siglo de las Luces, se produce la fuga de la subjetividad de la *vita contemplativa* a la objetividad de la *vita activa*. Mas como alega Alexander Koyrée:

> Todo esto, a su vez, entraña que el pensamiento científico desestime toda consideración basada sobre conceptos axiológicos, como son los de perfección, armonía, sentido y finalidad, así como (...) la expresa desvalorización del ser, el divorcio del mundo del valor y del mundo de los hechos. (Koyrèe, 1971, p. 6)

Dicho todo esto: ¿debemos concluir que la ciencia es la responsable de la ruptura de la armonía entre el Hombre y la Naturaleza? Bien, dejando por unos instantes el pasado para atenernos a su devenir posterior hasta llegar a nuestros días, he aquí que nos topamos con los *peritorum* de la globalización capitalista, muy probablemente y sin necesidad de escudriñar demasiado, encontraríamos a los responsables de la actual radicalización de esa ruptura y muchas otras aberraciones; entre otros: el *Malleus malificarum* de la Italia reciente, Silvio Berlusconi, aquel que dijo del ¡Premio Nobel de la Paz! estodounidense: "Yo soy más blanco que Obama, pero él es más alto y guapo"; b) la alemana Ángela Merkel, la "Valquiria" que no puede honrar a Richard Wagner por no saber situar a Berlín en un mapa; c) el anti Quijote español Mariano Rajoy, émulo de Francisco Franco; d) François Hollande, el presidente socialdemócrata francés que continúa con los ajustes y segregaciones "raciales" que ya han provocado cientos de muertes entre los migrantes a quienes considera *queer* o *alien*. Para todos ellos y muchos más, *NuestraAmérica* está poseída por una deidad pagana que ayer nos condujo a una relativa independencia y hoy busca su emancipación; razón más indubitable que la propia duda cartesiana para continuar con los golpes de Estado "suaves" o "blandos" ideados por Gene Sharp.

Procuremos no olvidar que este tipo de golpes de Estado, en condiciones extremas y funestas, desatan una cadena de disputas en los que un común denominador suele ser el planificado atentado terrorista, una de las más formidables herramientas para la desestabilización institucional, el descrédito internacional o la generación del odio étnico-racial.

En la búsqueda de una ética de la memoria global podremos superar las encrucijadas con que nos topamos en el atlas del capitalismo globalizado. Por otra parte, composiciones literarias como las de Adrienne Rich, correspondientes a su libro: *Un Atlas del difícil mundo*, nos recuerdan los crímenes cometidos por la Alemania Nazi durante la *Shoá*, conduciéndonos a través de un peregrinaje poético a un lugar donde es posible el NUNCA MÁS y el *SUMA QAMAÑA* o el *SUMAK KAWSAY*:

> *La memoria dice: ¿quieres hacerlo bien?*
> *No cuentes conmigo...*
> *soy un canal de Europa donde flotan cadáveres*
> *soy una fosa común soy la vida que vuelve*
> *soy una mesa en la que hay sitio para el forastero*
> *soy un campo demarcado para los sin tierra...*
> *... He soñado con Sión he soñado con la revolución mundial*
> *Yo he tenido mis hijos: en el pasado, al igual que otros, pudieron vivir*
> *He caminado los hijos de otros a través de filas de odio*
> *Soy un cadáver dragado de un canal en Berlín...*
> *... Soy una mujer de pie en la línea de máscaras de gas*

La unidad de *NuestraAmérica* ocurre complejamente en la medida en que conviven en la región proyectos nacionales cuyas formas y contenidos son divergentes y antagónicos. Un grupo de países están gobernados por fuerzas que asumen la continuidad de las políticas mercantilistas y autoritarias inauguradas vía dictaduras militares sangrientas, como aún lo expresa –paradigmáticamente– el gobierno "socialista" de Bachelet en Chile. Otro grupo de países, en las antípodas del anterior, aparece con gobiernos que declaran la voluntad de construir el Socialismo del Siglo XXI, son los que se agrupan en la Alianza Bolivariana para los Pueblos de Nuestra América (ALBA) –en Venezuela al igual que en Bolivia sus máximos dirigentes hablan de "socialismo", en Ecuador el presidente Rafael Correa utiliza la locución "revolución ciudadana", un tercer grupo sostiene la importancia de reparar las consecuencias de las políticas derechistas refundando las sociedades bajo el papel rector del Estado democrático pero asumiendo la defensa del interés de los sectores más oprimidos y humillados. Este último sería el caso de Argentina, Brasil y Uruguay, por dar ejemplos, en que el consenso por "el papel rector del Estado democrático" se reduce, a veces, a una "forma de gobierno" que responde a una racionalidad político-jurídica y económico-gubernamental heredada de la Ilustración, razón por la cual no sería la más deseable para el siglo en curso, ya que –en el mejor de los casos– esta técnica de gobierno constitucional entiende la representación como una forma delegativa del poder popular ("poder-sobre"), motivo por el cual hace de la "soberanía popular" ("poder-hacer") una anfibología o mera habladuría. Sin embargo, cabe señalar que ni el impacto de las políticas neoliberales implementadas en los noventa ni las matrices identitarias ni la propia economía de nuestros países, a pesar de compartir un sinnúmero de experiencias políticas nefastas, pueda decirse que hayan tenido igual repercusión social, de allí que los ritmos de ruptura con el modelo neoliberal globalizado sean también diferentes.

Quizá esto último explique los motivos por los que la presidenta Cristina Fernández, en nuestro país, hable de "capitalismo serio", en el sentido de que, si bien hay continuidades, las rupturas con las pletóricas y despreciables políticas de la década del noventa son significativas. "Serio" o no, el capitalismo toma de la utopía del libre mercado perfecto sólo lo que le conviene: la propiedad privada como fundamento de la sociedad, motivo por el cual, conforme su pragmatismo, puede ser librecambista y proteccionista, estatista y antiestatista. Esto me permite colegir que el "modelo" económico vigente en Argentina desde el año 2003 no se puede comprender como un plan consistente en la implementación de un modo de producción que implique: ni la superación del capitalismo, ni el inicio de un proyecto destinado a poner en manos del "proletariado" todo el timón de la economía; creo que asistimos a una etapa en la que, con independencia de cualquier apreciación mordaz como las que he realizado, ese "capitalismo serio" no es más que, siguiendo un razonamiento de Pierre Rosanvallon, "*la posibilidad misma de una coexistencia durable de modos de producción variados, aunque las fronteras que los delimitan sean flexibles*" (2006, p. 222).

Supongo que esa "flexibilidad", en Argentina o en otras regiones de *NuestraAmérica*, está dada por un planteo de Gorz, respecto del "socialismo real" y cuya opinión comparto:

"(...) las fuerzas sociales que lo vehiculizaban están en vías de desaparición" porque "el socialismo ha perdido su dimensión profética, su base material, su condición de sujeto histórico" y porque "su filosofía del trabajo y de la historia es desmentida por la Historia y por los cambios técnicos que llevan a la extinción, si no del proletariado, por lo menos de la clase obrera". (Münster, 2009, p. 69)

¿Mas del Vaticano qué se podría esperar respecto de aquellos que exigen su intervención para mediar a favor de la no violencia, o bien de los que con furia se expresan a través de pancartas como "Yo soy Charlie" o "Yo soy Nisman", cuando en 1478 a través de la bula *Exigit sinserae devotionis affectus* del papa Sixto IV se instituye el Santo Oficio o Tribunal de la Santa Inquisición, para unos años después (1487) con la bula papal de Inocencio VIII en España se otorgara poderes absolutos a los inquisidores Heinrich Kramer y Jacobus Sprenger? Muchos de estos "beatos" o "santos" han sido responsables de millones de crímenes de lesa humanidad contra los seres humanos que Franz Fanon denomina "condenados de la tierra".

Invito a leer el relato de Eduardo Galeano que tan gentilmente me envió una querida amiga: EL MILAGRO QUE "SAN" PABLO SE NEGÓ HACER:

En la primavera de 1979, el arzobispo de El Salvador, Óscar Arnulfo Romero, viajó al Vaticano. Pidió, rogó, mendigó una audiencia con el papa Juan Pablo II:
—Espere su turno.
—No se sabe.
—Vuelva mañana.
Por fin, poniéndose en la fila de los fieles que esperaban la bendición, uno más entre todos, Romero sorprendió a Su Santidad y pudo robarle unos minutos. Intentó entregarle un voluminoso informe, fotos, testimonios,[43] pero el papa se lo devolvió:
—¡Yo no tengo tiempo para leer tanta cosa!
Y Romero balbuceó que miles de salvadoreños habían sido torturados y asesinados por el poder militar, entre ellos muchos católicos y cinco sacerdotes, y que ayer nomás, en vísperas de esta audiencia, el ejército había acribillado a veinticinco ante las puertas de la catedral.
El jefe de la Iglesia lo paró en seco:
—¡No exagere, señor arzobispo!
Poco más duró el encuentro.
El heredero de San Pedro exigió, mandó, ordenó:
—¡Ustedes deben entenderse con el gobierno! ¡Un buen cristiano no crea problemas a la autoridad! ¡La iglesia quiere paz y armonía!
Diez meses después, el arzobispo Romero cayó fulminado en una parroquia de San Salvador. La bala lo volteó en plena misa, cuando estaba alzando la hostia.
Desde Roma, el Sumo Pontífice condenó el crimen.
Se olvidó de condenar a los criminales.
Años después, en el parque Cuscatlán, un muro infinitamente largo recuerda a las víctimas civiles de la guerra. Son miles y miles de nombres grabados, en blanco, sobre mármol negro. El nombre del arzobispo Romero es el único que está gastadito.
Gastadito por los dedos de la gente.[44]

Básicamente, este documento está dirigido: i) a quienes han devenido en meros espectadores porque creen que en una democracia el veredicto de las urnas es el único "estándar" de legitimidad; ii) a los que tienen la ilusión de "*ser-ahí*" (el *dasein* de la fenomenología heideggeriana), donde

---

43 Dicen que cuando los romanos declaraban en juicio, se apretaban los testículos con la mano; de esta costumbre proviene las palabra "testificar".

44 A propósito del texto de Eduardo Galeano (publicado en una obra que llamó *Espejos*), recibo de un querido amigo y maestro el siguiente correo electrónico: "*Oscar Arnulfo Romero pronto será beato y luego santo, y Carol Wojtyla ya es santo, y ambos lo son por decisión de Jorge Bergoglio. ¿Se reconciliarán en el cielo los dos santos?*". Mi respuesta, no sin una cuota de ironía y humor, fue y será: "*...guardo la esperanza, en nombre de la Memoria, que no se produzca tal reconciliación*".

"*ser-ahí*", en este caso, cobra el siguiente significado: "*sólo quiero ser*" un consumidor satisfecho;[45] iii) a todos/as los/as políticos/as que hoy se publicitan visitando a Francisco, el Papa argentino, para recordarles que Jesús de Nazaret, conforme consta en el Evangelio según San Mateo, en el "Sermón de la Montaña" se dirigió a sus discípulos y a una gran multitud para decirles, entre otras cosas:

> *No piensen que vine para abolir la Ley o los Profetas: yo no he venido a abolir, sino a dar cumplimiento.*
> *El que no cumpla el más pequeño de estos mandamientos, y enseñe a los otros a hacer lo mismo, será considerado el menor en el Reino de los Cielos. En cambio, el que los cumpla y enseñe, será considerado grande en el Reino de los Cielos.*
> *Les aseguro que si la justicia de ustedes no es superior a la de los escribas y fariseos, no entrarán en el Reino de los Cielos.*
> *Mateo, 5: 17; 19 y 20*

Para terminar con toda esta andadura discursiva, quizá muy molesta para los/as dirigentes políticos/as que he mencionado, como también para otros/as a quienes les cabe el sayo, digo que mi intención es, principalmente, llamar la atención de los/as jóvenes militantes que intervienen activamente en el acontecer de un "mundo bello". Decirles: ¡cuídense de los maniqueísmos ideológicos y de las "vanguardias iluminadas"!, sepan que en nuestra Historia y la de la *Patria Grande*, hay "*cosos*" y "*cosas*" de *mierda* que pretenden hacernos creer que son las verdaderas y únicas víctimas de este venturoso presente que, sin otra "*cosa*" tan gráfica como la sugerida por Roberto Fontanarrosa, haga posible una subversión epistemológica que libere el pensamiento de las ataduras heredadas de la Modernidad de Occidente y, mediados por la emancipación intelectual, recorran el sendero del devenir refulgente del *SOCIALISMO DEL SIGLO XXI*, temporizando con la otredad, pero no como una licencia imprecisa que autorice al diferente a realizar cualquier cosa, pues para cambiar el rumbo de las "*cosas*" que demuelen la invalorable afinidad que restituya la armonía Naturaleza-Hombre, mas el lúgubre proceder de los "*cosos*" golpistas e intolerantes, téngase en cuenta que:

> La tolerancia es inseparable de una "ética de la responsabilidad", que consiste en aceptar la diferencia del otro, a alegrarse por ello, a respetar al otro y a quererlo, en un mundo inestable, imprevisible, que está en constante movimiento. (Academia Nacional de las Culturas, 2007, p. 189)

---

45 Creencia quimérica si las hay: el consumista siempre está insatisfecho, es insaciable y, por tanto, desdichado.

Una aclaración respecto de la expresión "tolerancia": soy consciente de sus límites, de manera que no le estoy dando el sentido al que hace referencia José Saramago y que comparto:

> Estoy en contra de la tolerancia, porque no es suficiente. Tolerar la existencia del otro y permitir que sea diferente es todavía poco. Cuando se tolera, sólo se consiente, y eso no es una relación de igualdad, sino de superioridad del uno sobre el otro. Ya se han hecho muchas reflexiones sobre la tolerancia. La intolerancia es pésima, pero la tolerancia no es tan buena como parece. Deberíamos crear unas relación entre personas, excluyendo, la tolerancia y la intolerancia. (Gómez Aguilera, 2010, p. 163)

Creo que ese camino es el indicado. Aunque para nuestro deleite, y nunca para brindar placer al ejército de eruditos que conforman la expertocracia que trabaja para comulgar con la *libido dominandi* de la sociedad de mercado, elijamos un sendero que evite toparnos con los lobizones de Francis Bacon (1561-1626) y René Descartes (1596-1650), puesto que el interés práctico de ambos los condujo a explotar el conocimiento de los fenómenos naturales para proclamar y fomentar la consigna del dominio de la naturaleza, a fin de satisfacer el bienestar del *homo sapiens demens* y un aliciente para la motivación del capital intelectual que gira en torno a la actividad científica.

Bacon, cuando plantea el método que debe seguir la ciencia para transformar el mundo desarrolla una tesis que se podría sintetizar así: "Contra la filosofía de las palabras, que constituye toda la tradición del pensamiento, se debe proponer una filosofía de las obras. Mientras que en el pasado se consideraba sabio al que conseguía, con armas puramente retóricas, superar dialécticamente a un adversario, ahora la oposición debe ser realizada contra la naturaleza". De este modo preveía que la ciencia daría al hombre, además de comodidades y consuelos, "productos infinitos". En sus palabras:

> La finalidad que nuestra ciencia se propone es la de inventar no razonamientos, sino artes, no cosas conforme a los principios, sino principios mismos; no razones probables, sino designaciones e indicaciones de obras. A una intención diferente le sigue, por lo tanto, un resultado distinto. Allí es el adversario quien es vencido y obligado por la disputa; aquí la naturaleza es la que es vencida y obligada por la obra.
> (Fuente: Atlas Universal de Filosofía, Barcelona, Océano, p. 769)

A su vez, hace más de seis décadas, el filósofo Carl von Weizsäker caracterizaba la disociación de la conciencia a la que dio lugar René Descartes con la oposición entre objetividad y subjetividad. Sus palabras fueron:

Si consideramos el estado actual no sólo de la filosofía, sino también de toda la Universidad, no solamente de la ciencia, sino de toda la conciencia oficial, vemos que está dominada por la separación y extrañeza entre espíritu y materia. Ciencia del espíritu y ciencia de la naturaleza apenas si tienen un lenguaje común en el que poder dialogar y con frecuencia incluso se enorgullecen de esa extrañeza. Quien considera al hombre como hombre, como ser con alma, como espiritual, como responsable, sabe con frecuencia demasiado poco de su cuerpo y de la tierra sobre la que está, o de la manera como nuestras máquinas mueven hoy la materia. Quien por el contrario es capaz de mover la materia con máquinas, sabe con frecuencia demasiado poco del hombre y de su responsabilidad para con él. (Heimendahl, 1969, p. 157)

La objetividad, de la que aún hacen gala los/as *peritorum* de la economía o las ciencias naturales, **sólo cobra pleno sentido** en tanto concepto opuesto a subjetividad. Su afirmación, dirán, distanciada del "yo" sujeto, es lo único que conduce a la verdad científica. ¿Será por tributo a esta imposición cartesiana que a los economistas neoliberales no debemos hacerlos responsables de la desdicha de millones de sus congéneres? No es una pregunta que invite a pensar en ser tolerantes con ellos, no son personas sabias, quienes lo son nunca dicen todo lo que piensan, en cambio ellos siempre piensan todo el daño que provocan.

René Descartes fue quien propuso el método que hacía posible obtener conocimientos de gran utilidad para la vida, haciendo hincapié en que la investigación científica debía ser absolutamente desinteresada e indiferente a cualquier signo de utilidad o fin social. No fue un sabio, la oposición objeto-sujeto lo condujo a la ruptura entre la *res cogintans* (la "sustancia pensante") y la *res extensae* (la "materia"). De allí en más, en su *Discurso del Método*, reafirma esa dicotomía con estas palabras:

(...) en lugar de aquella filosofía especulativa que se enseña en las escuelas, se puede encontrar una filosofía práctica por la cual, conociendo la fuerza de las acciones del fuego, del agua, del aire, de los astros, de los cielos y de todos los otros cuerpos que nos rodean, tan distintamente como conocemos los diversos oficios de nuestros artesanos, podríamos aprovecharlas de la misma manera para todos los usos para los cuales son propias, y hacernos así dueños y poseedores de la naturaleza. (Descartes, 1968, p. 169; el subrayado me pertenece)

No es mi intención concluir que quienes se dedicaron o dedican a la práctica investigativa en los ámbitos de las ciencias naturales y la matemática, se hayan ocupado u ocupen esos espacios para cultivar exclusivamente la *libido sciendi* y la *lidido dominandi*; en todos los tiempos y aún a partir de los albores de la Modernidad occidental, tales cuestiones no admiten generalización. Sé que muchas de las contribuciones de la ciencia y la tecnología trascienden el mero interés del bienestar humano, entendido exclusivamente como reaseguro para el consumo sin límites. Hasta la actualidad, el enfoque cartesiano interpreta el dominio del hombre sobre la Naturaleza como un tránsito para fomentar el desarrollo del *"vivir bien"* de la sociedad capitalista. Aún no se llega a vislumbrar que, entre otros posibles, el sendero de la emancipación es el "Buen Vivir" indoamericano: *SUMAK KAWSAY* o el "Vivir Bien" aymara: *SUMA QAMAÑA*. Esto requiere, a diferencia de los regímenes históricos que caracterizaron el *"Orden Mundial"* desde el siglo XIX hasta la actualidad, la práctica de un zócalo de convicciones comunes que no tienen ningún parentesco con ese "Orden Mundial", pues el "Buen Vivir" o "Vivir Bien", tal como plantea Koldo Unceta:

> (...) reúne en su seno tres dimensiones (...) que le dan una especial potencialidad: la dimensión personal, la dimensión social y la dimensión ecológica (...) implica el logro de un bienestar personal –tanto material como espiritual– que necesariamente ha de estar inscrito en el ámbito social o comunitario, así como en el conjunto de la naturaleza, ámbitos sin los cuales no es viable ni sostenible. (Unceta, 2015, p. 221)

De allí, entonces, la necesidad de tener presente el siguiente zócalo de convicciones:

- La oposición a la sociedad de libre mercado perfecto partiendo del renunciamiento o control del fetichismo de las mercancías y el dinero.
- Que frente a la emergencia permanente de lo que la escritora aymara Silvia Rivera Cusicanqui[46] denomina "colonialismo interno", a pesar de la permanente colisión de los ciclos históricos entre el pasado y un presente que se perpetúa mediante lo que ella llama "semiopraxis", donde la palabra que viene de "arriba" se difumina entre las diferentes etnias y clases sociales produciendo una brecha entre las mismas y los hechos, es posible ingresar en un ciclo histórico que haga posible la Emancipación intelectual, las libertades individuales y la liberación social.
- Que esto último produciría grietas en el "colonialismo interno" haciendo posible que los actos coloniales e imperiales de agresión y dominación se transformen en expresiones de solidaridad internacional.
- Una democracia directa, no sólo en la elección de autoridades; sino, además: a) en las actividades autogestionarias basadas en el desarrollo de experiencias cooperativas con fuentes en la economía solidaria; b) determinación del presupuesto participativo a nivel comunitario.

---

46 Se recomienda escuchar atentamente el diálogo que sostiene con Boaventura de Sosa Santos (Fuente: https://www.youtube.com/watch?v=xjgHfSrLnpU).

- El respeto por la igualdad de todos los seres humanos, garantizando sus derechos a la alimentación, la salud, la educación, la vivienda digna y la seguridad a través de la definitiva erradicación de los terrorismos de Estado que tienen en la actualidad, como dos de sus máximos exponentes a EE.UU y al Estado de Israel.
- El reconocimiento, en todos los sentidos de igualdad de derechos, para todos/as los/as inmigrantes.
- La protección de los ecosistemas a partir de considerar que son ética y políticamente inalienables los principios rectores que guían la preservación de los "bienes comunes": prevención, precaución y responsabilidad.
- La laicidad sobre la base del respeto a la diversidad cultural.
- Que a partir de lo planteado por Alexander Ruiz Silva y Manuel Prada Londoño, en *La formación de la subjetividad política* (2012), debemos asumir el desafío de educar esa subjetividad a partir de cinco de sus elementos constitutivos: a) pensando la **identidad** en tanto nudo de relaciones intersubjetivas que articulan costumbres e identificaciones adquiridas en un determinado espacio-tiempo; b) promoviendo la **narración** como herramienta de recuperación histórica de lo propio y lo extraño; c) reivindicando la **memoria**, pues esta hace posible interpretar o reinterpretar, por la vía narrativa, nuestras vivencias en tanto parte de una identidad colectiva; d) personificando, a su vez, el **posicionamiento** con relación a un acontecer que convoca o involucra, desde lo relacional, al otro; e) dando sentido a la **proyección** con el propósito de hacerle frente a la incertidumbre y a la contingencia, pues de lo contrario, si no me proyecto, quedo atrapado en las telarañas del pasado.
- La restauración del equilibrio ecológico respetando el derecho inalienable de cada pueblo a cultivar, desde su cultura, el abanico de saberes que liga a cada uno de sus miembros a establecer una relación sistémica con la Naturaleza.

Este zócalo de convicciones comunes está siendo puesto en práctica, como un proyecto de integración regional, en los países que conforman la Alternativa Bolivariana para las Américas (ALBA) o lo que pasó a denominarse: Alianza Bolivariana para los Pueblos de Nuestra América. Denoto esto porque durante décadas hemos estado expuestos al debilitamiento o destrucción de nuestras capacidades para enfrentar diferentes tipos de amenazas, sin embargo, muchos pueblos de la Patria Grande han recuperado la esperanza libertaria, y bien sabemos que ese es el mayor empuje que puede recibir una revolución auténticamente emancipadora.

Si bien es cierto que los significados e intencionalidades político-sociales de muchos de los términos que he venido empleando difieren, lo que tienen en común, a mi juicio, es que nos permiten recuperar la preexistente armonía Hombre-Naturaleza, logrando con ello el equilibrio material y espiritual (saber vivir) y la relación armoniosa del mismo con todas las formas de existencia (convivir), paso previo para construir el *SOCIALISMO DEL SIGLO XXI*.

El "Buen Vivir o el "Vivir Bien", el uno o el otro como axiomas para dar cuenta de la sórdida vida de las grandes metrópolis contemporáneas, pues como escribí en el tercer número de una revista sindical que dirigía, *Pancarta Gráfica*: "¿Qué puede ser más terrible que el infierno mismo de un niño o de una niña 'de la calle' en el marco de una sociedad estéril?" Frente a situaciones semejantes solemos perdernos en trivialidades e intensidades vacuas, actuando como espectadores pasivos cuando debiéramos proceder como espectadores emancipados, redescubriendo y revelando que esos/as niños/as están expuestos/as a una letanía sin fin mientras persista una sociedad cuyo sentido común esté moldeado por las redes del capitalismo de consumo.

La única forma de interrumpir el modelo de crecimiento económico del capitalismo –que trae aparejado, además de enormes desigualdades en la distribución de los bienes, la degradación ambiental– es tomando conciencia de la necesidad de romper con el mito de las pretendidas "leyes" del mercado libre, supuestamente sujetas al principio de la oferta y la demanda, por medio de un retorno al valor de uso en vez del valor de intercambio. Un paso previo sería el planteado por Sandra Contreras en el Anexo III cuando hace referencia a un pensamiento de Kwasy Wiredú: "resultaría creativamente lúdica y filosófica la idea de cambiar el "pienso y luego existo" cartesiano por el "*pensamos y luego existimos*", planteándonos así mismo el propio significado de la frase"; mas desde ese punto de partida resignificar los conceptos convencionales de "desarrollo" y "progreso" procurando avanzar en un desarrollo "alter-nativo" construido sobre:

a) Muchas de las raíces culturales de los pueblos originarios.
b) Como plantea Nuccio Ordine en *La utilidad de lo inútil*: i) volver a aquellos saberes considerados inútiles porque no están subordinados al éxito económico o utilitarista; sean artísticos o literarios; ii) avanzar hacia la definitiva gratuidad de la educación aumentando significativamente el presupuesto destinado a la misma, haciendo lo propio, además, con la investigación científica, que habrá de liberarse tanto del andamiaje

empresarial que caracteriza a muchas universidades como del profesorado burocrático convertido en un mercader.[47]

c) La fuerza, el empeño y la creatividad de los sectores comunitarios más humildes ya que, al enfatizar su autoconfianza y dignidad, abren una senda para transitar el crecimiento y el desarrollo humano por encima del desarrollo meramente económico.

d) El fomento de una ecología de culturas de formas variadas, lo cual implica una transformación de la cultura occidental industrial dominante que se caracteriza por una fuerte disposición a reducir al silencio las culturas no industriales. Esto implica: la producción para el propio consumo comunitario, la ayuda mutua, el intercambio de saberes, el cuidado o asistencia inmediata de los miembros de la comunidad que así lo necesiten o demanden, el trabajo voluntario con fines sociales, etc.

e) Una multitud de pequeñas organizaciones autónomas, articuladas y coordinadas por lazos de confianza mutua; resueltas a superar los miedos y el miedo al miedo para avanzar en la construcción del *SOCIALISMO DEL SIGLO XXI*.

f) Un *demos* en el que el "Buen Vivir" o el "Vivir Bien" no sea hacer lo que uno quiere sino amar lo que uno hace en provecho del nos-Otros y del *convivio*, pues en la medida que el sufrimiento de la otredad no esté resuelto nunca existirá amor verdadero.

Sólo una economía planificada de forma democrática y centrada en la producción de bienes de equipo duraderos puede ponerse al servicio no de un consumo desenfrenado, sino de la satisfacción de las necesidades fundamentales del hombre. Controlada por un poder político compartido por ciudadanas y ciudadanos, se apoya sobre una multiplicidad de empresas de dimensiones limitadas que permiten distintas formas de cogestión, autogestión y apropiación social y que aseguren el pleno empleo. Una economía tal es capaz de responder a las necesidades básicas de la alimentación, la vivienda, la educación, la salud, las comunicaciones y la cultura, respetando los recursos disponibles y su renovación ecológica. (ATTAC, 2008, p. 324)

---

47 La solidez de los argumentos de Ordine queda magníficamente expresado en el siguiente fragmento: "*Si dejamos morir lo gratuito, si renunciamos a la fuerza generadora de lo inútil, si escuchamos únicamente el mortífero canto de sirenas que nos impele a perseguir el beneficio, sólo seremos capaces de producir una colectividad enferma y sin memoria que, extraviada, acabará por perder el sentido de sí misma y de la vida. Y en ese momento, cuando la desertificación del espíritu nos haya ya agotado, será en verdad difícil imaginar que el ignorante homo sapiens pueda desempeñar todavía un papel en la tarea de hacer más humana la humanidad*" (Cfr.: http://www.acantilado.es/catalogo/la-utilidad-de-lo-intil-666.htm).

El *SUMAK KAWSAY* y el *SUMA QAMAÑA* implican la demanda de un humanismo que genere nuevos marcos discursivos de significación. Esto supone: ni imperialismo colonial euroanglocéntrico ni nacionalismo poscolonial indigenista. Se trata de comenzar a discutir y debatir un "cosmopolitismo vernáculo" que dé lugar a la enunciación de un compromiso a favor de los derechos de esa otredad considerada *alien* ("extranjero"). De allí el deber militante de desplazar nuestra imaginación poscolonial tradicional para también pensar y pensarnos pos-poscolonialmente a partir de las heridas de las minorías que, en estos tiempos de "venganza infinita" al estilo de George Bush, sufren el trauma de la "extranjeridad".

El objetivo del "Buen Vivir" o el "Vivir Bien" es satisfacer las necesidades de una sociedad que hoy es politópica, por ello los límites de la política conductual y ética del sujeto comprometido con sus principios ya no pueden ser *su* nación y/o *su* religión.

Si frente a la desdichada historia de millones de migrantes que padecen el destierro, la pregunta fuera: ¿quién soy?, serían acertadas cualesquiera de éstas u otras respuestas semejantes: "soy una fosa común", "soy una mesa en la que no hay sitio para un forastero", "soy una niña afectada por la 'trata'", "soy un terreno demarcado al que llaman 'toma'", "soy un gitano expulsado de Francia por Sarkozy", "soy un vendedor ambulante que viene de Somalía, y ahora es corrido por Macri de las calles de CABA porque mi color de piel oscurece el día y nubla la noche", "soy la que vive en los intersticios de una sociedad racista", "SOY LA QUE EXIGE: UN POSPOSCOLONIALISMO QUE DEMANDA UN NUEVO HUMANISMO, UNA ÉTICA DE LA HOSPITALIDAD, NUEVAS FORMAS DE CIUDADANÍA E INCLUSIÓN Y DEMOCRACIA SUSTANTIVA".

LECTURA ACTIVA

Con la firma de "Nito", se puede leer en un mural de la ciudad de Colonia de Sacramento (Uruguay), el poema que se transcribe a continuación. En sus versos quedan plasmados los horrores de la humillación, la exclusión social, la discriminación, el menosprecio, el rechazo, el despojo, la tortura, la violación y otros tipos de violencia padecida por miles de niños/as y jóvenes en las dictaduras o democracias de baja intensidad:

> *Yo los vi crecer en las esquinas*
> *faltos de cariño*
> *regados de odio*
> *masticando caramelos de patadas.*
> *Con manchas de violencia*
> *en la piel de pantalones rotos*

*agujereados de esperanzas
espantados de policías.
Perdidos de padre o madre
desechos de sueños
deshilachados por la falta...
Los vi con la bolsa vacía
de leche en la cara;
con cemento en las entrañas
sin vida en sus miradas;
buscando quizás un mundo
de duendes y de hadas...
Y tal vez encuentren
una billetera arrebatada
o el golpe de un bastón
en plena quijada.
Un pedazo de pizza mordida,
o el frío de la madrugada
la morta de los "amigos"
o el abuso de la espada.
Quizás hasta encuentren
el golpe de un guardabarros
antes que mis palabras...
Pero si así no fuese
y hoy niño de la calle
te encuentras al pie de esta muralla;
no tengo más que decirte:*
¡Fuerza Botija!
*que en algún lugar del cosmos
aún reinan las hadas.*

Te propongo el siguiente desafío, haz de cuenta que se los das a leer a José Saramago, a Eva Duarte de Perón, a Jesús de Nazaret, al Subcomandante "Marcos", a Karl Marx, a Noam Chomsky, al Comandante Hugo Chávez Frías y a Evo Morales Ayma; de allí en más:
    a) Imagina un breve comentario de cada uno de ellos y redáctalos.
    b) Intenta compartir tus comentarios entre pares y ajenos.

A todas/os, muchas gracias... aunque no puedo dejar de recordar ese **mágico** y fraternal saludo "azul y luminoso"; señal libertaria y emancipatoria acuñada por un colega y amigo "villence" (Carlos Galano). Ahora disfruten cantando este tema de León Gieco:

CINCO SIGLOS IGUAL
*Soledad sobre ruinas, sangre en el trigo
rojo y amarillo, manantial del veneno
escudo heridas, cinco siglos igual.*

*Libertad sin galope, banderas rotas
soberbia y mentiras, medallas de oro y plata
contra esperanza, cinco siglos igual.*

En esta parte de la tierra la historia se cayó
... como se caen las piedras aún las que tocan el cielo
o están cerca del sol o están cerca del sol.

Desamor desencuentro, perdón y olvido
cuerpo con mineral, pueblos trabajadores
infancias pobres, cinco siglos igual.

Lealtad sobre tumbas, piedra sagrada
Dios no alcanzo a llorar, sueño largo del mal
hijos de nadie, cinco siglos igual.

Muerte contra la vida, gloria de un pueblo
desaparecido es comienzo, es final
leyenda perdida, cinco siglos igual.

En esta parte de la tierra la historia se cayó
como se caen las piedras aún las que tocan el cielo
o están cerca del sol o están cerca del sol.

Es tinieblas con flores, revoluciones
y aunque muchos no están, nunca nadie pensó
besarte los pies, cinco siglos igual.

León Gieco

CONCLUSIÓN

> *Úrsula estaba feliz y hasta dio gracias a Dios por la invención de la alquimia, mientras la gente de la aldea se apretujaba en el laboratorio (...) y José Arcadio Buendía les dejaba ver el crisol de oro rescatado, como si acabara de inventarlo. De tanto mostrarlo, terminó frente a su hijo mayor, que en los últimos tiempos apenas se asomaba por el laboratorio. Puso frente a sus ojos el masacote seco y amarillento, y le preguntó: "¿Qué te parece?". José Arcadio, sinceramente, contestó:* **Mierda de perro**.
> Gabriel García Márquez: Cien años de soledad

Hemos visto que existen diferentes concepciones que tratan de explicar la retracción en la dinámica de un cambio sociopolítico que nos conduzca a la emancipación. Concluyo que en el caso de Argentina el problema viene de lejos, es un mal del pensamiento dicotómico que comenzó, como dice el escritor chaqueño Francisco "Tete" Romero, con la frase-mito fundante del Estado-Nación: "civilización y barbarie". De allí nuestra deuda con el "padre del aula": Domingo Faustino Sarmiento y su *Facundo*.

Sin embargo, también hay cuestiones que tienen relación con la evolución histórica del conocimiento socialmente legitimado y con los ciclos históricos de nuestra propia realidad social, sobre todo cuando se confrontan con las visiones organicistas de quienes entienden a la sociedad como una especie de organismo en evolución.

Esta última premisa surge de una de las posibles respuestas a la pregunta: ¿cómo se han entendido los mecanismos por los que las sociedades cambian? Es un tema que no he abordado en ninguno de los Proscenios porque preferí postergarlo hasta este momento.

Sabemos que hay distintas interpretaciones del cambio social: en unos casos se considera a las ideas en tanto fuerzas históricas como motor del cambio (Max Weber); en otros puntos de vista se señala la importancia de lo normativo en la

estructura social (Robert Merton); hay quienes acentúan la influencia de los grandes individuos como agentes del cambio (Thomas Carlyle); u otros que consideran que las fuerzas del cambio son los movimientos sociales autónomos del Estado.

Aun así, conforme con lo que he planteado desde el epígrafe de Rimbaud en el Proscenio 1: ¿qué hace que el mundo (limpio) sea inmundo (sucio)?

El hombre, disociado de la Naturaleza, interviene sobre el mundo, lo altera; vive sumergido en el mundo sensible, busca trascender a través del consumo. De esta forma el hombre interviene sobre el mundo sensible transformándolo. El mundo que el hombre crea (inmundo) designa el orden de un ser ajeno al *convivio*. Lo ha hecho, de uno u otro modo, a través de una concepción histórica (antropo-euro)céntrica:

1) En el <u>Mundo Antiguo</u> preguntándose por la distinción de las relaciones del mundo sensible y el mundo inteligible.
2) En el <u>Mundo Medieval</u> a través de interrogantes sobre las relaciones del mundo terrenal y el mundo divino.
3) En el <u>Mundo Moderno</u> desde diversas perspectivas, entre ellas:
3.1) Immanuel Kant estaba fascinado por el "yo" (el "ego" freudiano) y por cómo este puede conocer. Se interroga por la causalidad del mundo, señalando que no depende de la pasividad de nuestras sensaciones, ya que nuestros órganos sensoriales solo recogen con más o menos fidelidad las impresiones que provienen del mundo exterior, de allí que el mundo real (el *nóumeno*) no cambie, tal vez porque no sea una estructura espaciotemporal, ni contenga sustancia, ni obedezca a leyes causales. Esto significa que no podemos adquirir conocimiento del mundo más allá de lo aparente. Esta reflexión le llevó a concluir que no todo conocimiento es científico, motivo por el cual el hombre, a través del pensamiento crítico, no puede conocer el mundo en sí mismo. Y ello, además, porque el espacio y el tiempo no son para él realidades absolutas y extrañas al hombre, tampoco hábitos subjetivos, sino esquemas mentales *a priori* que estructuran la psiquis humana y las experiencias sensoriales.
3.2) Con Georg Hegel surgen modos de alteridad que hacen posible la disolución de la antinomia sujeto-objeto a través del recurso a la dialéctica (la teoría de que la historia avanza como un movimiento que pasa de la tesis a la antítesis y luego a la síntesis). Hegel emplea el término *weltgeist* ("espíritu del mundo") para referirse a este proceso en el cual carecen de cualquier importancia las mentes individuales. Identificaba dos tipos de alteridad: a) la del "ser en sí" o espíritu subjetivo (hace al hombre del

mundo sensible y a lo que de él se conoce); b) la del "ser fuera de sí" o espíritu objetivo (hace al hombre del mundo de lo inteligible).

3.3) El recurso a la dialéctica posibilita la síntesis, la cual le permite conocer y reconocer y, a través de esas instancias, intervenir sobre la cosa sensible creando el mundo.

3.4) Con Friedrich Nietzsche aparece la voluntad de dominio. Toda moral se subroga a ella. El "superhombre" es un nuevo tipo de ser humano que habría de transformar los valores establecidos por la tradición judeocristiana.

3.5) Con Martin Heidegger aparecen las diferencias entre el mundo óntico y el mundo ontológico más la vinculación de estos "mundos" con la relación recíproca e implicante de dos modos existenciales: a) *dasein* ("estar ahí"): "el ser-en-el-mundo" que, a diferencia del *cogito* cartesiano, siempre está en el mundo, nunca separado de él; b) *mitsein* ("ser con"): "el ser-con-otros". En su filosofía, si el hombre reconoce su estado puede proyectarse, de lo contrario queda atrapado en la dependencia y no realiza su ser sino que cae en una existencia inauténtica.

3.6) En estos tiempos, con el auge de la posmodernidad colonial e imperial, el hombre se pregunta por el modo de inserción-intervención en el mundo; ya es plenamente consciente de qué tanto puede alterar la naturaleza como lo social y lo político a través del ejercicio del poder. En términos psicoanalíticos, el hombre accede a la plenitud de su recuperación narcisística. Lo hace, según hemos visto, en su calidad de *peritorum* o *expertise* mediante la expansión de la ciencia y la tecnología, usando a ambas para intervenir sobre el mundo y producir, entre otras cosas, mercancías para el consumo. De allí esa especie de satisfacción narcisística del goce; también de allí su imposibilidad de reconocer que los objetos de goce suturan falsamente la herida narcisística producida por la orfandad de su propio ser.

Esta mutilación del ser me conduce a exhortar, una vez más, la imperiosa necesidad de constituirnos como sujetos políticos dispuestos a proyectarnos hacia la emancipación intelectual, de lo contrario, el peligro que corremos es el de adaptarnos a un poder que, en nombre del capitalismo de mercado, sepulta los valores morales y toda posibilidad de posicionarnos para contribuir a la construcción del *SOCIALISMO DEL SIGLO XXI*. No creo que insistir en esta vía sea redundante, alcanza con percatarnos de las consecuencias que sobre la *Tierra Patria* provoca el continuo ejercicio de ese poder:

- Pérdida de valor de los auténticos o deseables objetos del deseo: el amor, por ejemplo.

- Invención de objetos que devienen en productos destinados al consumo desenfrenado e innecesario.
- Control del cuerpo de la mujer por parte de quienes practican la misoginia como un medio para deshumanizarlas. "*El papa Juan Pablo II dedicó una parte considerable de su pontificado a hacer propaganda en nombre de una doctrina que les dice a las mujeres pobres y analfabetas que usar un preservativo equivale a un asesinato, y que cada vez que usan un anticonceptivo hacen que el sacrificio de Cristo en la cruz haya sido en vano*" (Holland, 2010, p. 197).
- Conformación de un narcisismo que reemplaza el ya espantoso deseo parental del *his majestic the baby* por el todavía más horrible, global y multinacional: *his majestic the global baby*; combinado, a su vez, con el imperativo de consumo inmediato: "¡llame ya!".
- Metamorfosis del "ser" producida por el industrialismo que avanza de la mano de la ciencia y la tecnología.
- Radicalización de las relaciones sociales de producción y dominación.
- Disociación de la relación Hombre-Naturaleza, dejando atrapado al hombre (con minúscula) en la pulsión de muerte y conduciendo a la Naturaleza a su devastación.
- "Sujetos-sujetados" por la fascinación de la imagen, que frente a la imposibilidad de acceder al falso objeto de deseo o a la voluptuosidad del goce, se sienten "solos", lo que les lleva a optar por la ferocidad pulsional de la violencia: matan o mueren.
- Fallas entre el entrecruzamiento de lo simbólico y lo real, dejando a ese "sujeto-sujetado" sin defensas simbólicas frente a la cruda realidad.

Por supuesto que, más allá de todos los argumentos que puedo haber hecho explícitos, es necesario cumplimentar las condiciones iniciales que contribuirían –eso espero– a hacer algún aporte al "entendimiento" del actual clima epocal: clausurada la Historia y el Hombre por Fukuyama e instalada la cultura del miedo (incluso la del miedo al miedo) con sus perversos efectos: autocensura, sepultura de las visiones de la totalidad en el análisis de lo real y extinción del pensamiento crítico, no es inimaginable advertir que millones de personas, por ejemplo los votantes de Mauricio Macri y otras lacras sociales, perdieron capacidad para desnaturalizar las representaciones esencialistas de "la realidad social", mientras que otros –en su gran mayoría dirigentes de la "*opo*" actual– desarrollaron una imponente capacidad camaleónica para mimetizarse y contribuir a satanizar lo estatal y lo público, produciendo, entre otras cosas, el mayor proceso de exclusión social y mercantilización del conocimiento.

De la revisión de estos tópicos surgirán otras premisas para la elaboración de las conclusiones de lo que será mi argumento final.

Decía Roberto Arlt:

Creo que a nosotros nos ha tocado la horrible misión de asistir al crepúsculo de la piedad, y que no nos queda otro remedio que escribir deshechos de pena, para no salir a la calle a tirar bombas o a instalar prostíbulos. Pero la gente nos agradecería más esto último.
(Fuente: http://www.discocuadrado.com/)

Como mencioné recién, hay autores cuyas ideas de las sociedades en tanto organismos fueron juzgadas *esenciales* en lo que concierne al fundamento de las concepciones ortodoxas del conocimiento y su relación con la sociedad. Concepciones que hoy siguen ejerciendo gran influencia en algunos circuitos académicos; me refiero a Auguste Comte y a Lewis Henri Morgan. Aquí, sólo quiero destacar que ambos tienen en común la linealidad del cambio social, pero, mientras Comte puso el acento del mismo en la evolución de la ciencia, Morgan lo hizo en la evolución de la tecnología.

En cuanto al cambio según las teorías de los ciclos históricos, ya me he referido a la postura defendida por algunas vertientes del materialismo histórico (Proscenio 5) que, contrariamente a las concepciones teológicas y metafísicas que atribuían a la historia la capacidad de realizar sus propios designios, niegan tal cosa afirmando que es el Hombre, en tanto *"fuerza de trabajo"* enajenada por la burguesía, quien, tras su liberación social, se sirve de la Historia para construir libremente su futuro. Al considerar al ser humano como el sujeto histórico de la producción de las condiciones materiales de existencia, no resulta difícil comprender la naturaleza del vínculo que liga a los hombres entre sí: es el vínculo del trabajo y de la producción, el que une a los hombres en "clases". Esta concepción del ser humano, en tanto agente de la transformación social y la naturaleza del vínculo que los une, hace posible prácticas fraternales, cooperativas y solidarias. Precisamente, todo aquello que le da entidad a los utopistas y colectivos sociales que buscan construir el ansiado mundo bello, tan diferente del mundo horrible de la sociedad capitalista cuya única utopía es la de construir un mundo sin utopías.

Ahora me voy a referir a una opinión que no contradice la de Marx; creo que se complementa. Para Anthony Giddens (1993), una característica central de la modernidad ha sido el "desanclaje" que significa la separación de las relaciones sociales de contextos locales, para reestructurarlas en "intervalos espaciotemporales" que dieron forma al Estado-Nación. Fue desde ese Estado-Nación que, en nombre de los grandes principios de la Revolución Francesa, se constituyeron las identidades nacionales. Algo así como una identidad común destinada a legitimar un nuevo tipo de dominación. Para esto fue necesario reterritorializar los vínculos que unían a los individuos entre sí, reemplazándose los lazos de solidaridad y de afectividad propios de las comunidades locales. Ahora bien, este es uno de los rasgos y consecuencias del proceso histórico que dio origen a la moderna sociedad capitalista, pero, ¿cuál es el de la cosmovisión fullera del mundo?, eso que llaman "globalización". En sus fundamentos es el mismo. Siguiendo el argumento de Giddens, si una de las características de la modernidad es el "desanclaje", y si la "globalización" también es una consecuencia de la modernidad, podríamos pensar que la configuración de los Estados Nacionales es una expresión parcial del proceso en el que actualmente nos encontramos: la Modernidad occidental llevada al extremo. Es decir, la misma posibilidad de "desanclaje" y de reorganización del tiempo y del espacio que organizó los Estados Nacionales es la que posibilita hoy un nuevo desanclaje, ahora en términos globales.

Los resultados están a la vista y han sido expuestos en la mayoría de los Proscenios: desterritolización de los mercados de las naciones del capitalismo periférico; creciente inequidad en la distribución de bienes y recursos; progresiva degradación del ambiente; persistencia de conflictos armados; golpes de Estado *"suaves"* o *"blandos"*; subsistencia del racismo y sus fugas hacia el etnocidio; surgimiento de fundamentalismos de diverso signo; etc.

Hemos visto que agrava la situación el panorama general de la (tecno) ciencia actual, ya que escasamente presupone representaciones e intervenciones niveladoras desde el punto de vista social; mas frente a la crítica: insistencia en el carácter avalorativo del conocimiento científico.

Invariablemente, todas estas consideraciones y puntos de vista acerca de las conexiones entre la ciencia, la partidocracia política y los poderes fácticos de la sociedad, fueron abonando el clima de sospechas de que esas conexiones habían adquirido un papel tan abrumador en la sociedad, que hacía necesario desarrollar una tecnología supervisada por sectores del "pueblo conciencia". Contrariamente a esa intencionalidad, Aldous Huxley en *Un mundo feliz* (1932) y George Orwell en *1984* (1949), pusieron de relieve a través de esas novelas la existencia de sociedades dominadas por burocracias autoritarias y sin rostro y pobladas por personas constantemente vigiladas y manipuladas, reducidas en esencia al estatus de robots. En ambas novelas, los esfuerzos para recobrar la espontaneidad y la alegría eran reprimidos despiadadamente. En las dos, la tecnología es el catalizador del dramático cambio futuro, mas a partir de la imposición del neoliberalismo comenzaron a perder el protagonismo social y político que le confería la sociedad del trabajo. Es que el cólera globalizado del capital financiero comenzó, a partir de extremos niveles de desocupación, a producir el desgarramiento de los antiguos lazos locales/comunales que tenían los/as trabajadores/as organizados sindicalmente, siendo uno de sus más lamentables resultados la fugacidad del *"pueblo social"*; ese Pueblo que se incline a procurar el propio bienestar a través del bienestar de su comunidad. Es el "Pueblo" que "está siendo", el que no desconfía de esa "causa común" llamada "bien común".

Para nuestros ancestros, incluso para quien escribe estas páginas, el futuro era una creación del trabajo, una posteridad pensada y meticulosamente diseñada en la línea de producción o de montaje de una fábrica cualquiera. Recordemos lo que Henry Ford le decía a un corresponsal de un diario de Chicago: *"La historia es una pavada. Nosotros no queremos tradición. Queremos vivir en el presente, y nos importa un bledo la historia que no sea la que hacemos hoy"* (Bauman, 2006, p. 139).

Dicho de otro modo, antes de la década de 1960 el tener trabajo significaba que existía un *nosotros* que tenía control sobre *su* presente; en eso consistía la confianza y la certidumbre de saber que el futuro y el "progreso" dependían exclusivamente de nuestro "trabajo". Eran los tiempos de lo que Bauman denomina la "modernidad sólida". Hoy, el acto de trabajar, para la mayoría de desechos humanos que constituyen la contracara de la "modernidad sólida", la "modernidad líquida", ni siquiera les plantea a esos millones de menesterosos la posibilidad de alcanzar el objetivo más inmediato:

> El "trabajo" ya no puede ofrecer un huso seguro en el cual enrollar y fijar definiciones del yo, identidades y proyectos de vida. Tampoco puede ser pensado como fundamento ético de la sociedad, ni como eje ético de la vida individual. (*Ibid.*, p. 149)

Podríamos decir que a partir de variantes tecnológicas, de variantes de recambio productivo, está en discusión la centralidad cultural de la sociedad que podía ser leída como la sociedad del trabajo, la sociedad del pleno empleo.

Por todo esto, los avances en la dirección de establecer consensos para la producción de conocimiento socialmente útil, nos permitirán comprender, entre otras cosas, que las máquinas se construyen, en la mayoría de los casos, valorando sólo factores de carácter económico que se corresponden al interés de unos pocos, mientras que suelen ser marginados, por irrelevantes, los aspectos sociales, culturales y ambientales. Por tanto, las tecnologías no son neutrales, expresan valores e ideologías de las sociedades y de los grupos que las generan. Así, una sociedad triunfalista y violenta como la de EE.UU., es la base para producir herramientas triunfalistas y violentas.

Ahora bien, tanto los brutales efectos de la cosmovisión fullera del mundo como la mítica imagen de la neutralidad valorativa de la ciencia y la invisibilización de la mujer en diferentes los campos de acción, constituyen, también, las condiciones antecedentes de mi argumento.

Se trata, entonces, de buscar comprender cuáles podrían ser las condiciones de realización del "entendimiento" a través de la exhumación del pensamiento crítico y las teorías del conflicto, con el fin de canalizar cursos de acción que promuevan cambios sociales, políticos, éticos, ambientales, culturales, etcétera, cuyo propósito sea el de comenzar a dar los primeros pasos en el proceso de construcción de democracias efectivamente sustantivas.

Hoy más que nunca hay elementos suficientes para poner en discusión, además, una profunda revisión de la cultura institucional de las UU.NN. Desde los noventa estamos asistiendo a una reconversión del trinomio Universidad-Conocimiento-Sociedad que no deja dudas sobre la utilización del conocimiento como herramienta de dominación e instrumento de erosión de la frontera entre lo público y lo privado.[48]

Por otro lado, si el trabajo y los derechos sociales garantizados por el mismo Estado-Nación durante la sociedad salarial dejaron de proporcionar un marco de identidad y de seguridad compartidas, quedando ahora todo en manos de los individuos y la "mano invisible del mercado", cabe decir, entonces, que la responsabilidad social se desdibuja, ocupando su lugar la responsabilidad individual. Si mi razonamiento es correcto, quienes ocuparon y ocupan lugares prominentes en la conducción del Estado y de las UU.NN. reduciendo la política al consenso para la gobernabilidad, esto no sólo explica la desaparición de la experiencia universitaria como una auténtica vida comunitaria, sino que obliga a reflexionar sobre el rol jugado por muchos intelectuales a quienes, a mi entender, también les cabe parte de la responsabilidad individual del genocidio social noventista.

Cuando la lógica de invasión de los espacios públicos en general, y de las universidades en particular, se transformó en la lógica del mercado, desaparecieron las obligaciones con los "Otros" y en su lugar apareció la expulsión de millones de personas de la vida pública y de la vida digna. En este aspecto, hubo y hay quienes participan y participaron del diseño de un plan sistemático que contribuyó y sigue contribuyendo a la brutal exacción de los recursos del pueblo, lo que lleva a millones de mujeres y hombres a que queden presas y presos de la sumisión, la vulnerabilidad, el silencio, la miseria y la exclusión social.

---

48 En este contexto, los bienes culturales son vistos como una producción de mercancías, convirtiendo a las instituciones culturales en empresas económicas y transformando el conocimiento en un valor de cambio y no sólo un valor de uso. La tendencia de los noventa fue, y sigue siendo, la de llevar a los investigadores a pensar como "empresaurios" olvidando que la libertad y la independencia son las principales condiciones que permiten la producción de ideas libres de ataduras comerciales. El resumen de esta situación es el epígrafe del comienzo.

Si no hay un "nos-Otros" en la sociedad, si no hay política, si no hay intención de intervenir en un proyecto colectivo que antagonice con la política del "Gran Hermano" expoliador, no hay posibilidad de construir un "convivio", salvo que aceptemos que ello es posible en la virtualidad de las nuevas TIC y la puesta en escena de la tinellización absoluta de nuestras vidas.

Vuelvo a repetir lo que he citado en numerosas oportunidades, todo lo que acontece es una de las maneras de entender la frase de Sartre: "Somos lo que hacemos por lo que hicieron de nosotros".

Si estamos dispuestos a reconocer que un conocimiento absoluto acerca del capitalismo tardío implica la máxima información y la mínima entropía: ¿qué nos plantea como desafío para la emancipación de *NuestraAmérica* un modelo basado en el diálogo de saberes? La respuesta emerge de un proyecto político en curso que procura superar los padecimientos de la Modernidad occidental en sus dos variantes más perversas, el colonialismo y el imperialismo: la creación de nuevos Estados Plurinacionales, ya que a partir de ellos será posible una *Patria Grande* cimentada en:

- La espacialización y reterritorialización de identidades múltiples desplegadas en saludables ecorregiones, donde todas se transformen en fantásticos refugios desde donde disfrutar del SUMAK KAWSAY quechua o el SUMA QAMAÑA aymara.
- Un "estar siendo" distante del "ser en sí" (antropo-euro-etno)céntrico cuya matriz fundamental está dada por una epistemología basada en un diálogo de saberes.
- Una reterritorialización integrada que no puede volver a ser la canasta de recursos que son saqueados por las diferentes etapas de colonización vividas (y aún con vida).
- El fomento de la interculturalidad.

Contrariamente, ¿qué nos plantea la estrecha alianza entre la sociedad de mercado y la sociedad del conocimiento? Entre otras cuestiones:

- Homogeneización cultural y disolución de matrices identitarias.
- Más saqueos. Más degradación ambiental. Más violaciones a los DD.HH. en todas sus variantes. Más dependencia.
- Menor soberanía.
- Visión fragmentada del mundo.
- "Tener" antes que "Ser".
- Desconocimiento de la Otredad.
- "Pensamiento único", o "no pensamiento", al decir de José Saramago.

- Volver al triunfalismo de los que anunciaban el fin de la Historia.
- Hacer lo posible para que la fragmentación del cuerpo social impida, como está ocurriendo en algunos sitios, que los más, "los mayoritarios de siempre", participen global y regionalmente en movimientos sociales que puedan colocarlos en el umbral de la emancipación.
- No reconocimiento de las relaciones sistémicas y complejas de la realidad.
- Disciplinarización fragmentada.
- Visión androcéntrica, economicista, lineal, antisistémica y desconocedora de la complejidad.
- Territorialización fraguada en la depredación de los recursos: tecnologización del agua; transgenización del suelo y monoteísmos productivistas como el de la producción minera a cielo abierto o la extracción de hidrocarburos mediante la técnica del *fracking*.
- Mutación capitalista del discurso del amo, logrando que funcione como un modo particular de ejercicio del "poder-sobre", cuya consecuencia es un modo profuso de goce que conduce al individuo a la violencia o a la pulsión de muerte.

Manuel Belgrano, el abogado, economista y periodista nacido en Buenos Aires el 3 de junio de 1770, integró la llamada Legión Infernal que hizo posible la primera independencia. Sin embargo, frases como las siguientes, hoy llegan a inspirar a quienes luchan por la definitiva emancipación de la *Patria Grande*:

> ¿Qué otra cosa deben ser los gobernantes que los agentes de negocios de la sociedad, para arreglarlos y dirigirlos del modo que conforme al interés público? Que no se oiga ya que los ricos devoran a los pobres y que la justicia es sólo para aquéllos. (...). Es preciso que despertemos de la inacción, que sacudamos el yugo extranjero, y que tengamos presente que a nuestra inercia debe este su preponderancia, y que la Nación está abatida con tanto desdoro: apliquemos todos a buscar los medios de sacarla de este estado con todas nuestras fuerzas siguiendo los pasos de la naturaleza, esta madre sabia, que ha depositado en cada país una riqueza para que trabajando el hombre lo haga poderoso y fuerte contra quien lo quiere oprimir. (Pigna, 2010, p. 375)

Expuestas, entonces, las condiciones antecedentes del argumento al que hice referencia desde el inicio, y que ahora llamaré *conjuro del "Síndrome del Golem"*, antes de inferir algunas conclusiones de alcance fáctico deseo recordar que alguien nos está esperando, nada más ni nada menos que las víctimas del capitalismo de mercado, todas las personas que no pueden descansar en paz por la persistencia de los ecocidios, etnocidios y genocidios. Theodor Adorno nos diría: "*Si nos esperan es porque tienen una factura que pasarnos, tienen unos derechos pendientes que nosotros debemos saldar"* (Despeyroux, 2008, p. 11).

1) Para hacer viable la sociedad industrial, los movimientos sociales que no sean reproductores de la producción de *plusvalía* y vida mínima, deben instar al Estado para que promueva un debate público acerca de la manera de superar la *pobreza de protección* (esto es, la sistemática violación de los DD.HH. por la falta de distribución de la riqueza), la *"pobreza de participación real"* (esto es, la sistemática violación de la primera generación de DD.HH., los derechos civiles vinculados a una ciudadanía plena) y la *pobreza de entendimiento* (esto es, recuperar el pensamiento crítico como la más formidable herramienta de liberación y emancipación de los pueblos cualquiera sea la etnia a la que pertenecen).
2) También, se debe instar al Estado a resistir la ética repulsiva del industrialismo que abusa del entorno y tiraniza las relaciones sociales.
3) Se debe implementar para las prácticas científicas y tecnológicas un código de deontología basado en el respeto irrestricto de los Derechos Humanos de primera y segunda generación.
4) Los colectivos sociales habrán de participar, conjuntamente con los sectores de la comunidad científica comprometidos con el cambio social, en el diagnóstico y el desarrollo de prioridades y estrategias para direccionalizar líneas de investigación e intervención que sirvan a la liberación social y a la emancipación, contribuyendo a la igualdad de oportunidades de género, al reconocimiento de la diversidad cultural y étnica, al cuidado del ambiente y a la construcción de democracias sustantivas para el ejercicio de una ciudadanía plena. El camino político habrá de ser la prosecución de una firme disidencia que no se deje sepultar por ninguna vanguardia aventurera.
5) Acordar que la libertad de pensamiento de la comunidad científica no debe estar reñida con su responsabilidad social ni con la fatiga del propio ser, pues si esto ocurre se rarifican las ansias de construir el "mundo bello".
6) Llevar a cabo reformas estatutarias en todas las UU.NN. que contemplen cambios estatutarios que hagan posible la creación de un claustro de organizaciones no gubernamentales vinculadas a los DD.HH.
7) Estimular estudios multi-inter-transdisciplinarios, que en forma conjunta lleven a cabo miembros de la comunidad científica con diferentes organizaciones no gubernamentales, destinados a la comprensión y protección de la problemática del ser humano y de su entorno en toda su diversidad.
8) Instar al Estado a rescatar, valorizar y proteger los conocimientos y técnicas tradicionales de los pueblos originarios, denunciando, a su vez, los actos de apropiación ilegítima de sus territorios en tanto deben ser

considerados "bienes comunes" de soberanía popular compartida, mas nunca destinados a satisfacer la *"libido dominandi"* de *"empresaurios"* que quieren estar "ahí" para dedicarse al *"ecoturismo"* u otras perversidades del mercado.

9) Promover la igualdad de acceso al conocimiento, pero no sólo porque se trate de una exigencia social y ética para el desarrollo humano, también porque constituye una necesidad para explotar plenamente el potencial de entendimiento de todos/as los/as ciudadano/as del país, único modo de superar las múltiples pobrezas y construir una democracia sustantiva.

10) Evitar, parafraseando a Langdon Winner (que de ninguna manera está emulando a Roberto Fontanarrosa en lo concerniente a los usos de la palabra *mierda*), tomar *"el toro de la investigación por los cuernos* [dejando] *la mierda por detrás"*.[49] Quizá, entonces, para no caer en desatinos, cuando se hagan propuestas tendientes a resolver problemas tales como la deudas ecológicas y climáticas que el norte "desarrollado" no se aviene a cancelar, comprendamos que debemos estar unidos con esos otros que buscan el *convivio*; con aquellos para quienes "tomar al toro por los cuernos" quiere decir que la solución para los endeudamientos provocados por el norte sólo vendrá de lo que algunos miembros del "Pensamiento Ambiental Latinoamericano" denominan "ecosocialismo" (Joan Martínez Alier); sistema que no puede estar al margen de las transformaciones que se están generando en *NuestraAmérica*.

He intentado poner en conocimiento de los/as lectores, lo que pienso y siento acerca de los temas planteados en cada uno de los Proscenios, sin embargo, para que todo esto cobre significado hace falta un nuevo escenario, un movimiento imaginario que desafíe la realidad actual, algo que nos seduzca y rebele. No podemos seguir siendo meros espectadores que aspiran llegar a un paraíso por el solo hecho de ser "buenos". Nunca olvidemos esas sabias palabras de Simone de Beauvoir: *"El paraíso es el reposo, la trascendencia negada, un estado de cosas ya dado, sin posible superación"*,[50] pues aún sabiendo que en *NuestraAmérica* pesa el legado de los particularismos regionales y las presiones, tanto internas como externas, para avanzar hacia la unidad en un plano más elevado que el del Estado Nación heredado de la Revolución Francesa, nuestra tarea, por colosal que sea, es (recordando palabras de Franz Fanon): "volver a introducir al Hombre

---

49 En el original: *"Taclked by groups who grab the research bull by the horns, but leave the all bull*@&t behind"*. (Cfr.: Lafuente y Alonso, 2011, p. 16).

50 Cfr.: https://aquileana.wordpress.com/2010/10/26/simone-de-beauvoir-pirro-y-cineas-%C2%BFpara-que-la-accion/

en el mundo, al hombre en su totalidad". Llevar a buen puerto esa misión presupone construir auténtica emancipación; lo subyacente son algunas claves para desarrollar una noción poscolonial e imperial de democracia que supere la inviabilidad del sistema capitalista mediante la construcción del *SOCIALISMO DEL SIGLO XXI* en armonía con el *SUMAK KAWSAY* y el *SUMA QAMAÑA*, motivo por el cual creo que adquieren sentido y significación estos versos libres:

> *Hombre de derechas que me jodiste siempre,*
> *te guardaré rencor.*
> *Ahora, untado en la penumbra de la crisis te arrepientes,*
> *pero tengo corazón para escuchar tus penas.*
> *Oye la lengua del Romancero,*
> *a ti te habla.*
> *¿Dónde quedaron tus sueños americanos?*
> *¿Dónde tus veleidades de plata y de cristal?*
> *No te quedes tranquilo, sé osado, reacciona.*
> *Recuerda que el reconocimiento de un error*
> *te conduce, ante todo, al asombro de vivir;*
> *que como el de otros de tus congéneres,*
> *tu problema es que el dinero sólo garantiza*
> *una felicidad episódica.*
> *Nunca olvides que la posesión de la riqueza*
> *está más allá de cualquier fetichismo;*
> *que los invisibles lazos de éste*
> *obstaculizan tu emancipación y la de los Otros.*
> *No creas que la esperanza siempre viene sola,*
> *pues sin el lejano perfume del mañana*
> *no escucharás el cantar de tus amigos libertarios.*
> *Ellos saben que tu destino,*
> *es huir del corto camino al camposanto.*
> *Ese camino inconfesable, preparado para ti,*
> *por tus otrora amigos del capitalismo tardío.*

No puedo dejar de mencionar, porque el reconocimiento y la Memoria invaden mi corazón, que el 13 de abril de 2015, sin importar lo espacialmente distantes que podamos estar, los/as Trabajadores/as de la Educación de la *Patria Grande* despedimos a uno de los más grandes Maestros que nos guiaron en la difícil tarea de educar para la EMANCIPACIÓN, Eduardo

Galeano. Por ello he decidido incluir, también a modo de conclusión, las hermosas palabras que recibí por *e-mail* de la docente neuquina Lil Roos:

A manera de despedida por la partida de este mundo de Eduardo Galeano

¡Es que lo conocemos tanto a través de sus textos! ¡Y tantas veces nos hemos remitido a él, hemos utilizado sus palabras para expresar ideas propias que no encontraban palabras! Las escuelas públicas son uno de los tantos lugares donde se disfrutó, se multiplicó, se recreó su obra. Y se seguirá haciendo.

Para despedirlo, entonces, uso y recreo sus propias palabras. Porque como él mismo escribió, quien nombra llama, la palabra, llamando, llameando, lo trae.

Lo primero que me viene a la mente es Carasucia y el Viejo: los chicos saben que el fuego eterno pero fatuo de "La piedra que arde" no lo convenció al viejo; eligió la memoria, la identidad que se construye con lxs otrxs, que es compartida. Eligió recordar el pasado para que el presente camine libremente de trampas. Recordar para despertar.

Donde todo está "Patas arriba", allí están los espacios de encuentro donde crear proyectos, donde abrigar esperanza, como dice en el libro, abrigarla para que no se nos muera de frío.

¡Y aparece como un gigante su Obra Maestra, tan actual e imprescindible para conocer la historia, para interpretar el mundo. *Las venas abiertas de América Latina* nos enseña historia, nos enseña a aprender historia, nos enseña a enseñar historia. Es la llave maestra para despertar la conciencia. Y qué difícil y convocante es el desafío que nos marca: hay quienes creen que el destino descansa en las rodillas de los dioses, pero la verdad es que trabaja, como un desafío candente, sobre las conciencias de los hombres.

Eduardo Galeano llegó también a esos muchísimos futboleros chicos y grandes, supo arrimarles un libro. Supo acercar el fútbol a la vida con esa optimista y pícara lección: donde menos se espera salta lo imposible, el enano propina una lección al gigante y un negro esmirriado y chueco deja bobo al atleta esculpido de Grecia...
¡Ah! Además, esa invitación a jugar, a vivir, en aquel diálogo citado:
—¿Cómo explicaría usted a un niño lo que es la felicidad?
—No se lo explicaría. Le tiraría una pelota para que jugara.

"Palabras andantes". ¡Cuántas veces han nacido sus libros que encontramos o nos encontraron. Sí, en mi caso, durante años, todas las mañanas, al llegar a la escuela, me encontré, nos encontramos y nos encuentra aquella ventana sobre la utopía que se agranda y se agranda, y nos dice: Ella está en el horizonte. Me acerco dos pasos, ella se aleja dos pasos. Camino diez pasos y el horizonte se corre diez pasos más allá. Por mucho que yo camine, nunca la alcanzaré. ¿Para qué sirve la utopía? Para eso sirve: para caminar.

"Espejos", nuestros niños tienen muchas madres y muchos padres. Tanto como ellos quieran. Y los espíritus ancestrales, los que te ayudan a caminar, son los muchos abuelos que cada uno tiene. En Eduardo Galeano podemos encontrar uno muy especial que nos ayuda a caminar.

Para terminar, ¡abracadabra! Abracadabra que en hebreo antiguo quería decir, y sigue diciendo: Envía tu fuego hasta el final.

La conclusión final es que sabemos muy poco, aunque lo asombroso es lo mucho que conocemos sin que en la *Tierra Patria* hayamos podido con tanto conocimiento arribar a la resolución de las necesidades mínimas de millones de compatriotas cosmopolitas. Muchas veces, el error ha sido buscar respuestas en torno a esas autoridades intelectuales indistintamente evocadas como *peritorum* o *expertises*; pocas las que recurrimos a la sabiduría de los/as grandes Maestros/as. Es a través de ellos que también podemos encontrar el rumbo que nos posicione y proyecte como sujetos políticos; como parte de una Humanidad dispuesta a organizase colectivamente para que el *convivio* no se extinga. Uno de esos Maestros, Max Horkheimer, en la *Crítica de la razón instrumental* nos recuerda que:

> Las antiguas formas de vivir que arden lentamente debajo de la superficie de la civilización moderna proporcionan aun en muchos casos el calor inherente a todo encantamiento, a toda manifestación de amor hacia alguna cosa por la cosa misma y no como medio para obtener otra. El placer de cultivar un jardín se remonta a épocas antiguas en que los jardines se cultivaban para los dioses. La sensibilidad ante la belleza, tanto en la naturaleza como en el arte, se anuda mediante mil tenues hilos a esas representaciones supersticiosas. Cuando el hombre moderno corta esos hilos puede conservar por un rato todavía el placer, pero su vida interior se habrá extinguido.

Pero tengamos siempre presente que para evitar la extinción de la utopía de la emancipación intelectual y la liberación social, siempre que nos encontremos frente a situaciones dilemáticas y complejas vinculadas al riesgo que supone exponer, a partir de nuestra decisión, los avances que en materia de derechos y unidad que se hicieron posible en la "Patria Grande" en los últimos años, recordemos aquel lema de las elecciones del año 2002 en Francia en el que después de una primera vuelta quedan en la disputa electoral Chirac, acusado de escándalos de corrupción durante su etapa como alcalde de París y Le Pen, un nacionalista frecuentemente acusado de racista; en esa oportunidad para muchos dirigentes y electores no hubo convicciones ideológicas, solo pragmatismo. Se hizo famoso un cartel que decía: "Votá a un delincuente, no a un fascista". En esa ocasión, a diferencia de lo que suele ocurrir ante disyuntivas semejantes, aún los sectores de la izquierda trotskista no aceptaron votar en blanco adhiriendo al emblemático eslogan "cuanto peor, mejor".

Chirac derrotó a Le Pen con un resultado arrollador; contrariamente, en Argentina durante el balotaje realizado el 25 de noviembre del 2015 fue ungido presidente Mauricio Macri: expresión de la derecha más radicalizada de los primeros tres lustros del siglo XXI que llega al gobierno a través de las urnas.

CODA
Un escritor por la vida que fue capaz de trasladarnos a horizontes insospechados: Eduardo Rosenzvaig

Hace unos años atrás, conmovido por su muerte, escribí:

Eduardo Rosenzvaig constituye una anomalía peculiar: un hombre sincero que no ha perdido su fe en las utopías emancipadoras, un escritor de fuste que desea unir de algún modo la auténtica praxis política con la antorcha del Arte y de la Literatura, haciéndolo ante la faz de los intelectuales filisteos y los dirigentes de la post-política como espectáculo. Un novelista y ensayista que también se atrevió a incursionar en el "realismo desatinado" con obras como: *Prudencia y locura* o *Vidrios espejados*. Un ser humano capaz de hechizar, envolver y aprisionar al lector con esa irresistible atmósfera de magia que se desprende de la lectura de ensayos como *Historia social de Tucumán y del azúcar* o *Los intelectuales frente a la guerra y la paz*, o de novelas como *Santísimas viruelas* o *El sexo del azúcar...* o sus *Cuentos políticos*. Un escritor de veloces y sugerentes ocurrencias, sensible a la "comprensión simpática de todo lo que es perseguido". Amable, sabio y solidario a la hora de comprometerse con la vida digna. Y con esa amorosa tarea de ayudar a comprender o a liberar al amigo o a la amiga, a la compañera o al compañero, de la angustia que provoca la concepción fullera del mundo.

Los que siguen son dos parágrafos de su extensa antología:

- De la contratapa de *Prudencia y locura:* "prudente y loco como Quijote en la vocación aquella, aún postergada, de la justicia".
- De "El que mató a Rosendo" en *Cuentos políticos*: "Pero hay algo que me enseñó el jetón Robertito, y yo se lo agradezco como a un padre, cuando haya bronca entre peronistas y pidan que te pongas de algún lado, decí que respondés a Perón".

MOVIMIENTOS SOCIALES FRENTE AL COLONIALISMO TARDIO
por Eduardo Rosenzvaig

En la fotografía, en el centro leyendo algunos de sus poemas, el escritor boliviano Héctor Borda Leaño; sentado y de frente Haroldo Conti, el autor, entre otras obras, de: *Sudeste* y *Mascaró, cazador americano*. Haroldo es uno de nuestros tantos "detenidos desaparecidos", hecho que ocurrió el 5 de mayo de 1976.

"Aun siendo dichosos bajo los dictados del Fondo Monetario, nos batiríamos". Sobre este alegato, se podría ir más lejos: *"Bajo los dictados del Fondo Monetario sólo se puede ser desgraciado"*.

Los dos alegatos advierten sobre una instancia nueva. Nos hallamos ante una *refundación colonial*.

Cuando hablo de sistema *colonial tardío* me refiero no a un mecanismo abstracto, sino a un círculo terrible de explotación que vació al territorio argentino en los últimos veinticinco años; que fabricó al efecto una clase de "colonos" cuyo mérito y originalidad mundial única fue soldar la CGT con políticos feudales, burguesía especuladora nueva y estrellas mediáticas, todos en sociedad con la "Metrópoli": FMI, BM, G7, OMC, OTAN, EE.UU.

Estas entidades reasumen formatos de 1492. No pudo darse entonces la conquista del vasto territorio americano sobre millones de hombres, sin la complementariedad subjetivamente desconcertante del arcabuz y el Cristo crucificado. El mal y el bien; la perversión y la salvación; la explotación y su inversión. De una manera próxima actúan en los inicios del siglo XXI el Fondo Monetario encomendero y el Banco Mundial sacerdotal. Uno desfonda, el otro invierte una centésima parte del desfonde.

Aunque muchos de sus integrantes no lo deseen o lo imaginen siquiera, los partidos tradicionales están obligados a hacerse "colonos", si pretenden *ser* en el engranaje de la política colonial.

Primera tesis (o como se llame). Todo movimiento social que denuncie el engranaje de la política colonial tardía, es hoy un movimiento anticolonial. Estamos implicados en una refundación de la ética política, una supresión del sistema colonial de acumulación interior y explotación exterior.

Segunda tesis. Toda la historia *política* hasta 1976 no sirve para comprender el estado político actual de la sociedad. Sirve para entender el valor de la moral, pero no para reinstalar, al modelo antiguo, la llamada *militancia* política.

El sistema electoral clásico no sólo está armado para que ganen los "colonos", también está armado para pudrir el alma de los rebeldes.

Tercera tesis. El fundamento de la política colonial tardía es el *racismo*. Una "*raza*" blanca de ricofamosos (que incluye a los políticos "colonos"), y una raza negra de "invisibles". El invisible vale para el colono menos que un esclavo. Ni siquiera posee valor su fuerza de trabajo. De allí la dosis inaudita de violencia en la sociedad actual. Los jóvenes que se sienten invisibles, cercados, actúan sobre las poblaciones como aquellos indios de 1880 sobre las fronteras militares. Matar o morir. Robar o morir. Son los "*nuevos indios*". El fundamento de un movimiento social anticolonial debería ser también la constitución de alianzas con los "nuevos indios" en torno a una cultura propia: trabajo, educación, belleza, visibilidad real. El rock es parte de la ideología de este movimiento social.

Para el liberalismo colonial, el invisible sólo adquiere visibilidad cuando vota, es decir, elige a un "colono". En tal caso seguiría la conducta del esclavo negro norteamericano: odia el sistema de esclavitud pero ama al señor esclavista, porque es el único que puede abrirle una ventanita para pasearlo un momento por la sociedad civil. El "nuevo indio" (joven) que participa *activamente* del proyecto político de un "colono", odia al sistema que lo transfiere a "raza" de invisible (sin color, ni siquiera negro), y ama al "colono" que es el único que puede sacarlo de la "raza", pero que a un tiempo es el primer reproductor de las condiciones de existencia de la "raza".

Cuarta tesis. Los "colonos" están aislados, y por la misma razón no les queda otro recurso que el mantenerse por la fuerza electoral. El sistema electoral del "colono" es un sistema de represión.

Por ello necesitan la potencia metropolitana. La deuda externa actúa como aliado. Es más, acaban de inventar el índice "riesgo país". El "riesgo país" es la decisión de los acreedores de la metrópolis para indicar la magnitud del castigo que nos quieren aplicar por estar endeudados. Todo aquel que diga "la deuda a los acreedores tiene que pagarse porque si no, etcétera", psicológica o materialmente es un "colono".

Quinta tesis. Los movimientos sociales contracoloniales tienen a su favor no tener historia. Ello no significa no tener memoria, significa no tener derrotas. Las poblaciones están demasiado agobiadas como para jugarse por nuevas derrotas.

Sexta tesis. Los movimientos sociales no tienen nada que perder, salvo las antiguas cadenas de sus partícipes. No entran a competir en terrenos donde el "colono" lleva toda la ventaja. Lo ideal, lo imaginario, es crear un terreno nuevo para las luchas por la justicia y la igualdad.

Ocurría que los invasores instalados en un país, se mestizaban con la población autóctona y terminaban constituyendo una nación, entonces se veían nacer los intereses nacionales comunes. Pero a un "colono" de la globalidad no le interesa ya constituir nación, sino constituirse en raza global. Por lo mismo, son "invasores globales", es decir, desde y hacia cualquier sitio. En esa misma extensión pero al revés, Seattle, Washington, Praga, el Foro Social de Porto Alegre nacieron como movimientos globales anticoloniales y de reconstitución del mundo.

La locura de los supremos de la raza colonial se patentiza en la guerra contra el raquítico Afganistán. ¿Por qué los millares de huérfanos dejados por las bombas norteamericanas en Egipto, Palestina, Somalia, Libia, Irak, etcétera, no tomarían venganza un día en nombre de Alá? Esos huérfanos eligieron un terreno de guerra que no es el de los EE.UU. No el de la super-máquina cibernética donde serían inevitablemente derrotados. Eligieron un arma de la prehistoria, un cuchillo. A más, de vidrio, es decir ni siquiera real, que pasó inadvertido por los rayos equis. Y se derrumbó lo que sabemos, más el Pentágono donde el cuchillo de vidrio dio cuenta con 800 agentes entre ellos 300 cerebros de la guerra. Con cuchillos de vidrio la locura de los supremos pasa por declarar ahora la guerra convencional, con portaviones atómicos, misiles intelectivos, bombardeos cibernéticos, pero a un método. Y para hacer la guerra a un cuchillo de vidrio están dispuestos a barrer con todos los países donde crean que hay un tipo pensando en un cuchillo de vidrio. En nombre de Dios de la raza contra otro Dios de los invisibles. El jefe de los supremos dijo que esta es la justicia infinita. En nombre de la justicia infinita –dijo el jefe– podemos utilizar cualquier arma y cualquier método. Este es el verdadero método. El método del terrorismo global de la raza superior contra un cuchillo de vidrio.

Séptima tesis. Los estadísticos alemanes han calculado que a la velocidad actual de concentración del capital, habrá una sola gran empresa en el mundo en el 2030. Ello acelerará la inequidad de las relaciones de explotación entre los centros pobres y los ricos, pero antes deberemos conformar la concentración de esperanzas, de programas sobre la democracia económica, de reconstrucción ecológica y humana -es decir, ética– de la noosfera.

Octava tesis. Como reacción a la segregación (exclusión, etc.) y en la lucha cotidiana, se descubre y forja *la personalidad del actor* del movimiento social. No es un nacionalista, tampoco un internacionalista, es una identidad del cambio en la crisis, y de la parición de un demos dialéctico entre lo mundial y lo local, entre lo virtual y lo real, entre lo tecnológico y lo cultural, entre lo múltiple y lo único. Los "colonos" han formado ellos mismos a sus adversarios. Por eso pretenden convertir a los ejércitos de militares impunes con soldados en pánico de los 70, en ejércitos de políticos impunes con electores en pánico del siglo XXI.

Novena tesis. El único "beneficio" del colonialismo retardado, es que debe mostrarse intransigente para durar y que, por esa intransigencia, prepara su muerte. El colonialismo retardado envenena la atmósfera, se burla de las leyes que él mismo dicta, infecta la subjetividad de nuevo racismo –en particular contra los "nuevos indios" es decir, obligando a los jóvenes a morir a pesar suyo–, trata de defenderse con el monopolio de los medios y un fascismo global.

El papel de los movimientos sociales es ayudarle a morir.

El papel de los movimientos sociales es preparar, como en Seattle o en otros, relaciones nuevas entre un Norte libre y un Sur liberado.

Décima tesis. El político colonial es la "industria" de las periferias desindustrializadas. "Industria colonial", es decir incongruencia y paradoja. Ausencia de producción de bienes, para producir relaciones de vasallaje. Yo político "colono" tengo: puestos de trabajo, planes sociales, fondos reservados, miradas, estructura, hombres, sonrisas, jueces y abogados, prensa, fueros, bancadas legislativas, familia, inversiones, poder de confusión. Mi ser es mi tener colonial. Ni siquiera son mafias. Son nuevos ejercicios de dictaduras.

Lo único que no tiene este *tener* es un movimiento social. Transformado este en contracara, establece un poder horizontal, hacia abajo, con otras culturas y morales. Es un ensayo de comuna sin las limitaciones históricas de París.

Undécima tesis. Las poblaciones empiezan a tener asco del político "colono", pero todavía no sienten suficiente asco por sí mismas cuando los votan. El movimiento social debe profundizar el sentimiento del asco. Mostrar cómo el individuo que se acerca a "hacer política" a partidos estructurales al colonialismo retardado, está dispuesto a cualquier traición. Así como el político "colono" sabe que será traicionado por ese adscripto si deja de inyectar recursos financieros a la política colonial.

Duodécima tesis. El político "colono" no quiere competidores. Los movimientos sociales necesitan toda vez más agrupaciones de carácter innovador y solidario. En el mercado "libremente colonial", la política inherente es también una mercancía, consecuentemente un "buen" político destruye cualquier talento antes que sea su competidor, en particular si este pertenece al mismo *plafond* partidario.

Decimotercera tesis. La política colonial posmoderna es una escuela de corrupción, como ocurre en toda la historia colonial. La trituradora de voluntades, dignidades y calidades morales deja, como ruinas en la subjetividad, la indiferencia.

El movimiento social recupera la pasión, la actividad, el ser social del individuo desintegrado, el propio lenguaje articulado para decir no, y la inteligencia colectiva en la creación de otro estado de cosas. Devuelve la unidad en pensamiento, palabra y acción.

Decimocuarta tesis. Toda lucha anticolonial es penosa, larga, porque la idea colonial –su razón de inevitabilidad–, se halla instalada en las conciencias.

El movimiento social crea la lógica de otro pensamiento, de otra voluntad. Frente a la libertad de las mercancías, la libertad de la mismidad del ser.

Decimoquinta tesis. Los movimientos sociales son el comienzo emocional de otro mundo.

Decimosexta tesis. Empezar por el susurro, seguir por el grito, concluir en la obra. El movimiento social esclarece: *Quieren hacer de nosotros monstruos*. El programa quimérico del colonialismo tardío es un Gran Hermano que controle, mire, premie y –sobre todo– cree un Estatuto en cuya aceptación pertenecerás –y sólo un tiempo– al habitáculo del circo, o quedarás invisible. Para entrar al modelo de sociedad "circo", es decir de gladiadores en exterminio mutuo hasta que viva uno solo premiado, aceptarás antes la regla número uno del Estatuto: ausencia de rebelión, ausencia del no, es decir ausencia de sociedad histórica.

Desde las ruinas dejadas por la desintegración, con ladrillos viejos, los movimientos sociales construyen edificios nuevos. El Estatuto colonial, con ladrillos nuevos edifica los mismos edificios de siempre.

Quieren hacer de nosotros idiotas.

Quieren hacer de nosotros hermanos asesinos en un juego que se parezca a la sociedad que idealizan, y de cuya alma esté arrancado el no.

Queremos hacer de nosotros emancipados.

Decimoséptima tesis. El movimiento social debe orientarse por una imaginación sin límites. Poner en acción los sentimientos. Provocar los sonidos de la belleza.

Decimoctava tesis. El sistema colonial tardío ha adoptado, en política electoral, todas las formas de captación del alma del sujeto. Para mantenerse este sujeto político reconocido por el movimiento social, deberá vivir de la caridad pública. Como Cristo, como Gandhi, como el Che.

Decimonovena tesis. Hemos visto la siembra del viento. Nada comparable a lo que se percibe, la tempestad. Con tantos spots el Gran Hermano nos conduce a la oscuridad. Con una vela, los movimientos sociales alumbran el final del miedo. Las viejas calaveras se caen a pedazos. Estamos frotando con esfuerzo la lámpara, y el genio de la Historia saldrá antes de lo imaginado para decir, en paráfrasis de Voltaire, "*Vos, como don Quijote, inventate pasiones como ejercicio*".

ANEXO I
Flujo energético: entropía y problemática ambiental

Beatriz Adaro y Edgardo Datri

Breve contextualización histórica

Hemos visto que desde los albores de la primera Revolución Industrial la nueva ciencia, a diferencia de la antigua, se mostró como la mayor causa de dominio del hombre hacia la Naturaleza, motivo por el cual comenzaremos este anexo con un par de fragmentos del matemático, poeta y antropólogo polaco Jacob Bronowski:

> Hoy en día damos por sentado que la ciencia tiene una responsabilidad social. Esta idea nunca se les habría ocurrido ni a Newton ni a Galileo. Ellos concebían la ciencia como una explicación del mundo tal como es, y la única responsabilidad que reconocían era la de decir la verdad. La idea de que la ciencia constituye una empresa social es moderna, y se inicia con la revolución industrial (...) El poder es una nueva preocupación, una suerte de nueva idea, en ciencia (...) ahora el concepto de transformación de la naturaleza con el fin de extraer el poder de ésta, y de cambiar una forma de poder por otra, se puso en el primer plano de la ciencia. En particular, se hizo claro que el calor es una forma de energía y que se convierte en otras formas con una equivalencia bien definida de transformación. En 1824, Sadi Carnot, un ingeniero francés, al contemplar las máquinas a vapor, escribió un tratado de lo que denominó "la potencia motriz del fuego", con el cual fundó, en esencia, la ciencia de la termodinámica: la dinámica del calor. La energía se había convertido en el concepto central de la ciencia, y la preocupación central de la ciencia era la de la unidad de la naturaleza, de la cual la energía constituye el alma. (Bronowski, 1979)

Esa primera Revolución Industrial, impulsada por la máquina a vapor empleada en la industria textil y luego en la siderurgia y la industria ferroviaria dio origen, en sentido estricto, a la clase obrera. La presencia de las máquinas fue la parte visible del fenómeno de industrialización, pero como se observa en las imágenes de la página siguiente, muchos aspectos de la sociedad tuvieron que cambiar.

 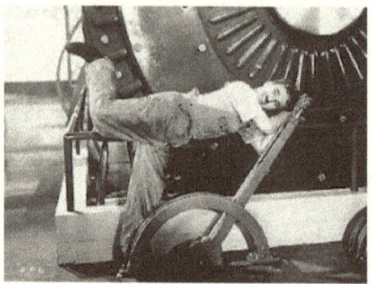

Un cambio trascendental tuvo lugar en el siglo XVIII, tres elementos intervinieron en él: uno fue que el centro de gravedad de la Modernidad occidental comenzó a desplazarse del continente europeo hacia EE.UU. como consecuencia de la revolución americana; una segunda transformación de gran importancia fue la sustitución de las monarquías europeas tradicionales (y con frecuencia absolutas) por gobiernos elegidos democráticamente, excepto en Inglaterra; buena parte de este proceso se gestó como consecuencia de las ideas americanas y, sobre todo, de la Revolución Francesa; el tercer ingrediente del cambio que tuvo lugar en el siglo XVIII fue el desarrollo de la fábrica, símbolo de la vida industrial, tan diferente de todo lo precedido, y tan magistralmente expuesto por Charles Dickens en una de sus novelas industriales: *Tiempos difíciles*. Analicemos uno de sus párrafos:

> Coketown... era una ciudad de ladrillos rojos, o de ladrillos que habrían sido rojos si el humo y la ceniza lo hubieran permitido; pero, tal y como estaban las cosas, era una ciudad de un rojo y negro poco naturales, como el rostro pintado de un salvaje. Era una ciudad de máquinas y chimeneas altas, de las cuales siempre estaban saliendo interminables serpientes de humo, que nunca acababan de desenroscarse. Tenía un canal negro, y un río maloliente de color púrpura, y vastos bloques de edificios llenos de ventanas en los que a lo largo de todo el día había un traqueteo y un temblor continuos, y en los que el pistón de motor a vapor subía y bajaba de forma monótona, como la cabeza de un elefante en un estado de melancólica locura. Tenía asimismo varias calles amplias, todas muy parecidas entre sí, y muchas calles estrechas, también ellas muy parecidas entre sí, habitadas por personas igual de parecidas la una a la otra, que salían y entraban a las mismas horas, haciendo el mismo ruido sobre el mismo suelo, para hacer el mismo trabajo y para las que todos los días, ayer o mañana, eran iguales y todos los años lo que había sido el anterior y lo que sería el siguiente. (Watson, 2007, p. 873)

Entre las principales preocupaciones de Dickens, en opinión de algunos analistas, no puede descartarse su interés por investigar la mentalidad de quienes comenzaron a ver a los trabajadores sólo como herramientas útiles y funcionales al nuevo orden social que se iba consolidando. Marx diría: una "fuerza de trabajo" convertida en mercancía, incluso los niños de los asilos y correccionales ya que constituían una "mercancía" muy barata.

Ésta no era una práctica nueva: en la década de 1720, Daniel Defoe hablaba de pueblos del condado de York en los que las mujeres y los niños pasaban largas jornadas frente a las hiladeras. Lo que constituía una novedad eran las fábricas en sí mismas y la disciplina brutal que exigían. En un principio, los niños podían pasar el poco tiempo libre que se les daba en el campo. Pero incluso eso cambiaría cuando la máquina de vapor reemplazara a la energía hidráulica a comienzos del siglo XIX. La máquina de vapor permitió que la fábrica se desplazara al lugar en el que estaba la fuente de trabajo, la ciudad, donde el carbón era tan abundante como en el campo. (*Ibid.*, p. 875)

Por otra parte, tanto el desarrollo de la electricidad y el motor de explosión como el de las industrias químicas y la industria automotriz, dieron lugar a una segunda Revolución Industrial. Durante la misma surgió el "taylorismo" (Frederick Winslow Taylor, 1856-1915) u organización "científica" del trabajo, caracterizado por dos principios: a) división vertical del trabajo separando las tareas de concepción (a cargo de los "técnicos") de las tareas de ejecución (a cargo de los obreros); el objetivo fue desposeer a los obreros de oficio de su saber; b) división horizontal del trabajo consistente en la parcelación de las tareas de ejecución; en este caso, el propósito fue confiar a cada obrero una sola de las operaciones elementales. Aquí comienza a tener un papel relevante la noción marxiana de "alienación", en la que el obrero ve cómo su trabajo concreto, "vivo" dice Marx, se le vuelve ajeno (alienado). Este concepto, desde hace unas décadas, alcanza un relieve extraordinario como consecuencia de la tercera Revolución Industrial, propulsada por la robotización, dos innovaciones tecnológicas que, entre otras cuestiones, engendraron la multiplicación de roles en los procesos productivos y comerciales, a la vez que la tercerización de la economía.

ACTIVIDAD 1

Lee el siguiente texto:
    El frío y el calor representan, como el bien y el mal, uno de los antagonismos más intuitivos y flagrantes con que se enfrenta desde la edad infantil la experiencia humana. ¿Se trata de dos entidades distintas o de una sola entidad?
    Este es el caso del frío y del calor. Las enseñanzas científicas, en su quizás inevitable premura, acostumbran a soslayar el proceso que ha conducido hasta la ciencia actual. La evolución de las ideas sobre el frío y el calor es un ejemplo, probablemente justificado, de esta marginación.

Algunos filósofos griegos establecieron la teoría de los cuatro elementos (fuego, aire, tierra y agua) como base de su reflexión sobre la naturaleza. En cierto modo, el calor y el frío podrían vincularse, de forma ciertamente equívoca, con el fuego y con el agua. Calor y frío tendrían, pues, existencia propia por separado. Estas ideas sobreviven al Renacimiento, época en que todavía Gassendi, físico y filósofo relacionado con Galileo, especula, en su obra "De calore et frigore", que los átomos de calor son esféricos y los de frío piramidales.

Galileo y otros se opondrán a esta dualidad y afirmarán que sólo el calor existe, en tanto que el frío es una mera ausencia de calor. En efecto, la sensación de calor y frío es relativa (una mano fría percibe caliente un agua templada). Es más: poco a poco se irá desvelando que el calor no es ni tan siquiera material (no es un fluido calórico, en contra de la teoría en boga a principios del siglo pasado –el autor hace referencia al siglo XIX–) sino tan solo movimiento molecular. Esta visión (cada vez más fructífera) se impondrá desde mediados del siglo pasado (siglo XIX), como una de las bases moleculares de la termodinámica.

El cero de nuestra escala termométrica habitual (establecida en 1742 por el meteorólogo sueco Celsius) se sitúa en el punto de fusión del hielo en tanto que se asigna los cien grados a la ebullición del agua a presión de una atmósfera.

La idea de que el calor fuera movimiento y la temperatura una manifestación de la intensidad de éste sugirió la existencia de una temperatura mínima en la cual cesara todo movimiento. Esta temperatura se sitúa, aproximadamente, a 273,15 grados bajo cero en nuestra escala. Lord Kelvin, en 1849, propuso una escala termométrica absoluta basada en esta idea, cuyo cero es la mínima temperatura concebible. Más aún: la tercera ley de la termodinámica, formulada en 1906, afirma que esta temperatura es inalcanzable. Numerosos premios Nobel han sido concedidos desde entonces a investigadores que han ideado métodos para conseguir temperaturas próximas (milésimas, diezmilésimas de grado) a esta inalcanzable meta. A estas temperaturas tan bajas, el comportamiento de la materia presenta considerables sorpresas: superconductividad en los materiales, superfluidez en el helio líquido.

David Jou (La Vanguardia)

1.1. Busca en un diccionario o *wikipedia* las palabras que no comprendas.
1.2. Expón el motivo que alega el autor para escribir sobre el calor y el frío.
1.3. Menciona las diferentes teorías que, sobre el calor y el frío, surgen del texto.
1.4. Partiendo de la información que trasmite la lectura, explica las diferencias entre calor y temperatura.
1.5. ¿Cuántas escalas termométricas aparecen en el escrito? Explica las diferencias que encuentres entre ellas.
1.6. ¿Es posible alcanzar el cero absoluto? Sí/No, ¿por qué?
1.7. Una vez que termines con la lectura de todo este anexo, compara las teorías citadas por David Jou con las que hemos desarrollado aquí y realiza una síntesis.

Ahora bien, a partir del siglo XIX, denominado por algunos historiadores como el "Siglo de la Ciencia" y la fe en el "progreso", se potenció el desarrollo económico y tecnológico y, consecuentemente, se fue consolidando el orden social burgués.

Fue una etapa caracterizada por la industrialización y el colonialismo imperial.

Luego de la derrota de Napoleón en Waterloo, en 1815, se estableció un nuevo equilibrio europeo notablemente favorable a Gran Bretaña. Su industria y su predominio naval le permitieron llevar a cabo una gran expansión colonial, que cumplía necesidades estratégicas: obtener materias primas y constituir un mercado creciente para sus productos. En cambio la Europa continental vio retrasado su desarrollo industrial debido a factores tanto naturales como sociológicos, y ello a pesar de su predominio en el campo de la ciencia (con la salvedad de Alemania, que hacia fines de siglo se había constituido en una poderosa potencia industrial).

El lapso de tiempo transcurrido entre la Revolución Francesa (1789) y la Primera Guerra Mundial (1914) es cuando la ciencia alcanzó lo que podría calificarse como su mayoría de edad, asegurándose un importante papel en una sociedad que de rural pasaba a ser industrial, y por lo tanto científica y tecnológica. Así, la ocupación de científico dio sus primeros pasos hacia la profesionalización, con formaciones institucionalizadas y puestos de trabajo remunerados, evaluación inter-pares y reconocimiento social. La ciencia se fragmentó y se organizó por especialidades; el "filósofo natural" pasó a ser parte de la inacabada historia.

Esta incidencia social de la ciencia fue consecuencia de un cambio en las relaciones entre ciencia e industria. En el siglo anterior los avances tecnológicos estuvieron en manos de hábiles inventores que, como Watt en el caso de la máquina de vapor, trabajaban artesanalmente de manera más o menos empírica. Pero los nuevos descubrimientos que gobiernan las transformaciones energéticas y sus aplicaciones, adosaron a la *libido dominandi* de la nueva burguesía las implicancias de la *libido sciendi* a la hora de utilizar novedosos procesos que, vinculados con las nuevas fuentes energéticas, permitían incrementar la producción de bienes y servicios con un valor adicional que superaba con creces el salario real de los/as trabajadores/as, modificando de esta manera, a través de un aumento de la "plusvalía", el modo de producción capitalista (Proscenio 3).

El modelo europeo se exportó al resto del mundo, pues había que imbuir en los enclaves coloniales y las naciones "amigas" los nuevos valores del progreso y la civilización industrial, dos de las más marcadas herencias de la Modernidad de Occidente. Fueron tiempos en los que muchos proletarios se agotaban en jornadas de doce horas en las fábricas y otros, a la vez, le fueron dando forma al movimiento obrero que llegó a su primera madurez con el desarrollo del ideario socialista, en particular, a través de lo que Karl Marx planteara como la más ultrajante de las contradicciones del sistema capitalista: el carácter social de la producción y el carácter privado de la apropiación; esto es, el sometimiento de millones de personas a las leyes de la producción de plusvalía.

También en este contexto la teoría de la evolución se interpretó desde la óptica de la sociedad industrial, dando lugar al darwinismo social. La consecuencia fue la emergencia del pensamiento eugenésico y la idea de raza.

Estos y otros cursos de acción fueron la arena en la que se llegó a la sistematización de la Ciencia de la Termodinámica.

El propósito fundamental de este Anexo es el de estudiar y analizar las leyes que son producto de dicha sistematización, deteniéndonos en los momentos claves, y siguiendo un hilo conductor que nos permita comprender tanto su ontogénesis como su filogénesis.

ACTIVIDAD 2

2a) En un libro de historia sobre la Revolución Industrial, busca y reúne información sobre otros episodios científicos que te ayuden a situar la época en la que se sistematizó la Ciencia de la Termodinámica.
2b) Explica el significado de la palabras "plusvalía", "colonialismo" e "imperialismo"; vincúlalas, a su vez, con la Revolución Industrial del siglo XIX.
2c) Encuentra alguna relación entre la Revolución Industrial, ocurrida en los países europeos entre los siglos XVIII y XIX, y los sucesos ocurridos en el Río de la Plata en la misma época.

Con respecto a la problemática ambiental y a los discutibles conceptos de "sustentabilidad" y "sostenibilidad", comenzaremos enumerando las diferentes cumbres internacionales sobre cambio climático:

- 1988, por iniciativa de la Organización Metereológica Mundial y del Programa de las Naciones Unidas para el Medio Ambiente, se crea el Grupo Intergubernamental de Expertos sobre el Cambio Climático (GIEC) encargado de evaluar todo fundamento científico, tecnológico y socioeconómico que permita comprender el riesgo del cambio climático de origen humano.
- 1992, tras un convenio marco de las Naciones Unidas, durante la Conferencia sobre el Clima realizada en Río de Janeiro, los científicos participantes advierten que el calentamiento climático en curso se incrementará durante el siglo XXI, debido esencialmente al efecto invernadero vinculado a las emisiones de gases productores de tal efecto.
- 2005, entra en vigor el Tratado de Kyoto, firmados por todos los países industrializados salvo EE.UU.

- 2009, la conferencia de Copenhague no concluye con un acuerdo vinculante sobre la reducción del CO_2 por parte de los dos países más contaminantes: EE.UU. y China.

A esta altura es más que obvio el fracaso de todas esas cumbres: las actividades industriales son hoy la causa de la sexta extinción de especies, animales y vegetales, más importantes de toda la vida planetaria. Más del 50% de los ecosistemas del mundo están degradados o se utilizan de manera no sustentable, apremiados por la construcción de enormes complejos urbanos, las especies invasivas o la sobreexplotación.

En 1987, el informe Brundtland entregado a la ONU definía así el desarrollo sustentable o sostenible:

> El ambiente y el desarrollo no son retos separables. El progreso humano siempre ha dependido de nuestra ingenuidad técnica y la capacidad de colaboración (…). La sostenibilidad se define parcialmente en la educación, la participación pública, el desarrollo institucional y el refuerzo de las leyes; dirigidos todos a satisfacer las necesidades de las generaciones presentes sin comprometer las posibilidades de las del futuro para atender sus propias necesidades.
> (Fuente: http://www.uisek.edu.ec/)

No obstante, en el capitalismo real, la más acertada definición –la que contaría con el beneplácito de organismos internacionales generadores de endeudamiento, tales como el Banco Mundial–, dice que la sostenibilidad sólo sería posible en las democracias formales, o meramente insustantivas, en las que la dinámica de una economía basada en el libre mercado hiciera posible una vida mínima para las mayorías populares.

El flujo de la energía

En tiempos de Antoine-Laurent de Lavoisier (1743-1794) se sospechaba que la materia estaba compuesta de moléculas que por mutua atracción gravitatoria se juntaban entre sí por la presencia de un líquido que no les permitía colapsar: el calórico. Muchas observaciones hacían pensar que este fluido, al pasar de una sustancia a otra explicaba el porqué de la dilatación de un cuerpo cuando recibía calor. La misma explicación se daba frente a las quemaduras por congelación en la piel de las personas, ya que el fluido calórico causaba daños similares tanto al entrar en el cuerpo como al salir del mismo. La creencia en la existencia del calórico se mantuvo hasta que el médico y físico de EE.UU., Benjamin Thompson (1753-1814) –Conde de Rumford–, formuló la hipótesis mecánica sobre la naturaleza del calor, echando por tierra la teoría del calórico de Lavoisier. Rumford observó que cuando más se taladraba un metal más se calentaba, algo que no podía ser posible en conformidad con las propiedades atribuidas al calórico, ya que dentro de cada material hay una cantidad fija de ese supuesto fluido líquido. Por lo tanto, concluyó que el calor se generaba por fricción y no se trataba de ninguna sustancia material.

Ahora bien, la vida en la Tierra depende del flujo energético procedente de las reacciones termonucleares que se producen en el núcleo del Sol. Aproximadamente 1/3 de esta energía solar recibida en la Tierra desde el Sol es devuelta al espacio reflejada por las nubes y el polvo de la troposfera (la capa atmosférica más cercana a la Tierra –de unos 10 km de espesor–). A raíz de estas reflexiones la Tierra, vista desde el espacio exterior, es un planeta brillante. Las 2/3 partes restantes de la energía solar es absorbida por las diferentes capas de la atmósfera (troposfera, estratosfera, mesosfera y termosfera) en diferentes porcentajes. Por ejemplo, entre el 1% y el 3% es absorbida por el oxígeno y el ozono en la estratosfera y en la mesosfera, a esta absorción se agrega un porcentaje pequeño de la radiación ultravioleta que, como otras radiaciones de alta energía, dañan a las moléculas orgánicas y, si alcanzaran la superficie terrestre en cantidades grandes, serían nefastas para las diversas formas de vida terrestre.

Esta "tamización" de la radiación calórica da lugar a una serie de dispositivos que analizaremos con cierto detalle, comenzando con la descripción de la máquina de vapor hasta avanzar en los procesos que condujeron al desarrollo de la Termodinámica, la formulación de sus leyes y el impacto del *homo sapiens demens* (Proscenio 1) en la contaminación y degradación de los ecosistemas.

Eficacia de la Máquina de Vapor (1824)

Herón de Alejandría (siglo I) construyó una esfera hueca a la que se unían dos tubos curvos, cuyas aberturas apuntaban en direcciones opuestas. Cuando el agua hervía en la esfera, el vapor escapaba por los tubos y, como resultado de la ley de Newton de interacción o acción y reacción, hacía girar rápidamente la esfera. El aspersor de césped funciona de la misma manera pero con agua.. Sin embargo, en esos tiempos su invención no llamó la atención por lo que no tuvo aplicación alguna. Las primeras aplicaciones se remontan a fines del siglo

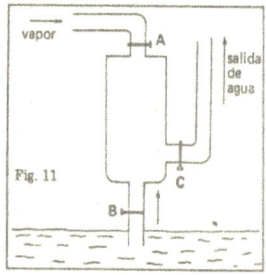

Fig. 11

XVII y comienzos del siglo XVIII con la máquina de Thomas Savery (1698), un dispositivo, como el de la figura, que comenzó a utilizarse para extraer el agua que inundaba con frecuencia los pozos y galerías de las minas de donde se extraía el carbón.

ACTIVIDAD 3

La figura anterior muestra una máquina de Savery (una de las primeras máquinas construidas para desagotar el agua de las minas a fines del siglo XVII).

A, B y C son grifos (válvulas) que pueden abrirse o cerrarse a voluntad desde el exterior. El funcionamiento de la máquina comienza así: con A abierto se inyecta vapor de agua previamente obtenido en una caldera; B y C permanecen cerrados. Una vez que el cuerpo de la bomba ha sido llenado con vapor, se cierra A y se enfría con agua del exterior dicho cuerpo.

3a) ¿Qué sucede con la presión dentro de de la bomba? ¿Aumenta o disminuye?
3b) Ahora se abre B. ¿Qué ocurre entonces? ¿Ingresa el agua subterránea? Sí/No, ¿por qué?
3c) Se cierra ahora B, y se abre C, al tiempo en que se abre A y se inyecta una nueva cantidad de vapor. ¿Qué ocurre?

A partir de (3c) el proceso se reinicia, y si tus conclusiones son correctas verás que la máquina extrae continuamente el agua de la parte inferior y la expulsa por el tubo de salida.

La máquina de Savery era una bomba de fuego sumamente incómoda, pues obligaba a los operarios a abrir y cerrar continuamente las válvulas que hemos señalado con las letras A, B y C. El vapor debía calentarse y enfriarse alternativamente, lo cual implicaba una gran demanda de combustible (carbón). Además, para ser empleada a grandes profundidades, era necesario disponer de vapor a gran presión y una serie de dispositivos consistentes en introducir más bombas de fuego que elevaran el agua subterránea a otros recipientes sobre los que operaban otras máquinas; algo muy parecido a lo que fueron las bombas neumáticas cuyos principios de funcionamiento se aplicaron posteriormente.

Estas dificultades, junto a las reiteradas explosiones, fueron resueltas en gran medida por la invención del obrero e ingeniero inglés Thomas Newcomen (1712).

La obra de Newcomen (figura de la página siguiente) es una real hazaña tecnológica, su máquina de vapor no dependía del mismo para formar un vacío que succionara el agua para luego utilizarlo a elevada presión a fin de sacar a aquélla al exterior. Por el contrario, utilizaba vapor a poca presión para impulsar un pistón, resultando de esta manera menos peligrosa.

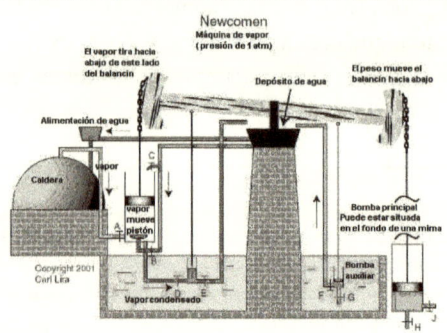

La máquina de bombeo de Newcomen, que funciona a presión atmosférica. El agua pulverizada en el interior del cilindro condensa el vapor, creado un vacío. El pistón desciende en el vado, para volver hasta arriba del émbolo por una nueva inyección de vapor.

Buena parte del calor generado por la combustión del carbón servía para calentar el agua contenida dentro de una caldera hasta el punto de ebullición, una vez desprendido el vapor este hacía mover el pistón. Luego el depósito se enfriaba haciendo que el pistón volviera a su posición primitiva. Terminado este ciclo el depósito de agua se volvía a llenar y se repetía el procedimiento.

Así y todo, a pesar del ingenioso invento que hacía mover el balancín seguía siendo ineficaz, de allí que por sucesivas modificaciones promovidas por las exigencias de la producción, dio lugar a un perfeccionamiento llevada a cabo por el ingeniero James Watt (1764).

En 1763 Watt, reparador de instrumentos de física, recibió de la Universidad de Glasgow una máquina de Newcomen en mal estado de funcionamiento. Debido a su gran interés por ella y a la estrecha relación con el físico Black de quien había aprendido el concepto de "calor latente",[51] tomó en cuenta el gasto que suponía conservar el calor, enfriar y recalentar el mismo depósito. Por lo tanto, se le ocurrió disponer de dos depósitos. Uno se mantendría siempre caliente y el otro siempre frío, donde en efecto se condensaba, mientras se formaba más vapor en el depósito caliente. Esto dio origen a la primera máquina de vapor realmente eficaz.

---

51 Black descubrió que cuando se aplica calor a un trozo de hielo, a medida que se produce la fusión, el calor era absorbido pero la temperatura del hielo no cambiaba. Es decir, todo el calor se empleaba en fundir el hielo mientras que el agua estaba a superior temperatura porque encerraba más calor (el calor que hace posible el paso del estado sólido al estado líquido recibe el nombre de "calor de fusión"). O sea, cuando se aplica calor a un trozo de hielo, va subiendo su temperatura hasta llegar a los 0 °C (temperatura de cambio de estado); a partir de ese instante, aunque se le siga aplicando calor la temperatura del hielo no cambiará hasta que se haya fundido por completo. De allí en más, si se continúa aplicando calor la temperatura comienza a ascender hasta llegar a los 100°C (temperatura de cambio de estado); aquí el agua en ebullición desprendía vapor (el calor responsable del nuevo cambio de estado se denomina "calor de vaporización"). Black llamó al calor de fusión y al de ebullición "calor latente". En latín, "latente" significa "escondido". La comprensión del calor latente, como en la invención de Watt, fue importante para el progreso que supuso la mejor eficiencia de la máquina de vapor.

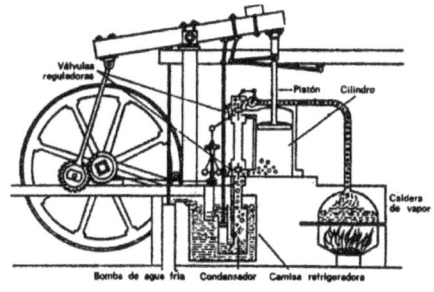

La máquina de vapor se constituyó en el factor primordial de cambio en y las relaciones sociales de producción en el sistema capitalista.

En síntesis, al introducir un condensador separado evitaba la pérdida de energía, redundando en una mejora radical en la potencia, eficiencia y rentabilidad de las máquinas de vapor. Finalmente adaptó este motor para producir un movimiento rotatorio mediante el uso de una biela, lo que amplió enormemente su uso más allá del simple bombeo de agua; de allí que la adaptable máquina de Watt pudo aplicarse a una variedad de actividades y se la considere el primer artefacto moderno que podía tomar energía de la naturaleza y aplicarla al funcionamiento de diversos artefactos. A su vez, el rápido proceso que continuó a su utilización es lo que conocemos como Revolución Industrial, y más recientemente uno de los "motores" de la problemática ambiental. En este último caso, hay que tener en cuenta que pese a los perfeccionamientos introducidos por Watt, su máquina sólo convertía en trabajo el 7% de la energía obtenida del consumo de combustible. El 93% restante se perdía como calor gastado y expulsado al entorno.

El primero que estudió científicamente la eficacia de la máquina de vapor fue el físico francés Nicolas Léonard Sadi Carnot (1796-1832). En 1824 publicó un libro titulado: Sobre la fuerza motriz del fuego, en el que fue capaz de demostrar que la máxima eficacia de una máquina de vapor dependía de la diferencia de temperatura entre el vapor al máximo calor y el agua al máximo frío. No importaba lo que ocurriera con las temperaturas intermedias; esto es, si el vapor se enfría y el agua se calienta despacio, de prisa, suavemente o por etapas. (Asimov, 1992, p. 338)

Eficiencia de la máquina de vapor

Eficiencia Ideal = $T_{caliente} - T_{fría}$

El ciclo de funcionamiento de la máquina de Carnot puede verse con referencia al diagrama que representa los cambios de volumen y presión que sufre la sustancia de trabajo (aun cuando Carnot no usó esta representación).

Supongamos un cilindro cerrado por un émbolo que se desliza sin rozamiento, y que contiene una sustancia que se expande con la temperatura o al disminuir la presión.

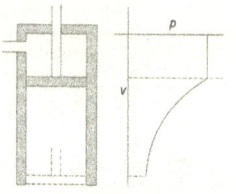

El diagrama muestra dos procesos isotérmicos: expansión A → B y compresión C → D y dos adiabáticos: expansión B → C y compresión D → A. El trabajo neto realizado a lo largo del ciclo, simbolizado por la letra W, viene representado por el área sombreada en la figura.

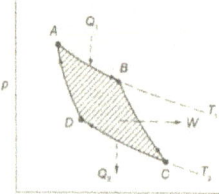

EXPERIENCIA

Lee atentamente la siguiente experiencia:
Pon un poco de agua en una lata de aluminio (de gaseosa) y caliéntala en una estufa, hasta que por la abertura salga vapor. En ese momento el aire ha salido y el vapor lo ha reemplazado. Entonces, con una pinza de madera vuelca la lata boca abajo, sobre una bandeja con agua.

a) ¿Qué crees que sucederá? Anota tu conjetura.
b) Realiza la experiencia y observa lo sucedido.
c) Justifica lo que has observado y relaciona con el funcionamiento de las máquinas de vapor que hemos estudiado.

Carnot demostró que no puede existir un motor térmico perfecto pues en cualquier motor térmico se pierde parte del calor suministrado. Sentó así las bases del segundo principio de la termodinámica. A su vez, fue el primero en considerar cuidadosamente la manera en que calor y trabajo se convierten el uno en el otro. Por esta razón es considerado el fundador de la ciencia de la "termodinámica" (del griego *termo* que significa "calor" y *dinamis* que se traduce como "fuerza"). De sus estudios pudo deducirse, un cuarto de siglo más tarde, la segunda ley de la termodinámica.

Equivalente mecánico del calor (1843)

Para mediados del siglo XIX ya se habían aceptado algunas leyes de la conservación. Lavoisier había avanzado en la ley de la conservación de la masa, y antes se había formulado la ley de conservación del momento.

En términos generales la naturaleza del calor consiste en identificar la energía térmica con la energía de los movimientos de las partículas, concretamente de las moléculas.

Se sospechaba que la energía también podía ser conservada. Después de todo el movimiento era una forma común de energía, y de acuerdo con Galileo: *"Sabemos que un movimiento de un móvil proyectado sobre un plano horizontal sin rozamiento será uniforme y perpetuo suponiendo que el plano se prolongue hasta el infinito"*.[52]

He aquí el principio básico de la física moderna: el Principio de Inercia, erróneamente adjudicado a Isaac Newton en numerosos manuales de Física. Esto significa que un cuerpo en movimiento seguiría moviéndose indefinidamente si no se viera afectado por una fuerza exterior. O sea que la energía no desaparecería.

En la vida real, sin embargo, un cuerpo en movimiento sí se detiene al cabo de un tiempo, debido a la resistencia del aire o por la fricción con el suelo. ¿Qué ocurre entonces con la energía? Acaso se convierta en calor. De ser así no obstante, una cantidad dada de energía mecánica se transformaría en una cantidad también dada de calor. De otro modo dicha energía no se conservaría.

Lo anterior puso de manifiesto que podía muy bien haber una ley de conservación de la energía si se incluyera el calor entre las formas de energía. En efecto, el médico alemán Julios Robert von Mayer (1814-1878) había presentado una cifra del *equivalente mecánico del calor* en 1842 (mucho menos exacta, por cierto, que la de Joule) y dedujo de ella que existía una ley de la conservación de la energía. Pero su trabajo no mereció la atención de sus contemporáneos.

Mayer expresa sus ideas de la siguiente forma:

Un tal objeto que no es materia –es decir, un imponderable– es movimiento; no surge de la nada en la medida en que debe siempre tener su causa; pero una vez que ha surgido, ya no desaparece porque no se puede concebir ninguna causa con un efecto nulo. Así sabemos que: el movimiento es una manifestación [*Erscheinungsform*] de un objeto que no es materia; surge de otra manifestación y se convierte, en la medida en que cesa de ser movimiento, en otra manifestación del mismo objeto imponderable. En otras palabras, la causa del movimiento, el movimiento mismo y su efecto no son sino diferentes manifestaciones de uno y del mismo objeto, precisamente como puede decirse lo mismo del hielo, el agua líquida y el vapor. Pero del mismo modo en que el vapor puede volverse agua, y el agua

---

52 Fuente: Galileo Galilei: Diálogo sobre dos nuevas ciencias (Cfr.: https://es.scribd.com/doc/199774323/Galileo-Galilei-Dialogos-sobre-dos-nuevas-ciencias).

hielo, así también sucede con el movimiento y sus causas y efectos; causa y efecto no designan en general nada más que diferentes manifestaciones de uno y el mismo objeto. [Carta de Mayer a Wilhelm Griesinger, fechada en 1842. Cfr.: L. Canela, Robert Mayer and the Conservation of Energy (1993), pp. 247-8]

El físico británico James Prescott Joule (1818-1889) emprendió la tarea de comprobar ese fenómeno mediante la experimentación. Produjo energía de diversas maneras y midió la cantidad de calor generado. Todos sus experimentos demostraron que una cantidad determinada de trabajo se traducía en una determinada cantidad de calor. Joule determinó, con mucha precisión, el equivalente mecánico del calor, es decir, la relación entre la unidad de energía joule (julio) y la unidad de calor caloría.

A continuación, mediante una experiencia simulada pretendemos poner de manifiesto la gran cantidad de energía que es necesario transformar en calor para elevar apreciablemente la temperatura de un volumen pequeño de agua. La descripción es la siguiente:

Consideremos: 1) un recipiente aislado térmicamente que contiene una cierta cantidad de agua; 2) un termómetro para medir su temperatura; 3) un eje con unas paletas que se ponen en movimiento por la acción de una pesa, tal como se muestra en la figura.

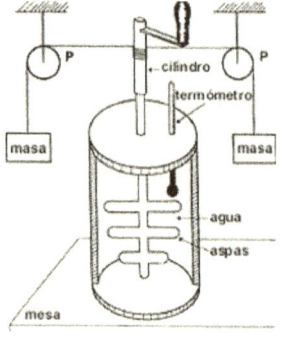

La versión original del experimento, consta de dos pesas iguales que cuelgan simétricamente del eje.

La pesa, que se mueve con velocidad prácticamente constante, pierde energía potencial (recordemos que este tipo de energía depende de la altura con relación a la superficie de la Tierra –en el caso de la figura, la mesa–). Como consecuencia, el agua agitada por las paletas se calienta debido a la fricción.

Si el bloque de masa M desciende una altura h, la energía potencial disminuye en Mgh (donde Mg es el peso P de ese bloque), y esta es la energía que se utiliza para calentar el agua (*ex profeso* despreciamos otras pérdidas).

Joule encontró que la disminución de energía potencial es proporcional al incremento de temperatura del agua. La constante de proporcionalidad (el calor específico de agua) es igual a 4.186 J/(g °C). Por tanto, 4.186 J de energía mecánica aumentan la temperatura de 1g de agua en 1° C. Se define la caloría como 4.186 J sin referencia a la sustancia que se está calentando.

1 cal = 4.186 J

En la simulación de la experiencia de Joule, se desprecia el equivalente en agua del calorímetro, del termómetro, del eje y de las paletas, la pérdida de energía por las paredes aislantes del recipiente del calorímetro y otras pérdidas debidas al rozamiento en las poleas, etc.

- Sea M la masa del bloque que cuelga y h su desplazamiento vertical
- m la masa de agua del calorímetro
- T_0 la temperatura inicial del agua y T la temperatura final
- g=9.8 m/s² la aceleración de la gravedad

La conversión de energía mecánica íntegramente en calor se expresa mediante la siguiente ecuación:

$$Mgh = mc(T-T_0)$$

Se despeja el calor específico del agua que estará expresado en J/(kg K).

$$C = Mgh / m(T-T_0)$$

Como el calor específico del agua es por definición c=1cal/(g °C), obtenemos la equivalencia entre las unidades de calor y de trabajo o energía.

Primera Ley de Termodinámica (1847)

Mayer había enunciado una ley de la conservación de la energía, y Joule recogió los datos que convertían esa ley en una propuesta razonable. Pero uno y otro carecían de las necesarias credenciales como físicos para resultar convincentes.

En 1847, el médico y físico alemán Hermann Ludwing Ferdinand von Helmholtz (1821-1894), cuyas credenciales sí eran magistrales para el cenáculo científico, reunió los datos suficientes y publicó su conclusión de que, en efecto, existía el pilar de la termodinámica: la Ley de la Conservación de la Energía. En otras palabras, la cantidad total de energía en el Universo era constante; nada podía ser creado ni destruido. De manera similar, en un sistema cerrado –cualquier porción del Universo de la que no pudiera escapar la energía, y en la que tampoco pudiera entrar–[53] la cantidad total de energía era constante y no podía crearse ni destruirse. Como es natural, y aunque la energía no pueda crearse ni destruirse, sí puede transformarse de una forma en otra. La electricidad, el magnetismo, la energía química, la energía cinética, la luz, el sonido y el calor son manifestaciones de la energía que transmutan de unas a otras.

---

53 Valga una aclaración: ninguna subsección del Universo puede ser aislada perfectamente de cualquier pérdida o incremento de energía.

La ley de la conservación de la energía se conoce también como Primera Ley de la Termodinámica, y se acostumbra considerarse como la más básica de todas las leyes de la naturaleza. Su formulación es la siguiente:

La energía puede convertirse de una forma en otra, pero no puede ser creada ni destruida.

Sin embargo, en todas las conversiones de energía, parte de la energía útil se convierte en calor y se disipa. Por ejemplo, en un motor a gasolina, la mayor parte la energía originalmente presente en el combustible, se transfiere a los alrededores en forma de calor. De manera similar, el calor producido por los procesos metabólicos de los animales se disipa en el aire o agua que los rodea. Esto último nos retrotrae a la Introducción del libro: no olvidemos que ¡hay "*cosos*" que no son precisamente los animales que con el calor y color de su *mierda* degradan la dignidad y la eticidad!

Dejando de lado la ironía, se puede establecer de esta manera la Primera Ley de Termodinámica:

$$\Delta U = Q - W,$$

en donde E es la energía de un cuerpo, ΔU el cambio de energía al pasar de un estado a otro (es decir, la temperatura y la presión), Q el calor añadido al cuerpo, y W el trabajo realizado por este en sus alrededores.

El principio de conservación de la energía proporcionó una notable relación general entre las ciencias, lo que valió el reconocimiento, aunque tardío, al arduo trabajo de Mayer y Joule.

Respecto de las características de ambos hombres, John Tyndall en su libro *El calor considerado como una forma de movimiento* (1863) señalaba:

> De acuerdo con el instinto especulativo de cada país, Mayer sacó de premisas sutiles muchas y pesadas conclusiones, mientras que el inglés, más amante del firme establecimiento de los hechos, llegó a establecerlos. (Holton, 1983, p. 307)

En la generación de todo conocimiento científico subyacen factores humanos, que nos dan la idea de que el conocimiento no es neutro ni se genera aislado del contexto histórico y social en que surge (Proscenio 1 y ss.). En la siguiente actividad encontrarás ejemplo de ello:

ACTIVIDAD 4

Lee atentamente y analiza el siguiente texto, extraído de *Introducción a los conceptos y teorías de las ciencias físicas* de Gerald Holton, pp. 400-401.

> "Existe un aspecto en la historia del principio de conservación de la energía que debemos mencionar, porque representa lo que sucede, a menudo, cuando se establece un nuevo esquema conceptual. Las ideas de Mayer y Joule obtuvieron,

finalmente, partidarios y, en irónico contraste con el abandono y repulsa inicial, se desarrolló una lucha casi violenta respecto a cuál de los dos era, realmente, el creador de la idea de la conservación general de la energía en sus distintas formas. Otros científicos reclamaron también su paternidad hacia esa idea, hombres que habían expresado, de algún modo, la idea general de la conversión mutua de las distintas formas de la energía o habían calculado particularmente el equivalente mecánico del calor: Ludvig Colding en Dinamarca; Karl Friedrich Mohr, Karl Holtzmann y Justus Liebig en Alemania; Sadi Carnot y Marc Séguin en Francia; Gustav Adolph Hirn en Bélgica; y W. R. Grove y Michael Faraday en Inglaterra. Cuando un descubrimiento está obviamente "en el aire" como sugiere esta multiplicidad de hechos, no tiene significado reclamar prioridades; sin embargo, tales argumentos son inevitables, pues el deseo de conseguir la fama eterna por un descubrimiento es una de las motivaciones que impulsan a un científico a trabajar sin descanso en una tarea que (hasta muy recientemente) fue pobremente (o nada) remunerada. Los partidarios de Joule despreciaban la contribución de Mayer de 1842, puesto que le daba prioridad sobre Joule, cuyo primer artículo, aunque completamente independiente, databa de 1843; y el mismo Joule escribía en 1864:

'Ni en los escritos de Séguin (1839) ni en los de Mayer, de 1842, se encontraban pruebas que fuesen suficientes para su admisión, sin una investigación posterior...Parece que Mayer se precipitó en publicar sus teorías con el propósito expreso se asegurarse su prioridad. No esperó hasta poder apoyarla por los hechos. Mi marcha, por el contrario, fue publicar solamente las teorías que había comprobado experimentalmente antes de presentarlas al público científico, bien convencido de la verdad de la observación de Sir J. Herschel, cuando decía: 'las generalizaciones precipitadas son la ruina de la ciencia'.

Por otro lado, los partidarios de Mayer reclamaban la prioridad, diciendo con Helmholtz:

'El progreso de la ciencia natural depende de que las nuevas ideas (teorías) puedan deducirse continuamente de los hechos de que se dispone; y que las consecuencias de estas ideas, por lo que se refiere a nuevos hechos, puedan comprobarse experimentalmente. No puede haber duda acerca de la necesidad de esta segunda condición; a menudo, es esta segunda parte la más difícil y la que exige más trabajo e ingenio por parte del que la realiza, y su logro será considerado como un gran éxito. Pero la fama del descubrimiento pertenece a aquel que halló la nueva idea; la parte experimental representa un tipo de conquista mucho más mecánico. Tampoco puede pedirse que el inventor de una idea tenga la obligación de efectuar la segunda parte de la empresa. De ser esto así, habría que despedir a la mayor parte de los físicos y matemáticos".

Es este un ejemplo de rivalidad de origen muy antiguo, mejor diríamos, de dos: una por la prioridad (toda idea grande, después de que ha sido aceptada, tiende a levantar tal disputa), y otra por los méritos relativos de los experimentales y teóricos. Ambas dan una idea del factor humano que se encuentra tras la estructura lógica del conocimiento científico."

Reúnete en grupo y discute con tus compañeros la validez de las afirmaciones que encuentras en el texto. Escribe un breve párrafo con tus opiniones al respecto.

¡Trabajemos con la 1ª Ley de Termodinámica!

Enunciado matemático de la Primera Ley:
ΔU: Energía interna del sistema
Q: Calor entregado al sistema (+) o cedido por el sistema (-)
W: Trabajo realizado sobre el sistema (+) o realizado por el sistema sobre el entorno (-)

La energía interna de un sistema (ΔU) es la suma de la energía cinética y la energía potencial que posee dicho sistema.

El componente de la energía cinética consiste en los diversos tipos de movimiento molecular y en el movimiento de los electrones dentro de las moléculas.

La energía potencial está determinada por las fuerzas de atracción entre los electrones y los núcleos, por las fuerzas de repulsión que existen entre los electrones y entre los núcleos de las moléculas así como por la interacción entre las moléculas.

Aunque quisiéramos es muy difícil medir la cantidad de energía que posee un sistema. Pero se puede demostrar la validez de la Primera Ley estudiando los cambios en el *estado de un sistema*. Este se define como los valores de todas sus propiedades macroscópicas importantes como: composición, energía, temperatura, presión y volumen en un determinado momento. Estas propiedades que están determinadas por el estado en que se encuentra el sistema, independientemente de cómo se haya alcanzado, se denominan *funciones de estado*.

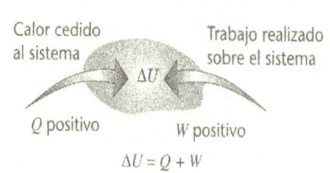

Cuando cambia un sistema, la magnitud del cambio de cualquier función de estado depende sólo del estado inicial y final del sistema y no de cómo se efectuó dicho cambio.

Por eso $\Delta U = U_f - U_i$

Donde U_f y U_i representan la energía interna del sistema en los estados final e inicial.

Si consideramos un gas encerrado en un recipiente como el sistema a analizar y le entregamos calor (calentándolo con un mechero, por ejemplo), diremos que el sistema ha aumentado su energía, ha ganado energía. Pero ¿de dónde ha salido dicha energía? Si tenemos en cuenta la primera ley concluiremos que proviene del entorno, la ha perdido el entorno.

En resumen:

$$\Delta U_{universo} = \Delta U_{sistema} + \Delta U_{entorno}$$

Como $\Delta U = 0$ ya que la energía del universo es constante (1° Ley de Termodinámica)

Entonces $\Delta U_{sistema} = - \Delta U_{entorno}$

Si el sistema se encuentra en el estado 1 y evoluciona al estado 2, y luego vuelve del estado 2 al estado 1, mediante dos caminos alternativos, ΔU_1 y ΔU_2 serán los cambios respectivos en la energía interna. Esto lo podemos graficar:

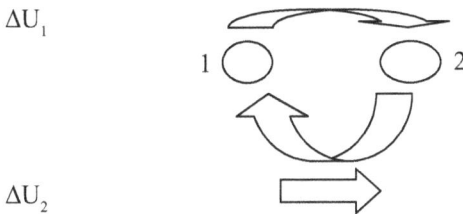

Estado 1: definido por determinados valores de las variables de estado, P_1, V_1, T_1, n_1 (número de moles) o C_1 (concentración).

Estado 2: definido por las variables P_2, V_2, T_2, n_2 o C_2.

La variación total de energía interna en el proceso será:

$\Delta U_{Total} = \Delta U_1 + \Delta U_2$, pero por la Primera ley: $\Delta U_{Total} = 0$

$\Delta U_1 = - \Delta U_2$

Conclusión: U, la energía interna, es una función de estado. Pero... ¿cómo un sistema puede variar su energía interna?

¿Cómo aplicar la 1ª Ley de Termodinámica en un sistema concreto?

Suponemos que tenemos un gas confinado en un cilindro que tiene un émbolo móvil, comprimimos el gas realizando un trabajo de 462 J. Durante este proceso hay una transferencia de calor de 128 J hacia los alrededores del sistema.

Debemos calcular cuál es el cambio de energía que experimentó el sistema en el proceso.

Cuando comprimimos el gas realizamos un trabajo <u>sobre</u> el sistema, por lo que debemos considerarlo con signo positivo (W).

La pérdida de calor del sistema al entorno es calor que el sistema cede, por lo que debe tener signo negativo (Q).

Reemplazando en la expresión matemática de la primera ley:

$$\Delta U = Q + W$$
$$\Delta U = - 128 \text{ J} + 462 \text{ J}$$
$$\Delta U = 334 \text{ J}$$

El gas experimentó un incremento en su energía interna de 334 Joules.

Concluimos, entonces que tanto trabajo (W) como calor (Q) son formas de transferencia de energía (entre sistema y entorno), que nos permiten calcular cómo varía el estado energético del sistema de interés entre dos estados del mismo.

Por lo tanto estos dos conceptos están siempre asociados a un proceso, un cambio que experimenta el sistema, por lo que su valor depende del camino que sigue dicho proceso. Esto quiere decir que no son funciones de estado.

En la naturaleza ocurren muchas transformaciones termodinámicas diferentes, veamos algunas de ellas.

Segunda Ley de Termodinámica (1850)

La primera ley de la termodinámica (o sea, la ley de la conservación de la energía) es una ley esencialmente optimista. Puesto que la energía no puede ser destruida, podría parecer que esa energía está siempre dispuesta para ser utilizada una y otra vez.

Sin embargo, no toda la energía es igualmente útil. Carnot había señalado que en una máquina de vapor algo de la energía se disipa como calor, ya no está disponible para hacer trabajo útil.

Por otra parte, Kelvin al principio no aceptaba la interconvertibilidad entre Q y W mecánico (joule). Aceptaba que el flujo de Q y no el Q mismo es lo que producía W, según el ciclo de Carnot. Pero este ciclo era ideal, en las máquinas reales no se alcanzaba esa eficiencia, además, en la conducción de Q en un sólido: ¿qué sucedía con el trabajo que debía producir?

En el ciclo de Carnot se toma Q1 a T1 (foco caliente) y se cede Q2 a T2 (foco frío), Kelvin deduce que:

Q1 / Q2 = T1 / T2 se cumple que calor absorbido es positivo y calor cedido es negativo, entonces:

(Q1 / T1) + (Q2 / T2) = 0

Kelvin adoptó este resultado como la expresión matemática del segundo principio. Es el primero que introduce el término termodinámica en estos trabajos.

> En 1850, el físico-matemático Rudolf E. Clausius (1822-1888) enunció el segundo principio de la termodinámica. En esa misma época, su colega inglés lord Kelvin enunció también este principio, de forma distinta, pero equivalente.

Las dudas de Kelvin fueron disipadas por Clausius un año después:

- en la primera parte de su trabajo, plantea una concepción dinámica del calor, como la medida de la fuerza viva del movimiento de las partículas de un cuerpo, y esto establecía la interconversión entre Q y W.

- en la segunda parte, reconcilia a Carnot y Joule: una máquina térmica genera W gracias a una transferencia de Q entre los dos focos, pero el W producido corresponde sólo a una parte del Q transferido. Ambos procesos tendrían lugar de forma simultánea y estarían relacionados cuantitativamente. De esta forma desliga al principio de Carnot de la suposición de la conservación del calor. En el caso ideal de la máxima producción de W esta dependería de la diferencia de temperatura entre los focos y no de la sustancia de trabajo. Esta se considera la primera formulación del Segundo Principio de la Termodinámica.

Lo que Clausius (1822-1888) halló se puede expresar de la siguiente manera: para toda conversión de energía, algo de esa energía se dispersaba siempre como calor, y este calor nunca podría ser convertido por completo en cualquier otra forma de energía.

Como resultado de ello, el suministro de energía del Universo estaba siendo degradado constantemente en calor, y la cantidad de energía útil estaba decreciendo también constantemente.

Clausius propuso que si se tomaban la porción de calor intercambiada por un sistema y su temperatura absoluta, esa proporción siempre se incrementaría en cualquier proceso que se desarrollara en un sistema cerrado. En condiciones perfectas, podría permanecer constante, pero nunca decrecería. Años más tarde Clausius dio a esta proporción el nombre de **Entropía**, por alguna oscura razón.

Clausius estableció de este modo la Segunda Ley de la Termodinámica:

La cantidad de entropía en el Universo siempre se incrementa, y algún día alcanzará un máximo, cuando no haya energía útil y el desorden sea total.

Aplicó ambos principios termodinámicos al Universo y concluyó:
- la Energía del Universo es constante;
- la Entropía del Universo tiende a un máximo.

Esto parece pesimista, pero como se precisarán muchos millones y millones de años para que se degrade toda la energía del Universo, no cabe considerarlo motivo de preocupación inmediata. Sin embargo, sí cabe señalar que uno de los problemas de nuestro tiempo es toda la basura que estamos lanzando a la atmósfera y a las aguas de ríos, mares y océanos, dando lugar a procesos de degradación ambiental como el efecto invernadero, los agujeros en la capa de ozono o la desaparición de especies. Todo parece indicar que, como consecuencia de la concepción de desarrollo económico que hemos analizado críticamente a lo largo de este libro, estamos destruyendo la Naturaleza; de allí que obligados por algunas evidencias que fueron ejemplificadas en la Introducción urge hacernos una serie de preguntas; entre otras: ¿aumentará, disminuirá o se mantendrá la temperatura de la atmósfera terrestre, y cuáles serían las consecuencias además del descongelamiento de los glaciares a los que se hizo referencia a través de las investigaciones del Dr. Jorge Rabassa?; ¿se conservará la Corriente del Golfo, sin la cual el mundo sería diferente?; ¿sobrevivirán las plivisilvas del Amazonas?; ¿serán cada vez más frecuentes los huracanes como el Katrina?

Además de estas preguntas, cabe decir que cuando la Tierra era joven poseía una atmósfera reductora; esto es, formada mayoritariamente por amoníaco (NH_3), hidrógeno (H_2), metano (CH_4) y agua (H_2O), sin oxígeno libre, sólo formando combinados como el agua, el dióxido de carbono (CO_2) o el monóxido de carbono (CO).

Al actuar sobre estos compuestos la energía procedente de la luz del Sol (en particular la radiación ultravioleta), de las erupciones volcánicas o de las descargas eléctricas producidas en tormentas, se habrían producido reacciones que determinaron la historia posterior de la Tierra. Así, por ejemplo, el dióxido de carbono fue desapareciendo de la atmósfera, difundiéndose en el interior de la tierra o de los mares. Asimismo, combinándose con el calcio, se depositó en forma de carbonato cálcico en la piedra caliza, donde hoy se encuentra en una proporción mucho más elevada que en la atmósfera (unas 100.000 veces más). Esto es una suerte, ya que el CO_2 es uno –en la actualidad el más importante– de los denominados gases de efecto invernadero. Otros son el metano (CH_4), el óxido nitroso (N_2O), el ozono (O_3), el vapor de agua y los compuestos clorofluorocarbonados.

Sin embargo, téngase en cuenta que, como consecuencia de la quema de combustibles fósiles, cada año son emitidas a la atmósfera cerca de 5.500 millones de toneladas de dióxido de carbono (CO_2), y si bien es cierto que tal vez el 10% de esa cantidad se elimina de la atmósfera en virtud de los procesos marinos y, probablemente, también por los bosques, en 1800 se tomaron muestras de hielo que indicaban un nivel de 250 ppm de CO_2 en la atmósfera, mientras que en el año 2011 esa concentración alcanzaba 391 ppm.

Se habla insistentemente de ciertos sofismas en el desbalance del flujo energético que anacrónicamente se denomina "efecto invernadero"; esta es una situación que amerita dos tipos de información. En primer lugar, sabemos que la Tierra recibe radiación del Sol y se establece un balance entre la energía que entra y la que sale. Los gases que producen el efecto invernadero tienen en común el que, si bien permiten que la luz que proviene del Sol atraviese la atmósfera, no dejan salir una parte de la radiación infrarroja que refleja la Tierra porque ciertos gases como el dióxido de carbono pero, sobre todo el vapor de agua (las nubes), la hacen opaca a la radiación infrarroja que, al quedar atrapada produce un aumento de la temperatura de la atmósfera y la superficie terrestre. De hecho, su presencia es necesaria en un cierto grado para que pueda existir la vida, o al menos nuestra vida: sin ellos, la temperatura promedio de la superficie de la Tierra rondaría los 18° centígrados bajo cero. Con su presencia, esa temperatura es, o debería ser en condiciones naturales, de 15 °C sobre cero. Por otra parte, como la temperatura de un cuerpo determina la cantidad de energía que emite, para dar cuenta del efecto invernadero, hay que tener en cuenta otra información: los países del Norte desarrollado consumen alrededor del 65% de los recursos mundiales, siendo que su población no supera el 20% del total mundial. Dicho esto, no se estaría errando si alguien infiriera que como consecuencia de ese consumo son responsables de un porcentaje análogo en la emisión de gases de efecto invernadero, además de una deuda ecológica que los convierte en los mayores responsables del agotamiento o degradación de los recursos de origen fósil y las reservas de agua, entre otras calamidades. El problema es que debido al desarrollo, hoy acelerado por la llamada globalización capitalista, la presencia de estos gases, en especial el CO_2, ha aumentado de manera extraordinaria. Cuando quemamos combustibles fósiles: petróleo, gas natural y carbón, o cuando producimos cemento, liberamos CO_2 a la atmósfera.

Antonio Mingote y José Manuel Sánchez Ron, en ¡*Viva la Ciencia!*, escriben:

> Ha sido tan trabajoso, tan largo y delicado el camino que ha conducido a la aparición de, primero, la vida, a secas, y luego de sus innumerables formas, que a uno se le rompe el corazón cuando asiste a lo que está sucediendo desde hace tiempo: una especie, el *homo sapiens*, que con su comportamiento está destruyendo vida a un ritmo más que preocupante, eliminando especies que muy difícilmente la naturaleza –o nosotros– podrán generar de nuevo (…). En los últimos cuarenta años la extensión de los bosques tropicales de, por ejemplo, Brasil, Indonesia, Centroamérica y Hawai ha pasado de ocho millones de kilómetros cuadrados a cinco y medio. Y con su reducción desaparece el hábitat de millones de especies animales y vegetales. (Mingote y Sánchez Ron, 2008, p. 177 y ss.)

Ahora bien, la Segunda ley de la Termodinámica establece que la cantidad de energía aunque es constante, se transforma cada vez más en calor irrecuperable, no reutilizable. En otras palabras: *si bien la cantidad de energía es constante en un sistema aislado, que es aquel que no recibe ni cede energía ni materia desde su entorno, la energía útil capaz de ser utilizada disminuye, pues en todo proceso una fracción de la energía se transforma inevitablemente, por fricción, rozamiento, etc., en calor, la que no puede ya utilizarse para su conversión en alguna otra forma de energía.*

Esta ley concuerda por completo con la experiencia cotidiana. Son muchos y simples los ejemplos demostrativos: 1) una roca rodará cuesta abajo, pero nunca cuesta arriba; 2) el calor fluirá de un objeto caliente a uno frío, pero nunca a la inversa; 3) una pelota que se dejó caer rebotará pero nunca llegará a la misma altura desde la que cayó. En todos estos casos, un proceso en el cual la energía potencial del estado final es menor que la del estado inicial, es un proceso que libera energía (de otro modo estaría violando la primera ley).

Consecuencias más directas de la 2ª Ley de Termodinámica

Si bien la primera ley establece la relación entre calor absorbido y el trabajo realizado por un sistema, no señala ninguna restricción en la fuente de este calor o en la dirección de su flujo.

Debido a esto nada impide que extraigamos calor del hielo para calentar agua, siendo la temperatura del hielo menor que la del agua. Sin embargo sabemos que esto no ocurre espontáneamente.

El flujo de calor es unidireccional desde la temperatura más elevada a otra menor, lo cual no impide la posibilidad de enfriar un cuerpo por encima de la temperatura de sus contornos, pero para ello es necesario realizar trabajo.

En todos los fenómenos naturales se observan cambios unidireccionales. El agua se mueve de un nivel más alto a otro menor, la electricidad tiende a fluir desde un punto de potencial más elevado a otro más bajo, todas las reacciones químicas se llevan a cabo en la dirección que las conduce al equilibrio.

Todos los procesos de la naturaleza tienden a cambiar espontáneamente en una dirección que conduzca al equilibrio.

Tampoco la primera ley aclara la facilidad de la interconversión entre las diferentes formas de energía en una transformación. Por ejemplo, si bien las diferentes formas de energía pueden convertirse fácilmente en calor, el proceso contrario tiene lugar bajo condiciones muy restringidas, es necesario como en las máquinas térmicas que el calor fluya entre una caída de temperatura, y bajo tales condiciones no todo el calor puede convertirse en trabajo, como ya vimos.

El calor no se transforma en trabajo sin producir cambios permanentes bien sea en los sistemas comprendidos o en sus proximidades.

Estos aspectos son contemplados en los enunciados de Kelvin – Planck y de Clausius de la segunda ley, imponiendo una direccionalidad en los procesos, que está de acuerdo con lo que la naturaleza nos muestra. Esta direccionalidad le dio al tiempo, dentro de la física, una nueva entidad.

Entropía y desorden

J. W. Gibbs se refirió a la entropía como una medida del desorden de un sistema.

Esto significa que la energía en forma útil, como la eléctrica, la mecánica o la química está organizada y dirigida, y puede utilizarse para realizar un trabajo. Por otro lado el calor es aquella forma de energía debida al libre movimiento de los átomos o moléculas en un cuerpo y es de carácter caótico. Buena parte del mismo corresponde a las emisiones humanas –llamadas antrópicas–, lo que hacen es intensificar el fenómeno natural del efecto invernadero desde hace, aproximadamente, dos siglos, con una retroacción de la temperatura que a su vez aumenta la concentración del CO_2. Por eso cuando la energía organizada utilizable en la realización de un trabajo se convierte en calor, incrementa el caos o desorden del sistema, y por lo tanto la entropía, que es una medida de ese caos, debe aumentar.

Esta idea ha servido para establecer un nexo entre la entropía y la probabilidad, campo de la ciencia conocido como mecánica estadística.

"Muerte térmica" del Universo

Entre 1851 y 1855 Kelvin publica una serie de trabajos sobre termodinámica donde evidencia su conversión a la teoría mecánica del calor. En uno de ellos, en 1853, *On a Universal Tendency in Nature to the Disipation of Mechanical Energy*, plantea que en las transformaciones reversibles el sistema puede retornar al estado inicial y el camino recorrido puede describirse en ambos sentidos, como en el ciclo de Carnot. Pero en la naturaleza los procesos son irreversibles, existe una disipación que no se puede restaurar.

Si se considera todo el Universo como un sistema termodinámico aislado, ya que por definición no hay exterior al mismo desde el que pueda llegar materia o energía, se llegó a la idea de que el Universo se vería abocado a una "muerte térmica" o "entrópica" al degradarse toda su energía, de modo que se extinguiría su energía potencial, cesaría el movimiento y se igualarían las temperaturas, dejando así de producirse todos los procesos. Sería el fin del Universo tal cual lo conocemos, desaparecerían las galaxias y sistemas solares para transformarse todo en un caos homogéneo de átomos moviéndose ciegamente por el resto de la eternidad. Esta implicación fue vista inmediatamente por Ranking y Helmholtz y reconocida por Kelvin pocos años después.

El concepto de una eventual "muerte térmica" del Universo hizo ganar fama al segundo principio en la última mitad del siglo XIX, ya que ejercía una mórbida atracción sobre los escritores de divulgación popular y encajaba en el espíritu de pesimismo de fin de siglo que inundaba algunos sectores de la sociedad europea y americana.

En síntesis: la muerte térmica o muerte entrópica es uno de los posibles estados finales del universo, en el que no hay energía libre para crear y mantener la vida y otros procesos. En términos físicos, el universo habrá alcanzado la máxima entropía. Cuando haya llegado ese momento, la energía total del universo será la misma que ahora, pero la energía aprovechable será nula.

Estadística y entropía

En 1867 James Clerk Maxwell (1831-1879) sugirió que la validez de la segunda ley era sólo estadística.

Para mostrarlo introdujo un ser diminuto (diablillo de Maxwell) que podía separar las moléculas más veloces de las más lentas dentro de dos recipientes separados por una válvula, que el diablillo abría y cerraba a su antojo. De esta forma el gas se separaría en una porción fría y otra más caliente. Sucede que este comportamiento no está prohibido por las leyes de la mecánica. Pese a esta consideración estadística, a nivel microscópico el mundo seguía considerándose determinista. Dadas las condiciones iniciales, la evolución de cada una de las moléculas estaría determinada por las leyes de la mecánica.

La interpretación estadística del 2º principio llevó a que se plantease la "paradoja de la irreversibilidad". Loschmid en 1876, dice que el 2º principio no puede ser probado mecánicamente. Un sistema sufre transformaciones que hacen aumentar su entropía, transcurrido un lapso de tiempo, el sistema lo consideramos ahora en estado inicial. Pero invirtiendo el sentido de las velocidades de todos sus elementos, el

> Profesor de Física en varias universidades durante más de cuarenta años, Ludwig Boltzmann (1844-1906) fue uno de los fundadores de la mecánica estadística. También estableció, junto con el físico austríaco Josef Stefan (1835-1893), una ley sobre la radiación del cuerpo negro.

sistema recorrerá los estados anteriores pero en sentido inverso, la S habrá disminuido la misma cantidad que antes aumentó. Entonces el crecimiento o decrecimiento de la S dependería de las condiciones iniciales (equivale a decir que si se invierten las velocidades de todos los puntos materiales del Universo, este retrocedería a través de su historia).

Boltzmann aceptó que esto podía suceder, pero como en un sistema hay más distribuciones uniformes que no uniformes, lo más probable es que la distribución termine siendo uniforme, a partir de los números relativos de las diferentes distribuciones posibles se podría calcular su probabilidad.

En 1877 introduce el concepto de "complexión": posibles maneras en que la energía de un sistema se distribuye entre sus moléculas (todas igualmente probables), la probabilidad de un estado macroscópico sería proporcional al número de complexiones o microestados correspondientes a dicho estado microscópico.

Ejemplo:
Si tienes dos dados y los tiras a la vez, veamos cuantas posibilidades hay de que entre los dos sumen:
- 7, tienen que salir los números:
1 y 6 o
2 y 5 o
3 y 4
- 12, los números
6 y 6

Podemos ver que para el 7 las combinaciones posibles de los dos dados para que sumen los correspondientes números son más que para el 12. Como consecuencia la probabilidad de que salga 7 es mayor.

Podríamos relacionar las posibles combinaciones de los dados con el concepto de "complexión" introducido por Boltzmann, referido a los estados energéticos igualmente probables de un sistema.

En definitiva, en termodinámica los casos más probables de ser observados son aquellos que se pueden formar de las maneras más variadas.

Boltzmann relaciona la entropía con este concepto:
$S = k \log W$
k: constante de Boltzmann
W: probabilidad termodinámica del sistema (máxima en el equilibrio, como la S).

Un aumento de S indicaría la tendencia del sistema de pasar de estados menos probables a estados más probables.

Entonces la S sería proporcional al número de posibles configuraciones distintas del sistema que sean compatibles con las propiedades macroscópicas. Así, para un gas aislado en un recipiente, hay una cierta cantidad de configuraciones, entendiéndose por configuraciones todas las posibles maneras en que se pueden distribuir las moléculas en el recipiente y que produzcan como resultado idénticas propiedades macroscópicas de presión, temperatura, densidad, etc. Todas estas configuraciones tienen la misma probabilidad de presentarse, de modo que basta con calcular su número total para obtener la S del sistema.

La paradoja de la irreversibilidad señala el problema que la física estadística tuvo que afrontar en las últimas décadas del siglo XIX: cómo reconciliar las ecuaciones, reversibles respecto del tiempo derivadas de las leyes de la mecánica newtoniana, con la irreversibilidad afirmada por el 2º principio de la termodinámica.

En 1890, Henri Poincaré (1854-1912) publicó el "teorema de la recurrencia", según el cual un sistema restringido a un volumen finito evoluciona en el tiempo de modo que antes o después pasará por un estado tan próximo al inicial como se quiera. Esto fue cuestionado debido a que violaba el segundo principio.

Boltzmann responde reiterando su concepción de que la segunda ley era tan sólo una ley estadística, y que como tal no podía ser demostrada a partir de fundamentos exclusivamente mecánicos. Por lo tanto podrían darse situaciones en las que un sistema evolucionase hacia estados de menor entropía. Aunque demostró que el tiempo de recurrencia para que esto suceda podía ser increíblemente largo para sistemas mínimamente complejos.

En relación con esta forma de postular la segunda ley, se establece la entropía como una medida del desorden molecular. La ley de aumento de entropía es, por lo tanto, una ley de desorganización progresiva, de alejamiento de unas condiciones concretas.

La búsqueda de una explicación mecánica a las implicancias que introdujo en la física la segunda ley se ha extendido a lo largo de todo el siglo XX.

Veremos más adelante algunos ejemplos de ello.

La "flecha del tiempo"

La segunda ley nos lleva a reflexionar sobre las características irreversibles de los procesos naturales.

Nuestra experiencia nos dice que nunca se ha visto espontáneamente que aparezca una diferencia de temperatura, por ejemplo, en un gas que inicialmente se encontraba en equilibrio térmico. O sea, que por sí sólo se caliente en un compartimiento y se enfríe en otro (o que una cascada de agua se mueva hacia arriba, que una taza que se ha roto espontáneamente se restablezca, etc.).

No es que haya una prohibición que surja de las leyes de física, pues para que esto ocurriera bastaría con que la mayoría de las moléculas, que individualmente se están moviendo en cualquiera de las direcciones posibles sin preferencia alguna, de manera espontánea y por una simple coincidencia se echaran a mover todas en una misma dirección.

Se ha calculado la probabilidad de que algo así pase y el resultado es que se requeriría esperar toda la edad del universo, y mucho más, para que se produjera el fenómeno.

De este modo se introdujo en la física la noción de procesos no reversibles con el tiempo, una asimetría que se ha denominado "flecha del tiempo", pues los procesos termodinámicos en un sistema aislado sólo ocurren en una dirección: aquella que con el tiempo crece la energía no utilizable.

Todos los sistemas de esta forma tienden a un equilibrio, que es el estado de mayor entropía.

ACTIVIDAD 5

5a) Imagina las siguientes situaciones y responde:
1. Si durante 10 minutos lanzas dos monedas al aire después de revolverlas bien entre las manos, ¿esperarías que al menos una vez salieran dos lados iguales?
2. Si durante 10 minutos lanzaras un puñado de 10 monedas al aire, revolviéndolas bien, ¿esperarías que al menos una vez todas salieran con la misma cara?
3. Si revolvieras bien una caja con 10.000 monedas y las arrojaras al suelo durante todo un día, ¿crees que al menos una vez todas vayan a salir con la misma cara?

Relaciona tus respuestas con lo que plantea Boltzmann sobre el segundo principio.

5b) ¿Por qué crees que no es posible que todas las moléculas de aire que pueden estar contenidas en tu habitación (aproximadamente 10^{27}) se congreguen en un rincón, pudiendo asfixiarte? Reflexiona en base a tus respuestas del inciso anterior.

La 2ª Ley de la Termodinámica y los seres vivos

El surgimiento de la termodinámica fue un desafío para los físicos del siglo XIX, cuya escuela se basaba en los conceptos de Laplace, Lagrange, Hamilton y sus discípulos.

Para aplicar las leyes de Newton a los sistemas dinámicos (aquellos cuyos parámetros evolucionan con el tiempo), es preciso definir las posiciones y velocidades de cada uno de sus elementos componentes. Pero un gas, o un sólido tienen una gran cantidad de componentes (10^{23} mol. por cm^3 de gas) de modo que se ignoraba por qué vía se podría establecer su comportamiento global partiendo del cálculo de los movimientos de sus moléculas.

Con la termodinámica surge un nuevo enfoque, donde las ecuaciones del calor, que también son universales, utilizan como parámetros propiedades colectivas, macroscópicas, tales como la P y la T, y no parecen requerir el conocimiento detallado de lo que ocurre con cada una de las moléculas participantes.

Aparece así la termodinámica como una poderosa herramienta para estudiar los procesos de cambio en los sistemas dinámicos formados por una cantidad muy grande de componentes.

Se llegó así a interpretar satisfactoriamente mediante la ley de entropía la evolución hacia el equilibrio termodinámico de las estructuras aisladas que aparecen en la física y la química, cuyo ejemplo más conocido es el de los gases ideales.

La cantidad de entropía del Universo sólo puede aumentar, hasta llegar a un máximo, dice la segunda ley. Pero, entonces...

- ¿Cómo explicar el hecho de que los organismos vivos hayan evolucionado a estructuras cada vez más organizadas, de las bacterias a los mamíferos, por ejemplo?
- ¿Contradice este proceso de organización creciente la segunda ley de la termodinámica?
- ¿Cómo aplicarla a fenómenos que parecieran estar lejos del equilibrio?

Durante todo el siglo XX se han buscado respuestas a estas preguntas, llegando a postularse posibles explicaciones a estos fenómenos.

Seguidamente esbozaremos algunas de estas respuestas, pero es necesario tener presente que su grado de complejidad requiere que sólo hagamos un análisis cualitativo.

Los "sistemas abiertos" pueden organizarse

Un sistema vivo es un **sistema abierto**: un hombre absorbe materia y energía de fuentes externas y expele sus productos de desecho, que son de alta entropía por ser el resultado de descomposición de materia organizada.

Mientras un organismo esté vivo, se mantiene lejos del equilibrio termodinámico al que tienden los sistemas aislados. Pero si se lo aísla del ambiente exterior, la segunda ley inexorablemente se cumple llevándolo a la muerte.

Durante mucho tiempo se pensó que el proceso de evolución biológica, con creciente complejidad de los organismos vivientes, era una rara excepción a las leyes termodinámicas. Pero, en realidad, ni Boltzmann ni Darwin habían podido considerar la existencia de los fenómenos de formación espontánea de estructuras en la materia, una propiedad que se ha empezado a estudiar en las últimas décadas y que aparece con sorprendente frecuencia en la naturaleza.

Sistemas tan simples como una capa de líquido o una mezcla de productos químicos pueden, en ciertas condiciones, exhibir fenómenos de comportamiento coherente espontáneo (organización espontánea). Una condición esencial para que esto ocurra es que se trate de sistemas abiertos, mantenidos lejos del equilibrio termodinámico por fuentes de energía.

Uno de los grupos que han promovido el estudio de estos procesos ha sido el de Ilya Prigogine, por lo que recibió el premio Nobel de química de 1977.

En un sistema biológico, *su organización es pagada con consumo de energía y desorganización de su medio*. Mientras que en el equilibrio las propiedades se mantienen constantes porque no hay procesos, los organismos vivos cumplen con un estado llamado estacionario donde *las propiedades se mantienen constantes gracias a que hay procesos balanceados*. Estos procesos consumen energía y producen entropía.

El estado estacionario es un estado de desequilibrio mantenido constante gracias a la actuación del medio.

> El fisicoquímico belga de origen ruso Ilya Prigogine (1917-2003) fue galardonado con el Premio Nobel de Química en 1977. Realizó importantes investigaciones sobre los estados de equilibrio y no equilibrio de las disoluciones químicas.

Para que haya procesos intensos deberá haber grandes fuerzas, para que haya grandes fuerzas deberá haber grandes desequilibrios. El estado estacionario nos explicaría cómo un sistema biológico puede mantener un estado determinado, pero ¿cómo evoluciona hacia estados más organizados?

En general, las calamidades del crecimiento de entropía, desorganización y destrucción de estructuras son cosas que predominan cerca del equilibrio, por el contrario, lejos del equilibrio pueden crearse nuevas estructuras.

El pasaje de energía de una fuente a través de un sistema y hacia un sumidero, provoca en el sistema una complicada maraña de procesos cíclicos acoplados (sol-biosfera-espacio extraterrestre). Se produce una asimetría que genera desequilibrios en el sistema que originan fuerzas que impulsan procesos, que a su vez pueden causar nuevos desequilibrios. Estos desequilibrios crean estructuras, que son el resultado de una inestabilidad.

Intentaremos explicar lo expuesto con un ejemplo: el llamado fenómeno de Bénard. Tomamos un mililitro de agua (cubo dentro del recipiente) que contiene 10^{22} moléculas, que se mueven en todas direcciones chocando unas con otras. Si pensamos en la probabilidad que todas ellas orienten su movimiento en la misma dirección, por ejemplo de derecha a izquierda, concluiremos que es tan pequeña que resulta despreciable. Estamos requiriendo un movimiento sumamente ordenado que es imposible que suceda, ya que cerca del equilibrio la tendencia es al desorden.

Si ahora ponemos nuestro sistema (el agua) entre una fuente de calor (un calentador) y un sumidero hacia donde se pueda disipar el calor (el espacio que rodea el recipiente) y hacemos que el flujo de calor pase a través de nuestro sistema, provocaremos varios desequilibrios.

En principio romperemos el equilibrio térmico que el agua antes mantenía con el medioambiente. Al calentarse disminuye el desequilibrio con la fuente, pero aumenta su desequilibrio con el medio. Si tiende a disminuir el desequilibrio con el medio enfriándose, aumenta el desequilibrio con la fuente. Esto provocará un movimiento alocado de moléculas, sin embargo en un determinado momento veremos que la masa de agua comienza a tener movimientos rotatorios, lo que implica que millones de moléculas de agua se mueven con un orden tan improbable que consideramos imposible.

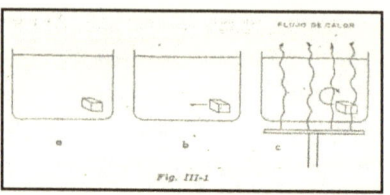

Fig. III-1

El *desequilibrio* originó una fuerza, que dio origen a un *proceso* (el flujo de calor) que creó una *estructura*.

Te propongo que realices la experiencia y observes el movimiento que adquiere el agua (no debe estar cerca del punto de ebullición).

Así, el flujo estacionario de energía a través de la biosfera la perturba, la aleja del equilibrio, la desequilibra y actúa como agente organizador que origina la vida e impulsa la evolución.

A medida que pasa el tiempo y que el flujo de energía desplaza más y más al sistema de su equilibrio, en una configuración dada, este pasa por una serie de inestabilidades y adopta configuraciones con funciones y tendencias distintas. Aparece así todo un espectro de estados estacionarios. En todas las situaciones el sistema tiende a adoptar el estado que le permite producir un mínimo de entropía por unidad de tiempo.

El hecho de que el sistema cambie a estructuras que le permiten mantener la producción de entropía al nivel más bajo posible hace que la evolución del sistema se haga por un camino de estructuras más equilibradas y de disipación mínima.

Los sistemas biológicos son, en cierta forma, *una superposición de estructuras de complejidad creciente.* Cada inestabilidad pasada contribuyó a darles una característica nueva conservando, en muchos casos, la característica de transformarse en cierto tipo de estructura nueva cuando las circunstancias los presionan. Cada configuración nueva le permite al sistema una mejor adaptación que la inmediata anterior, de modo que su historia es el camino de más seguridad y el más económico.

Sin embargo, entre otros factores, y como lo señaláramos en la Introducción misma de este libro, las diferentes etapas de la Revolución Industrial están afectando el equilibrio y la disipación normales: las concentraciones de dióxido de carbono en la atmósfera han ido creciendo debido en gran parte a la utilización de combustibles fósiles, a la roturación del suelo y a la destrucción de las áreas selváticas, particularmente en la zona de los trópicos.

ACTIVIDAD 10

10a) Explica por qué, cuando un pollo crece y sale de su huevo, ordenándose cada vez más en función del tiempo, esto no implica una violación del segundo principio.
10b) Discute con tus compañeros y encuentra ejemplos de estados estacionarios en sistemas biológicos. Para ello reflexiona detenidamente sobre lo que significa un estado estacionario.
10c) Cuando en un sistema se genera una diferencia de potencial, se produce una corriente eléctrica. Intenta encontrar otras magnitudes físicas cuyos gradientes (diferencias) puedan originar flujos de alguna otra magnitud física.

Organismos vivos y bioenergética

Con el término "bioenergética" se designan los intercambios de energía que se desarrollan en el metabolismo. Estos intercambios de energía obedecen las mismas leyes físicas que cualquier otro proceso natural, y dentro de estas leyes, los principios de la termodinámica son la base para comprender estos intercambios. Hemos visto que la 1ª ley de la termodinámica establece que en cualquier cambio físico o químico la cantidad total de energía en el universo permanece constante, aunque pueda cambiar la forma de la misma. Al referirnos a la segunda ley quedó establecido que en todos los procesos naturales la entropía o desorden del universo aumenta. Ahora bien, una característica de los seres vivos es el alto grado de organización que presentan, por lo que se deduce que los procesos vitales consisten en una lucha constante contra la segunda ley de la termodinámica, dejando el aumento de desorden para el resto del entorno o universo y buscando para la materia viva el máximo orden. Las células y los organismos vivos desarrollan trabajo para permanecer vivos, crecer y reproducirse. La capacidad de captar energía de diversas fuentes y canalizarla en trabajo biológico es una propiedad fundamental de todos los organismos vivos; debió de ser adquirida muy pronto en el proceso de evolución celular.

Los organismos modernos realizan una notable variedad de transformaciones de energía. Utilizan la energía química de los alimentos para conseguir la biosíntesis de moléculas complejas a partir de precursores sencillos, produciendo macromoléculas de estructura muy ordenada.

También convierten la energía química de esos combustibles en gradientes de concentración y en gradientes electroquímicos, movimiento, calor e incluso, en algunos organismos como las luciérnagas, luz.

Reacciones químicas muy extrañas

Este es otro ejemplo de génesis de organización a partir del caos, ¿se viola el segundo principio?

Veamos.

En 1958, el bioquímico Boris Belousov investigaba sobre el ciclo de Krebs; en cierta ocasión hizo una mezcla de ciertos productos químicos ($KBrO_3$, ácido cítrico, H_2SO_4, bromuro, $Mn+2$) que usualmente forman un líquido incoloro hasta que reaccionan, tornándose entonces a un amarillo claro. Belousov mezcló las sustancias sin preocuparse por las proporciones, y observó sorprendido que la solución cambiaba periódicamente su color, pasando a intervalos regulares de incolora a amarillo pálido para volver a hacerse incolora. La reacción retrocedía y volvía a avanzar como si no pudiese decidir qué sentido tomar.

El pobre Belousov intentó publicar su descubrimiento en las revistas científicas, pero estas se rehusaron debido a que sus resultados parecían ser contrarios a las leyes de la termodinámica. Belousov murió sin haber logrado que se reconocieran sus investigaciones.

El escepticismo de los químicos no debe sorprender, ya que en una reacción química como

$$A + B \longrightarrow C + D$$

los reactivos van desapareciendo progresivamente hasta que se logra un equilibrio en el que las cuatro sustancias coexisten manteniendo fija la proporción de cada una.

Pero lo que afirmaba Belousov implicaba que estas combinaciones en lugar de crecer progresivamente con el tiempo hasta alcanzar un equilibrio estable, podían retroceder hasta el estado inicial, lo que equivale a contradecir el segundo principio de la termodinámica, y además podían hacerlo repetidamente, oscilando en un sentido y el otro.

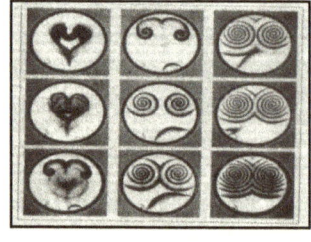

Anatol Zhabotinskii se interesó luego por estas reacciones en su tesis de doctorado.

Hoy por hoy se han estudiado con detalle las etapas que involucra, planteando las correspondientes ecuaciones. Se sabe que las condiciones para que aparezcan son que, además de tratarse de un sistema alejado del equilibrio, debe haber un producto en alguna de las etapas que sea capaz de influenciar sobre su propia velocidad de formación. Lo que se denomina autocatálisis.

Estos osciladores o relojes químicos, son sistemas complejos que conducen a una organización superior de átomos y moléculas ("estructuras disipativas"). Pueden presentar:

- autoorganización en el tiempo;
- acoplamiento entre difusión y reacción química que puede crear autoorganización espacial.

ANEXO II
Diseño curricular para la Educación Secundaria: desarrollar y socializar la matemática del aula real

Omar Cabrera

> *Un "currículo en acción" que se desarrolla en el aula pública real independientemente del diseño curricular oficial, que es producto de la construcción colectiva del docente y del grupo de alumnos tanto en sus contenidos como en sus metodologías y que no tiene raíces, características ni intenciones demagógicas o autoritarias (ni siquiera "consensuadas"), es un currículo emancipado, aunque su apariencia sea de menor "calidad educativa" que la esperada por gobiernos, "especialistas" y "opiniones públicas". Un docente que construye los currículos de esa forma con todos sus grupos de alumnos, los socializa y es receptivo de otros currículos surgidos de la misma manera bajo la orientación de otros docentes, es un docente emancipado, aunque la cantidad y el nivel de dificultad de los temas que enseñe sean menores que los establecidos en el diseño curricular oficial. Una escuela en la que la mayoría de sus docentes están emancipados es una escuela emancipada, aunque sus expectativas de logro difieran de las definidas en los lineamientos ministeriales y el nivel educativo alcanzado por la media de sus egresados no sea "de excelencia". Un estudiante que se convence íntimamente de que tiene capacidades ilimitadas para construir conocimientos y construye los que su voluntad –bondadosamente forzada o no– permite en cada coyuntura, superando si fuera necesario las presiones que intentan inducirlo a lo contrario, es un estudiante emancipado. Cuando la clase dirigente de un sistema social de injusticias y opresiones pierde el control sobre la mayoría de los docentes, la mayoría de las escuelas y la mayoría de los estudiantes, sus días están contados como tal porque la emancipación docente, la emancipación escolar y la emancipación de los estudiantes no pueden existir sin la emancipación en curso de las clases oprimidas.*
> Omar Cabrera: *Emancipaciones*

Desde los años noventa en Argentina se instalan, con persistencia regular, políticas educativas de "contención social" como respuesta del capitalismo a un ascenso de la clase trabajadora que hizo cumbre en 2001, sin detenerse, sosteniéndose en 2015 con altibajos también sostenidos. Desde entonces, la palabra *inclusión* fue tomando un protagonismo tan inusitado como tendencioso.

La Ley Federal de Educación y la vigente Ley Nacional, los cambios estructurales (8º y 9º años), los distintos programas de estudio, los novedosos "planes compensatorios" y una propaganda agresiva que no escatimó en *netbooks* (con plata robada a los jubilados) ni en encumbrados comunicadores populares, fueron herramientas que favorecieron el arraigo institucional de las "escuelas secundarias de contención" (o "retención") y la subsistencia de las tradicionales escuelas secundarias expulsivas.

Con las excepciones necesarias para esgrimir contraejemplos a las críticas y a las conciencias a seducir, cada joven y cada adulto con el secundario sin completar encuentra una silla en una escuela secundaria pública. Hasta se decretó que las escuelas secundarias también sean públicas, hecho que nos ahorra acá un par de renglones, pues poseen las mismas características "contenedoras" o expulsivas que las estatales, con el aditamento del objetivo mercantil y el repudiable subsidio estatal. Con las nuevamente necesarias excepciones, en todo el país, cada alumno es ubicado en la escuela que corresponde según su situación social: en las "escuelas de contención", los que deberán proveer a empresas, de toda magnitud, de mano de obra barata, *tercerizada* o de alguna otra manera radicalmente avasallada, y los que formarán parte del siempre imprescindible ejército de subocupados o desocupados que requiere el capitalismo; en las escuelas expulsivas (llamadas a veces "de excelencia") serán ubicados los destinados a puestos laborales más "calificados" y los destinados a proseguir estudios superiores.

En ambos tipos de escuelas secundarias se realiza un hecho netamente discriminatorio: en las "escuelas de contención", al privarse a los estudiantes de las posibilidades de aprendizaje que necesitan, muchas veces de una manera humana y socialmente brutal: **se los convence de que no están en condiciones de aprender más y mejores contenidos de los que se les presentan o, peor aún, se los induce a que ellos mismos lleguen a esa conclusión**; en las escuelas expulsivas se realiza, como históricamente se hizo en la educación media, una selección social de los estudiantes, sobre todo en primero y tercer años, discriminando también aquí según el nivel socioeconómico, pero menos demagógicamente: **se obliga o induce a los docentes a enseñar en todos los cursos y a todos los alumnos los mismos contenidos con el mismo nivel de dificultad en los mismos tiempos, convenciendo, o intentando hacerlo, a un importante número de estudiantes y a sus familias de que no están en condiciones intelectuales de proseguir estudiando en esas escuelas**. Los esperan, con sus planes compensatorios, angurrientas, las prolíficas "escuelas de contención".

El concepto de *inclusión* fue trastocándose, desde los noventa, hasta tomar el significado crudo de "mantener adentro", "retener". Para ello, otro concepto utilizado por los gobiernos de Menem, De la Rúa y los Kirchner es el de "promoción social". *Como no están en condiciones sociales de aprender, aprobémoslos mediante un trabajo práctico (aunque sea extraído de la web y no se comprenda su contenido), una evaluación a carpeta abierta con consulta a compañeros y a docentes, la mera asistencia a las clases, o, simplemente –sin mayores fundamentos ni explicaciones– colocando la nota mínima de aprobación.* En estos casos, la fuerte presión institucional y social ha provocado que muchos docentes adapten sus clases y las evaluaciones al objetivo demagógico-asistencialista descrito, posibilitando que los contenidos programáticos y las líneas metodológicas oficiales justifiquen calificaciones que no son representativas de los conocimientos construidos por los estudiantes.

Esos contenidos y esas líneas metodológicas presentan en los diseños curriculares nacionales, provinciales y de la CABA, características necesarias para facilitar la "promoción social" y la expulsión, como **una impronta "progresista" en los contenidos**, mediante un discurso cuidadosamente artero, avalada por tendencias internacionales y por especialistas *incuestionables*. Dichos contenidos pocas veces pueden aplicarse en las "escuelas de contención social", no porque el nivel de dificultad sea inapropiado para sus alumnos, sino porque, simplemente, el desarrollo de las clases posibilita **un cauce natural muy distinto**, asociado a la formación del docente, su ideología, sus posiciones pedagógicas, la historia académica de los estudiantes, sus gustos y posibilidades individuales y grupales concretas y, finalmente, asociado a la didáctica que esos elementos y otros más permiten construir en cada aula, cada jornada, cada hora de clase. **Tal es la ductilidad y la conciencia realmente integradora que tienen los educadores y que aquí rescatamos como herramienta fundamental de resistencia y transformación.** Tales son los factores que entran en contradicción con la característica "progresista" curricular tendiente a generar en la docencia actitudes culposas y, en consecuencia, de alineamiento coyuntural con la "promoción social". Los *planes compensatorios* (COA, FINES, Mejoras, tercera previa, cuarta previa, previas por parciales, etc.) actúan como sobornos –desde una mirada mercantilista que no es la nuestra– o como chantajes, desde una óptica psicológica que tampoco compartimos en su totalidad: si bien no negamos que en ciertos educadores los *planes compensatorios* pueden influir de esa manera, las necesidades de estabilidad laboral y salarial y de concentración horaria pueden justificar razonablemente la aceptación de dichos planes. *(p.ej., si me pagan con plata del Mejoras para preparar durante un mes a nueve chicos que deben rendir nuevamente conmigo la materia corriendo el riesgo de repetir, siendo la tercera previa elegida por* *ellos, me cuesta mucho desaprobarlos, por lo menos a la mayoría de los alumnos; además, la dirección de la escuela debe rendir cuentas ante la superioridad sobre la efectividad de la inversión "in cash" para seguir recibiendo el beneficio).* No obstante ello, no solo propiciamos la no aceptación de los planes compensatorios sino su inmediata erradicación.

Los tonos y énfasis que se manifiestan con claridad en los lineamientos, propuestas o *sugerencias* metodológicas constituyen, en este momento histórico de la enseñanza institucional de la matemática, otra novedad que intenta encausar lo imposible: el control gubernamental del *currículo en acto*. Ya no se trata de imponer el "qué" enseñar sino el "cómo" hacerlo. Y en este "cómo" puede observarse dicha imposibilidad oficial y una apelación subrepticia y tramposa al "control social" de los profesores en matemática. La desviación *aplicacionista* en la enseñanza de la matemática, que induce a relacionar los contenidos a enseñar con la *vida real* de los estudiantes o a *contextualizar* todos los temas en línea con sus intereses, es difícilmente cuestionada por los especialistas mediáticos gubernamentales y "opositores" y por la "opinión pública", que no es necesariamente la opinión del pueblo trabajador. Lo mismo ocurre con la consideración de los procedimientos lúdicos como ejes motivadores por excelencia.

- Si Paenza cuestiona la enseñanza de los ángulos opuestos por el vértice –tema sencillo que difícilmente provoque el disgusto de algún estudiante–, por aburrido, anacrónico o inútil, habrá que aceptarlo o, al menos, no contradecirlo.
- Si en la CABA, la provincia de Buenos Aires o Neuquén se decreta que no se enseñen números naturales en primer año –con el detenimiento y detalles clásicos–, sino que, luego de una brevísima revisión de los naturales y una supuesta profundización acorde con el nivel de estudio (p.ej., las infaltables *regularidades*), se comience directamente con los números enteros, o se descartan la enseñanza de los elementos básicos de la teoría de conjuntos y la demostración de teoremas elementales de la aritmética, el álgebra y la geometría euclidiana, o se promulga el uso obligatorio de la calculadora desde primer año, no es debido a un acuerdo general con la docencia, previa discusión profunda y democrática, sino porque la "calidad" educativa es patrimonio de los sostenedores de un Sistema Educativo que va adaptando sus métodos, sus contenidos y sus formas a la situación coyuntural de la lucha de clases, afín al sistema capitalista que lo privilegia como institución de adaptación y dominio.

Este gobierno capitalista *de concesiones* no puede esgrimir como tales, en el terreno educativo, más que unas supuestas facilidades para estudiar *(demagogia asistencialista)*, una supuestas facilidades para enseñar (aparente "libertad de cátedra" para imponer políticas educativas reaccionarias) y una supuesta democratización del sistema escolar basada en el otorgamiento de facultades inéditas al personal directivo, como el retiro de dinero en efectivo de un cajero automático y su distribución de acuerdo a criterios aparentemente propios.

La cadena de transmisión desde los currículos oficiales hasta las aulas está formada por eslabones tan débiles como irrompibles, en general, y muy claramente en relación con la educación matemática. Sólo colapsarán cuando lo haga el sistema capitalista. Mientras tanto, el aprovechamiento de esa debilidad es nuestro fuerte.

Con Gladys Fusco, quien suscribe ha realizado la experiencia de vincular contenidos fundamentales de los programas oficiales con los números naturales, cuyo aprendizaje se supone, desde ámbitos ministeriales, lo suficientemente construidos en la enseñanza primaria como para incluirlos en la secundaria. Lo hicimos trabajando mancomunadamente con nuestros alumnos de escuelas medias "de contención social", hasta el punto de elaborar, conjuntamente, un método inductivo alternativo para resolver ecuaciones, que fuera reconocido en la Conferencia de Educación Matemática de Chivilcoy, en 2012. Con el auspicio de Ediciones del Aula Taller, se ha publicado el texto *Matemática Natural, para los primeros años de le educación media*, con los resultados de dichas experiencias *de trinchera*, cuya utilización fue muy positiva en escuelas de dicha característica, pese a que sus contenidos no responden a los lineamientos curriculares oficiales.

El desarrollo y la socialización de las experiencias de las aulas reales no solamente es superadora de los programas elaborados por los técnicos de turno sino que, por ser producto de construcciones colectivas *reales*, esos contenidos matemáticos y las didácticas pertinentes son elementos que pueden acompañar naturalmente las acciones transformadoras que realiza la clase trabajadora en los ámbitos social y político.

Podríamos hablar entonces de *currículos emancipados* y, tal vez, generalizando a todas las asignaturas, de *escuelas emancipadas*. La "vida real" dejaría de ser una abstracción que embandera a los matemáticos y docentes *aplicacionistas*, para poblar de nuevos significados una materia utilizada tanto como filtro discriminador como paradigma de lo que no es: una ciencia para pocos.

ANEXO III
Desde el pensar hacia el pensar-nos

Sandra Carín Contreras

Resultaría muy ingenuo pensar en ciertas "incompletudes" de nuestras reflexiones políticas a la hora de los análisis acerca del poder. Por lo mismo, pensar, que es lo que más hacemos, y no **pensar-nos**, que es lo que menos hacemos, nos llevará al centro de esta reflexión.

Por lo tanto, si consideramos el **pensar-nos**, nos lleva a situarnos en una perspectiva geopolítica del poder y sus formas, contextualizadas éstas en un mapa tallado desde una geopolítica latinoamericana. Si esto es así, ya no podemos escindir de nuestras reflexiones a las matrices de pensamiento latinoamericanas de las que formamos parte, genuinas producciones intergeneracionales colectivas y populares a través de las cuales se ha constituido todo nuestro colectivo identitario.

Creo que hace unas cuantas décadas las viejas arquitecturas desgastadas sobre las cuales se sostenía el poder, han venido demostrando sus diferentes matices de decadencia en todos los estamentos, desde el capilar más íntimo como la institución familiar, pasando por la institución escolar, hasta las macroinstituciones.

Cabe aquí una reflexión interesante en cuanto a la colonialidad, que, como dice Aníbal Quijano: "*extinguido el colonialismo como sistema político formal, el poder social aún está constituido sobre la base de criterios originados en la relación colonial*"; podríamos entonces, desde esta perspectiva, suponer que la propia crítica que se funda sobre el imperialismo se realiza sobre la misma estructura que se constituye éste. Razón por la cual la imposibilidad de transgredir las fronteras de este territorio permite que se termine en una profecía autocumplida.

Aquí creo importante y de hondo sentido ético la posibilidad de reflexionar desde otras construcciones epistemológicas. Recurro a un concepto fundante de Walter Mignolo cuando habla de *desobediencia epistémica*. Desenvolver los esquemas de poder, retarlos.

Aquí, me parece parte de lo medular la posibilidad de saltar hacia ese otro universo que no ingenuamente fue "ocultado y no oculto, invisibilizado y no invisible, ningüneado y no ninguno, empobrecido y no pobre", porque si hay algo que ha configurado mundos, ha sido y sigue siendo la gramática del poder, si no, hagamos una lectura de finos hilados hacia los medios de comunicación dominantes.

Por eso, desde esos mundos que nos llevan al *pensar-nos* nos sitúa en ese lugar, en donde las posibilidades de visibilizar otra topología cultural, un *otros con nosotros*, impregnado de "posibilidades", nos permite transformarnos desde un lugar que nos abraza en ese contingente latinoamericano.

De lo contrario, mientras los análisis y las reflexiones se sitúen dentro de la misma lógica de dominación, por más que lo hagamos desde un pensamiento crítico, que también se ha razonado desde un modelo epistémico dominante (teorías críticas de la escuela de Frankfurt y no teorías críticas latinoamericanas), sólo estaremos avalando al propio patrón que criticamos.

Es decir, que la producción intelectual de la modernidad ha elaborado un producto científico de carácter universal desde donde sólo es posible instaurar no sólo el producto, sino los *modos* de elaboración del mismo como patrón único y acabado en sí mismo, por eso toman tanto significado las palabras de Boaventura de Santos Sousa: "*el conocimiento occidental del mundo no es el conocimiento del mundo*".

Si nos inscribimos en ese colectivo, podremos entonces entender como alternativa posible, o más bien como inédito viable en un sentido que va hacia la decolonialidad del poder, al "Buen Vivir" o "Vivir Bien". Construcción colectiva emergente de todos los procesos de opresión que América Latina viene sufriendo de hace más de quinientos años.

Por lo tanto, situarnos en un proceso de reconfiguración de la colonialidad global del poder del patrón eurocéntrico hegemónico, es concebir una etapa de la reconcentración del poder como vigilante. Por esto mismo y a la par de estos procesos, se vienen entramando las diferentes luchas desde los movimientos sociales y las sociedades en movimiento. Protagonistas activos de los últimos cambios a favor de la *Pachamama* que vienen conformando nuevas esferas de conocimiento en el campo del conocimiento-acción que caracteriza el "estar siendo".

Multiverso que permite el advenimiento de un horizonte de significación como sujetos históricos, es decir, una historia concebida desde un colectivo-pueblo. Visión que nos permite ubicarnos como parte de un planeta con una perspectiva existencialista fundada sobre el "estar siendo" más que desde el "ser".

Por lo tanto y al decir de Kwasy Wiredú, acerca de la idea inconcebible para la no-occidentalidad, del pensar desde el *"pienso y luego existo"*, resultaría creativamente lúdica y filosófica la idea de cambiarlo por el *"pensamos y luego existimos"*, planteándonos así mismo el propio significado de la frase.

Por eso, desarticular ciertos esquemas clasistas, eurocéntricos y academicistas sería un práctica *senti-pensante* (Eduardo Galeano) que no puede estar ausente en los debates educativos.

El poder-control es tan reticuloso que se introduce en los propios discursos en contra del poder-dominante.

ANEXO IV
Contaminación y ambiente

Gladis Lamela y Sandra Silvana Martellotta

> *Frases que hacen crecer la nariz de Pinocho. La salud del mundo está hecha un asco. "Somos todos responsables", claman las voces de la alarma universal, y la generalización absuelve: si somos todos responsables nadie es. Como conejos se reproducen los nuevos tecnócratas del medio ambiente. Es la tasa de natalidad más grande del mundo: los expertos generan expertos y más expertos que se ocupan de envolver el tema en el papel celofán de la ambigüedad. Ellos fabrican el brumoso lenguaje de las exhortaciones al "sacrificio de todos" en las declaraciones de los gobiernos y en los solemnes acuerdos internacionales que nadie cumple (...). Pero las estadísticas confiesan. Los datos ocultos bajo el palabrerío revelan que el veinte por ciento de la humanidad comete el ochenta por ciento de las agresiones contra la naturaleza, crimen que los asesinos llaman suicidio, y es la humanidad entera quien paga las consecuencias de la degradación de la tierra, la intoxicación del aire, el envenenamiento del agua, el enloquecimiento del clima y la dilapidación de los recursos naturales no renovables* (Galeano, 2008, pp. 9-10).

¿Por qué hablar de contaminación? En la actualidad los efectos de la contaminación del ambiente, de los cuales oímos hablar con bastante frecuencia en algunos medios de comunicación así como en diversos ámbitos sociales, políticos, económicos y ecológicos, nos hace plantear la necesidad de abordar este tema y otros, directa e indirectamente relacionados con él. Parte de esta inquietud surge como desafío en nuestra práctica docente puesto que nos interesa acercar la química a lo cotidiano, y en este interés se reflejan las problemáticas que en nuestra región y en el mundo surgen a partir de la contaminación generada por lo que Edgar Morín llama *homo sapiens demens*. Es entonces que pretendemos aportar en este anexo una propuesta didáctica destinada a estudiantes de 4° y 5° año de escuelas enseñanza de nivel medio.

Nuestra intención es acercar a los/as estudiantes información respecto de las problemáticas ambientales que afectan el lugar que habitan. De esta manera no sólo proporcionar conocimientos sino estimular una actitud científica, crítica y de reflexión ante los desafíos que conllevan vivir en regiones que están expuestas a los efectos devastadores de la contaminación, desafíos que involucran la preservación de la naturaleza, el papel de las políticas de Estado y los impactos de estas políticas en el ecosistema, en lo social y en lo económico. Como plantea Rancière en *El maestro ignorante*, "se puede enseñar lo que se ignora si se emancipa al alumno, es decir, si se lo obliga a usar su propia inteligencia" (2014, p. 21); en este sentido cobra especial significación la idea de ciudadanos/as intelectualmente emancipados/as. En concordancia con los principios del *SUMAK KAWSAY*, deseamos contribuir con la formación de los/as estudiantes a ser parte de la "*TIERRA PATRIA*" donde se plasme definitivamente el "Buen Vivir".

Este es un enfoque por el cual se pueden estudiar las sustancias de circulación universal, como el dióxido de carbono, el oxígeno y el agua. Nosotras trataremos el estudio de ecosistemas donde el componente fundamental es el agua; lo haremos tomando en consideración cuestiones que provienen de la Química, la Biología, la Física y la Geología, partiendo del hecho de que la vida en la Tierra depende de la energía del Sol; más específicamente de la fracción diminuta de la energía que alcanza la superficie terrestre y queda a disposición de los organismos vivos.

Pero como nuestro estudio es acotado, sólo haremos referencia a un número limitado de ecosistemas terrestres en particular a las aguas superficiales y subterráneas que pudieran contaminarse con procesos extractivos como el de la obtención de recursos hidrocarburíferos de origen fósil mediante la forma de extracción convencional y no convencional denominada *fracking* (fractura hidráulica).

En la red que se presenta a continuación se pueden ver una variedad de conceptos relacionados con los temas a tratar, con una amplitud que permite desde diferentes enfoques variar la propuesta didáctica del presente anexo.

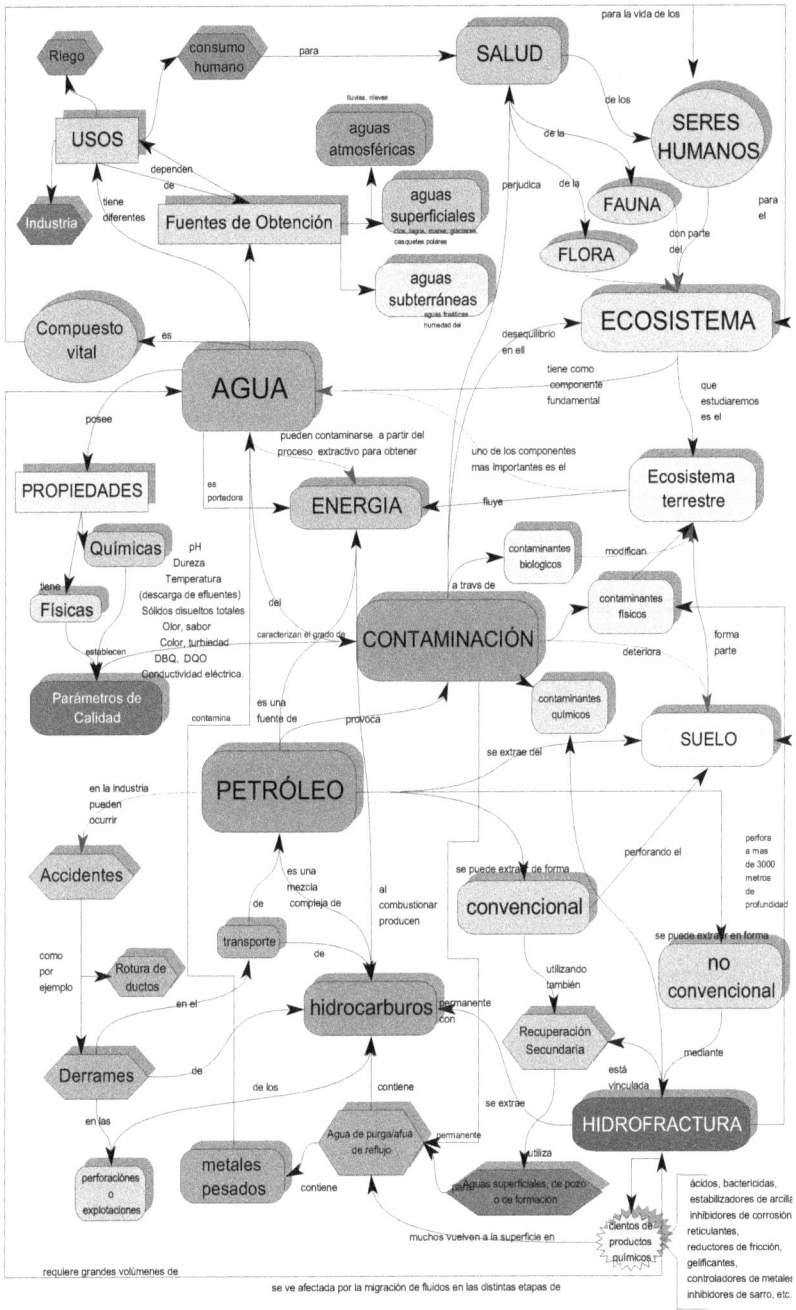

Ecosistema e impacto ambiental

Buscamos saber qué es un "sistema ecológico" o "ecosistema". Miramos las transformaciones: quién transforma y quién es transformado en ese o esos "ecosistemas y, a su vez, las interacciones que se dan entre los componentes vivos (bióticos) y no vivos (abióticos), resultando de ellas:

1) un flujo unidireccional de energía desde el Sol a través de los autótrofos a los heterótrofos. Los autótrofos son organismos capaces de sintetizar todas las moléculas orgánicas necesarias para alimentarse, a partir de sustancias inorgánicas simples, como H_2O, CO_2, NH_3, etc., y de alguna fuente de energía (p.e.: luz solar o de plantas, algas, etc.). Un ejemplo de esto se puede simbolizar a partir de la siguiente ecuación química:

$$CO_2 + H_2O \text{ fiv (luz solar)} \longrightarrow C_6H_{12}O_{6\text{(glucosa)}} + O_2$$

Los heterótrofos son organismos que deben alimentarse de sustancias orgánicas formadas por otros organismos para obtener energía y pequeñas moléculas estructurales; p. e.: animales, hongos y muchos organismos unicelulares;

2) un reciclamiento de elementos minerales y otros materiales inorgánicos.

Partimos de un hecho biológico: las poblaciones que conforman los ecosistemas tienen un sinnúmero de interacciones recíprocas. Esa combinación de componentes bióticos y abióticos a través de los cuales fluye la energía y circulan los materiales se conoce como "sistema ecológico" o "ecosistema". Así pues, toda la Tierra puede ser considerada como un "ecosistema" único.

Todos los ecosistemas son sistemas dinámicos que están sujetos a cambios de naturaleza propia y otros debidos a la acción del hombre que operan en distintas escalas de tiempo, es decir a corto, mediano y largo plazo.

Estas interacciones pueden verse representadas a partir de los diversos ciclos que se manifiestan en la naturaleza como por ejemplo el ciclo de carbono, el ciclo del nitrógeno, el ciclo del fósforo y el ciclo del azufre. Estos se denominan biogeoquímicos puesto que los elementos circulan a través de la atmósfera, del suelo y de las aguas, entre los sistemas vivos y con movimientos cíclicos, motivo que da origen al término "ciclo". En este sentido la categoría es biológica porque participan diversos organismos animales, vegetales y sobre todo microorganismos. En la categoría geológica se incluyen factores abióticos representados por el suelo, el agua y el aire. En la química, de gran importancia ya que las sustancias químicas sufren algún tipo de transformación o reacción dentro del ciclo que están transitando.

Así, vemos que los ciclos biogeobiológicos no ocurren como fenómenos aislados, sino que tienen una estrecha relación con el ciclo hidrológico, indispensable para el intercambio de elementos en la dinámica que se da en los distintos ciclos con los que se interactúa en la Tierra. Estas interacciones se observan en la siguiente red conceptual:

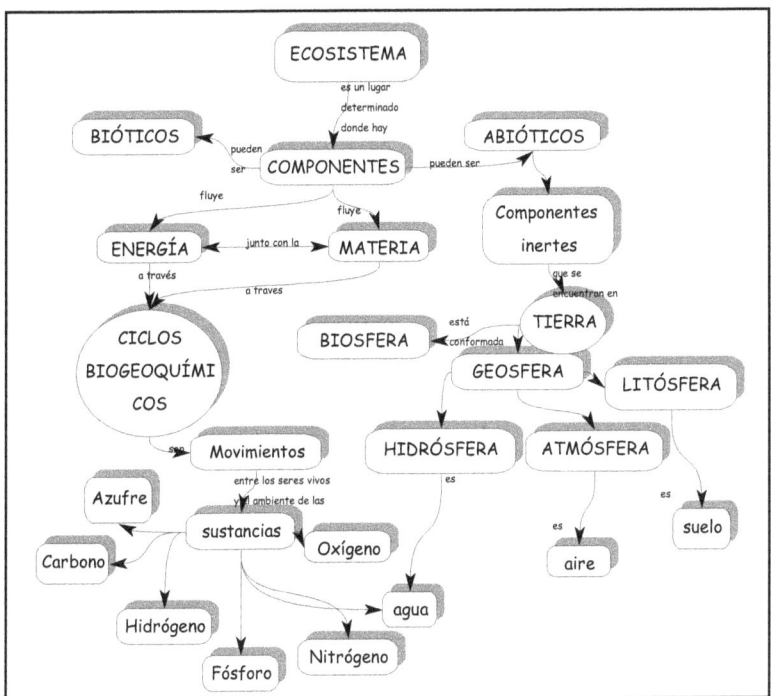

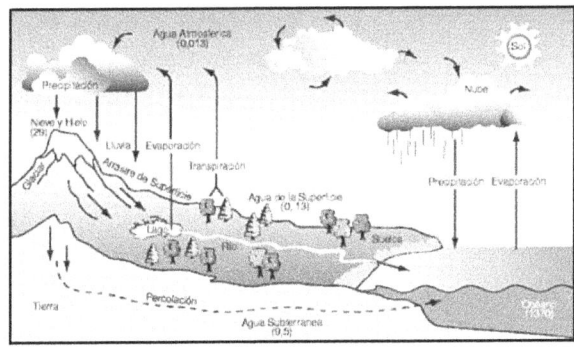

Ciclo hidrológico (Cfr. cuadro en: http://www.huergo.edu.ar/globe/protocolo.htm9/ 06/15)

Veamos algunos de estos ejemplos y analicemos los impactos que sufren los sistemas cuando estos ciclos se ven interferidos por la acción del hombre:

El agua es una sustancia imprescindible para la vida. Es el compuesto químico más común que conocemos en nuestro planeta. Cubre las tres cuartas partes de la Tierra, pero a pesar de esto, es un recurso muy escaso puesto que cerca del 97% no es apta para el consumo humano en forma directa ya que se encuentra en mares y océanos. Es decir que sólo el 3% de este recurso es la reserva utilizable para la vida.

Siguiendo los aportes del presente texto:

ACTIVIDAD 1

a) Utilizando la información que has leído hasta aquí responde e investiga: Teniendo cuenta la proporción de agua dulce que hay en el planeta y los datos de: *http://www.bbc.co.uk/mundo/noticias/2010/09/100930_agua_mapa_men.shtmly*, ¿qué implicancias tiene para el bienestar de la población mundial esta proporción y la distribución de la misma en el planeta?

b) Respecto del uso de este recurso: ¿qué medidas pueden tomarse para el cuidado y preservación del mismo, en forma individual y colectiva (en tu casa, en tu barrio, en tu pueblo o ciudad)?

c) A nivel local ¿cuál es la distribución de este recurso? A tu criterio: ¿contempla esta distribución las necesidades de toda la población?, ¿qué acciones debieran tomar los gobiernos locales y provinciales a este respecto?

A partir del Proscenio 2 podemos encontrar una primera definición de contaminación. En este sentido el término contaminante puede entenderse como cualquier elemento o la combinación de sustancias en cualquier ambiente que provoque desequilibrio ecológico. Teniendo en cuenta esta definición, podemos encontrar en el transcurso de los años desde la actividad del ser humano como grupo social, cómo ha ido evolucionando y cambiando el impacto que ha provocado sobre el ambiente, y finalmente cuáles han sido estos desequilibrios.

Estos cambios pueden generar alteraciones en el clima, en las características propias de los cursos de agua, en el desarrollo de especies animales y vegetales o en la salud de los seres humanos, por mencionar algunos ejemplos.

Es por ello que dependiendo de la concentración y el origen de los contaminantes podemos clasificarlos en:

- Físicos: cuando la presencia de formas de energía sobre un sustrato supera los niveles basales del mismo. Son ejemplos de esto el ruido, la radioactividad, sólidos en suspensión, el calor.
- Químicos: pueden ser de origen natural como el dióxido de carbono y los metales pesados, o sintéticos como los detergentes y la mayoría de los pesticidas, por dar algunos ejemplos.

- Biológicos: cuando existen microorganismos en determinado sustrato (agua, aire, suelo) y la concentración de los mismos está por encima de los niveles considerados normales (esto es, que exceden las concentraciones naturales del ambiente).

Existen cuatro índices para medir la contaminación orgánica en forma global:

1. La demanda química de oxígeno (DQO)
2. La demanda biológica de oxígeno (DBO)
3. Carbono orgánico total (COT)
4. Carbono orgánico disuelto (COD)

La Demanda Bioquímica de Oxígeno (DBO) es el consumo de oxígeno que acompaña la oxidación de la materia orgánica en el agua, llevada a cabo por microorganismos. Este parámetro se determina midiendo la cantidad de oxígeno utilizado por microorganismos durante un período de cinco días, en condiciones estándar. Se expresa también en mgO_2/L.

La Demanda Química de Oxígeno (DQO) es la cantidad equivalente de un oxidante químico (por ejemplo, dicromato de potasio) necesaria para lo oxidación de materia orgánica. Se informa en mgO_2/L. Este índice tiene un significado bioquímico de importancia. Los organismos fotosintéticos y los no fotosintéticos durante la respiración obtienen la energía necesaria para su metabolismo oxidando materia orgánica, en este sentido la DQO mide la cantidad de combustible disponible en el medio, y es por lo tanto proporcional a la cantidad total de energía potencialmente disponible para los consumidores.

El Carbono Orgánico Total (COT) es la cantidad de carbono que contienen los compuestos orgánicos no volátiles. El Carbono Orgánico Disuelto (COD) es la fracción del COT que pasa a través de un filtro con diámetro de poro de 0,7 μm y a la cual se le elimina el carbono inorgánico por acidificación y aireación. El método para COT y COD se basa en la oxidación total de los compuestos orgánicos no volátiles a CO_2 a través de una combustión catalítica.

El proceso por el cual los ecosistemas tienen un aporte extraordinario de nutrientes se denomina eutrofización. Si consideramos además que dicho proceso, que es natural y dura cientos de años en el agua de un lago o de un río, se incrementa por la intervención del hombre –cuando por ejemplo vierte aguas residuales o agua de riego con fertilizantes a base de nitrógeno–, la consecuencia más visible de este proceso es la aparición de floraciones de algas. Estas algas generan una carpeta verde superficial muy densa, que impide el pasaje de luz a zonas inferiores y el intercambio gaseoso, generando condiciones anaerobias, ocasionando por ello la muerte de peces y otras clases de vida acuáticas.

ACTIVIDAD 2

A partir de la lectura de los artículos de los diarios en los que se ven distintos argumentos, responder:

1) Buscar los distintos tipos de contaminantes que se mencionan en los artículos y clasificarlos de acuerdo a los criterios mencionados.
2) ¿Es posible la eutrofización en los ríos y cursos de agua de la región? ¿Por qué?
3) Analizar las posiciones que se establecen en ambos artículos y elaborar una opinión acerca de esta problemática.

4 de diciembre de 2008 (Edición Impresa #1066) Partido Obrero
"La contaminación de los ríos en Río Negro y Neuquén"

Representantes de numerosas asambleas ambientales se reunieron en Viedma ante la creciente contaminación de la cuenca del Río Negro y sus afluentes Limay y Neuquén.

Estos ríos patagónicos se están convirtiendo en un vertedero de todo tipo de residuos. La contaminación comienza en el propio lago Nahuel Huapi –cuna del Limay– en donde vuelcan las cloacas de Bariloche (100.000 habitantes) con escaso o nulo tratamiento. Por las cloacas van, además de las aguas servidas, cantidad de residuos industriales (detergentes y deshechos de los lavaderos de autos, aceites degradados de los talleres mecánicos y lubricentros, reactivos de los laboratorios, etc.).

La reciente entrega a Plus Petrol de los derechos de "cateo y prospección" de la cuenca del Ñirihuau agregan a este cuadro la contaminación de las napas con hidrocarburos, que luego irán a parar al río, en un proceso calcado del ya existente en la cuenca del Neuquén.

Aguas abajo, la contaminación da un salto cualitativo. Las represas de Alicurá, Pichi Picún y el Chocón sobre el Limay, y Cerros Colorados y Planicie Banderita sobre el Neuquén, alteran el discurrir natural de los ríos, priorizando la generación de energía y son responsables de la eutrofización (exceso de nutrientes) de los ríos Limay, Neuquén y Negro y de la enorme proliferación de algas que, literalmente, "ahogan" a los ríos.

El punto máximo de polución se alcanza luego de la Confluencia, al atravesar el Negro el Alto Valle de Río Negro y Neuquén. Los desechos orgánicos e industriales de 500.000 habitantes (Neuquén, Cipolletti, General Roca y localidades menores) van a parar al río; el llamado "canal de los milicos", donde arrojan sus residuos importantes industrias cipoleñas (incluyendo una pastera), muestra un nivel de contaminación frente al cual el Riachuelo parece un arroyo de montaña.

A esto se debe sumar el vertido de los residuos de las miles de toneladas de agroquímicos y fertilizantes con que se trata la producción frutícola de los Valles Alto y Medio y sobre el uso de los cuales no existe el menor control oficial.

Los organismos oficiales que deben velar por la salubridad de los ríos, la AIC (Autoridad Interjurisdiccional de Cuencas) no ejercen más que un control formal –certifican que la contaminación "aún no ha llegado a niveles alarmantes" (¿?) según los funcionarios interpelados– y no existe fiscalización sobre las medidas que los municipios y empresas deben adoptar.

La Reunión de Asambleas por la Salubridad de la Cuenca resolvió apoyar el acampe que se realizará a instancias de la Asamblea barilochense, frente a la estancia de Ted Turner, para reclamar la servidumbre de paso e impulsar jornadas de denuncia y difusión durante la Regata del Río Negro, tradicional competencia de canotaje que, con importante participación nacional e internacional, se realiza todos los años en enero.

Para cerrar el año y terminar de coordinar estas medidas, se celebrará la próxima reunión regional de Asambleas en Neuquén el 6 de diciembre, organizada por los trabajadores del Epas (Ente Provincial de Aguas).

17-09-2014, 01:30 (Neuquén) PLOTTIER
"Afirman que el río Limay no presenta contaminación"
Dos nuevos análisis sobre los efluentes que se arrojan al río Limay coincidieron en que no se lo está contaminando. Se trata de un informe realizado por la Autoridad Interjurisdiccional de Cuencas (AIC) y de un análisis elaborado en el Laboratorio Servando Retamal de la Municipalidad de Neuquén.

En el trabajo firmado por Gustavo Romero, presidente del AIC, y elevado al Municipio luego de las distintas notas publicadas sobre la contaminación del río Limay a causa del mal funcionamiento de la planta de líquidos cloacales de Plottier, se aseguró que "no fueron detectadas situaciones anómalas en los controles periódicos de la calidad del agua". "En el monitoreo de las áreas recreativas de la zona (Balneario municipal, La Herradura y Las Perlas) que se desarrolló entre noviembre y diciembre de 2013, todos los balnearios resultaron aptos para su uso. Asimismo, en los monitoreos permanentes de la red de calidad del agua los resultados de los análisis bacteriológicos no superaron los niveles guías propuestos para su uso", explicó la AIC.

Además, este organismo adjuntó los análisis realizados durante este año entre febrero y agosto sobre la Toma Arroyito y la Toma Las Perlas y afirma que "en los resultados obtenidos para el control de calidad del agua ningún registro supera los valores de niveles guía". Por otra parte, el miércoles pasado el laboratorio Servando Retamal tomó muestras del río Limay, aguas abajo del caño que sale de la planta de tratamientos de líquidos cloacales y ayer esos resultados arrojaron "que no se está contaminando el agua del río".

"No se ven muestras de contaminación, los análisis no dan que estemos contaminando el río como dicen. Sí, tenemos que ir mejorando y eso lo que vengo diciendo desde un principio", manifestó el intendente Andrés Peressini.

Por otro lado los impactos en el ambiente pueden generar efectos positivos y negativos; dependiendo de su naturaleza pueden clasificarse en sociales, económicos, ecológicos, tecnológicos y culturales. Se puede entonces referir al impacto ambiental ubicándolo en dos campos, el científico y el jurídico-administrativo.

El científico se realiza a través del desarrollo de metodologías de apoyo en la identificación y valoración de impactos ambientales, mediante el proceso denominado evaluación de impacto ambiental. La evaluación del impacto ambiental es una herramienta de la política ambiental que incide en las actividades productivas y permite planear opciones de desarrollo preservando el medio ambiente, así como los recursos naturales.

El jurídico-administrativo crea una serie de normas y leyes que garantizan que un proyecto determinado pueda ser modificado, aceptado o rechazado, debido a las consecuencias ambientales que pueda generar. Como ejemplo, léase el decreto 1484 de la provincia de Neuquén con sus considerandos respecto de la explotación de petróleo.

ACTIVIDAD 3

1) Buscar información sobre leyes vigentes en la Argentina respecto del uso y preservación del agua. ¿Están destinadas a cuidar el recurso respecto de la distribución, los usos y la no contaminación?
2) ¿Cuáles son los organismos que están destinados al control y aplicación de las leyes? ¿De quién dependen estos organismos? ¿Existen otros organismos no gubernamentales? ¿Cuáles son las acciones que llevan a cabo? ¿Poseen herramientas legales?

Los ciclos naturales y sus desequilibrios

El carbono (C), que es el elemento esencial de la biósfera, participa de un ciclo de intercambio en el ecosistema único que hemos definido anteriormente denominado Tierra.

En la atmósfera este elemento aparece en forma de dióxido de carbono. En la litósfera, el C existe en forma de carbonatos metálicos, como el del calcio. En la hidrósfera, como dióxido de C disuelto y como iones carbonato o bicarbonato. En la biósfera, el C es un componente principal de casi todas las moléculas de materia viviente. El C constituye casi un cuarto de todos los átomos de la biósfera. La combinación atómica que predomina en esta ocurre en forma de glúcidos (carbohidratos). Debido a que el dióxido de carbono participa en el proceso de la fotosíntesis, el intercambio de este elemento entre las esferas de la naturaleza tiene estrecha relación con el ciclo del oxígeno.

Es así que, en el ciclo del carbono, el dióxido de carbono que se encuentra en la atmósfera y parte del que está disuelto en la hidrósfera se absorbe hacia la biósfera durante la fotosíntesis de las plantas verdes terrestres y acuáticas. Como resultado de la fotosíntesis, el carbono forma parte de las moléculas biológicas vitales. Las plantas obtienen energía mediante la oxidación biológica de las moléculas a través de la fotosíntesis y, por ende, las plantas también liberan de nuevo hacia la atmósfera y la hidrósfera parte del dióxido de carbono. Dentro de la biósfera, los animales se alimentan de plantas, ya sea en forma directa o indirecta. Este alimento se oxida biológicamente para producir dióxido de carbono a la atmósfera, y la hidrósfera.

Otro proceso de oxidación biológica que se efectúa en los suelos de la litósfera y en ciertas regiones de la hidrósfera incluye la descomposición de materia muerta vegetal y animal. Por lo general esta descomposición se logra mediante la acción de microorganismos y bacterias, y en la mayoría de los casos se produce dióxido de carbono y agua. Parte del carbono de los mares se elimina básicamente del ciclo principal del carbono mediante la formación de sedimentos de carbonato de calcio. Este sedimento forma parte de la vasta cantidad de carbonatos metálicos que existen en la litósfera. El hecho es que casi todo el carbono de la tierra se encuentra en la litósfera, sobre todo en forma de carbonatos. Menos del 1% del carbono de la tierra participa en el ciclo del carbono.

Como resultado de los fenómenos geológicos que se produjeron hace millones de años, algunos conjuntos de organismos vivos quedaron atrapados dentro de la litósfera y se han transformado en depósitos de carbón, petróleo y gas natural. Estos depósitos representan una porción de una biósfera antigua que se removió del ciclo del carbono y se transformó por medio de calor y presión en una variedad de compuestos que contienen carbono. Al descubrir algunos de esos depósitos, el ser humano encontró que podía obtener energía útil mediante la combustión de ellos. En consecuencia, los combustibles fósiles se han convertido en la fuente principal de energía de la sociedad industrial actual. Uno de los productos de combustión de carburantes fósiles más importantes es el dióxido de carbono. Estas emisiones en la atmósfera comienzan a alterar el ciclo del carbono afectando así al clima de la tierra.

Cuadro: El ciclo natural del carbono y las alteraciones debidas al uso de combustibles fósiles

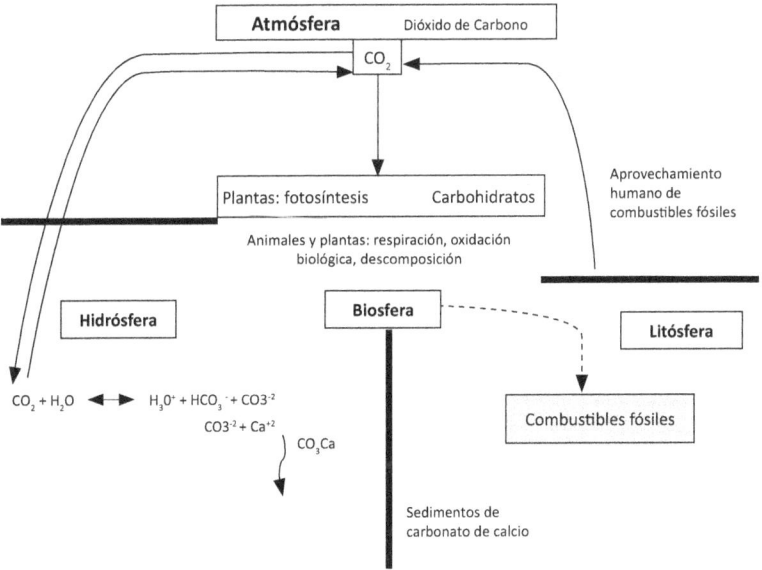

ACTIVIDAD 4

1) A partir del cuadro del ciclo del carbono[54] y las alteraciones debidas al uso de los combustibles fósiles, escribir las ecuaciones químicas balanceadas que representan los procesos que suceden en la biósfera.
2) Enumerar todas las ecuaciones químicas que figuran en el esquema, balancearlas, clasificarlas según el tipo de reacción química, nombrar todos los reactivos y productos de dichas ecuaciones.

Hidrocarburos y contaminación

El petróleo es una mezcla compleja de hidrocarburos, que suele contener algunos compuestos de azufre y oxígeno. También contiene elementos gaseosos, líquidos y sólidos. Por lo general hay pequeñas cantidades de compuestos gaseosos disueltos en el líquido y cuando estas cantidades son mayores, el yacimiento de petróleo está asociado con un depósito de gas natural.

Estos hidrocarburos comparten dos propiedades químicas deseables: primero son ricos en energía que se libera cuando se queman las moléculas, y segundo es posible unirlos químicamente o modificarlos produciendo diferentes derivados como pueden ser plásticos, fibras, perfumes, explosivos, medicamentos, etc.

Hay diferentes categorías de petróleos crudos: los parafínicos, que contienen alcanos, y los asfálticos que contienen naftenos (cicloalcanos, aromáticos, etc.).

En estos últimos años en la cuenca hidrocarburífera de Neuquén y Río Negro se ha comenzado a desarrollar la fractura hidráulica. Este es un método de extracción de hidrocarburos que debe diferenciarse de la extracción convencional, puesto que si bien los productos son los mismos, lo que cambia es el tipo de reservorio en los cuales se encuentran. En este sentido, los términos convencional y no convencional tienen que ver con la roca donde se aloja el combustible fósil. Convencional se refiere a lo que en Geología se conoce como la "roca almacén", que es aquella desde donde se lo alumbra mediante perforaciones; en este caso, en un principio hay una presión de surgencia que va disminuyendo paulatinamente con el tiempo de explotación, hasta que se vuelve necesario el bombeo para la extracción del hidrocarburo. Los combustibles al poseer menor densidad que el agua, viajan por la "roca almacén" buscando aproximarse a la superficie, hasta ser retenidos por una "trampa geológica" que los obliga a detener su camino y acumularse conformando un reservorio natural propicio para su

---

54 Nota para docentes: de la misma manera se pueden trabajar los ciclos del nitrógeno, oxígeno, fósforo, azufre, hidrógeno y agua.

explotación. Estas trampas generalmente son de carácter estructural, aunque pueden existir otros tipos –incluso superficiales– cuando el mismo petróleo, de base asfáltica, se reseca por evaporación de la fase líquida.

Por otro lado, el reservorio de la extracción no convencional se encuentra en la denominada "roca madre" que consta de rocas sedimentarias abigarradas con alto contenido de materia orgánica, de grano fino a muy fino. El grado de compactación de las rocas en algunos casos es muy elevado. En estos sedimentos se alojan gotitas de aceite mineral o pequeñas burbujas de gas sin conformar un verdadero yacimiento, y según sea líquido o gaseoso reciben los nombres de *"shale oil"* o *"shale gas"*.

Así es como se denomina fractura hidráulica al método de extracción del petróleo cuya migración hacia formaciones sedimentarias permeables donde se acumula, aún no se ha iniciado; por lo tanto, como la dispersión del petróleo dentro de la roca es muy amplia, el método requiere de cuatro elementos:

- una perforación vertical o dirigida que sea capaz de transformarse en horizontal una vez ubicada en la formación productiva;
- disponibilidad de una gran cantidad de agua, unos 35 millones de litros por perforación;
- la incorporación de productos químicos al agua con una amplia variedad de fines, desde aquellos que controlan el pH hasta los que inhiben la corrosión (por mencionar algunos);
- y finalmente, la inyección de presión extrema para permitir la apertura de la escasa porosidad de la roca, mantener los poros abiertos y a la vez provocar la fracturación de los horizontes portadores de las gotas de aceite mineral o las burbujas de gas.

Ya sea la extracción de tipo convencional o no, nos parece importante destacar que ambas formas contaminan el suelo, el agua y el aire. El método convencional consta además de lo que ya hemos descrito, de la llamada recuperación secundaria que utiliza dos sistemas complementarios, la inyección de agua y la inyección de vapor y tiene por objeto aumentar la recuperación de crudo en un pozo. En cuanto a los sistemas complementarios, el de inyección de agua es el de los más usados por su bajo costo y su mayor eficiencia. Consiste en introducir agua a presión a través de un pozo, originando un movimiento de fluido y permitiendo que el mismo llegue a los pozos en los que fluye o es bombeado para su extracción.

Las fuentes de agua para este fin pueden ser: agua de pozo provenientes de acuíferos de profundidad importante o napas de agua a pequeña profundidad; agua de superficie que se obtiene de ríos, lagos, mares, arroyos, etc.;

y agua de formación, que es aquella que está presente en las formaciones petrolíferas como aguas de fondo y marginales.

Ahora bien, el ecosistema sufre desequilibrio puesto que el vertido de las aguas del proceso, de deshidratación del crudo al río afecta la salinidad de las aguas y provoca la contaminación con petróleo en la flora, la fauna y la salud de los seres humanos. Estos vertidos generan efectos que alteran la calidad del agua, aportando concentraciones de alrededor de 100 ppm. de petróleo y además la presencia de metales pesados, como mercurio y arsénico, que son arrastrados por estas aguas desde las profundidades en las que se encuentran en forma natural.

Además la actividad petrolífera en nuestro país no ha contado con legislaciones que se hayan aplicado desde su inicio, por lo cual a pesar de la existencia de las mismas en la actualidad los daños ya provocados por el vertido directo o indirecto al río ya son irreversibles. Entre los efectos negativos más relevantes, son notorios los siguientes:

- Aumento de la salinidad
- Aumento de la temperatura
- Toxicidad e inhibición
- Ensuciamiento
- Aumento de sustancias tóxicas e inflamables
- Espumas
- Contaminación de otros recursos naturales
- Formación de sedimentos
- Degradación

Afectan según estos factores todos los aspectos del uso múltiple del agua:

- Alimentación
- Higiene
- Recreación
- Riego para agricultura y cría de ganado
- Pesca
- Navegación
- Generación de energía

Con fecha 10 de junio de 2015, en el diario *Río Negro* de la región de los valles de Río Negro y Neuquén encontramos el siguiente artículo que nos alerta respecto de lo que venimos desarrollando:

"En el Río Negro también hay naftaleno y petróleo"

La defensora del pueblo manifestó su preocupación. El naftaleno es un residuo peligroso incluido en la ley 24051. El estudio no aclara en qué cantidades se halló ni si supera los niveles guía de calidad de agua para la protección de la vida acuática. El análisis del agua del río realizado por Prefectura indicó además la presencia de materia fecal.

Miércoles 10 Jun 2015 | 7:32
CIPOLLETTI (AC).- Nadina Díaz, que es querellante en la causa por contaminación en el río Negro, solicitó al juez federal una ampliación de la información y que reitere los análisis durante los meses de invierno, primavera y verano, incluyendo muestras de sedimentos y de peces. La defensora del pueblo se manifestó preocupada por la presencia de naftaleno en el agua, dado que se trata de un residuo peligroso incluido en la ley 24051 y porque el estudio no aclara en qué cantidades se halló ni si supera los niveles guía de calidad de agua para la protección de la vida acuática. Ayer, abogados de la Defensoría del Pueblo analizaron las conclusiones que el juez Jorge García Davini presentó en la audiencia del lunes en Roca. De allí surgió que el análisis del agua del río realizado por Prefectura, además de materia fecal, como se informó el martes, dio cuenta de la presencia de naftaleno y de hidrocarburos totales de petróleo en una de las muestras. Ayer, *Río Negro* consignó que los querellantes no pudieron llegar a la audiencia por el corte de puente, pero finalmente asistieron. El naftaleno está presente en los combustibles fósiles como el petróleo y el carbón, y se manipula para fabricar químicos para la industria textil y curtientes, solventes para pesticidas (como antipolillas), plastificadores para PVC y aditivos para el hormigón, entre otros. Es una sustancia muy tóxica para los organismos acuáticos y puede causar efectos prolongados en el medio. "El tema es lo suficientemente serio como para pedir que se profundice la investigación para determinar el origen del vertido de este contaminante y las cantidades que podrían estar acumuladas en el lecho del río. El pedido de que los estudios se reiteren en distintos momentos del año, es porque el uso de productos en el Alto Valle se suspende desde marzo cuando terminan las cosechas y se retoma en julio. Las muestras fueron hechas en abril, por lo que es imperioso conocer el estado del río el resto del año", indicó Díaz. Con respecto al vuelco de líquidos cloacales, durante la audiencia del lunes la defensora pidió al juez García Davini que determine la responsabilidad penal por los vertidos y solicitó que se dé traslado al Juzgado de Faltas de Cipolletti. Además, requirió que se inspeccione la planta de tratamiento de líquidos cloacales de esa ciudad y se informe el estado de avance de las obras pendientes.

ACTIVIDAD 5

Teniendo en cuenta, tanto el cuadro de la página web: FracFocus [http://fracfocus.org/chemical-use/what-chemicals-are-used] en el que se detallan algunos de los productos utilizados para el "fracking", como los temas desarrollados y el artículo precedente:

1) Investigar al menos tres productos químicos que se utilizan, detallando su estructura molecular, las propiedades físicas y químicas.
2) Buscar los efectos de estos productos sobre la salud y el ambiente.
3) ¿Qué tipo de extracciones se desarrollan en la región del Río Negro? Relacionar la problemática y los desarrollos teóricos planteados en el presente apartado.
4) Averiguar si existieron casos de contaminación de agua por hidrocarburos hace 15 o 20 años atrás, y comparar los efectos que provocan los dos tipos de extracción sobre el ambiente y la salud.

ACTIVIDAD 6

Realizar un debate amplio y participativo que tendrá por objeto discutir la percepción que cada sector tiene sobre la extracción de recursos naturales, en este caso, hidrocarburos, sus efectos en la naturaleza y en la sociedad, acotado a la contaminación y uso de aguas superficiales y subterráneas; temáticas y debates que ya están instalados en nuestra región y que son una realidad.

Para ello, la sugerencia es dividirse en comisiones de trabajo e investigación, que pueden ser las siguientes u otras que se propongan o que surjan en la organización del debate: energía; ambiente; pueblos originarios; legisladores de diferentes partidos políticos; empresarios; ciudadanos u organizaciones no gubernamentales, recursos hídricos municipales, provinciales o nacionales.

Cada comisión investigará y planificará para organizar la ponencia, mediante búsqueda de fuentes de información, entrevistas, legislación ambiental, impositiva, etc.

En este punto del anexo podemos plantear diversos interrogantes: ¿existe la posibilidad de alternativas a estos modelos energéticos en nuestro país y en el mundo?, ¿cabe la posibilidad de pensarnos en una vida sin petróleo desde lo energético y desde los derivados? ¿Y si como se plantea en varios proscenios de este libro en lugar de "desarrollo sustentable" comenzamos a planificar la vida en común a partir de un "decrecimiento sustentable"?

Encontramos en las siguientes palabras de Enrique Left una reflexión que compartimos:

> La voluntad de poder se ha vuelto contra la vida, es un poder opuesto a la vida que desvía el devenir de la vida y capitaliza la energía vital para movilizar una maquinaria industrial y un proceso económico cuya dinámica e inercia fuera de todo control humano, atenta contra la vida. El crecimiento económico se produce a costa de un consumo destructivo creciente de la naturaleza y de las condiciones de sustentabilidad de la vida (…). La restauración del equilibrio ecológico del planeta no habrá de surgir de la emergencia de una noósfera como pensara Theilard de Chardin o por una política tecnológica capaz de transitar hacia una economía verde: hacia energías renovables y un "desarrollo sostenible". Por primera vez en la historia, la humanidad se enfrenta al desafío de vivir conforme a las condiciones

de la vida. Debemos pues recuperar la pregunta por la vida. Quizá no sea demasiado tarde para aprender a vivir la vida.[55]

Y en concordancia con lo que expone el Dr. Carrasco en su declaración por una ciencia digna:

La imposición de los modelos extractivistas impide, además, profundizar las democracias de los pueblos, fragilizando así sus lazos comunitarios al forzarlos a entregar sus riquezas a través de la apropiación por despojo del territorio, de sus actividades productivas y de su cultura. **El modelo extractivista es una pieza fundamental del modelo neocolonial de apropiación por despojo.** Es imposible entenderlo sino a través de un fuerte protagonismo de una tecnología amañada y con fundamentos científicos frágiles en concepción.[56]

Pensarnos efectivamente en una vida diferente, siendo conscientes como dice Saramago, de *"la conciencia que tenemos que formarnos todos los días (...) la conciencia produce hechos (...) la conciencia de que soy un ser humano"* (en Datri, 2014).

No olvidemos que en tanto parte de un "Pueblo Principio" y un "Pueblo Conciencia" (Pierre Rosanvallon), hemos de forjar la simiente de una emancipación que nos conduzca a la construcción del nos-Otros en armonía con la Madre Tierra.

---

55 Left, Enrique: "Saber vivir. Una reflexión desde el abismo de la vida", en Centro Multimedia del Centro Nacional de las Artes (20 al 29 de septiembre de 2013).

56 Carrasco, Andrés. *Declaración Latinoamericana por una Ciencia Digna - Por la prohibición de los transgénicos en Latinoamérica.* Documento presentado en Facultad de Medicina de la Universidad Nacional de Rosario en el homenaje que se le rindió el 16 de junio de 2015.

ANEXO V
La cara oculta de las reformas procesales penales latinoamericanas y el caso neuquino

Santiago Ginés Nabaes Jodar

Introducción

En los últimos años varios de los códigos procesales penales de las provincias argentinas han sido reformados, transicionando desde modelos procesales escritos o mixtos hacia los llamados modelos orales o "adversariales"[57]. Estas reformas, con sus diferencias sutiles, forman parte de un proceso más amplio que se extiende a toda América Latina y que se encuentra impulsado, en parte, por un mismo grupo de organizaciones y abogados reformistas.

Las reformas producidas pueden caracterizarse, del modo en que lo hace Máximo Langer[58], como importaciones de mecanismos o instituciones procesales extranjeras, en muchos casos no como meras reproducciones idénticas, sino como fuente de inspiración para la elaboración de reformas con elementos o mixturas novedosas.

Conjuntamente con la producción de las referidas modificaciones legislativas, se ha impuesto un clima de reforma en el cual parte de los principios e intenciones sostenidos por los reformistas (principalmente los beneficios del sistema adversarial) se han generalizado, hasta el punto de existir un apoyo casi unánime a tales emprendimientos.

Esta situación resulta curiosa, toda vez que los mentados principios políticos sostenidos por los reformistas no parecían formar parte, con anterioridad, de las agendas políticas de los partidos políticos, organizaciones y funcionarios que terminaron habilitando las transformaciones legales ocurridas.

---

57 Para una descripción de los sentidos en que han sido utilizados los términos "inquisitivo" y "adversarial", cfr. Langer, Máximo: "La dicotomía acusatorio-inquisitivo y la importación de mecanismos procesales de la tradición jurídica anglosajona. Algunas reflexiones a partir del procedimiento abreviado" (disponible en internet).

58 *Ibíd.*

A su vez, el propio carácter de las reformas producidas resulta ambiguo, toda vez que las modificaciones legales realizadas pueden ser, y son de hecho, interpretadas en distintos sentidos por diversos actores (ej: mayor eficacia vs. mayor respeto de derechos). Por otro lado, estos emprendimientos reformistas han sido impulsados y contaron con el apoyo de organizaciones internacionales con –a lo menos– dudosas intenciones.

El discurso de los expertos reformistas

El primer acercamiento posible a los fenómenos de reforma puede hacerse a partir del análisis del discurso que han estructurado ciertos actores expertos, encargados de la elaboración y promoción de los principales proyectos legales de reforma. Uno de los exponentes principales de este conjunto de personas es Alberto Binder, abogado y vicepresidente del INECIP (Instituto de Estudios Comparados en Ciencias Penales y Sociales).

En su texto *La fuerza de la Inquisición y la debilidad de la República*, Binder realiza un recorrido histórico sobre las legislaciones procesales de América Latina, y expone los principales argumentos a favor de la reforma hacia lo que llama un sistema "adversarial".

En los dichos de Binder puede observarse la idea de que todos los males del proceso penal actual (principalmente su crueldad) se deben a la pervivencia del pasado inquisitorial. A su vez, se afirma que tales males sólo pueden solucionarse a partir de las bondades de la llegada del futuro republicano adversarial.

Según el autor, la tradición inquisitorial ha moldeado nuestra cultura jurídica, y se reproduce y perpetúa a través de ella, sosteniendo un sistema judicial que se funda en el concepto de infracción: como un conflicto secundario que se superpone al conflicto primario establecido entre víctima y victimario. Un sistema caracterizado por la profesionalización que desplaza a la víctima de su rol primario y le arrebata protagonismo; que tiende, además, hacia las formas escritas y secretas, constituyendo una identidad corporativa entre los diversos operadores profesionales del sistema que contribuyen a sostenerlo.

En el mismo sentido, cabe atender al texto titulado "El jurado: muy lejos del punitivismo, mucho más cerca de la democracia"[59], firmando por Denise Bakrokar; Natali Chizik; Vanina Almeida; Tamara Peñalver y Camila Petrán (integrantes de la AAJJ –Asociación Argentina de Juicio por Jurados– y el

---

59 Fuente: http://fueradelexpediente.com.ar/2014/02/23/el-jurado-muy-lejos-del-punitivismo-mucho-mas-cerca-de-la-democracia/

INECIP), el cual aborda el caso de la reforma procesal penal de la provincia de Neuquén, donde el INECIP tuvo gran participación. En él se sostiene que la reforma producida "viene a poner fin a un sistema cruel y vergonzoso", en favor de una "organización judicial democrática y abierta a la ciudadanía", que el esfuerzo de las organizaciones reformistas se orienta a "erradicar a la Inquisición de los sistema judiciales", y a la "reforma de cuajo de sistemas de justicia retrógrados, inconstitucionales, feudales, con organizaciones judiciales jerárquicas y autoritarias y con bajísima legitimidad popular". Así mismo, en el mencionado texto se habla de los y las reformistas como "luchadores y líderes por la transformación de la justicia".

En estos dichos resultan trasparentados los profundos significados y el sentido de misión que algunos de los actores involucrados en los procesos de transformación legal atribuyen a sus actividades.

Algunas características llamativas de los emprendimientos reformistas

Un aspecto llamativo de las reformas procesales latinoamericanas es el apoyo que ciertas organizaciones internacionales (principalmente de los EE.UU.) han prestado, así como las relaciones que han establecido con los expertos y las organizaciones latinoamericanas.

La organización internacional que parece haber tenido mayor participación es la Agencia de Estados Unidos para el Desarrollo Internacional (USAID)[60]. Esta agencia fue creada en el año 1961 por el presidente de los Estados Unidos John F. Kennedy[61], encargada de la política exterior de ayuda no-militar. Según la misma, lleva adelante la política exterior de los EE.UU. por medio de la promoción del progreso humano a gran escala al mismo tiempo que expande las sociedades libres y estables, creando mercados e intercambios para los EE.UU.[62]

Si bien la USAID parece ser una de las organizaciones de política exterior estadounidense más benevolentes[63] (al compararla con otras agencias), ha recibido numerosas críticas de diversos países latinoamericanos (Ecuador, Bolivia, Cuba, Perú) y ha sido expulsada de varios de ellos, acusada de

---

60 Langer, Máximo. *Revolución en el Proceso Penal Latinoamericano*, pág. 4.
61 Fuente: http://www.usaid.gov/who-we-are
62 Fuente: www.usaid.gov/who-we-are
63 A comparación del Departamento de Justicia de EE.UU., que lleva adelante intervenciones más explícitamente relacionadas con los intereses de ese país. Cfr. Langer, Máximo. *Revolución en el Proceso Penal Latinoamericano*, p. 43.

conspirar contra los gobiernos de turno por medio del trabajo conjunto con la CIA u otras agencias militares norteamericanas[64].

Dentro del contexto de la guerra fría, el objetivo geopolítico de la Alianza para el Progreso y la USAID fue alentar el desarrollo económico para reducir el riesgo de que grupos comunistas y de izquierda tomaran el poder en los países en desarrollo[65].

Según Maximiliano Langer, en la segunda mitad de la década de 1980, funcionarios de la USAID descubrieron a Julio Maier (uno de los abogados procesalistas más importantes de Argentina) y Alberto Binder, y encontraron atractivo el diagnóstico que estos abogados hacían con el hecho de que los programas de la USAID ostentaban un defecto estructural: proveer apoyo a los sistemas penales latinoamericanos sin modificar los modelos procesales inquisitivos[66].

El apoyo de estas organizaciones proveyó de fondos a la red de reformistas, permitiéndoles a varios de ellos poder vivir de su trabajo de apoyo a las reformas[67], lo que sin duda ha sido un gran incentivo para que actores no previamente involucrados en la militancia política se interesaran por este tipo de empresas "grises", a mitad de camino entre la militancia y el trabajo rentado.

Algo similar ha sucedido a nivel de los procesos de reforma que se han llevado a cabo en cada jurisdicción, ya que cada uno de estos requiere la contratación de "expertos" –solventados por los presupuestos estatales– que diseñan e implementan las transformaciones. Es decir, que las motivaciones de tipo económico y laboral explican en parte el apoyo y el impulso que los emprendimientos reformistas han obtenido.

Langer menciona que la clave para el éxito de los reformistas fue su habilidad para convencer tanto a los actores internacionales como domésticos de que la adopción de los nuevos códigos procesales penales contribuiría a lograr los objetivos de estos distintos actores[68].

En el caso de la provincia de Neuquén, por ejemplo, el objetivo de la reforma fue tomado por el partido político gobernante como una política

---

64 Fuente: http://es.wikipedia.org/wiki/Agencia_de_los_Estados_Unidos_para_el_Desarrollo_Internacional

65 Langer, Máximo. *Ibíd.*, p. 31.

66 *Ibíd.*, p. 34.

67 *Ibíd.*, p. 37.

68 *Ibíd.*, p. 3.

pública propia, y su realización como un logro de gestión[69]; más allá de que las modificaciones legales fueron sancionadas por la Legislatura, en muchos casos, por unanimidad.

Esto nos lleva también al carácter políticamente ambiguo de la reforma, en la medida en que su discurso puede y ha sido adoptado tanto por expresiones políticas de izquierda como de derecha; situación que, al decir de Jan-Werner Müller, aunque no se refiera precisamente a este tema, pone en evidencia que hay circunstancias en que

> Las dos posiciones parecen completamente opuestas entre sí, pero de hecho tienen una actitud que les es común: los [*unos*] consideran que sólo existe una solución racional para cada asunto político, de modo que no hace falta el debate; los [*otros*] creen que hay una voluntad popular auténtica y que ellos son los únicos que la conocen, de modo que tampoco hace falta el debate[70].

Sin duda, el carácter "políticamente lavado" con el que se presentaron, tanto las reformas como los reformistas, permitió a sus empresas ser receptadas por instituciones dominadas por expresiones políticas de la derecha conservadora, pero también contar con el apoyo –o por lo menos la ausencia de críticas profundas– de los sectores identificados con el progresismo y cierta inclinación política de izquierda.

El caso neuquino

El proyecto de reforma procesal penal neuquino fue elaborado por una comisión interpoderes que trabajó a partir de abril de 2009, y en la cual participaron representantes del Poder Ejecutivo, Judicial y Legislativo, la Asociación de Magistrados, el Instituto de Derecho Penal y Procesal Penal del Colegio de Abogados de Neuquén más la Policía provincial.

Según sus autores, el nuevo Código Procesal Penal abandona el sistema inquisitivo reformado que tenía la provincia, para pasar a un sistema adversarial, lo que implica dividir las tareas de investigar y juzgar que se encontraban concentradas en el juez de instrucción, adecuándose así a los requerimientos constitucionales. A su vez, mencionan que las respuestas del sistema penal se diversifican, ya que se prevén mecanismos alternativos de solución de conflictos; como son: la mediación, la conciliación y los criterios

---

69   Fuentes: http://www.youtube.com/watch?v=RdYM4LPF0g8; http://www.diputadosmpn. com/russo-custodiaremos-la-implementacion-de-la-reforma/; http://www.jusneuquen.gov. ar/index.php?option=co mcontent&view=article&id=3587; http://www.pensamientopenal.org.ar/neuquen-esta-lista-la-reforma- del-codigo-procesal/

70   Jan-Werner Müller, "The Party's Over", en *London Review of Books*, 22 de mayo de 2014, p. 35 (el énfasis es propio).

de oportunidad en general. La oralidad más estricta es la regla excluyente de los cambios que se impulsan pues está prevista en todas las etapas del proceso penal, y se supone que por lo demás posibilita la efectivización de otros principios básicos del proceso: inmediación, celeridad, bilateralidad, simplificación, publicidad y transparencia.

También, según sus autores, las transformaciones legales producidas ponen a Neuquén a la vanguardia en materia procesal penal, a la vez que brindan respuestas a la sociedad, que exige cambios y dota de herramientas modernas al Estado para ser el guardián de la paz social y de la calidad de vida de todos los neuquinos[71].

En este texto, elaborado por la abogada Carla Pandolfi, asesora legal de la Subsecretaría de Planificación del TSJ, puede observarse cómo el discurso de los primeros reformistas ha sido adoptado ahora por los funcionarios que llevaron adelante las reformas.

Algo similar sucede si atendemos a la nota publicada el día 2/06/2014 en la *web* oficial del ministerio público fiscal neuquino[72], en donde se manifiesta que

> "El primer caso de homicidio que se juzgó en forma total con el nuevo sistema procesal penal que entró en vigencia el pasado 14 de enero, demandó cinco meses entre la audiencia de formulación de cargos contra el imputado y la sentencia del juicio que lo condenó. El tiempo es considerablemente inferior al que demandaba en promedio un caso similar en el anterior sistema inquisitivo".

Préstese atención a la utilización del adjetivo "inquisitivo" para hacer referencia al anterior sistema procesal, antes usualmente llamado "mixto", y a la exaltación de la rapidez en el juzgamiento como una de las ventajas del nuevo código.

Por otro lado, al poco tiempo de producida la reforma del código procesal penal neuquino, fue presentado por parte del gobernador de la provincia un proyecto de modificación legal que prevé la ampliación de los supuestos para el dictado de la prisión preventiva, la cual había sido reducida a las finalidades procesales (peligro de fuga y obstaculización de la investigación) por la reforma.

El proyecto otorga finalidades sustantivas al encarcelamiento preventivo, extendiendo el dictado de la medida a los casos en que

---

71 Fuente: http://www.rionegro.com.ar/diario/la-reforma-procesal-penal-neuquina-1454309-9542-nota .aspx

72 Fuente: http://www.mpfneuquen.gob.ar/index.php/78-mpf-general/548-con-el-nuevo-sistema-un-h omicidio-se-juzgo-en-cinco-meses

"la liberación del imputado pueda poner en riesgo la seguridad y la paz social debiéndose considerar al efecto alguna de las siguientes circunstancias: la gravedad de la pena asignada al delito; la naturaleza violenta de la conducta desplegada; o la existencia de procesos penales en trámite en su contra que, en su conjunto, generen una expectativa de pena mayor o permitan presumir que éste continuará la actividad delictiva; o que la liberación del imputado pueda poner en riesgo la integridad de la víctima, de su familia, o sus bienes".

La presentación de este proyecto de (contra)reforma basado en la apelación a la seguridad y derechos de las víctimas, y su publicitación (fue nombrado por el gobernador en su discurso de apertura de las sesiones legislativas) constituye sin duda una estrategia de carácter populista-punitivo destinada a la obtención de rédito político, mediante la deslegitimación de uno de los aspectos garantistas del nuevo código, y su relegitimación a partir del endurecimiento punitivo.

Con respecto a esto se expresa Mariano Gutierrez[73] cuando dice que

(…) en los códigos reformados, la demanda incesante de los actores expertos por seguir "acusatorizando" los procesos nunca cesa. Más bien comienza con la primera reforma, y luego sumerge a los sistemas normativos en la inestabilidad permanente entre contrarreformas (adjudicadas a otros) y reformas de "profundización" (propias), que curiosamente terminan por coexistir y coincidir en sus resultados, aunque parezcan opuestas en sus presentaciones jurídicas.

Es en este sentido que el contexto de reforma legal abre el espacio y crea la ocasión para la expresión y puesta en disputa de distintos proyectos políticos, no siempre de corte progresista. A su vez, como resultado del proceso de reforma, el nuevo código procesal neuquino es interpretado y aplicado por los actores desde sus particulares posiciones y vehiculizando sus propios intereses, tomando en los hechos solo parte de las ideas de los reformistas originales o, inclusive, yendo en una dirección contraria.

Crítica al discurso reformista

Si bien fue mencionado anteriormente el hecho de que las reformas fueron muchas veces presentadas como meras modificaciones técnicas, es decir, como transformaciones legislativas políticamente neutrales o ambi-

---

73 Gutiérrez, Mariano: "Acusatorio y punitivismo: La triste historia de nuestras victorias garantistas" (Parte 1), *Revista de Derecho Penal y Criminología*, nros. 8 y 9, septiembre/octubre de 2014, La Ley, Thompson Reuters.

guas, cabría preguntarse por el carácter efectivamente ambiguo de estos emprendimientos.

¿Fueron las reformas deliberadamente presentadas como ambiguas a los efectos de convencer a distintos actores políticos y conseguir su sanción legal, o, por el contrario, son en sí mismas modificaciones legales de carácter ambiguo, sin un sentido claro y de consecuencias inciertas? ¿Por qué los reformistas afirman sin más que la esperanza reside en este tipo de cambios? ¿Qué elementos hay para sostener que la reforma, ideada por algunos como un sistema más benevolente, produzca de hecho consecuencias benevolentes al ser aplicada en la realidad? Máxime, en este último caso, cuando muchos de los actores que la elaboraron y la mayoría de los que la aplicarán no titubearán a la hora de manifestar intenciones poco benevolentes.

En este sentido, debe tenerse en cuenta que desde los sectores punitivistas también se exige un aggiornamiento del sistema de justicia penal. El populismo punitivo presiona para modificar las estructuras rígidas y anacrónicas del sistema inquisitorial, secreto, lento, desinformatizado, ineficiente, antidemagógico, antipublicitario, y por esto difícil de consumir.

Por otro lado, en un contexto de exacerbación mediática del tema de la inseguridad, la publicidad de proceso puede fácilmente transformarse en publicitación y propaganda, la transparencia en espectáculo, la democratización en demagogia, y terminar funcionando como una estrategia relegitimadora del aparato penal de sometimiento.

¿Por qué es que se afirma sin más el progresismo de la reforma procesal penal, cuando la deslegitimación actual de la justicia parece más propensa a ser capitalizada por un impulso reformista de derechas, neopunitivista, neoconservador, ampliacionista, populista y managerialista, a la vez?

Relacionado con esto, Gutiérrez arroja una conclusión tajante cuando dice que "*de la misma historia que trazan sus propios protagonistas queda claro que el 'contexto punitivo' no fue un mero accidente o una mera coincidencia en la historia de las reformas, sino que fue condición de posibilidad para su éxito político*"[74].

Dentro del marco de inteligibilidad reformista se hace imposible concebir la posibilidad de que los cambios que se producen no nos lleven, en los hechos, a un sistema adversarial, sino a otro sistema distinto del inquisitorial, pero similarmente opresivo.

En este sentido cabe cuestionar la identificación que parece realizarse entre los modelos acusatorios anglosajones y el mayor respeto a los derechos del imputado. Si bien los países con sistemas procesales acusatorios registran

---

74 Gutiérrez, Mariano. *Ibíd.*

un bajo número de presos sin condena, tienen un número de presos mucho mayor que los países de tradición continental[75]. En este sentido, se pregunta Gutiérrez "por la posibilidad de que el sistema acusatorio sea más garantista en lo formal y más represivo en términos cuantitativos"[76].

Contrariamente a esto, podemos proponernos otro tipo de tareas. Por ejemplo, el análisis de la permeabilidad del impulso reformista a las políticas del populismo punitivo. En este sentido, y al tanto de la ambigüedad de la reforma, podríamos preguntarnos en qué consiste la tan mentada efectividad/eficiencia del sistema de justicia penal.

Al respecto, dice Ganón:

> Sin embargo, cuando se habla de eficiencia, como se parte del "buen sentido" y se le otorga a las afirmaciones un carácter profético, no se efectúan demasiadas explicaciones. Así, la eficiencia complementa los restantes conceptos y se convierte en el antídoto final o la "vacuna" contra la pérdida de legitimidad del sistema de justicia penal[77].

Claro que, en la opinión de Ganón, habría que precisar si el "buen sentido" es una facultad cognitiva de los/as *peritorum* a los que hace referencia Edgardo Datri, o simplemente una construcción social de la manera prosaica en que ciertos sectores sociales, considerados "populistas", interpretan la realidad en la que viven.

Ante la apertura de una coyuntura de reforma ambigua, la cual facilita la introducción de diferentes modificaciones en las estructuras de funcionamiento de la justicia penal, podemos esperar que las fuerzas que operen con mayor firmeza y terminen delineando la direccionalidad de los cambios sean las tendencias que ya se encontraban presentes con mayor vigor (expresadas, por ejemplo, en los medios de difusión masivos), y que ofrecen las mayores posibilidades de legitimación del poder judicial y de obtención de rédito político.

Gutiérrez dice al respecto: *"(...) relacionado con la necesidad de hacer frente a la demanda punitiva que así se trasmite, el Poder Judicial ha echado mano de técnicas económicas de administración para reorganizar su poder persecutorio y responder a la demanda creciente de castigo"*[78].

También resulta interesante lo dicho por Gabriel Ganón con respecto a que

---

75 *Ibíd.*
76 *Ibíd.*
77 Ganón Gabriel. ¿La Macdonalización del sistema de justicia criminal?, p. 447.
78 Gutiérrez, Mariano. *La tragedia de la lucha por la justicia*, p. 396.

(…) si no se modifican esencialmente los fines del aparato de justicia penal, al menos a mí no me queda ninguna duda que, tratándose como se trata, de un sistema punitivo o sancionador aunque utilice criterios de oportunidad, su objetivo sistémico no puede ser otro que sancionar al menor costo y en el menor tiempo posible la mayor cantidad de conductas típicas que ingresan al sistema[79].

Conclusión

A esta altura podemos afirmar que los procesos de reforma presentan una profunda complejidad y ambigüedad, lo cual no se condice con el apoyo generalizado y prácticamente indiscutido que han recibido y con el cual son presentados.

Existe una gran diversidad entre los distintos actores que se han involucrado en estos procesos y un amplio abanico de intereses que los movilizan, lo que se contrapone a la fachada de altruismo con la cual pretende presentarse a la totalidad de los reformistas ("luchadores y líderes por la transformación de la justicia").

Por otro lado, la reseñada participación de agencias internacionales en dichos procesos, da cuenta de los diversos intereses (inclusive geopolíticos) que las "benevolentes reformas" implican.

La profunda ambigüedad de las modificaciones legales propuestas y producidas, y la incertidumbre acerca de su efectiva aplicación, impiden casi absolutamente su encuadramiento claro dentro de una tendencia política de derecha o de izquierda, lo que da cuenta, también, de lo resbaladizo del terreno a la hora de hacer un análisis social del fenómeno.

Los reformistas denuncian a los sistemas jurídicos y los tachan de "inquisitivos", pero: ¿es cierto que nada funciona?; y en todo caso: ¿acaso esta afirmación abre el terreno para que las políticas progresistas triunfen?, ¿o es más probable que el descontento sea capitalizado por políticas represivas?

Además: ¿cuáles son los problemas del sistema penal?, ¿cuáles son las prioridades, la lentitud en la resolución de los casos, o la crueldad del sistema penitenciario?

Cabe prestar atención a lo reseñado por Gutiérrez, en cuanto a las dificultades que se presentan cuando se intenta "torcer las invariantes de la política penal" y, al contrario, la tendencia, no hacia el torcimiento de la dirección de la política criminal, sino a su intensificación[80]. *"Hay así, más*

---

79 Ganón, Gabriel. ¿La Macdonalización del sistema de justicia criminal?, p. 450.
80 Gutiérrez, Mariano. *La tragedia de la lucha por la justicia*, p. 399.

que un espacio, un abismo entre las luchas que se disputan en el imaginario sobre la función simbólica degradatoria de las etiquetas penales y el comportamiento estable del sistema penal"[81].

Si, aún enfrentándolos claramente, los problemas de la justicia penal se presentan como de difícil abordaje, qué podemos esperar de una estrategia gris, que no denuncia ni aborda explícitamente las deficiencias concretas más graves, pero que promete una solución general vía transformaciones legales ambivalentes, y con claros efectos legitimadores de la persecución punitiva.

Las reformas probablemente produzcan algunas mejoras con respecto a los sistemas anteriores, cabe pensarlo, pero sólo el correr del tiempo lo dirá. De todos modos, no quedan dudas de que se han hecho demasiadas promesas y parece haber poca posibilidad de cumplirlas, a la vez que se han silenciado muchos aspectos negativos del proceso de reforma, sustrayéndolos del debate y dificultando su problematización.

Es probable que no existan soluciones simples a problemas tan complejos, pero cabe esperar que los déficits más graves (aquellos que implican violaciones claras a las DD.HH.) sean por lo menos visibilizados como apremiantes. Por ejemplo, el fenómeno generalizado de la tortura en las cárceles debiera ser un problema prioritario, e invertirse en su solución más esfuerzos y recursos de los que se destinan a pensar nuevas formas de organización burocrática de resultados inciertos.

---

81 Gutiérrez, Mariano. *La tragedia de la lucha por la justicia*, p. 401.

ANEXO VI
Claves para una pedagogía emancipadora de las TIC

Teresa Pérez y María Jorgelina Plaza

La Orden de las Cucharitas

"Estamos a un solo un clic de distancia" suele ser uno de los mensajes con los que más frecuentemente se cierran las intervenciones en foros educativos virtuales. ¿Realmente estamos a un clic de distancia? La llegada de las tecnologías a las aulas es un hecho aceptado. ¿Pero su ingreso ha permitido realmente fortalecer los vínculos, diversificar los canales por donde circula la información, recrear las formas en que se construye el conocimiento? ¿Puede la tecnología enriquecer las prácticas de enseñanza y los aprendizajes? ¿Puede aportar a la formación de sujetos más críticos, más reflexivos, más comprometidos con la realidad? ¿O es su inclusión sólo un espejismo más que en nada contribuye a la consolidación de una pedagógica crítica que abogue por la emancipación de los diferentes actores? Estos interrogantes constituyen los ejes sobre los que avanzaremos a lo largo de las próximas páginas, buscando delinear algunas repuestas –provisorias– que nos llevarán seguramente a la definición de nuevas preguntas. Sintetizan en cierta forma una década de trabajo e investigación compartida, década caracterizada por el hacer, explorar, investigar y debatir buscando dotar de sentido a nuestro ser como estudiantes y como docentes y contribuir simultáneamente a la consolidación de nuevos territorios pedagógicos.

Amos Oz (2015), escritor y periodista israelí, en su obra *Contra el fanatismo*, expone:

> (…) Creo que si una persona atestigua una gran tragedia –digamos que un incendio– siempre tiene tres opciones. La primera: alejarse lo más rápido posible y dejar que ardan los lentos, los débiles y los inútiles. La segunda: escribir una colérica carta al editor de su diario preferido y exigir la destitución de todos los responsables de la tragedia; o en su defecto, convocar a una manifestación. La tercera: conseguir una cubeta de agua y arrojarla al fuego; en caso de que no se tenga una cubeta, buscar un vaso; en ausencia de éste, utilizar una cucharita –todo mundo tiene una cucharita.

Sí, cierto que una cucharita es pequeña y que el incendio es enorme... pero somos millones, y todos tenemos una cucharita. Quisiera fundar la Orden de la Cucharita. Quisiera que aquellos que comparten mi visión –no la de echarse a correr o escribir cartas, sino la de utilizar una cucharita– salieran a la calle con el distintivo de una cucharita en la solapa, para que nos reconozcamos quienes estamos en el mismo movimiento, en la misma fraternidad, en la misma orden, la Orden de la Cucharita.

Transpolar la metáfora de las cucharitas a los escenarios educativos nos conduce a interpelar los sentidos y significados de las prácticas pedagógicas. ¿Somos capaces, con los recursos que tenemos –muchos o pocos, no importa– de contribuir a la emancipación de los diferentes actores? ¿Alentamos con nuestras acciones la pretenciosa posibilidad de pensar otro mundo? ¿Iniciamos recorridos que promuevan nuevas formas de entender la realidad y obrar sobre ella? ¿Estamos dispuestos a tejer redes que atiendan a la construcción de los conocimientos desde una triple dimensión: el deseo de conocer, el acceso a los saberes socialmente legitimados y la problematización de tales saberes? ¿Nos embarcamos con "los otros", en tanto sujetos de aprendizaje, en la consolidación de nuevas formas de aprender y de hacer? ¿Adherimos a la idea de que para refundar el sistema educativo que queremos –y que necesitamos– todas "las cucharitas" son necesarias y contribuyen por igual?

Estos aspectos, y muchos otros, atraviesan desde una perspectiva crítica el acto educativo que necesita ser comprendido, pensado, sentido dentro de los contextos en que se desarrolla y las variables que lo conceptualizan. Paulo Freire (1979) define la educación como un acto político que puede utilizarse tanto para mantener el *statu quo* como para promover el cambio social. Como práctica problematizadora de la realidad, la educación debería permitirnos evidenciar la dinámica estructural del contexto social, histórico, político y cultural del que somos parte y actuar en forma crítica y reflexiva recreando el mismo y a nosotros mismos.

Es por ello que en una época tan fuertemente signada por el protagonismo de las pantallas y los recursos digitales, se torna impostergable analizar las prácticas pedagógicas desde la medicación tecnológica. Pérez Gómez (2012) sugiere que la dinámica con que se suceden los diferentes cambios reconfigura *"un nuevo metacontexto que cambia las instituciones, el Estado y la vida cotidiana de los ciudadanos"*. Para este autor, nos encontramos *"ante una época de cambios, no sólo ante un cambio de época"*. En consecuencia, convivir en un mundo globalizado, con vertiginosas transformaciones y nuevas exigencias demanda la redefinición de prácticas, roles y sistemas de referencias, y en esto los escenarios educativos no pueden permanecer marginados.

Tiempos, destiempos y contextos

Transitamos tiempos de destiempos e inconsistencias, definidos por la aceleración, el cambio constante, la sobreinformación. Entendemos el mundo a través de una multiplicidad de pantallas que sólo nos ofrecen fragmentos de una posible realidad. La obsolescencia y la inmediatez son valores impuestos; un objeto, una creación pierden vigencia en el preciso instante en que son presentados ante los posibles consumidores. Se consume e inmediatamente se descarta.

"Úselo y tírelo", el título de una de las antologías de Eduardo Galeano, sintetiza de manera tristemente eficiente la filosofía de la era actual. El aparente estado de felicidad que provoca el acceso a los consumos promovidos fluctúa con períodos de insatisfacción lo suficientemente persistentes para legitimar y naturalizar la construcción de identidades, de modelos y de estereotipos impuestos. Las invitaciones de las pantallas no son neutras ni inocentes. Responden a los intereses económicos y políticos que involucran una heterogeneidad de dimensiones: históricas, culturales, psicológicas, pedagógicas, sociológicas, éticas y estéticas. Tal como sostiene Meirieu (2006), *"la publicidad, el conjunto de los medios de comunicación, reducen al individuo a la condición de consumidor"*.

El contexto sociohistórico actual se caracteriza por el desarrollo permanente de artefactos multimediales, la casi ilimitada expansión de las redes telemáticas, la digitalización, la automatización, la velocidad de procesamiento de datos y la capacidad casi ilimitada de almacenamiento. De Pablos Pons (2008) afirma que *"las Tecnologías de la Información y la Comunicación (TIC) han revolucionado la economía, los sistemas de comunicación, las referencias temporales de nuestras actividades e incluso las formas de hacer política a escala global"*.

La incorporación de las tecnologías en nuestras cotidianeidades nos permite recrear diversos y complejos parámetros desde donde estructurar nuestras comprensiones del mundo y del lugar que ocupamos en éste. El canal de mediación por excelencia lo constituye Internet, que, a través de los procesos de escritura y lectura mediada por computadora, opera con sus propios modos de comunicar (y ocultar), legitimando ciertos tipos de interacción y condicionando otros.

Las posibilidades de desarrollo personal y social que habilita la facilidad de acceso a la información, se desdibujan ante el agobio que implica enfrentar a diario tal diversidad de datos, noticias, declaraciones, símbolos, imágenes e invitaciones al consumo. La información fluye a través de las pantallas inmovilizándonos y transmitiéndonos la idea de que no es posible intervenir en su rumbo. La percepción del tiempo y del espacio está supeditada a las modalidades sensoriales que se manifiestan en un accionar sobre las pantallas. Este accionar está caracterizado por la reiteración de periodos de desatención breves capaces de fracturar los discursos propios de esa otra realidad. La omnipresencia de las pantallas pareciera sesgar no sólo nuestra posibilidad de relacionarnos e interaccionar con el contexto, sino la percepción misma que de él somos capaces de construir.

Esta concepción calidoscópica de la realidad se ve profundamente agudizada por las posibilidades de acceso desigual a la información que recíprocamente agudiza las diferencias sociales y económicas. Mientras inversiones millonarias se destinan al desarrollo sectorizado de las TIC, vastas regiones de nuestro planeta no tienen siquiera acceso al agua potable. Área Moreira (2005) explica que

> (…) La tecnología en general, pero específicamente la tecnología digital para la información y comunicación no se ha democratizado en el sentido de ser accesible para todos los individuos, lo cual provoca que la sociedad se divida entre grupos e individuos "conectados" y partícipes de los beneficios de la tecnología y aquellos otros colectivos sociales excluidos del avance y progreso de la sociedad informacional.

En este mismo sentido, De Pablos Pons (*op. cit.*), asiente en que

> (…) Esta realidad sin duda está propiciando mayores desequilibrios económicos, sociales y tecnológicos que denunciamos con la expresión "brecha digital", que puede ser explicada como una extensión de la brecha económica existente desde siempre entre los países desarrollados y los países con economías emergentes.

Sin embargo, la brecha digital no puede –ni debe– circunscribirse a concepciones de índole netamente económicas, técnicas o tecnológicas. Las diferencias entre quienes saben utilizar los diversos recursos digitales y quienes no, y entre el tipo de uso realizado, acrecientan aún más la desigualdad de oportunidades. Proveer de computadoras y conexión a Internet a los usuarios no basta para que puedan navegar autónomamente y aprehender la información. El acceso material es condición necesaria pero no suficiente. Sancho (2006) menciona que

> (…) la mayoría de las personas que viven en el mundo tecnológicamente desarrollado tienen un acceso sin precedentes a la información; lo que no significa que dispongan de las habilidades y el saber necesarios para convertirla en conocimiento.

Burbules y Callister (2008) recuperan la relevancia del acceso legítimo a la información. Para estos autores, "*si un usuario no logra participar eficazmente en todas las oportunidades que ofrece la Internet, no se puede decir que tenga 'acceso' a la Red, aun cuando posea un ordenador y esté conec-*

tado". Como categorías de análisis para entender este fenómeno refieren la distinción entre condiciones de acceso (aspectos técnicos) y criterios de acceso (habilidades cognitivas necesarias para obtener el acceso crítico a la información disponible). Entre estas últimas habilidades, podemos mencionar: encontrar información pertinente, comprender los conceptos expuestos en el contexto en que fueron producidos y valorar la confiabilidad de las fuentes, pudiendo identificar información incompleta, inexacta o injuriosa.

Ahora bien, el acceso a la información supone también un mayor compromiso por parte de los usuarios. Spiegel (2013) señala el rol complementario de las capacidades para abordar la escritura en Internet, incluyendo dentro de las mismas la publicación, la comunicación, la creación de condiciones de visibilidad, la interacción y la participación activa. Mientras que Pérez Gómez (*op. cit.*), refiriéndose a la relevancia de "*las capacidades de utilizar y comunicar de manera disciplinada, crítica y creativa el conocimiento*", alerta que

> (…) la tecnología ya no puede considerarse solamente como un modo de transporte de la información de un lugar a otro. (…) Cuanto más participamos en dicho espacio informacional más cambia el escenario, de modo que el propio acto de encontrar información da forma no solo al contexto que proporciona el significado, sino al significado mismo y al modo de procesar del sujeto.

Si de educación hablamos

En un contexto en el que sobreabundan los datos, los estímulos y los símbolos, el conocimiento, entendido como forma de decodificación y resignificación de la información, se constituye en uno de los bienes más importantes para el desarrollo de las sociedades.

Avanzar entonces en la redefinición del lugar de las instituciones educativas en relación con las dinámicas contemporáneas del conocimiento, implica reconocer los nuevos desafíos que se presentan en entornos de rápida e indisoluble transformación social, cultural y tecnológica. Tal como sostienen Dussel y Quevedo (2010):

> Estamos ante un territorio inestable, enredado y muchas veces difuso, donde los conocimientos y las formas de adquisición de saberes se han descentrado y provienen de múltiples fuentes, muchas de ellas fuera del control de la escuela o la familia, todo lo cual vuelve más complejo el rol de cada uno de los actores.

Admitir que las instituciones educativas son ante todo instituciones históricas y contingentes implica reconocer la posibilidad de que las formas escolares actuales cambien y se conviertan en algo distinto de lo que hoy conocemos. Pero, en este proceso, es preciso evitar circunscribir la problemática educativa a la definición de cuáles son las tecnologías que debemos incorporar a las prácticas educativas o a cómo podemos desarrollar estrategias metodológicas o instrumentales que propicien la inclusión de las TIC. Las tecnologías no tienen en sí mismas capacidades intrínsecas de cambio que conduzcan inevitablemente a una mejora en las prácticas cotidianas de sus usuarios.

Refiriéndose a la escuela y su lugar en los escenarios actuales, Dussel y Quevedo (*op. cit.*) refieren el hecho de que

> (…) El desafío está en comprender por qué y cómo es necesario trabajar con las tecnologías y, al mismo tiempo, reconocer los problemas que enfrenta la escuela en esta incorporación, y cuáles son los procesos de aprendizaje que promueve o debería promover la escuela que no son resueltos automáticamente por las tecnologías.

¿Pero cuáles son las concepciones ideológicas, políticas y pedagógicas desde donde se sostiene el ingreso de las tecnologías a las aulas? Bautista *et al.* (2008) señalan la existencia de tres posibles concepciones: "*la tecnología como un fin en sí mismo, la tecnología como moda y la visión crítico-pedagógica*".

Cabría esperarse que cada contexto educativo adhiera a una u otra, no obstante es común que en un mismo espacio coexistan diferentes concepciones, sin que las características identitarias de cada una emerjan como contradictorias o antagónicas.

En la mayoría de las instituciones, observamos que "*la tecnología como un fin en sí mismo*" es la visión que prima ante las demás. Así, se inicia en el uso de un determinado recurso sin tener en cuenta su adecuación didáctica y sus potencialidades pedagógicas. Es muy común que se adhiera a este uso por la simple razón de su existencia, depositando grandes expectativas en él. Es una visión casi mágica, se le atribuye a la inclusión del recurso la posibilidad de recrear las prácticas de enseñanza y potenciar los aprendizajes.

Con el tiempo, muchos de esos recursos dejan de ser utilizados porque no cumplen con las expectativas iniciales, y otros tantos se convierten en *moda* –segunda visión–, siendo su uso un imperativo indiscutible. Observamos por ejemplo clases que se llenan de presentaciones multimediales que nada nuevo aportan. No obstante, es frecuente escuchar "mis clases cambiaron con el uso de las presentaciones con diapositivas". Inconvenientes técnicos como el no funcionamiento del proyector o la falta de reconocimiento de los dispositivos de almacenamiento suelen ser vivenciados como los principales obstaculizadores para el desarrollo de clases "correctamente planificadas". Las proyecciones suelen consistir en presentaciones que reducen el discurso del docente ante la relevancia prescriptiva de la palabra escrita. Las diapositivas mayoritariamente se estructuran en textos que, por lo extensos, parecieran correr el riesgo de "caerse de la pantalla de proyección". Imágenes, videos o animaciones pueden o no alternarse con el texto. La estética y el diseño suelen relegarse ante una multitud de efectos "novedosos" y transiciones entre diapositivas que irrumpen constantemente y fragmentan la oratoria. Cabría entonces preguntarse cuál es el valor agregado que este "indispensable" recurso aporta a las prácticas educativas.

Como venimos sosteniendo, las tecnologías no movilizan por sí mismas el cambio educativo. Son por el contrario las decisiones pedagógicas, políticas, económicas y culturales quienes lo posibilitan. ¿Por qué entonces seguimos insistiendo en utilizar los recursos digitales para reproducir las mismas prácticas que cuestionamos? En relación con el ejemplo anterior, ¿por qué seguimos esperando que los estudiantes se sientan sorprendidos e interesados por presentaciones que no interpelan sus saberes? ¿Por qué los recorridos lineales, donde todo emergente parece anticipadamente ser previsto –y silenciado–, siguen siendo las únicas trayectorias posibles?

Esta concepción es recurrente en la historia de la educación. En 1842 se pronosticaba –con relación al uso de la tiza y el pizarrón– que *"esta innovación va a hacer la escuela tan atractiva que un gran ejército con armas y espadas no va a poder mantener los niños y niñas fuera de ella"*. Hoy sabemos que la tiza y el pizarrón no cambiaron la educación, entonces ¿por qué seguir abrazando la idea de que la tecnología sí lo hará?

Morin (1999) refiere que *"el problema de los humanos es el de aprovechar las técnicas pero no de subordinarse a ellas"*. La adhesión al uso de dispositivos tecnológicos al ámbito educativo sin que medie la reflexión y el pensamiento crítico, manifiesta una clara subordinación de los sujetos a los objetos, subordinación que impide *"aprehender los objetos en sus contextos, sus complejidades, sus conjuntos"*.

En ese sentido, Cebrián (2006) menciona que

(…) Lo que no podemos admitir es adquirir la última tecnología y después preguntarnos para qué sirve. La cuestión es de ámbito pedagógico, ¿qué problemas, limitaciones, dificultades, necesidades… tengo en mi enseñanza, y cómo pueden ayudarme las TIC? Y una vez que la estemos utilizando, necesitaremos estar constantemente revisando y analizando qué enseñanza estamos realizando y qué aprendizaje está produciendo.

La inclusión de las TIC en los ámbitos educativos debe necesaria e irrenunciablemente ser sostenida desde una concepción crítica pedagógica que permita capitalizar auténticamente sus potencialidades, en beneficio de prácticas educativas más reflexivas y comprometidas. A nuestro entender, la impronta de la tecnología se potencia en las posibilidades infinitas de confluir diferentes formas comunicacionales: sincrónicas-asincrónicas, formales-no formales, espontáneas-guiadas. La inserción de las TIC en las prácticas pedagógicas, y con ella de una multiplicidad de herramientas abre canales que favorecen notablemente tanto la convergencia de estas mismas formas como de la diversidad de saberes que nos identifican como colectivo.

Capitalizar estos supuestos implica así promover experiencias de trabajo colaborativo y cooperativo, redefinir no sólo nuevas rutas para recorrer junto con otros, sino también los modos en que trazamos esas rutas –en esto la indeterminación y la incertidumbre asumen un rol protagónico–, la incorporación de recursos multimediales que permiten la confluencia de diferentes modalidades sensoriales. En este sentido coincidimos con Maggio (2012) cuando afirma que

> (…) la enseñanza necesita reinventarse y las tecnologías de la información y la comunicación ofrecen múltiples oportunidades para que esto sea posible. (…) la transformación tendrá lugar si los docentes se hacen cargo de estas enormes oportunidades para poner en juego sus ideas más brillantes y hacer realidad sus sueños pedagógicos.

Por esta razón, cualquier propuesta para integrar las TIC en las prácticas educativas debiera partir y hacer explícitos cuáles son las intencionalidades pedagógicas e ideológicas con relación al tipo y modelo de sociedad que nos interesa consolidar (Área Moreira, *op. cit.*). Las definiciones de políticas públicas en materia educativa han de fundamentarse tanto desde la reflexión y el debate respecto a los usos y prácticas que se producen en torno a las nuevas tecnologías, como de la redefinición de concepciones pedagógicas que posibiliten la consolidación de un modelo superador de inteligencia colectiva que trascienda la individualidad y la fragmentación.

Las habilidades cognitivas consideradas relevantes y necesarias, y por ende plausibles de ser enseñadas desde los ámbitos escolares y académicos, varían según las condiciones históricas, sociales, culturales y tecnológicas que les dan sentido. Entender el desarrollo de las prácticas educativas desde estos contextos implica en consecuencia pensar en la necesidad de concebir los aprendizajes desde una perspectiva diferente que se centre en el desarrollo de operaciones mentales no tenidas en cuenta hasta el momento. Área Moreira (*op. cit.*) señala la importancia de

> (…) superar una visión restrictiva de la alfabetización tradicionalmente centrada en la lectoescritura de textos para asumir en la escuela la necesidad de alfabetizar al alumnado en múltiples lenguajes, formas y medios expresivos de forma que la escuela se convierta en garante de las igualdades de oportunidad en el acceso a la cultura y tecnología de nuestra época.

Esto implica desplazar el centro de la acción pedagógica hacia el estudiante y sus experiencias educativas, transformar las instituciones en incubadoras del pensamiento crítico donde se estimule la capacidad de preguntar, interpelar, analizar, agrupar, producir, conectar, comprender, incidir y transformar la información.

Los estudiantes necesitan y deben poder transitar territorios pedagógicos que les permitan "*construir sus propios conocimientos, necesitando para ello de una serie de herramientas intelectuales, actitudinales, motivacionales, emocionales*" (Cerezo y Nuñez, 2011). Y es aquí donde el empleo de las tecnologías permitiría la resignificación de las prácticas educativas. La amplia disponibilidad de recursos y dispositivos tecnológicos favorece la interacción y el encuentro con los otros. Simultáneamente, posibilitan acompañan y orientan los progresos individualizados, así como también el corrimiento de las barreras espaciales y temporales. De esta forma, la inclusión de las TIC como un medio, y no como un fin en sí mismo, nos convoca a pensar en el desarrollo de propuestas educativas que reconozcan e integren la diversidad de recorridos que realizan los estudiantes durante sus trayectorias educativas y favorezcan el desarrollo de la autonomía en la toma de decisiones, del pensamiento crítico y de la capacidad de desnaturalizar los hechos y objetos. Para Rodera Bermúdez (2012),

> (…) las TIC cobran un importante papel dentro del proceso de cambio educativo, ya que se configuran como elementos esenciales para el desarrollo de la flexibilidad organizativa de las enseñanzas. A su vez, ayudan a establecer nuevas sinergias que permiten insertar plenamente a las instituciones educativas en el actual entramado de la sociedad del conocimiento.

Cabero Almenara (2005) afirma que las TIC pueden promover la gestión de una diversidad de medios, recursos y experiencias convergentes, el diseño de materiales que movilicen diferentes sistemas simbólicos, la utilización de diversas estructuras semánticas, narrativas, y la planificación de actividades individuales y colaborativas que recuperen las formas de inteligencia tanto inter como intrapersonal.

En un escenario donde la generación y circulación de conocimientos se gesta cada vez más sobre la base de nuevos soportes y modos de participación, el rol docente se torna esencial como mediador entre la cultura y las nuevas generaciones. Como afirma Pérez Gómez (*op. cit.*):

> (…) preparar a los ciudadanos no sólo para leer y escribir en las plataformas multimedia sino para que se impliquen en el mundo comprendiendo la naturaleza enredada, conectada de la vida contemporánea, se convierte en un imperativo ético además de una necesidad técnica.

La figura del maestro preguntador (Freire, 1979) cobra protagonismo, el docente recupera el valor de la pregunta, el poder de la interpelación, y al hacerlo, impide que el encantamiento que provocan las nuevas tecnologías inhiba la capacidad de interrogar, de cuestionar, de desnaturalizar, de pensar críticamente (Bacher, 2009). En palabras de Bacher, "*(...) hoy el camino no radica en el modelo del maestro explicador, sino en aquel otro en el cual el maestro interpela al ignorante para emanciparlo*".

Mientras que gran parte de la sociedad continúa con la veneración de becerros mediáticos, desde las instituciones educativas, los docentes enfrentan la disyuntiva de romper con la inercia y promover la consolidación de valores sostenidos desde la autonomía, la reflexión y la solidaridad (Dussel y Quevedo, *op. cit.*).

Asimismo, es necesario reconocer que el colectivo de los docentes y una buena parte del estudiantado, no registra en sus biografías recuerdos de utilización de las TIC en sus prácticas escolares y/o académicas, aun cuando los segundos sí estén ampliamente familiarizados con el uso de las mismas en otros ámbitos de sus vidas cotidianas. Como afirma Meirieu (*op. cit.*): "*Esta aceleración de la historia, de la aparición de nuevas tecnologías, nos pone ante problemas inéditos para los cuales no hay ningún catecismo escrito y tenemos que intentar soluciones para esos problemas inéditos*".

La emergencia de las tecnologías interpela también a las instituciones de formación de formadores y moviliza el diseño y aplicación de alternativas. Uno de los propósitos rectores de estos centros debería ser promover en los futuros docentes el desarrollo de las herramientas cognitivas y las habilidades necesarias para transitar el mundo –incluido el mundo digital– de forma responsable y crítica. Es importante que el docente sepa cómo desenvolverse frente a estos nuevos entornos tecnológicos, "*que adquieran las competencias y estrategias adecuadas para hacer un uso pedagógico eficiente de los recursos digitales que cada vez están más al alcance de toda la comunidad educativa*" (Bautista *et al.*, *op.cit.*).

Un número importante de propuestas de formación docente tanto de nivel universitario como terciario ya están incluyendo en sus currículos talleres y asignaturas que intentan un acercamiento del docente con la tecnología. Sin embargo, esto no siempre es suficiente. Muchas veces, a pesar de que se logre el espacio, estos se siguen concibiendo desde una mirada instrumental (2007), priorizando la enseñanza de la computadora, programas y recursos más que de sus sentidos pedagógicos y didácticos.

Pensar la formación docente en TIC rompiendo con esta concepción instrumental obliga en primer lugar a recuperar y desnaturalizar las concepciones, representaciones y sentidos que los propios docentes atribuyen al lugar que los recursos tecnológicos ocupan o han de ocupar en sus prácticas pedagógicas. Esta recuperación no puede hacerse a mero modo ilustrativo, sino por el contrario, necesita convertirse en un agente de perturbación que convoque al cambio, movilice la creatividad, abra la puerta a nuevas y superadoras formas de enseñar y también de aprender. La reflexión, entendida como un proceso interno que permite explicitar *comprensiones y apreciaciones* (Anijovich, 2009) para reconfigurar así el hacer, se torna de esta manera una pieza clave en toda propuesta de formación docente. En relación con esto, Anijovich (*op. cit.*) expresa: *"ese conocimiento podría ser reconstruido a través de la reflexión y, de esa manera, revisado y analizado críticamente para permitir modificaciones, aun considerando lo difícil que resulta develar lo oculto"*.

Por ende, se torna relevante poder reconocer los modos y sentidos con que la impronta tecnológica impregna las prácticas de enseñanza y de aprendizaje, las concepciones sociales y políticas desde donde lo hace y los significados que se le atribuyen, insistiendo no sólo en su explicitación, sino también en la consecuente recreación de un marco de referencia que promueva el diseño de propuestas de planificación innovadoras.

Se trata en definitiva de concebir prácticas pedagógicas, insertas en políticas públicas, que incorporen crítica y reflexivamente el uso de las TIC para atender al desafío social de una educación permanente y flexible, centrada en los estudiantes y sostenida por docentes que oficien de acompañantes cognitivos. Una educación fundada en la socialización de los conocimientos y las experiencias y orientada a formar sujetos epistemológicamente autónomos, capaces de acceder a la información y recrearla en saberes que posibiliten reconstruir crítica, participativa y colectivamente otras miradas de la realidad aplicables a la resolución de las problemáticas emergentes en un mundo de continuos cambios.

No obstante, aun cuando seamos capaces de atrevernos a imaginar hacia dónde queremos ir, dibujar la ruta y los medios para llegar es una tarea más que compleja. Nos demanda, en primer lugar, darnos permiso a la duda, a la incertidumbre, a la indeterminación. Y también que aceptemos la necesidad de consolidarnos como colectivo, que entendamos las instituciones educativas como espacios de interacción, de encuentro, de confluencia de actores y saberes y que estemos dispuestos a extender las paredes y los espacios más allá de las barreras físicas y temporales. Recuperando a Bacher (*op. cit.*),

> (…) la creación de redes de escuelas promotoras de sujetos participativos, con capacidad de análisis, de pensamiento crítico, que valoren la diversidad como un modo de vida en sociedad, es un camino posible para pensar alternativas de desarrollo.

Hoy, como siempre, está en nuestras manos, en las de los que nos animamos a transitar los escenarios educativos en todos sus contextos, la posibilidad de ir más allá de la negación, del silencio o de la denuncia vacía. Podemos continuar exiliados en la rutina y la insistente excusa de que el cambio no es posible, de que el problema son los otros. Podemos seguir exigiendo lo que no dimos, o podemos tomar nuestras cucharitas para desnaturalizar lo establecido y refundar nuevas trayectorias educativas.

Referencias bibliográficas

Anijovich, R. et al. (2009). *Transitar la formación pedagógica. Dispositivos y Estrategias*. Buenos Aires: Paidós.

Área Moreira, M. (2005). La escuela y la sociedad de la información. En *Nuevas tecnologías, globalización y migraciones* (pp. 13-54). Barcelona: Octaedro.

Bacher, S. (2009). *Tatuados por los medios: dilemas de la educación en la era digital*. Buenos Aires: Paidós.

Bautista, G., Borges, F. y Forés, A. (2008). *Didáctica universitaria en entornos virtuales de enseñanza-aprendizaje*. Madrid: Narcea.

Burbules, C. y Callister, A. (2008). *Educación: riesgos y promesas de las nuevas tecnologías de la información*. Madrid: Granica editores.

Cabero Almera, J. (2005). Las TICs y las Universidades: retos, posibilidades y preocupaciones. *Revista de la Educación Superior XXXIV* (3), 77-100. [Fecha de consulta: 12/06/2013]. Recuperado en: [http://tecnologiaedu.us.es/cuestionario/bibliovir/jca6.pdf].

Cebrián, M. (2006). *Enseñanza virtual para la innovación universitaria*. Madrid: Narcea.

Cerezo, R. y Núñez, J. C. (2011). Programas de intervención para la mejora de las competencias de aprendizaje autorregulado en educación superior. *Perspectiva Educacional, 50* (1), 1-30.

De Pablos Pons, J. (2008). Algunas reflexiones sobre las tecnologías digitales y su impacto social y educativo. *Revista QuadernsDigitals* (51).

Dussel, I. y Quevedo, L. (2010). *VI Foro Latinoamericano de Educación. Educación y nuevas tecnologías: Desafíos pedagógicos ante el mundo digital*. Buenos Aires: Santillana. [Fecha de consulta: 23/04/2013]. Recuperado en: [http://www.unsam.edu.ar/escuelas/humanidades/catedra_Latapi/docs/Dussel-Quevedo.pdf]

Freire, P. (1979). *Pedagogía del oprimido*. Montevideo: Tierra Nueva.

Galeano, E. (2007). Buenos Aires: Booket, 3ra edición.

Levis, D. (2007). Enseñar y aprender con informática / Enseñar y aprender informática. Medios informáticos en la escuela Argentina. En Cabello R. y Levis D. (Comps.), *Medios informáticos en la Educación*. Buenos Aires: Prometeo.

Meirieu, P. (2006). *El significado de educar en un mundo sin referencias*. Buenos Aires: Ministerio de Educación, Ciencia y Tecnología.

Morin, E. (1999). *Los siete saberes necesarios para la educación del futuro*. UNESCO.

Oz, A. (2015). *Contra el fanatismo*. Madrid: Siruela, 5ta edición.

Pérez Gómez, A. (2012). *Educarse en la era digital*. Madrid: Morata.

Rodera Bermúdez, A. (2012). *Profesores 2.0 en la Universidad del Siglo XXI* (Tesis doctoral). Barcelona: Universitat Oberta de Catalunya. [Fecha de consulta: 16/06/2013]. Recuperado en: [http://www.tdx.cat/bitstream/handle/10803/83342/Tesis_Ana_Rodera.pdf?sequence=1]

Sancho, J. (2006). *Tecnologías para transformar la educación*. Madrid: Akal.

Spiegel, A. (2013). *Ni tan genios ni tan idiotas. Tecnologías: qué enseñar a las nuevas generaciones (que no sepan)*. Rosario: Homo Sapiens Ediciones.

ANEXO VII
Presencia canadiense en las explotaciones mineras de América Latina

Luis Gómez Almeida

Introducción

Como su título lo indica, este trabajo se ocupará del efecto que tienen las explotaciones mineras en América Latina, en especial cuando la empresa es canadiense. El efecto al que me refiero es el que tiene sobre la economía de países latinoamericanos, la legislación en esos países, así como el impacto en la vida diaria.

La minería es una actividad con historia milenaria en lo que hoy es Canadá. Los nativos, antes que llegaran los europeos, usaron varios minerales para obtener herramientas y objetos decorativos. Con la llegada de los europeos, la caza de animales por sus pieles y la pesca en gran escala formaron la parte principal de la economía canadiense. El carbón fue descubierto por los franceses en 1672 en Nueva Escocia y los ingleses empezaron a explotar esa mina en 1711. Este mineral fue la principal fuente de energía durante los comienzos de la Revolución Industrial, fue descubierto y explotado en Nuevo Brunswick, Alberta, y la Columbia Británica. En 1737 se halló hierro en la cuenca del río San Lorenzo y su explotación empezó poco después. En 1789, en Nueva Escocia, se empezó a explotar el yeso; a su vez, el cobre en 1846 se comenzó a extraer a orillas del lago Hurón. En 1850 en Columbia Británica y 1862 en Quebec se abrieron minas de oro. A fines de los 1800 se descubrió asbesto en la provincia de Quebec[1].

La extracción minera es una actividad estratégica y de larga tradición en Canadá, al punto que este país ha sido calificado como "una potencia minera". En 2012, un 57% de las acciones emitidas por el sector minero en el mundo fueron administradas por el TSX8. Las compañías mineras

---

[1] http://www.mineralsed.ca/i/pdf/AHistoryofMining&MineralExplorationInCanada-NRCan.pdf

listadas en noviembre de 2013 en el TSX y en TSX Venture eran aproximadamente 1.619.[2]

Pero, cuando se trata de "dejar el lugar tal como estaba previo a la actividad minera", ninguna de las actividades económicas de extracción de riquezas que se hicieron en el pasado prepararon a las compañías mineras para esto. Es que el impacto medioambiental no solamente no termina cuando la mina se cierra, sino que en muchos casos el detrimento aumenta con el pasar de los años. La experiencia muestra

> "el contraste entre la promesa de empleo, desarrollo y prosperidad para las comunidades donde estas actividades tienen lugar, promesas hechas por gobiernos y empresas, y la situación de pobreza, graves daños ambientales y violación de derechos humanos en la que se encuentran aquellas [todo lo cual] exige reflexión y la adopción de medidas que permitan superar esa situación"[3].

La actividad minera ha contado, tradicionalmente, con el apoyo de parte de los gobiernos de los estados en los cuales las minas están ubicadas. A modo de ejemplo, la ley 1534 de la provincia de La Pampa (Argentina), está dedicada en su mayor parte a destacar las diferentes exenciones impositivas de las que se pueden beneficiar las empresas mineras. Esta ley, por ejemplo,

> "contempla exención impositiva en impuestos provinciales (IIBB, Vehículos, Inmuebles y Sellos) de los bienes afectados a la actividad, por un lapso de hasta quince años para emprendimientos nuevos y hasta siete años para emprendimientos en marcha (la extensión del beneficio depende de la ubicación del proyecto)"[4].

Esto se debe a que la actividad minera es una que requiere que los gobiernos la hagan atractiva, o mejor dicho, que aseguren a los que invierten que hay una cierta seguridad jurídica que les facilitará el enviar al exterior los beneficios de la explotación. La primera etapa es la de exploración, en la cual todo es gasto y nada es beneficio. Por eso la empresa minera requiere cierta certidumbre; o sea: una vez descubierta una posible veta, asegurarse a través de alguna cláusula de que el gobierno no le dé la concesión de explotación a otra empresa. Una "distribución de tareas" que se viene usando desde hace unos años es la de dejar la exploración a pequeñas compañías llamadas "junior", pues cuentan con expertos en geología pero poco capital;

---

2 Impacto de la minería canadiense en América Latina, y la responsabilidad de Canadá. Resumen ejecutivo presentado a la Comisión Interamericana de Derechos Humanos.

3 *Ibid.*

4 http://www.produccion.lapampa.gov.ar/grandes-empresas/promocion-industrial-y-minera-ley-n-1534.html

luego, si encuentran algo, venden el derecho de explotación a una empresa más formada con experiencia en esa tarea.

En los últimos años el gobierno canadiense ha decidido mirar hacia otro lado cuando flagrantes violaciones a los derechos humanos ocurren en lugares donde están establecidas corporaciones de ese país. Se aduce que Canadá no tiene jurisdicción sobre lo que pasa fuera de su territorio. Este tipo de conducta pareciera indicar indiferencia hacia esos derechos humanos, en beneficio de los derechos comerciales y económicos de las grandes corporaciones[5].

El Salvador

El Salvador es uno de los cincuenta países con mayor densidad de población en el mundo (poco más de 300 habitantes por kilómetro cuadrado), cuenta con un suelo muy empobrecido por haber practicado el monocultivo por decenios[6]. Es decir, se trata de un país que no puede permitirse el lujo de provocar más daño al ambiente. La contaminación de las aguas es un problema acuciante[7]: las explotaciones mineras comprometen la calidad del agua y son una amenaza para la salud y la alimentación; según cifras oficiales, uno de cada siete niños menores de 5 años padece desnutrición[8]. Por estas y otras razones, mal puede El Salvador permitirse pagar 301 millones de dólares a una empresa minera australiano/canadiense en compensación por no explotar una mina. En un litigio judicial que se parece más a una extorsión, la empresa Oceana Gold obliga al gobierno salvadoreño a usar, en abogados de corporaciones, dinero que debería ser usado en aliviar las consecuencias de la extrema pobreza en los sectores más desamparados de la población[9]. Un país que tiene altas tasas de violencia y que sufrió una guerra interna devastadora, con cientos de miles de muertos y una emigración que pobló barrios enteros de Los Ángeles, está en situación de riesgo; sin embargo, la minería, lejos de traer prosperidad, ha caído como un pesado yugo sobre las espaldas de los salvadoreños y su ambiente.

---

5   http://www.stockhouse.com/news/bulletins/2015/07/08/cas-with-un-panel-over-resources

6   http://www.censos.gob.sv/util/datos/Resultados%20VI%20Censo%20http://www.el-salvador.com/mwedh/nota/nota_completa.asp?idCat=47673&idArt=9076811de%20Poblaci%C3%B3n%20V%20de%20Vivienda%202007.pdf

7   http://www.elsalvadormipais.com/rios-contaminados-de-el-salvador

8   https://www.salud.gob.sv/novedades/noticias/noticias-ciudadanosas/327-mayo-2015/2901-
    -05-05-2015-ens-2014-el-salvador-reduce-la-desnutricion-cronica-infantil-en-mas-del-
    30-por-ciento-en-cinco-anos-y-registra-avances-importantes-en-salud-infantil-y-materna

9   http://www.elsalvador.com/mwedh/nota/nota_completa.asp?idCat=47673
    &idArt=9076811

México

En este país, miembro de NAFTA junto a Estados Unidos y Canadá, el 70% de las minas de oro y plata están en manos de compañías canadienses[10]. Es casi como si Hernán Cortez y sus huestes de conquistadores hubieran sido desplazados por corporaciones mineras canadienses que en vez de cruzar el Atlántico simplemente han usado el sistema Eisenhower de autopistas estadounidenses para apoderarse de la plata y el oro de los nativos mexicanos.

El clima de violencia generalizada que se vive en México ciertamente no ayuda a convertir las explotaciones mineras en instrumentos de desarrollo y prosperidad. Así, no es infrecuente que los trabajadores sean también víctimas de esa violencia[11]. Ciertamente, no es necesario que la empresa sea canadiense para mostrar que la vida de los mineros es considerada de poco valor por los dueños de las minas, lo cual también es cierto para las autoridades locales, estatales y federales[12]. Pero aún en lugares donde la minería ha sido una forma de vida por años, los proyectos de megaminería encuentran más detractores que simpatizantes. Esto se debe a que este tipo de proyectos son verdaderamente invasivos, empujan la mano de obra local fuera de la actividad minera, y vacían los minerales en pocos años, dejando detrás destrucción, poco o nulo progreso entre los habitantes del lugar, al tiempo que crean conflictos sociales y económicos[13]. En México el número de conflictos mineros no cesa de aumentar[14]. Debe tenerse en cuenta que en México la minería es una de las tantas fuentes de conflicto, siendo el narcotráfico la principal. Si bien se puede afirmar que la minería, y con ella las empresas canadienses, está lejos de ser el principal elemento de inestabilidad e inseguridad, es ciertamente claro que la megaminería no ha contribuido a la reducción de la pobreza; ni siquiera impulsa el desarrollo socioeconómico de las comunidades donde se han establecido estas empresas.

---

10 http://www.conflictosmineros.net/contenidos/23-mexico/4870-4870

11 http://lta.reuters.com/article/topNews/idLTAKBN0MB11D20150315

12 http://business-humanrights.org/es/m%C3%A9xico-cinco-mineros-muertos-en-mina-san-luis-de-potos%C3%AD-del-grupo-m%C3%A9xico-%E2%80%93-sindicatos-piden-investigaciones-y-mejoras-en-seguridad-industrial

13 http://www.eumed.net/libros-gratis/2010f/862/Conflictos%20en%20torno%20a%20la%20defensa%20del%20territorio%20en%20la%20zona%20minera%20de%20Mezcala.htm

14 http://www.ecoosfera.com/2015/05/cuantos-conflictos-mineros-hoy-existen-en-mexico/

Perú

En Perú había en 2013 más de noventa compañías mineras canadienses. Un año más tarde el número se había reducido a sesenta y cuatro.

La gerente general de la Cámara de Comercio Canadá-Perú (CCCP), Cecilia Lozada (...) indicó que dicha reducción se debe a que las mineras juniors están percibiendo el riesgo del mercado internacional, lo cual se produce también en otros mercados[15].

Perú está siendo teatro de diversos conflictos sociales vinculados a la actividad minera: recientes protestas contra el aumento de esta actividad han dejado cinco muertos y decenas de detenidos, y el gobierno ha decretado el estado de emergencia y la suspensión de todas las garantías individuales en la provincia arequipeña de Islay donde se concentra el grueso de las explotaciones mineras[16].

Este es el país minero por antonomasia. Existe en castellano el dicho "Vale un Perú" que se usa para indicar algo de gran valor y estima. La producción minera de Perú está calculada en unos veinte mil millones de dólares al año. La actividad minera se remonta a tiempos anteriores a la conquista.

Sin embargo, no es solamente la megaminería la única responsable de conflictos y daño al ambiente. Según Antonio Brack, biólogo, ecologista, investigador peruano y primer ministro del Ambiente de Perú, las pequeñas minas ilegales son también un problema. La ilegalidad de la actividad reside mayormente en la falta de estudios de impacto ambiental. La contaminación de las aguas es una de las peores consecuencias de la actividad minera ilegal. En explotaciones bajo el control de multinacionales, los enfrentamientos no se limitan a las compañías de América del Norte, Europa y Australia. Una compañía china está en conflicto con sus trabajadores y tal conflicto ya se ha cobrado cinco vidas[17]. Pero sigue siendo el impacto medioambiental, sobre todo en las fuentes de agua, lo que más preocupa a las comunidades donde las empresas mineras quieren establecerse. Y que la empresa minera sea latinoamericana, de un país como México, con una cultura minera milenaria y similar a la peruana, no parece ser un factor que disminuya los conflictos

---

15 http://gestion.pe/empresas/mineras-canadienses-operando-peru-se-redujo-93-64-al-cierre-2014-2132043

16 http://www.espanol.rfi.fr/economia/20150527-peru-la-mineria-y-los-conflictos-sociales

17 http://es.euronews.com/2015/05/26/al-menos-cinco-muertos-en-protestas-contra-mineras-en-peru/

ni las dudas y sospechas de las poblaciones locales hacia la actividad[18]. No es ninguna sorpresa: las compañías mineras no empiezan a abusar de las poblaciones cuando salen de su país de origen.

Ecuador

En este país andino, otra vez el agua, su calidad y facilidad de acceso a ella, juegan un papel muy importante en conflictos entre compañías mineras y las comunidades en las que las actividades van a tener lugar. En el área de Kimsacocha, en la provincia de Azuay, la población pidió permiso para realizar un plebiscito que preguntara si la gente estaba a favor o no de la mina. Dos años y medio tardaron las autoridades en dar su permiso. Una vez obtenido el permiso, otro plebiscito organizado por INV, la compañía canadiense que quiere explotar la mina, obtuvo el permiso menos de una semana más tarde de haberlo presentado[19]. Siendo que Ecuador cuenta con uno de los gobiernos más progresistas de la región, es difícil ser optimista: si esto pasa con un gobierno progresista, que no pasará con otro gobierno. Sin embargo, hay motivos para ser optimistas con organizaciones del talante de Defensoras de la Pacha Mama. Son un grupo formado por

> "Mujeres Defensoras de los Derechos Humanos, Ambientales, de Género, y de la Pachamama (…), que pertenecemos a comunidades afectadas por megaproyectos mineros de grandes corporaciones, y también por minería de empresas nacionales que han contaminado ríos de los que nos abastecemos para nuestras necesidades vitales"[20].

Usando medios pacíficos, y mostrando una paciencia milenaria, estas mujeres han conseguido que sus reclamos sean oídos y sus demandas tenidas en cuenta. El principal objetivo de este grupo es asegurar que el agua, cuya salubridad es indispensable para todas las formas de vida, no sea contaminada por los proyectos mineros.

Colombia

Colombia es otro de los países en los cuales las compañías canadienses juegan un papel de importancia en las explotaciones mineras. Al igual que

---

18 http://www.bbc.com/mundo/noticias/2015/05/150514_peru_proyecto_tia_maria_mexico_lav

19 http://www.miningwatch.ca/news/ecuador-gir-n-advances-toward-community-plebiscite-stop-mining-kimsacocha

20 http://defensoraspachamama.blogspot.ca/

en otros, la violencia tiene una presencia casi diaria. Pero mientras que el petróleo en un país con explotación en manos de multinacionales, es un buen indicador de la posibilidad de conflictos sociales, guerra, invasiones y abuso de poder, la relación entre minería metálica y conflictos sociales es menos fácil de demostrar. La violencia puede no ser originada por la presencia de la compañía minera, y puede ni siquiera beneficiar a la empresa; al contrario, la compañía y sus empleados pueden llegar a ser víctimas[21]. Por lo general las víctimas mortales suelen ser campesinos, oficiales de policía y dirigentes de organizaciones opuestas a las explotaciones mineras[22]. Estos crímenes, normalmente, tienden a quedar impunes.

Guatemala

Guatemala es un país que ha sido, y continúa siendo, víctima de la abundancia de sus riquezas naturales, riquezas que atraen la mirada de quienes quieren beneficiarse de ellas. Es, como otros países de América Central, víctima de violencia delictiva, remanentes de guerras civiles prolongadas y cruentas. Guatemala, además, cuenta con mucha población indígena que fue el blanco preferido de políticas genocidas[23]. Al igual que otras regiones tropicales que por siglos habían permanecido fuera del circuito capitalista (selvas de Indonesia, Amazonia, el Chaco paraguayo, selvas del noreste argentino, por nombrar unas pocas), vastas zonas del país están siendo incorporadas violentamente a la economía mundial. En el caso de Guatemala, también los efectos sobre el ambiente se hacen notar y son la preocupación principal de las poblaciones locales[24]. Pese a que tanto las compañías como los gobiernos intentan convencer a las poblaciones locales de los posibles beneficios de la explotación minera para la población local,

---

21 http://www.elespectador.com/noticias/judicial/multinacional-minera-canadiense-se-va-de-colombia-asedi-articulo-435657

22 Mining Watch Canada. (2011). Organizaciones Sociales de Colombia Repudian el Asesinato del Padre José Reinel Restrepo. En: [http://www.miningwatch.ca/es/news/organizaciones-sociales-de-colombiarepudian-el-asesinato-del-padre-jos-reinel-restrepo]. Ver asimismo Escrito sobre Derecho de Petición de 13 de marzo de 2012 dirigido al Ministerio de Minas interpuesto por Javier Giraldo Moreno; y Reclame - Nodo Universitario Antioquia. (2012). Aquellas muertes. En memoria del Padre José Reinel Restrepo Idárraga. En: [http://reclameu.blogspot.com/2012/03/aquellas-muertes-en-memoria-del-padre.html]. Vínculos visitados el 29 de enero de 2014.

23 http://www.derechoshumanos.net/libros/GenocidioGuatemala.htm

24 http://www.ipsnoticias.net/2012/12/mineria-prende-la-mecha-de-bomba-socioambiental-en-guatemala/

esto es difícil de cumplir; así lo demuestra un estudio hecho en Guatemala sobre el impacto de la Mina Marlin realizado por la Universidad de Tufts en Estados Unidos: "durante el ciclo de vida completo de la mina, los riesgos ambientales superaron significativamente a los beneficios económicos"[25].

Chile

En pocos lugares del mundo están las empresas canadienses de minería presentes con un peso económico tan grande como en Chile. La relación especial entre Chile y los países miembros de NAFTA ha hecho que no solamente los artículos y productos chilenos puedan llegar a Canadá y ser tratados como si fueran canadienses o de NAFTA, también los ciudadanos de Chile quienes desde el año pasado (2014) no necesitan visa para viajar; privilegio del que ni los mexicanos, siendo también socios de NAFTA, gozan[26].

Innumerables son los proyectos mineros en Chile en los que están involucradas empresas canadienses. Los resultados, como es de esperar, son también muy diversos. Mientras que el proyecto binacional (con Argentina) de Pascua Lama está interrumpido por violaciones a legislación chilena sobre el medio ambiente[27], la empresa Lunding Mining se sintió lo suficientemente segura como para comprar la mina de cobre Candelaria pocos meses después[28]. Otros proyectos como El Morro están parados por la intervención de grupos indígenas[29], pero en general se puede decir que en Chile la relación entre las poblaciones locales, el gobierno, la empresa canadiense y el gobierno de Canadá es la que está más exenta de violencia cuando se la compara con las relaciones que existen entre similares participantes de otros proyectos en Latinoamérica[30].

---

25 Zarsky, Lyjuba y Stanley, Leonardo. (2011). Buscando Oro en el Altiplano de Guatemala: Beneficios económicos y riesgos ambientales de la Mina Marlin, agosto. En: [http://www.ase.tufts.edu/gdae/policy_ research/marlinminespanish.pdf]. Visitada el 29 de enero de 2014.

26 http://www.cic.gc.ca/english/department/media/notices/2014-11-21a.asp

27 http://www.bbc.com/mundo/ultimas_noticias/2013/05/130524_ultnot_chile_multa_empresa_minera_oro_ng

28 http://www.economiaynegocios.cl/noticias/noticias.asp?id=121372

29 http://actualidad.rt.com/actualidad/view/142708-chile-indigenas-cobre-mineria-oro-canadiense

30 http://www.mch.cl/reportajes/mineria-canadiense-en-chile-algo-mas-que-inversiones/

Argentina

Este país tiene poca tradición minera. La ciudad de Buenos Aires creció como puerto de salida de los metales preciosos sacados de Perú y Bolivia, pero en lo que actualmente es el territorio de esta Nación, es escasa la actividad minera. El territorio estuvo poblado por grupos indígenas de cazadores, pescadores y recolectores, fuera de la influencia de los imperios precolombinos de los Incas y Aztecas. Solamente el noroeste hubo y hay actividad minera debida a su cercanía con Bolivia. Pero la falta de experiencia y tradición minera, junto a la escasez de exploración en una vasta parte de la cordillera andina que se extiende por miles de kilómetros, hicieron que las compañías canadienses se sintieran atraídas[31]. Argentina es la tercera plaza minera para las inversiones canadienses en América Latina: 67 empresas involucradas en 228 proyectos[32]. Mas esta visión casi idílica de las compañías mineras canadienses no significa que haya ausencia de conflicto: en el año 2012 una explotación minera que iba a afectar un cerro nevado, fuente natural del agua de la localidad, provocó la reacción de los habitantes del lugar[33]. El mencionado emprendimiento de Pascua Lama también está parado, aunque por resolución judicial chilena. Pero a medida que crecen las inversiones también parecen crecer los conflictos[34]. En la localidad de Esquel, provincia de Chubut, vecinos autoconvocados lograron impedir que se abriera una mina[35]. Esto lanzó un movimiento que ahora se ha expandido por el resto de Argentina y Latinoamérica. Las redes sociales tuvieron un rol muy importante. Un emprendimiento que ha sido un éxito económico para la compañía, pero no tanto para los lugareños, es el de Bajo de Alumbrera[36]. Al igual que otros países con estructura federal, la Constitución (artículo 41) obliga al gobierno federal a proteger el medio ambiente, mientras que en el artículo 124 de la misma declara que corresponde a las provincias el dominio originario de los recursos naturales

---

31 http://www.americaeconomia.com/negocios-industrias/mineras-canadienses-confirman-inversiones-por-us4000m-en-argentina

32 http://www.inversorenergetico.com.ar/la-argentina-es-la-tercera-plaza-minera-para-la-inversion-canadiense-en-la-region/

33 http://www.plazapublica.com.gt/content/argentina-conflicto-por-explotacion-minera

34 http://economia.elpais.com/economia/2013/05/03/agencias/1367616291_622276.html

35 http://www.noalamina.org/esquel

36 http://micla.ca/conflicts/bajo-de-alumbrera/

existentes en su territorio. Esta división crea a veces conflictos. El gobierno actual tiene, en general, buenas relaciones con las mineras canadienses[37].

Bolivia

La minería es, y ha sido, una de las mayores actividades económicas de Bolivia, si no la mayor. Desde el fondo de la historia: plata, estaño, cobre, oro, así como gas y petróleo, han formado la fortuna y la condena de los pueblos que conforman el Estado Plurinacional de Bolivia. Las riquezas del país recibieron la atención de las miradas codiciosas de los incas, los conquistadores, y luego de Perú, Chile (qué provocó una guerra), Argentina, Paraguay y Brasil.

En su primera (y última) visita a Bolivia el año pasado, el exministro de Asuntos Extranjeros de Canadá, John Baird, ofreció mejorar los lazos de cooperación minera y energética con el país sudamericano[38]. La visita tuvo lugar casi dos años después del anuncio del gobierno del Bolivia de su intención de hacer juicio a la minera canadiense South American Silver[39]. El viaje, sin embargo, parece no haber producido un gran efecto en la relación entre los dos países, ni mucho menos en la economía boliviana. Sin embargo, tuvo quizás un impacto mayor en las probabilidades de empleo del exministro[40].

Conclusión

Si bien no podemos decir que las explotaciones mineras requieren violencia institucional para realizarse, sí podemos decir que no son causa ni efecto de la democracia popular. La explotación minera, así como todas las actividades comerciales en la economía capitalista, tiene como objetivo la obtención de ganancias, no la promoción de prácticas democráticas, ni el bienestar de las poblaciones asentadas en los lugares donde la explotación tendrá lugar. Las actividades mineras han sido históricamente consideradas

---

37 http://www.taringa.net/posts/noticias/5978261/Cristina-Kirchner-Barrick-Gold-Mineria-a-cielo-abierto.html

38 http://www.lostiempos.com/diario/actualidad/economia/20140605/canada-ofrece-a-bolivia-cooperacion-en-energia-y_257531_564123.html

39 http://peru21.pe/mundo/bolivia-gobierno-evo-morales-denunciara-minera-canadiense-2045413

40 http://www.thestar.com/news/canada/2015/03/30/john-bairds-appointment-to-barrick-job-raises-questions.html

como poco "glamorosas", sean ellas realizadas por esclavos de las ciudades griegas, donde el Estado era el dueño de la mina[41] como en Sudáfrica, donde las minas son privadas y los mineros miembros de grupos raciales históricamente desfavorecidos, o en Gales y Nueva Escocia, donde los mineros son hombres formalmente libres y miembros de grupos cuya etnia no es diferente a la del resto de la población. Ni la diferencia ni la similitud favorecieron a los mineros. En la actualidad, la minería requiere trabajadores especializados con experiencia en el manejo de equipos pesados que cuestan mucho dinero. Los operadores de esos equipos forman parte de un grupo de trabajadores con buenos ingresos[42].

En el transcurso de las clases de la doctora Rice, así como en la lectura del material del curso y de los enlaces ofrecidos en este ensayo, fue creciendo en mí la idea de que, si bien la minería es una actividad necesaria, su ejecución debe evitar los efectos nocivos sobre los ecosistemas y sus comunidades. Más tiempo debe dedicarse al estudio de actividades de recuperación de substancias minerales por medio del reciclaje. Sería también bueno que en el armado de productos finales, como automotores, electrodomésticos y electrónicos, así como materiales de construcción, se preste más atención en el diseño de estas cosas para que fuera posible separar los plásticos de los metales y de los vidrios, para de esa forma facilitar el reciclado. Durante este trabajo el foco ha sido casi exclusivamente sobre las actividades de compañías canadienses en proyectos de megaminería para la extracción de metales en países de Latinoamérica, pero sospecho que muchas de estas conclusiones se aplicarían a minería de no metales y/o en otros países "no desarrollados".

Si las poblaciones locales sienten que la explotación minera en su vecindario es producto de un acuerdo entre empresas extranjeras y autoridades nacionales o provinciales que nunca los consultaron, la oposición es casi garantizada. Pero si el proyecto se realiza con la oposición local, es aún más seguro que los habitantes de la localidad procurarán interrumpir el proyecto y que esto llevará a una escalada de violencia.

---

41 https://books.google.ca/books?id=tU6x96D-5yIC&pg=PA25&lpg=PA25&dq=mine ria+grecia+antigua+esclavos&source=bl&ots=9Gd5LHRbpi&sig=cqJ23qF7oCinBt jEsopH9s-dcrk&hl=en&sa=X&ved=0CEkQ6AEwBmoVChMI4vbGrZLjxglVg6A-Ch0u4gLb#v=onepage&q=mineria%20grecia%20antigua%20esclavos&f=false

42 http://ca.indeed.com

BIBLIOGRAFÍA

Academia Nacional de las Culturas (Prefacio de Elie Wiesel). *La Intolerancia*. Buenos Aires, Granica, 2007.

Allegre, C. (2007). *La sociedad vulnerable*. Barcelona, Paidós.

Allende, I. (2015). *El amante japonés*. Buenos Aires, Sudamericana.

Anderson, J. L. (1997). *Che Guevara, una vida revolucionaria*. Barcelona, Anagrama.

Ashley, S. (2006). "Mach 3 Hubter-Killer. An advanced turbine design for versatile missiles". *Scientific American*, septiembre.

Asimov, I. (1992). *Cronología de los descubrimientos*. Barcelona, Ariel.

ATTAC (2008). *Primer Diccionario Altermundista*. Buenos Aires, Capital Intelectual / Le Monde Diplomatique.

Aydon, C. (2005). *Historias curiosas de la ciencia*. Barcelona, Ma Non Troppo.

Bachelard, G. (2000). *La formación del espíritu científico*. Buenos Aires, Siglo XXI.

Baran, P. A. y Sweezy, P. M. (1969). *El capital monopolista*. Buenos Aires, Siglo XXI.

Bauman, Z. (2006). *Modernidad líquida*. México, FCE.

Beltrán Marí, A. (2006). *Talento y poder*. Pamplona, Ed. Laetoli.

Benjamin, W. (1973). *Discursos interrumpidos I*. Madrid, Taurus.

Bensaïd, D. (2011). *Marx ha vuelto*. Buenos Aires, EDHASA.

Bertinat, P.; D'Elia, E.; Ochandio, R.; Svampa, M. y Viale, E. (2014). *20 mitos y realidades del fracking*. Buenos Aires, Editorial El Colectivo.

Bioy Casares, A. (1968). *La otra aventura*. Buenos Aires, Galerna.

Blesa, M. Á.; Dos Santos Alfonso, M. y Apella, M.C. (2012). *Agua y ambiente un enfoque desde la química*. Buenos Aires, Eudeba.

Boron, A. (2006). Por el necesario (y demorado) retorno al marxismo. En A. Boron, J. Amadeo y F. González (Comps.), *La teoría marxista hoy. Problemas y perspectivas*. Buenos Aires, CLACSO.

Boron, A.; Amadeo, J.; González, F. (Comps.) (2006). *La teoría marxista hoy. Problemas y perspectivas*. Buenos Aires, CLACSO.

Bourdieu, P. (1999). *Contrafuegos*. Barcelona, Anagrama.

Bourdieu, P. (2002). *Pensamiento y acción*. Buenos Aires, Libros del Zorzal.

Bourdieu, P. (2003). *Intelectuales, política y poder*. Buenos Aires, Eudeba.

Bourdieu, P. (2003). *Capital cultural, escuela y espacio social*. Buenos Aires, Siglo XXI.

Bourdieu, P. (2008). *Homo academicus*. Buenos Aires, Siglo XXI.

Brecht, B. (1956). *Galileo Galilei*. Buenos Aires, Losange (Biblioteca virtual OMEGALFA).

Brewster, D. (1831). *The life of Isaac Newton*. Nueva York, J. J. Harper.

Bronowski, J. (1979). *El ascenso del hombre*. México, Fondo Educativo Interamericano.

Capalbo, L. (Comp.) (2008). *El resignificado del desarrollo*. Buenos Aires, CICCUS.

Capitanich, J.M. (1998). *La sumergida. Chaco, propuestas para la integración y el crecimiento*. Buenos Aires, Ed. Papers Agora.

Carrasco, A. (s/f). Efecto del glifosato en el desarrollo embrionario de *Xenopus laevis* (Teratogénesis y glifosato). *Laboratorio de Embriología Molecular*, manuscrito.

Cerda, J. y Lamela, G. (1999). *Seminario Contaminación de Agua por Hidrocarburos*. Universidad Nacional del Comahue.

Cereijido, M. (2004). *Ciencia sin seso. Locura doble*. Buenos Aires, Siglo XXI.

Chalk, F. y Jonassohn, K. (2010). *Historia y sociología del genocidio. Análisis y estudio de casos*. Buenos Aires, Prometeo.

Chomsky, N. (1992). *El miedo a la democracia*. Barcelona, Grijalbo.

Chomsky, N. (2000). *Actos de agresión*. Barcelona, Crítica.

Chomsky, N. (2007). *Ilusiones necesarias. Control del pensamiento en las sociedades democráticas*. La Plata, Terramar.

Coccia, E. (2011). *La vida sensible*. Buenos Aires, Marea.

Colombani, J.-M. (2007). La ética de los medios de comunicación. En Academia Universal de las Culturas. *La Intolerancia*. Buenos Aires, Granica, 2007.

Colombres, A. (2008). *América como civilización emergente*. Buenos Aires, Catálogo.

Comte-Sponville, A. (2010). *Sobre el cuerpo*. Buenos Aires, Paidós.

Crouch, C. (2012). *La extraña no-muerte del neoliberalismo*. Buenos Aires, Capital Intelectual.

Dachary, A. C. y Arnaiz Burne, S. M. (2014). *Ecologismo, ¿la estrategia "fracasada" del capitalismo?*. Buenos Aires, Biblos.

Datri, E.E. (2010). *La tecnociencia y la tecnocultura en la era de la globalización. El auge de la sociedad de libre mercado y la sociedad del conocimiento*. Buenos Aires, Miño y Dávila.

Datri, E.E. (2012). *Convivio 2. (Des)Colonización de los Derechos Humanos*. Buenos Aires, Miño y Dávila.

Datri, E.E. (2014). *Umbral para educar en la emancipación, la interculturalidad y la decolonialidad de saberes*. Rosario, Laborde Editor (1ª edición).

Datri, E.E. (2015). *Umbral para educar en la emancipación, la interculturalidad y la decolonialidad de saberes*. Rosario, Laborde Editor (2ª edición ampliada).

Dean, W. (1996). *A ferro e fogo. A historia e a devastacao da mata atlántica brasileira*. San Pablo, Compahia das Letras.

Descartes, R. (1968). *Discurso del método*. Barcelona, Bruguera.

Despeyroux, D. (2008). *La escuela de los filósofos*. Barcelona, Océano.

Dickson, T. R. (1980). *Química. Enfoque ecológico*. México, Editorial Limusa.

Di Lampedusa, G.T. (2007). *El Gatopardo*. Buenos Aires, EDHASA.

Dubois, A. (1947). *Hindu manners, customs and ceremonies*. Oxford.

Easlea, B. (1977). *La liberación social y los objetivos de la ciencia*. Madrid, Siglo XXI.

Escalona, H. (1998). *QUIMCOM Química en la comunidad*. American Chemical Society. Versión en español de Universidad Nacional de México. México, Editorial Addison Wesley Longman.

Federovisky, S. (2014). *Argentina, de espaldas a la ecología. Apuntes para una política ambiental*. Buenos Aires, Capital Intelectual.

Feenberg, A. (2002). *Transforming technology: A critical theory revisited*. Oxford, Oxford University Press.

Ferry, L. (2013). *Sobre el amor*. Buenos Aires, Paidós.

Fieser, L.F. (1964). *The scientific method. A personal account of unusual projects in war and peace*. New York, Reinhold.

Flores Calixto, R; Herrera Reyes, L. y Hernández Guzmán, V. (2012). *Ecología y medio ambiente*. Buenos Aires, Editorial Cengage Learning.

Galeano, E. (2008). *Úselo y tírelo. El mundo visto desde una ecología latinoamericana*. Buenos Aires, Planeta (16° edición).

Giangrande, L. (1974). El ocio en Roma. *Sociedad y Ocio*, 6 (3), 37-57.

Gómez, C.H. (1998). Los medios de comunicación masiva: identidad y territorio frente a la globalización de la información. *Revista Iberoamericana de Educación*, 18, 179-188.

Gómez, R.J. (2014). *La dimensión valorativa de las ciencias. Hacia una filosofía política*. Bernal, Ed. Universidad Nacional de Quilmes.

Gómez Aguilera, F. (2010). *José Saramago en sus palabras*. Buenos Aires, Aguilar-Altea-Taurus-Alfaguara.

Gorz, A. (1995). *Metamorfosis del trabajo: búsqueda del sentido. Crítica de la razón económica*. Madrid, Ed. Sistema.

Gottheil, J. (2009). *Capitalismo + Contaminación: una suma que resta*. Buenos Aires, Grupo Editor Latinoamericano.

Gudynas, E. (2011). Buen Vivir: germinando alternativas al desarrollo. *América Latina en movimiento*, n° 462, 28 de febrero de 2011, Quito, Agencia Latinoamericana de Información (ALAI).

Headrick, D.R. (2010). *El Poder y el Imperio. La tecnología y el imperialismo de 1400 a la actualidad*. Barcelona, Crítica.

Heidegger, M. (1984). *Ciencia y Técnica*. Santiago de Chile, Editorial Universitaria.

Heimendahl, E. (1969). *Física y filosofía*. Madrid, Guadarrama.

Hessel, S. (2010-2011). *¡Indígnate!*. Buenos Aires, Destino.

Hessel, S. y Morin, E. (2013). *El camino de la esperanza*, Buenos Aires, Paidós.

Holton, G. (1983). *Introducción a los conceptos y teorías de las ciencias físicas*. Barcelona, Reverté.

Holland, J. (2010). *Una breve historia de la misoginia*. México, Océano.

Holloway, J. (2002). *Cambiar el mundo sin tomar el poder*. Buenos Aires, Herramienta/BUAP.

Huntington, S.P. (2001). *El choque de civilizaciones y la reconfiguración del orden mundial*, Buenos Aires, Paidós.

International Journal of Occupational and Environmental Health (2005). Volume 11, Number 4 - October/December, p. 311.

James, C. (2010). *Global Status of Commercialized Biotech / GM crops: ISAAA Brief*, 42. Ithaca, Nueva York, ISAAA.

Kessler, G. (2009). *El sentimiento de inseguridad. Sociología del temor al delito*. Buenos Aires, Siglo XXI.

Klein, N. (2015). *Esto lo cambia todo. El capitalismo contra el clima*. Buenos Aires, Paidós.

Klein, N. (2002). *Vallas y ventanas. Despechos desde las trincheras del debate sobre la globalización*. Buenos Aires, Paidós.

Koyrèe, A. (1971). *Del mundo cerrado al universo infinito*. Madrid, Siglo XXI.

Kush, R. (2008). *La negación en el pensamiento popular*. Buenos Aires, Las Cuarenta.

Lacan, J. (2006). *El triunfo de la religión. Discurso a los católicos*. Buenos Aires, Paidós.

Lakatos, I. (1993). *La metodología de los programas de investigación científica*. Madrid, Alianza.

Lanfant, M.F. (1972). *Sociología del ocio*. Barcelona, Ediciones 62.

Lafuente, A. y Alonso, A. (2011). *Ciencia expandida, naturaleza común y saber profano*. Buenos Aires, Universidad nacional de Quilmes.

Left, E. (2005). Complejidad, racionalidad ambiental y diálogo de saberes. Ponencia presentada en el *I Congreso internacional interdisciplinar de participación, animación e intervención socioeducativa*. Barcelona, noviembre de 2005.

Lekachman, R. (1970). *La era de Keynes*. Madrid, Alianza Editorial.

Lévy-Leblond, J.-M. (1980). La ideología de y en la física contemporánea. En H. Rose y S. Rose, *La radicalización de la ciencia*. México, Nueva Imagen.

Magdoff, H. (1973). *La era del imperialismo*. Madrid, Ed. Actual.

Magrassi, G.E.; Maya, M.B. y Frigerio, A. (1982). *Cultura y Civilización desde Sudamérica*. Buenos Aires, Eds. Búsqueda.

Maiztegui, A.P. y Boido, G. (1981). *Física Elemental*. Buenos Aires, Kapelusz.

Martí, J. (1991). *Obras completas*, vol. 18. La Habana, Ed. de Cs. Sociales.

Marx, K. (2001). *Manuscritos económicos y filosóficos de 1844*, Biblioteca virtual "Espartaco".

Marx, K. (2008). *El XVIII Brumario de Luis Bonaparte*. Buenos Aires, Claridad.

Mészáros, I. (2008). *La educación más allá del capital*. Buenos Aires, Siglo XXI.

Mingote, A. y Sánchez Ron, J. M. (2008). *¡Viva la Ciencia!*. Barcelona, Crítica.

Monod, J. (1984). *El azar y la necesidad*. Barcelona, Tusquets.

Morin, E. (1999). *La cabeza bien puesta*. Buenos Aires, Nueva Visión.

Morin, E. y Kern, A.B. (1999). *Tierra Patria*. Buenos Aires, Nueva Visión.

Morin, E. (2008). Por una política de la humanidad. En L. Capalbo (Comp.). *El resignificado del desarrollo*. Buenos Aires, CICCUS.

Morrison, R.T. y Boyd, R.N. (1985). *Química Orgánica*. México, Fondo Educativo Interamericano.

Munné, F. (1980). *Psicosociología del tiempo libre. Un enfoque crítico*. México, Trillas.

Münster, A. (2009). *André Gorz o el socialismo difícil*. Buenos Aires, Nueva Visión.

Nun, J. (2015). *El sentido común y la política. Escritos teóricos y prácticos*. Buenos Aires, FCE.

Obligado, C. (2006). *Mujeres a contracorriente. La otra mitad de la historia*. Buenos Aires, Sudamericana.

Ordine, N. (2013). *La utilidad de lo inútil. Manifiesto*. Editor digital: Akhenaton, 2ª parte.

Oviedo Freire, A. (2013). *Buen Vivir vs. Sumak Kawsay, Reforma capitalista y Revolución Alter-Nativa*. Buenos Aires, CICCUS.

Palti, E.J. (2010). *Verdades y saberes del marxismo. Reacciones de una tradición política ante su "crisis"*. Buenos Aires, FCE.

Pigna, F. (2010). *1810. La otra historia de nuestra Revolución fundadora*. Buenos Aires, Planeta.

Prigogine, I. y Stengers, I. (1985). *La nueva alianza*. Madrid, Alianza.

Raillón, L. (1971). Hacia una pedagogía del ocio. En J. Dumazedier y otros, *Ocio y sociedad de clases*. Barcelona, Fontanella.

Rapoport, M. y Laufer, R. (2003). Hegemonía norteamericana y crisis mundial. *Encrucijadas*, Revista de la Universidad de Buenos Aires, Nº 22, abril.

Rancière, J. (2002). *El maestro ignorante*. Barcelona, Laertes.

Rancière, J. (2010a). *El espectador emancipado*. Buenos Aires, Manantial.

Rancière, J. (2010b). *Momentos políticos*. Buenos Aires, Capital Intelectual.

Reid, E. (1977). *Invitación a la investigación química*. Buenos Aires, Eudeba.

Reyes Mate, M. (2006). *Medianoche en la historia. Comentarios a las tesis de Walter Benjamin "Sobre el concepto de Historia"*. Madrid, Trotta.

Ricoeur, P. (2000). *La memoria, la historia, el olvido*. Buenos Aires, FCE.

Rodríguez, M.C; Dadón, J.R.; Busch, M. y Ambas, A. (2012). *Contaminación y ambiente. De eso no se habla*. Buenos Aires, Ediciones Aula Taller.

Rosanvallon, P. (2006). *El capitalismo utópico. Historia de la idea de mercado*. Buenos Aires, Nueva Visión.

Rosanvallon, P. (2007). *La contrademocracia. La política en la era de la desconfianza*. Buenos Aires, Manantial.

Rosenzvaig, E. (2000). *Prudencia y locura. Ideas y relatos desde el Dulce al Neuquén*. Neuquén, Ed. Educo.

Rosanvallon, E. (2004). *Cuentos Políticos*. Buenos Aires, América Libre.

Rossi, P. (2003). *El pasado, la memoria y el olvido*. Buenos Aires, Nueva Visión.

Ruiz Silva, A. y Prada Londoño, M. (2012). *La formación de la subjetividad política*.

Propuestas y recursos para el aula. Buenos Aires, Paidós.

Russell, B. (1989). *Elogio de la ociosidad*. Barcelona, Edhasa.

Sánchez Parga, J. (2009). *Qué significa ser indígena para el indígena. Más allá de la comunidad y de la lengua*. Quito, Universidad Politécnica Saleciana.

López Cerezo, J. A. y Sánchez Ron, J. M. (Eds.) (2001). *Ciencia, tecnología, sociedad y cultura en el cambio de siglo*. Madrid, Biblioteca Nueva-OEI.

Saramago, J. (1999). *La balsa de piedra*. Buenos Aires, Alfaguara.

Simmons, I. G. (1989). *Changing the Face of the Earth: Culture, Environment, History*. Cambridge, Basil Blackwells.

Skolimowski, H. (1979). *Racionalidad evolutiva*. Valencia, Cuadernos Teorema.

Svampa, M. y Antonelli, M. A. (Eds.) (2009). *Minería transnacional, narrativas del desarrollo y resistencias sociales*. Buenos Aires, Biblos.

Svampa, M.; Sola Álvarez, M. y Bottaro, L. (2009). Los movimientos contra la minería metalífera a cielo abierto. En M. Svampa y M.A. Antonelli (Eds.), *Minería transnacional, narrativas del desarrollo y resistencias sociales*. Buenos Aires, Biblos.

Todorov, T. (2014). *El miedo a los bárbaros*. Barcelona, Galaxia Gutenberg.

Unceta, K. (2015). *Más allá del crecimiento. Debates en torno al desarrollo y al posdesarrollo*. Mardulce, Buenos Aires.

Wacquant, L. (2010). *Castigar a los pobres. El gobierno neoliberal de la inseguridad social*. Barcelona, Gedisa.

Watson, P. (2007). *Ideas. Historia intelectual de la humanidad*. Barcelona, Crítica.

Williams, R. (2014). *Tragedia moderna*. Buenos Aires, Edhasa.

Zahedi, K. y Gudynas, E. (2008). *Ética y desarrollo sostenible. América Latina frente al debate internacional*. México, Instituto Mora.

Zedong, M. (1968). *Obras Escogidas de Mao Tse-tung*. Pekín, Ediciones en Lenguas Extranjeras, vol. 2.

Zelli, F. y otros (2012). *Global environmental governance reconsidered*. Library Edition, MIT.

Sitios y portales de la web

Acantilado:
http://www.acantilado.es/catalogo/la-utilidad-de-lo-intil-666.htm

Actualidad:
http://actualidad.rt.com/actualidad/174246-politica-genocidio-palestinos-ministra

Aguafuerte + Autobiografía:
http://www.discocuadrado.com/2013/02/aguafuerte-autobiografia.html

Alipso.com:
http://www.alipso.com/monografias/radiografia/

Biblioteca virtual CLACSO:
http://biblioteca.clacso.edu.ar/ar/libros/panama/cela/tareas/tar122/04marx.pdf

Biblioteca virtual OMEGALFA:
file:///D:/Downloads/galileo-galilei%20(1).pdf

Bourdieu, Pierre:
http://www.pedagogica.edu.co/storage/rce/articulos/42_04ens.pdf

Cámara de Diputados de la Nación:
http://www1.hcdn.gov.ar/proyxml/expediente.asp?fundamentos=si&numexp=0673-D-2009

Carizza, Susana:
http://encontrarte.aporrea.org/media/37/uno%20crece.pdf

Centro de Documentación Indígena "José María Ulcué":
http://cdipebicric.bligoo.com.co/consejo-regional-indigena-del-cauca-cric

CHE:
http://www.chebolivia.org/

CONTRAINJERENCIA:
http://www.contrainjerencia.com /? p=99559

Cusicanqui, Silvia Rivera:
https://www.youtube.com/watch?v=xjgHfSrLnpU

De la dictadura a la democracia:
http://www.aeinstein.org/wp-content/uploads/ 2013/09/DelaDict.pdf

Diario Pregón de La Plata:
http://diariopregon.blogspot.com.ar/2009/09/congreso-internacional-de-unoamerica-el.html

Diario Río Negro:
http://www.rionegro.com.ar/diario/un-metodo-particular-de-seleccion-de-profesores-en-la-unc-7165616-9538-nota.aspx

Ecoportal:
http://www.ecoportal.net/La_Globalizacion_de_la_Miseria_Humana http://www.ecoportal.net/Temas_Especiales/Globalizacion/La_Globalizacion_de_la_Miseria_Humana
http://www.ecoportal.net/Temas_Especiales/Energias/Vaca_Muerta_agua_contaminada_para_los_Pueblos

Efdeportes.com:
http://www.efdeportes.com/efd127/una-revision-teorica-ocio-tiempo-libre-y-animacion-sociocultural.htm

El Monitor:
http://www.me.gov.ar/monitor/nro3/dossier3.htm

El País:
http://elpais.com/diario/2007/01/31/cultura/1170198001_850215.html

EL RINCÓN DEL RÉLAX:
http://misticaluz.blogspot.com.ar/2011/02/crecer-y-superarse.html

El silencio es una Commons de Ivan Illich:
http://www.preservenet.com/theory/Illich/Silence.html

Enrique Left:
http://www.magrama.gob.es/es/ceneam/articulos-de-opinion/2006_01eleff_tcm7-53048.pdf

ENSARTAOS.com.ve:
http://ensartaos.com.ve/noticia/nacional/editorial-espanola-manipula-texto-de-geografia-contra-venezuela

Epaa:
http://epaa.asu.edu/epaa/v12n6/

Escuela CHICO MENDES:
http://chicomendesrosario.blogspot.com.ar/

FlacsoAndes:
http://www.marxists.org/espanol/m-e/cartas/e1848-04-25.htm

Fundación Albert Einstein:
http://www.aeinstein.org/wpcontent/uploads/2013/09/DelaDict.pdf

Fundación Libertad:
http://www.libertad.org.ar/news.cgi?accion=vernew&id=674

InfoAmérica:
http://www.infoamerica.org/documentos_pdf/althusser1.pdf

INFO / news:
http://www.infonews.com/2015/02/11/politica-185526-un-grupo-de-intelectuales-repudia-la-utilizacion-politica-de-la-muerte-de-nisman-marcha-de-fiscales.php
http://www.infonews.com/nota/225697/en-america-latina-hay-bases-militares-y-bases-mediaticas

IZQUIERDOS HUMANOS:
http://www.izquierdoshumanos.com/#!EL-COSTO-HUMANO/cjds/5512d5d70cf2aa18115b1646

KAOSENLARED:
http://kaosenlared.net/informe-sobre-conflictos-ambientales-en-america-del-sur/

La audacia de Aquiles:
https://aquileana.wordpress.com/2010/10/26/simone-de-beauvoir-pirro-y-cineas-%C2%BFpara-que-la-accion/

La Nación:
http://www.lanacion.com.ar/1760689-timerman-amia-nisman-cristina-kirchner

La Olla.TV
Fuente: http://www.laolla.tv/2015/04/30-000-medicos-y-profesionales-exigieron-la-prohibicion-del-gilfosato/

La Otra:
http://tallerlaotra.blogspot.com.ar/2011/08/altamira-brinda-con-un-verdugo-de- sus.html

Madres de Ituzaingó:
http://madresdeituzaingo.blogspot.com.ar/

Observatorio de Desarrollo Sostenible:
http://www.uisek.edu.ec/pdf/observatorio/resena_futuro_comun.pdf

Página 12:
http://www.pagina12.com.ar/diario/elpais/1-266248-2015-02-16.html

Periodismo Alternativo:
http://periodismo-alternativo.com/2015/04/30/la-funcion-de-los-medios-de-masas

PTS La Verdad Obrera:
http://www.pts.org.ar/MST-la-izquierda-de-la-nueva-derecha

Revista Anfibia:
http://www.revistaanfibia.com/ensayo/basura/

Revista Libertas:
http://www.escade.edu.ar/files/Libertas/32_3_BenegasLynch.pdf

RT SEPA MÁS:
http://actualidad.rt.com/actualidad/view/120340-psicologia-economia-armas-nuevos-golpes-estado

Sabiduría Arcana.org:
http://www.sabiduriarcana.org/ngsm-kosmos6-a.htm

SciELO:
http://www.scielo.org.ar/scielo.php?pid=S0004-48222010000400014&script=sci_arttext

Scribd.:
https://es.scribd.com/doc/199774323/Galileo-Galilei-Dialogos-sobre-dos-nuevas-ciencias

Secretaría de Ambiente y Desarrollo Sustentable:
http://www2.medioambiente.gov.ar/acuerdos/convenciones/rio92/agenda21/ageindi.htm

TeleSur:
http://www.telesurtv.net/bloggers/Alerta-El-aguila-imperial-viene-por-America-Latina-y-el-Caribe-20150312-0002.html
http://www.telesurtv.net/articulos/2013/03/18/tribunal-internacional-pide-a-la-haya-enjuiciar-a-israel-por-crimenes-de-guerra-3030.html
http://www.telesurtv.net/news/Quien-era-el-fiscal-Alberto-Nisman-20150119-0028.html
http://www.telesurtv.net/opinion/Una-aclaracion-con-respecto-al-populismo-20150424-0027.html
http://www.telesurtv.net/news/Israeli-que-pidio-matar-a-madres-palestinas-es-ahora-Ministra-20150512-0151.html)
http://www.telesurtv.net/opinion/25-verdades-de-Alexis-Tsipras-sobre-el-chantaje-del-lobby-financiero-internacional-20150629-0057.html

URBANDINA:
http://www.trestribuscine.com/urbandina/1168/guillerman/el-exilio-de-helena-por-albert-camus

Varias:
http://fracfocus.org/chemical-use/what-chemicals-are-used
http://www.bbc.co.uk/mundo/noticias/2010/09/100930_agua_mapa_men.shtmly
http://www.monografias.com/trabajos13/univpen/univpen.shtml
Viento Sur:
http://www.vientosur.info/spip.php?article929

Sobre los/as autores/as

Beatriz Adaro: Profesora en Química, egresada de la Universidad Nacional del Comahue (UNCo). Se desempeña como docente en Villa La Angostura (provincia de Neuquén).

Omar Cabrera: Profesor en Matemática, coautor del texto *Matemática Natural, para los primeros años de le educación media*, junto a Gladys Fusco, editado en 2009 por Ediciones del Aula Taller. Ha participado, junto a otros docentes (Omar Sirena y Edgardo Datri), como expositor en temas vinculados a la educación y la formación docente. Escribió algunos artículos sobre educación y dos juegos didácticos para favorecer el aprendizaje de operaciones elementales y funciones matemáticas.

Sandra Carín Contreras: Profesora en Ciencias de la Educación; especialista en problemáticas de aprendizaje; especialista en Enseñanza en Nivel Superior; postítulo en Investigación Educativa; profesora en nivel primario; educadora de centros de alfabetización de adultos. Se desempeña como docente en el Instituto Superior de Profesorado N° 3 "Eduardo Laferriere" (Villa Constitución, Santa Fe). Fundadora, junto a Marcelo Roba Vigouroux, de "La Comarca del Agua" (espacio eco-artístico-educativo enclavado en el Rincón de Pavón).

Edgardo Edmundo Datri: Ha sido profesor regular asociado a cargo de las áreas "Teoría de la Ciencia y la Tecnología" y "Estudios Históricos y Sociales de la Ciencia y la Tecnología" en la UNCo. Profesor invitado en el dictado de cursos y seminarios de posgrado en diversas universidades nacionales de la Argentina. Coordinador del Foro del Comahue en Defensa de la Educación Pública (Fo.Co.D.E.P.). Editor del Cuaderno Sindical y Cultural de la Asociación de Docentes de la UNCo: *Pancarta Gráfica*. Autor de numerosos artículos y libros, entre estos últimos: *Introducción a la Enseñanza de la Física Universitaria* (IMA), *Geomería y Realidad Física. De Euclides a Riemann* (EUDEBA); *Introducción a la Problemática Epistemológica* (Homo Sapiens); *La tecnociencia y la Tecnocultura en la Era de la Globalización* (Miño y Dávila); *CONVIVIO 1: Una Invitación a construir al "ser -en 'común'- con otro/a diferente"* (Miño y Dávila); *CONVIVIO 2: (Des)colonización de los Derechos Humanos* (Miño y Dávila); *Umbral para Educar en la Emancipación, la Interculturalidad y la Decolonialidad de Saberes* (Laborde Editor –2 eds.–). Co-creador de la Red Patagónica de Derechos Humanos y Organizaciones Sociales. Miembro invitado del Programa Latinoamericano de Educación a Distancia (PLED).

Santiago Ginés Nabaes Jodar: Abogado egresado de la UNCo. Becario doctoral en Conicet. Maestrando en criminología (UNL-UNCo). Doctorando en Ciencias Sociales (UBA). Ayudante de primera en la materia "Introducción a la Sociología" de la carrera de Abogacía en la Universidad Nacional del Comahue.

Luis Gómez Almeida: Nació en Buenos Aires (1949). Se desempeñó como empleado en varias empresas de CABA. Fue estudiante de Matemática, Física y Cosmografía en la Escuela Normal Superior de Profesorado N° 2 "Mariano Acosta" hasta que debió abandonar el país (1977) cuando comandos militares se hicieron presentes en su domicilio para secuestrarlo. En el exilio, tanto en España como en Canadá, se desempeñó como informático por casi 35 años.

Gladis Lamela: Profesora en Química, egresada de la UNCo. Desde 1999 se desempeña como docente de escuelas secundarias de la ciudad de Plottier (provincia de Neuquén).

Sandra Silvana Martellotta: Profesora en Química, egresada de la UNCo. Desde 1998 se desempeña como docente de escuelas secundarias de la ciudad de Neuquén.

Teresa Pérez: Profesora en Química (UNCo). Especialista en Educación y Nuevas Tecnologías (FLACSO). Magister en Procesos Educativos Mediados por Tecnología (Universidad Nacional de Córdoba). Docente e investigadora en la UNCo y en el IFDC General Roca.

María Jorgelina Plaza: Traductora en inglés (UNCo). Magister en Procesos Educativos Mediados por Tecnología (Universidad Nacional de Córdoba). Docente e investigadora en la UNCo y en el IFDC General Roca.

Marcelo Roba Vogouroux: Es docente de Educación Musical, cantautor y escritor. Creó y dirige "Caldén Witru" una marca de diseño y producción de objetos de arte. Es autor y compositor de: "Contrabajo" (obra musical multimedia de raíz folclórica); del libro *Cosas cantadas y otras cosas...*; de la producción "El árbol Grande" (obra de difusión del mapa folclórico argentino presentada en gran parte del país). Finalista del certamen internacional "Coronda 96". Co-Fundador del Colectivo Artístico Villence. Fundador, junto a Sandra Contreras, de "La Comarca del Agua" (espacio eco-artístico-educativo enclavado en el Rincón de Pavón). Se desempeña como docente del Instituto Superior de Profesorado N° 3 "Eduardo Laferriere" (Villa Constitución, Santa Fe).

Omar Sirena: Licenciado en Artes Plásticas (Facultad de Bellas Artes – UNLP–). Muralista con numerosas obras en ciudades de Argentina y otros países; entre ellas: Mural en Primeras Jornadas de Arte Público y Muralismo (Carlos Paz, 2004, Argentina); Mural en Jornadas Muralismo (Carlos Paz, 2005, Argentina); Mural en Encuentro Bilateral México-Argentina de Arte Público y Muralismo (México D.F, 2007); Mural en Encuentro Nacional de Muralismo y Arte Callejero América Libre (Mar del Plata, Argentina, 2008); Mural en 1er Encuentro Nacional de Muralistas (Ayacucho, organizado por el Movimiento Nacional de Muralistas de Argentina Italo Grassi, 2009); Mural en Encuentro Internacional del Mercosur en el Bicentenario de la Patria orgaø nizado por el Taller Jaguar Azul y el municipio de la localidad de San Cosme (Corrientes, Argentina, 2010); Mural en Encuentro Iberoamericano de Cultura (Mar del Plata, Argentina, 2011); Mural en Neuquén, Argentina, 2014). Los Murales de la ciudad de Punta Alta, que incluyen 13 paredes de la ciudad, han sido declarados Patrimonio Cultural por el Concejo Deliberante de la ciudad de Punta Alta. Argentina, 2010. Dirige el Centro Cultural Huevo Duro en la Ciudad de Punta Alta.

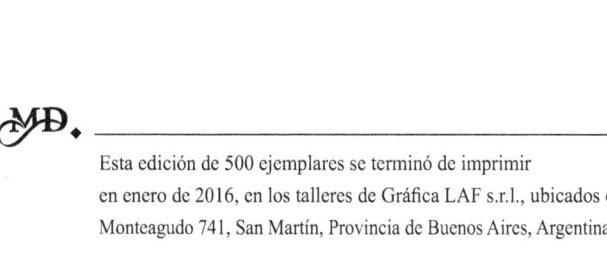

Esta edición de 500 ejemplares se terminó de imprimir
en enero de 2016, en los talleres de Gráfica LAF s.r.l., ubicados en
Monteagudo 741, San Martín, Provincia de Buenos Aires, Argentina.

www.ingramcontent.com/pod-product-compliance
Lightning Source LLC
Chambersburg PA
CBHW032147080426
42735CB00008B/616